橄榄枝图书 Olive branch book

中国国际战略丛书
BOOK SERIES ON INTERNATIONAL STRATEGY OF CHINA

郑必坚◎总主编

“一带一路”
全球经济的互联与跃升

THE BELT AND ROAD
INTERWORKING UPGRADE OF GLOBAL ECONOMY

冯并◎著

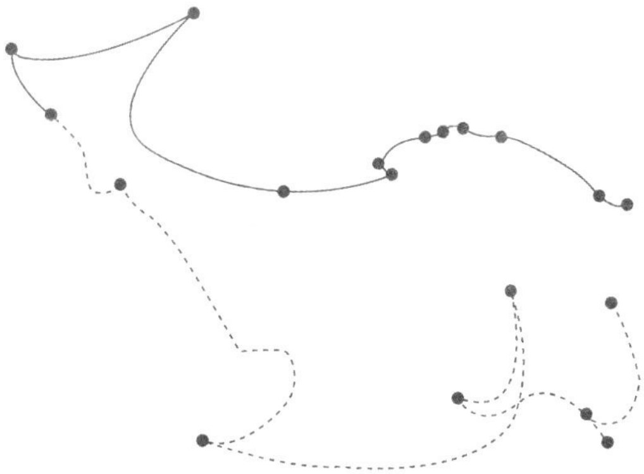

中国出版集团
中国民主法制出版社
全国百佳图书出版单位

图书在版编目(CIP)数据

“一带一路”:全球经济的互联与跃升/冯并著.—北京:中国民主法制出版社,2016.8

(中国国际战略丛书)

ISBN 978-7-5162-1276-9

Ⅰ.①一… Ⅱ.①冯… Ⅲ.①区域经济合作—国际合作—研究—中国 Ⅳ.①F125.5

中国版本图书馆 CIP 数据核字(2016)第 192558 号

图书出品人:刘海涛

出版统筹:赵卜慧

丛书策划:石　松

责任编辑:胡百涛

书名/ “一带一路”:全球经济的互联与跃升

The Belt and Road: Interworking Upgrade of Global Economy

作者/ 冯并　著

出版・发行/ 中国民主法制出版社

地址/ 北京市丰台区右安门外玉林里 7 号(100069)

电话/(010) 63292534　63057714(发行部)　63055259(总编室)

传真/(010) 63056975　63055378

http://www.npcpub.com

E-mail:mzfz@npcpub.com

经销/ 新华书店

开本/ 16 开　710 毫米×1000 毫米

印张/ 23　**字数**/ 287 千字

版本/ 2016 年 9 月第 1 版　2016 年 9 月第 1 次印刷

印刷/ 三河市航远印刷有限公司

书号/ ISBN 978-7-5162-1276-9

定价/ 55.00 元

前　言 | Preface

《“一带一路”:全球发展的中国逻辑》出版以后,我原计划抽出时间对该书做一次修订,借以补充一些内容并纠正一些错误包括文字的粗疏。但在修订准备的过程中,愈来愈感觉到《“一带一路”:全球发展的中国逻辑》主要还是基于对“一带一路”发展战略构想的轮廓论述,对“一带一路”发展战略提出的历史背景,“一带一路”对世界和平发展以及经济全球化的现实意义和深远意义,对它的开放性、包容性和平等互惠性等等,做了一些粗线条的思考。我尽力去阐述古丝绸之路与新丝绸之路在推动世界文明发展中有哪些一以贯之的特质,又有哪些是在经济全球化时代里呈现出的新的特点和新的生长点。对于“一带一路”的地缘经济联结走向及其对全球发展的影响范围,也做了大体的分析,甚至对全球战略中一直处于主导和统治支配地位的西方地缘政治学说继续扭曲着世界发展趋势,成为后者的对立物和发展的不稳定因素,也做了一些解剖。但总的看来,由于成稿时间仓促,也由于笔者水平所限,许多需要从更开阔视野和更深层次去观察的点与层面,还需要在继续学习中不断地去研究思考。想来想去,限于《“一带一路”:全球发展的中国逻辑》原书的结构,似乎可以把修订略略推后一点儿,把需要和想要继续补充的内容,作为《“一带一路”:全球发展的中国逻辑》的续篇,再次呈献给读者。

除此之外还有一个更重要的原因,那就是“一带一路”共同发展思想产生的广泛巨大影响,远远超过了一般预想。“一带一路”发展战略构想、战略实践在全球许多国家推进的速度，也远远超过任何一种战略思想所能被接受的速度。在短短三年里，“一带一路”得到了丝路沿线绝大部分国家的明确认同，有的国家用自身总结的“丝路”和新丝路概念，与“一带一路”相向对接。它们运用的具体概念及切入历史和现实发展的认知角度或许不尽相同，但在经济全球化中寻求共同发展的核心内涵是完全相同的。从实操性来讲，新丝路联通已经不只是一种相同相似的愿景，而是坐言起行携手同行的前进目标。从中国的视角去看，基础设施建设尤其是跨国道路联通取得了许多关键性进展，中国企业的对外直接投资出现了“井喷”，中国国内的“微丝路”建设，包括自贸区建设、基础设施对接以及国内经济区域的一体发展形成了更大的对外开放格局，亚投行的成功筹建运转和人民币国际化的初步成果，为国际资金的融通奠定了新的基础。尤其是中欧之间的经济合作进入了新阶段，中国与中东主要国家和地中海的重要国家全面建立了发展伙伴关系，这些都是“一带一路”发展的重要地理标志和重要里程碑。中国通向欧亚大陆乃至非洲和拉丁美洲国家的“八大通道”不同程度地开启，世界六个主要的跨国经济合作板块都在进行新的经济发展拼合，并为未来几年“一带一路”共同发展拓宽了路基和航道。

但是，正像经济全球化之路是不平坦的，“一带一路”的发展也不会一帆风顺。陆路上会有非自然的高山大垌，海上也有可以预见的风浪。尤其是在当前世界经济持续低迷的状态下，许多复杂因素引发的“逆向全球化”思维，还会不时地在一些地区和场合回潮，并出现“孤立主义”的多向冲击，而一直处于主导和统治支配地位的西方地缘政治学说，也会成为一种不断“改型”的工具，继续扭曲全球经济共同发展的主线。一些旧的地缘政治热点和新的地缘政治热点将会交替或轮番出现。值得注意的是，在一些时候，地缘政治工具和其他一些带有经济和文化特征的工具还会组装成新的标配工具。这个新变化有可能是经济战略、金融货币战略和军事抵消战略的灵活随机组合，具有更多的诡谲特点。这种战略的变化,不仅首当其冲地被用来对付后来的经济崛起者,也会给“一带一路”带来阶段性的威胁。

但也要看到,“一带一路”不仅是促进世界各国共同发展的经济战略,也会是预防与抵御各种发展风险的主要途径。和平与发展毕竟是当今世界发展的主旋律,虽然有时高昂,有时低回,只要经济全球化的节奏不会被中途打断,“一带一路”发展中固有的和平、发展和发展成果共享的旋律,仍旧会是世界最有感召力、最让人深受鼓舞的时代强音。

中国为自身的发展和全球发展的利益倡导“一带一路”共同发展,这与以和平与发展为根本内涵的世界秩序建设,不仅不会抵牾,相反地是一种重要的建设力量。“一带一路”是人类文明发展中积累的共同地缘财富,让这笔财富在共商、共建、共享中不断增值,这是“一带一路”在自身战略纵深中发展的必然逻辑。尤其是中美两国分别是最大的发达经济体与发展中经济体,在一定意义上也是推进世界经济发展不可或缺的一对重要引擎,合则是正向引力,分则会是反向的后坠力。对于世界经济发展的大局来讲,没有什么比这这一点更重要。

《“一带一路”:全球经济的互联与跃升》的主要论述内容大抵如此,谬误之处,敬请读者批评。

在此,再一次感谢中国出版集团中国民主法制出版社,感谢中国出版集团的李岩先生,感谢中国民主法制出版社的刘海涛先生、赵卜慧女士、石松先生与《“一带一路”:全球发展的中国逻辑》责任编辑刘姝宏女士和本书责任编辑胡百涛先生,同时感谢本战略丛书的总主编郑必坚先生。

冯并

2016 年 4 月 11 日

目　录 | Contents

第一章
"一带一路"三年有成

"一带一路"，三年有成，气势如虹。"设施联通、贸易畅通、资金融通、政策沟通、人心相通"，五个操作维度开始渐入佳境。尤其是在2015年与2016年之交，沿线国家发展战略对接呈现新格局，出现了五个明显的进展和两个地缘地理标志性的推进成果。这五个进展是，"一带一路"获得更加广泛的国际认同，设施互联互通取得关键突破，企业"走出去"进入黄金时期，国内"微丝路"建设优化布局，亚投行成功筹建投入运转。两个地缘地理标志则是，中欧经济合作进入新的阶段，"一带一路"开始走向西亚和地中海。

“一带一路”认同广泛

检验一种发展战略构想有没有生命力和聚合力，首先要看它的认同感与认同度。“一带一路”发展战略构想的国际认同，既不是慢热型，也不是爆热型，而是一种不疾不徐的恒温型，从近到远，从点到面，从一个相关经济区域到另一个相关经济区域，从邻近的经济板块到较远的经济板块，“一带一路”共同发展的理念不断地传递与传播，成为世界多数经济体特别是“一带一路”沿线国家地区共同关注的热点问题，有感染力有持续性。在许多国家和地区，从学界到商界，“一带一路”已经成为发展战略学的重要新概念和关键词，从媒体到政府官员，“一带一路”也成为重要的讨论议题。尽管其中也会有这样或那样的理解，但从赞同到肯定的居多，坐言起行付之行动的更不少。

“一带一路”构想获得多维度认同

在许多国家与地区，“一带一路”倡议在国家战略等层面被广泛认同，其中最有代表性的肯定认知之一来自新加坡前外长杨文明的看法。他在媒体上发表文章说，“中国发展与邻国互通是一个史诗般的故事”。“中国打造了经中亚和伊朗直至欧洲的路线”，“中国正在提议或已在实施庞大的铁路扩张计划——至泰国湾、安达曼海、阿拉伯海、黑海、波罗的海，甚至一路推进到北海”，“如果沿途造就了一个城市带，所有这些考量就会发生深刻的变化”，“它代表了战略上的重新定位。‘一带一路’意在创造巨大的交通流量，是在21世纪对古代陆上和海上丝绸之路的复兴”。“它将成为推动全球经济增长的主要动力”。

泰国前总理、泰国民主党主席阿披实在接受媒体采访时也说，“一带一路”是一项既宏大又务实的规划，核心之一是联通，“以中国-东盟自由贸易区为例，如果没有人与人之间的交流和各国之间的商品流动，贸易协定就变成一纸空文。重视完善基础设施正是为了促进人与人之间的联系，让每一个人从国家间、区域内的贸易协定中获益，这也正是‘一带一路’的意义所在”。他说：“研究表明，如果实现亚洲各国间的无缝对接，将会带来13万亿美元的额外经济增长。”

乌兹别克斯坦费尔干纳记者协会主席阿比多夫2015年到中国连续考察，回国后发表连载文章说，丝绸之路经济带是“时光对古丝绸之路的历史回响，其建设以各国崭新的合作成果为根基。中亚五国不仅在古丝绸之路上占据过显要战略位置，今天从自身利益出发也都愿意积极参与丝绸之路经济带建设”，“其根本目的是以政治互信、经济整合及文化包容为基础，打造地区国家的命运共同体、利益共同体和责任共同体”。他甚至专文介绍喀什的物流中心，说那里的货物可以通过吉尔吉斯斯坦、乌兹别克斯坦规划建设的铁路线运往伊朗、土耳其和西班牙，或者经南线运往巴基斯坦和印度，运往中国的货物也可以在那里周转。

哈萨克斯坦纳扎尔巴耶夫大学副校长达伊罗瓦的看法更多出于文化

视角。在她看来，“一带一路”也是民心相通的人文互鉴之路。她在纳扎尔巴耶夫大学推动成立了中国文化中心，“希望能让更多的学生有机会到中国学习，促进中哈文化交流和感情联系，也为哈萨克斯坦的发展培养更多的人才”。

有趣的是，随着“一带一路”构想的扩大，对古代丝路的研究也开始再次升温。据日本的《朝日新闻》报道，日韩希望丝绸之路申遗范围延伸至本国。这虽然说的是古丝路，但透过历史文化看现实，“一带一路”的现实影响已经深入到社会文化认识的各个层次。韩国在2015年底主办了一场联合国教科文组织会议，地点就在古代新罗王国故都所在地庆州，会议上150位各国专家就“东方丝绸之路”申请列入世界遗产问题展开了讨论。联合国教科文组织亚太地区教育局局长金光祚说，目前列入世界遗产的丝绸之路东到洛阳为止，希望能将遗产范围向东延伸至韩国和日本，并恢复历史上那样的跨国多彩交流。韩国的考古学者认为，新罗遗迹中出土了古波斯等国的有关文物，说明丝绸之路延伸到了新罗时代的庆州。日本的很多研究者认为，奈良正仓院的部分西域色彩浓厚的文物也是经丝绸之路东传到日本的。会议观察者说，发言中韩国专家占多数，韩日两国学者态度有一定的“温差”，但都表达了对丝绸之路的关注。据日本世界遗产综合研究所所长说，中国目前正在申请海上丝绸之路列入世界遗产。如果申遗成功，“可能会被用作支撑中国‘一带一路’构想的历史材料”。文化遗产国际协力联盟会副会长、和光大学名誉教授前田耕作说：“我们认为，日本在对丝绸之路沿线各国提供遗迹调查援助的同时，应主张日本也是丝绸之路的一部分。但遗憾的是目前尚未建立国家主导的相关机制。应该立即建立机制，与韩国、中国一道加强申遗讨论。”是学术还是愿望？有关文章发表在日本最大的平面媒体《朝日新闻》上，似乎不是随便说说。

亚洲人这样认识，欧洲人也这样认识。对“一带一路”的发展战略，许多西方发达经济体的重要政治家也明确表示了认同。奥地利中国研究协会研究员汉内斯·费尔纳在他的《贸易而非战争》一文中说，

“中国政府将自己的倡议命名为丝绸之路并非偶然。对中国来说，这个名称象征着有利于所有相关方的基于经济和文化交流的和平国际合作——那完全符合中国的软实力战略。‘一带一路’倡议首先旨在将今天处于历史上丝绸之路沿线的国家和地区融合成一个经济体。这个目标应通过扩大基础设施建设、加强贸易并深化文化交流来实现”，“从地缘政治角度和经济角度来看，中国通过‘一带一路’倡议瞄准的目标总体，对这一大片区域有积极作用。借助中国的大规模措施和计划，古丝绸之路沿线地区无疑处于实现经济和社会突破的开端。希望丝绸之路能在中国‘一带一路’框架下扮演好它曾经扮演过的和未来准备扮演的角色：为欧亚大陆实现共同和平、稳定和可持续发展充当东西方之间的纽带”。

以色列外交部官员也明确地说：“以色列视自身为21世纪海上丝绸之路的重要一站，中国的投资与参与有助于以色列实现这一目标，使以色列成为东西方贸易的重要通道。”

2015年2月27日，法国前总理德维尔潘在《回声报》发表文章说，全球化重心都在发生改变，真正能体现这种趋势的是“一带一路”。这一倡议为“冷战结束以来一直没有共同发展计划、强行推动自由主义民主化遭遇失败后的世界提供了一个新思路”，“通过大量港口、铁路、公路、金融和电信等基建项目，填补欧洲和东南亚之间两大繁荣极之间的人文、政治和经济真空，能源丰富的中东地区甚至更远的非洲也有望从中受益”。“这个金融波动剧烈、动荡不安的世界迫切需要通过一些多边新工具（如亚投行）来提供一些长期的项目，并建立新的项目风险评估机制。中国希望与欧洲企业建立伙伴关系，在新丝路沿线开拓市场，并在技术、管理和商业方面形成协同效应”，“欧洲应当充分把握这个机遇，围绕着新丝绸之路计划制定发展路线，并将其与欧盟委员会主席容克所提出的3000亿欧元的投资计划对接”。“我们应当抓住这条连接东西方的丝线。要转变政策思路，要利用经济的力量，给我们的企业明确的指引。不仅欧盟和成员国应为此而行动起来，而且欧洲地方政府、商会、企业、大学、智库也应参与其中。”

“一带一路”国际认同的地缘经济要素

欧洲发达经济体对“一带一路”发展的认同，最典型的例证莫过于，在英国的带头下，欧洲多个发达经济体接连加入亚投行发起的一幕。亚投行堪称“一带一路”建设的金融基石，从 2014 年初开始筹备，受到了美、日的阻遏与怀疑反对，但有 27 个发展中经济体陆续加入发起。2015 年 3 月 31 日是亚投行创始国成员资格确认截止日期，在确认期的最后一个月里，英国带头，法、德、意三个欧洲大经济体跟进，提出加入亚投行创始国行列，这使正在观望中的澳大利亚和韩国也不顾美国的“阻拦”，在最后时刻加入进来。特别是英国，与美国未经磋商就自行拍板了加入亚投行的决定，国际舆论普遍认为，这表明中国倡议的亚投行具有“磁铁效应”，也是对“一带一路”行动的回应。

英国等发达经济体加入亚投行，被许多学者认为具有划时代意义，是战后金融秩序迎来的一个拐点。美国高盛资产管理公司前主席吉姆·奥尼尔评论说，英国加入亚投行是明智的，美国政府表示反对是不明智的。美国不仅“应明智地停止无视世界正在变化这一事实”，也“有必要在 20 国集团内部成立新的 7 国集团，从而向中国提供体现其经济实力并要求其承担相应比例全球责任的影响力”。美国给亚投行设立障碍，以失望告终，不得不放出是否加入亚投行应该由各国自己决定的“软话”。美国现任财政部部长雅格布·卢也不得不向美国众议院金融机构委员会提出，“为了保持我们在 IMF（国际货币基金组织）的领导地位，必须批准改革。不然的话，美国在一定程度上失去影响力”。

其实，亚投行的“磁铁效应”也就是“一带一路”的“磁铁效应”。亚投行的筹备经过，是对“一带一路”发展的一种不言而喻的正面检验。英国的《金融时报》网站评论说“曾几何时，整个世界都拜倒在强大的美元面前，但亚投行一事说明，从目前来看，就连美国许多最亲密的盟友都将人民币放在眼里”。英国财政大臣奥斯本在英国决定加入亚投行时发表声明说，“英国本届政府一直以来积极促进和亚太地区的政治经济往来，打造英国企业和亚洲经济体的联系纽带”。

2015 年，英国外交部和英中贸易协会专门联合发布《英国企业在“一带一路”发展中的作用》报告。报告认为，“一带一路”将在中国国内及沿线国家创造更多振奋人心的新商机，也将为英国企业提供一系列与中国企业在第三国开展合作的机会，实现“一加一大于二”的共赢局面。报告列举了两国企业的互补优势，英方在项目管理、规划及环境保护的专业支持以及英国企业与中东国家、非洲国家以及众多原英联邦国家企业的长久合作关系。这份报告引述了普华永道的预测，认为从现在到 2020 年，沿线国家在基础设施方面共需要 3. 2 万亿英镑的投资。“一带一路”给英国企业带来众多的发展机遇，并将主要以下列合作模式得以实现：商业合伙、技术转让、投资融资、公私合营和供应链调整等。

美国的学者也没有完全沉默。2016 年 1 月，在北京和香港两地连续举办的民间“中美对话”会上，美国全球安全分析研究所所长、美国能源安全委员会高级顾问盖尔·勒夫特提出，“如果美国不能共同实现经济增长，那么世界将很难增长”。他认为中美双方当前应该更关注经济增长，将当前的地缘经济与地缘政治有益结合。他认为美国应该考虑参与“一带一路”。他提议中美建立关于“一带一路”的对话机制，积极开启关于“一带一路”合作对话，更好地进行沟通。“这项倡议不仅仅是有利于中国，而且也利于很多国家。”还说，“一带一路”的意义远远超过了美国的马歇尔计划，为亚洲、中东提供了很好的发展前景，对中国，对所有参与国或地区都有利。美国国际问题研究院院长苏格则认为：“合作共赢是中美两国在新型条件下两国关系的最大公约数，不冲突、不对抗可以视为最基本、最起码的战略共识。”“在新的历史时期，两国要全力避免重蹈所谓修昔底德定律的覆辙，全力避免两国关系走向双输。”这“不是喜欢不喜欢、想不想要的问题，而是符合双方根本利益和国际共同利益的必然选择”。

俄罗斯媒体也注意到，美欧对华政策分歧正在扩大，甚至由此提出了一个新的“三角”理论，说欧洲主要大国加入亚投行并与中国在经济领域密切合作的事实，证明“美中欧三角”的博弈具有“复杂与规模大的特点”。尤其是英国重申支持欧盟尽早承认中国的完全市场经济地位，德国也表达过同样的意思，这是美国完全不乐意听到和见到的。这个表决时间推迟了，但显然又是欧美的一大分歧。分歧如此深刻，其主要原因和结果是中欧加强合作之势“显而易见且不可逆转”。

中欧经济越来越紧密的合作，是由欧亚大陆从古至今的经济地缘联系和经济地缘规律所决定的。尽管中欧距离遥远，但经济的穿透力从来是无比强大的，任什么样的外力都挫不去它的锋芒。英国天空新闻频道的老记者蒂姆·马歇尔前不久推出了他的新著《地理的囚徒》，这是一本从地理地缘视角解读历史和当代国际政治现象的独特著作。马歇尔书中写道，地理、气候、人口和资源的有形现实往往“受到忽视”。也许，“地理始终是某种监狱——这座监狱界定了一个国家是什么样或者可以成为什么样，而世界领导人往往竭力想要从这座监狱中逃脱”。尽管他在书中列举的相互隔离和相互紧密联系的国与国的实例，很多都有点牵强，忽略了人类可以利用和跨越地理摆脱“囚徒”境遇的巨大可能性，也未能更好地解释诸如美国和日本的地理扩张政策的来源，但他给出的一些结论似乎还是很有道理的。比如他说，学者们对中欧东欧的“人种学安排违背了地理逻辑，造成了一张凌乱的地图和更为凌乱的20世纪历史”。但也有评论者不无幽默地讲，看来，蒂姆·马歇尔眼里的欧洲地理是一座“安全级别不高的监狱”。

地理地缘确乎影响到国际政治关系，否则也就没有了地缘政治这门学科。但地缘经济关系更重要，它才是和平与发展的一种要素。蒂姆·马歇尔揭示了地理接近性的规律，但忽视了经济文化和科技传播导致的文明穿透力。如果他能更多地注意到古代丝绸之路的历史事实，进一步看到古丝绸之路正在“一带一路”发展中再次复兴，那么也许会说，在地理这座看似有束缚的“监狱”里，历来都有通向外部世界的门径与道路。只是，这个门径为画地为牢者闭，为人心联通者开。

直面与对接才能走向真正的沟通。因此我们看到，欧洲发达经济体的多数领导人并不是把“一带一路”仅仅看作一种外交辞令，他们确乎从中看到了欧洲复兴的真正机遇，认为“一带一路”共同发展是中欧的共同的经济地缘战略财富。

“一带一路”与沿线国家发展理念的耦合

有一种误解认为，古丝路是从中国起始的，“一带一路”又是中国首倡的，因此必然带有中国的独有印记。但中国人的认识恰恰相反，中国只是做了自己应做的历史贡献，也会为丝路贸易的延续和提升进一步贡献自己的心血和才智。不论是古丝路还是新丝路，作为跨越时空的经济发展的地理经济载体，永远是欧亚各国共同的一笔地缘宝藏，需要人们共同去开掘。考察丝路的历史，或者放眼丝路的未来，从来都是前有古人后有来者。在前丝路时代，东西经济文化交流已经开始大量发生，中国种植的小麦来自中亚和西亚地区，马匹和骆驼的驯化也来自中亚和西亚，而中国的丝绸也在汉武帝以前辗转进入地中海。丝路正式开通以后，中国的丝绸、茶叶、瓷器等产品和四大发明开始批量走向世界。从某种意义上讲，我们也可以把“一带一路”看作“后丝路时代”的开始，在这个“后丝路时代”里，变化的是人们的生产生活方式，不变的是多个人群、多种商品、多种文化的彼此交流和双向传播。在过往的时代里，有时也会发生这样或者那样的纠结，但终归会是“相逢一笑泯恩仇”。基于这样一种共同的价值走向判断，他们越来越看到，中国提倡“一带一路”共同发展不是一句话和一个空的概念，而是实实在在的双赢与多赢，是新丝路发展带来的不同经济体利益的共同整合，亦即建立在各自发展利益基础上的经济发展战略对接，顺理成章地发生，顺理成章地实现。

不消说，“一带一路”共同发展理念来自沿线各国寻求发展的共同愿景，但其具体发展战略形式派生于对曾经为世界文明发展做出巨大贡献的古代陆上丝绸之路和海上丝绸之路的文化认知中。那些令人产生无限遐想的历史画面已经定格在欧亚大陆和世界文明的史册里，同时又会在新的发展场景里继续延伸和再现。对于这种历史延伸和再现，人们也许会作出不同历史文化背景中的理解。但丝绸之路毫无疑问的是历史和现实延续中的国际贸易概念和文化沟通概念，这在学术理论上有其比较普遍的国际认知，在现实经济合作中也具有继往开来的重大意义。在不同国家的历史传统文化谱系里，对丝路联通的具体认知表述是丰富的。比如在南亚，“香料之路”就是它的对称，在西亚则是玻璃或琉璃之路，在北亚和东北亚是“茶叶之路”和“皮毛人参之路”，在东南亚的半岛和岛国沿线却是“瓷器贸易之路”。在文化交流的层面上，你也可以说它是佛教、基督教和伊斯兰教三大宗教东传之路，在科技传播中，更可以循着源自中国的“四大发明”寻找它们辗转创新和再创新的重要节点，和由此产生的具体的历史品牌概念。这些看似有所区分的概念和理念都属于可以对译的地缘经济发展认识系统，都有各自的特色理解和气质表述，同时各有各的“微丝路”发展体系，需要在温故知新中再启共鸣，更需要在现实的丝路经济中找到地缘经济发展的利益共识。

比如，中东国家提出“向东看”，也提出“向西看”。“向东看”，不仅是因为东方主要发展中经济体在崛起，也是因为新丝路的新起点和新商机在东方。“向西看”，则是因为“一带一路”必然会联通经济发达的欧洲。基于传统市场取向继续“向西看”是一种必然的选择。这种市场走向与“一带一路”全方位全走向具有完全的一致性。要发展就要与发展者为伍，与发展者共同前进。无论从陆上丝绸之路经济带的建设来看，还是从21世纪海上丝绸之路的联通目标来看，这都是关于发展的最基本的认识。中东国家的区位优势决定了，它们有这个资源也有这种市场意向，在历史上担当了西去东来的丝路经济角色，也会在未来继续担当这个重任，并在现代海陆丝路联通中起到重要的平衡传递作用。

在对“一带一路”的发展概念的认知中，人们看到了直接认同，也看到了一种间接认同，甚至看到认同发展战略清晰的直接接口和间接接口。例如，“一带一路”可以与欧亚经济联盟的复兴计划与“一带一盟”对接，还可以与欧亚经济联盟哈萨克斯坦总统纳巴扎尔耶夫提出的“光明大道”经济计划对接。“一带一路”与印度的“香料之路”对接——印度的“香料之路”有其历史来源。印度的卡利卡特是古代海上丝路重要的贸易节点，其所在的喀拉拉邦是世界著名的香料产地。在中世纪，卡利卡特的最大奇迹是出现了巨型中国商船，而渔网在印度的出现也在此时。“一带一路”可以与蒙古国“草原丝绸之路”对接，还可以与中东欧国家以“16+1”的组合形式合作对接。“一带一路”可以与韩国“欧亚联通”的概念对接，与越南的“两廊一圈”规划对接，更可以与“东盟10+1”和“东盟10+3”对接，或者与澜湄“金腰带”六国合作机制对接。“一带一路”可以同欧盟规模高达3150亿欧元的“容克计划”对接，同时也可以与英国基础设施升级改造和建设“英格兰北部经济中心”的规划对接。甚至，“中国制造2025”与德国“工业4.0”的对接，以及中国与欧盟国家如英国与法国提出的“第三方合作”对接，也是“一带一路”的中英互译版和中法、中德互译版。总之，“一带一路”是一个比5G还要宽的“宽带”，容量是巨大的。欧盟提出的“容克计划”，本身就着眼于扩大和更新欧洲内部与外部互联互通基础设施建设规模。欧盟领导人为了抵御经济衰退，及时提出“容克计划”，欧盟轮值主席国荷兰要在2016年进一步推动“容克计划”，并考虑与“一带一路”对接，争取在2017年前筹集超过3000亿欧元的投资，用于欧洲急需的基础设施建设，与中国倡议的“一带一路”异曲同工，不谋而合。这一切无疑说明了，对于共同发展，各个国家和各个联合经济体“人同此心，心同此理”。也是因为这样的道理，英国等欧洲国家不仅不顾美国的反对态度，陆续参加亚投行的筹建，也邀请中国进入欧洲复兴银行，成为它的正式成员。

消解广泛认同背后的杂音

当然也有从另外角度看问题的，斯坦福大学的研究员弗朗西斯·福山就有些心情复杂地讲，“一带一路”倡议标志着中国的政策发生了显著的变化。中国有史以来首次在设法向其他国家出口自己的发展模式。

是什么发展模式呢？他只看到了显而易见的几个字，即基础设施建设，但也看到了更多的东西。他说，如果“一带一路”倡议达到预期的效果，“那么从印尼到波兰，整个欧亚大陆将在未来二三十年内发生变化，中国模式会在中国以外的地方开花结果，提高当地人的收入，同时激发对中国产品的需求”，“中亚将不再处于全球经济的边缘，而是变成世界经济的核心”。相比之下，“美国在这方面几乎没什么能帮助发展中国家的，奥巴马的电力非洲计划本身不错，但启动速度太慢，海地的利贝泰堡港口工程就是彻头彻尾的失败”。“美国等发达国家应扪心自问，为什么基础设施建设在发展中国家乃至发达国家自身变得那么艰难。如果我们不行动起来，就有可能将欧亚大陆以及世界一些重要地方的未来让给中国还有它的发展方式。”

对于福山的看法，要从两方面去看，一方面是不得不承认“一带一路”的战略优势及其产生的世界影响，另一方面更要重视由此而来的对美国政策状态的挑战。尽管由于“一带一路”的共趋性，很难出现诋毁和对冲它的机会，更难对这个造福沿线各国的世纪性经济复兴计划说三道四，但也会有各种异样的声音和希望淡化其影响的做法零星出现。所用的策略无非是两种：一种是无视它的影响，在装聋中达到冷落的效果，希望借助其在往常有所灵验的全球话语权中发挥“无声胜有声”的作用和所谓头羊效应，期望着更多的伙伴依旧会看他的脸色跟风行事。但这一招也并非那么灵验，于是在一些具体的关键问题上也还是要跳出来，亮明反对或不信任的态度。在亚投行问题上的表现可以见其一斑。另一种是不时会有不负责任的替代“学者言论”散布，如中国会借此转移落后产能和转移污染，等等。这实在是莫须有的“旁敲侧击”，因为说者无视一个基本事实，中国不仅是巴黎气候协定的重要促成者，也是新能源发展的前卫者。中国的新能源产业发展规模在世界上居于前列。英国全球数据公司的新数据显示，2015 年，中国是世界上最大的可再生能源发展国，2015 年新增的太阳能发电能力，是美国和日本的两倍多。因此，核电、风能与太阳能发电技术是中国实施“一带一路”国际产能合作的重要选项。即便是在清洁煤发电方面，中国也具有一定的技术优势，中国与沙特阿拉伯合作的第三方清洁煤发电技术就在海湾地区落地生根，发挥了改变当地能源结构的作用。

其实，“一带一路”发展战略不仅是一个长远战略，同时也有现实重大意义，即关系到当前世界经济发展和走出低谷，是欧亚发达经济体与发展中经济体共同抵御经济衰退、消除经济衰退阴影的现实有效途径。“一带一路”从一开始就不仅仅是一种理论构想，它具有现实的实践能动性和拉动经济发展的实战性，最大限度地降低预防危机和处理危机的经济成本与社会成本。“一带一路”发展提出的基础设施建设和国际产能合作，不仅有助于全球经济复苏乏力情况下尽快推动部分国家的经济发展，同时也有助于后发展中国家进入经济发展转型的轨道。以资源产业主导型国家如沙特阿拉伯和中国的经济互动为例。沙特阿拉伯是资源富足财力雄厚的国家，但在石油价格持续下跌的情况下，以产业多元化取向为特征的经济结构调整进入议事日程，从 2016 年起开始实施新的力促产业多元化和经济转型的“五年计划”，中国从 2016 年开始进入第十三个“五年计划”，沙特阿拉伯拥有能源和投融资优势，中国拥有资金、制造业和基础设施建设综合技术经验，两国国际产能合作中可以优势互补，双双实现经济转型。中国和埃及“一带一路”经济合作也是这样。中国在全力推动“一带一路”的互联互通，埃及则重点打造“一带一路”重要枢纽苏伊士运河走廊。苏伊士运河新走廊长达 190 公里，不仅仅是新运河的疏通与拓宽，成倍增加运河的通过能力，同时也伴随着铁路与航空业的发展。走廊的龙头项目是首期建成二期开工的苏伊士经贸合作区，这是一个埃及历史上从未有过的产业新城，涵盖了工业、商业、金融、物流和高科技产业发展领域。埃及经贸合作区发展新能源的目标宏大，计划将太阳能、风能的发电比例从目前的占全国 1% 提升到 20% 。埃及政府计划投资 445 亿美元，其中 200 亿美元用于修建多条铁路，投资 50 亿美元建设国家公路网。苏伊士运河走廊建设无异于“一带一路”的埃及版，将对“一带一路”建设产生极其重大的正面影响。这个世纪性的项目不仅需要更多的企业直接投资，同时也需要全面的国际产能合作，包括第三方合作。

国际产能合作是“一带一路”的重要操作载体，也是欧洲发达国家走出经济危机的重要思路与机遇。欧盟国家走出危机，不仅需要继续实施有效的金融货币政策，更需要吸引大量国际投资尤其是企业直接投资，拉动实体经济发展，同时还要抓住“一带一路”中的跨国发展机遇，在第三方合作中找到新的经济生长点。在“一带一路”发展中，欧洲企业可以在第三方合作中发挥优势，也可争取更多国外企业的直接投资，提升经营景气和经济景气，摆脱经济危机阴影。“一带一路”带来新商机是最终战胜经济危机尽快实现经济复苏的一支生力军，是推动经济全球化发展带来的产能合作共荣效应。

值得关注的是，一些人提到“一带一路”是马歇尔计划的中国翻版，从而极力贬低“一带一路”的普遍价值。对于这种说法，中美研究学会美中合作项目协调人阿列克·钱斯先生给出了比较客观的分析。他说，中美两国的评论人士常常把“一带一路”与历史上的马歇尔计划放在一起比较。“一带一路”倡议的规模和目标已经超越了马歇尔计划，更重要的是，“一带一路”的精髓在于开放性，在很大程度上是非制度性的。这一倡议倡导文明宽容，“从官方角度讲，任何国家都可以自由参与投资、协调政策”。在一些人看来，“马歇尔计划是一个政治安全战略，从本质上是自私的”“排他的”，马歇尔计划与布雷顿森林体系一样，都是当时遏制苏联战略的重要组成部分。与之形成对比的是，“今天许多美国分析师（除去大多数经济学家）会轻易蔑视‘一带一路’项目或与之相关的亚洲基础设施投资银行（亚投行）。比如一位智库专家说，亚投行背后隐藏着不可告人的地缘政治企图，可他居然连亚投行的全称都没有说对。许多人认为亚投行是在挑战现有多边机构，但他们没有仔细考察其中的因果关系——其实亚投行主要填补了现有机构的空白”。“实际情况是，‘一带一路’和亚投行有望满足那些没能从任何现有倡议或机构那里得到满足的基建需求。虽然有些项目旨在提高中国的国际影响力，但背后的主要推动力是非常具体的经济因素。中国近来的活动确实对国际秩序产生了影响，但如果本能地使用怀疑的眼光来看待其近来争取地区领导地位的举动，你就无法看到真实情况。鉴于美国还通过施压要求中国成为负责任的利益攸关方，这样的怀疑更是有失公允。”

不论是出于什么样的想法，是尽量缩小不同战略的分野还是别的什么目的，无论从时代背景还是从战略目标看，“一带一路”与马歇尔计划毫无相似之处。而且，马歇尔计划已经成为历史，对现实经济并不会继续发生作用，“一带一路”则具有无限的生命力，讨论其中的异同并没有多少意义，也不会取代“一带一路”长远的历史底蕴与未来长远的成功。更何况前者是冷战的产物，与和平发展、共同发展毫无关联，影响半径既不可比，内涵的战略目的也完全不同。退一步讲，即使从其经济地缘影响来看，马歇尔计划仅仅把北美与西欧整合在一起，是昔日大西洋军事联盟的标配，如果在现在的世界上去找它的“似曾相识”物，那个TPP（跨太平洋伙伴关系协定）之于美国的“重返亚太”，倒是一个模板。而“一带一路”立足现实，着眼长远，构建面向欧亚和世界的高标准自由贸易网络，目前至少涵盖了三分之二的地球人口和经济贸易规模，其世界影响和长远影响并非在同一个等量级上。

设施联通关键推进

设施联通尤其是道路互联互通是“一带一路”的基础建设。随着中国国内高铁建设的发展，中国高铁技术将在“一带一路”的建设中更快地走向国外。在国际高铁和铁路建设领域，规划中联通南欧与中东欧的匈塞铁路塞尔维亚段启动，雅万高铁落地，中老铁路奠基开工，马来西亚至新加坡的高铁项目招标进入程序，中泰铁路的规模和融资经营模式虽然有变化，但也进入了启动阶段。“泛亚铁路”几经规划，终于一段一段地在落地，这是东盟经济共同体成立后的一件大事，也是“一带一路”建设走向成功的一个不大不小的标志。

班列丝路

铁路建设是联通亚洲内部和欧亚大陆物流人流的骨干与神经束，在“一带一路”中起到了疏通与集散的基础作用，也是“一带一路”发展的最具核心意义的基本建设。当年是条条大路通罗马，现在还要条条大路通北京。欧亚大陆内部的铁路动脉虽然并不少，但真正具有洲际联通功能的，只有20世纪出现的西伯利亚大铁路和被称为第二座欧亚大陆桥的陇海对外连接线，即西出阿拉山口的辗转路线。如何挖掘既有路线的运能，提升运力，是进一步打通中欧交通的首要问题。人们已经看到，往来欧亚的多个货运班列也为亚欧的物流与贸易提供了有效渠道，并为中欧、中俄的贸易与经济合作拉响了连串的“汽笛”。在欧亚大陆桥上，前所未有的具有立体空间感的人流、信息流和物流网络格局雏形显现。

尽管这里有轨距不同引起的诸多不便，但毕竟有了初步基础。在国际运输合作中开出定期与不定期的班列，乃是最为现实的市场选择。在欧亚道路联通的起始阶段，沿着既有两座大陆桥辗转进发的多条班列启动了，在第二座欧亚大陆桥主干上行驶的是来自青岛、郑州、西安、成都、重庆等制造业重镇的班列，抵达地主要是德国中部的铁路枢纽杜伊斯堡，再由杜伊斯堡向西欧与北欧集散。在第一座欧亚大陆桥亦即西伯利亚大铁路上行驶的是诸如“苏满铁”等几路班列，终点也是杜伊斯堡和西班牙的马德里。这些班列选择了不同的货运方向，与中国国内产业集群布局与传统国际市场走向相一致，因此货运繁忙，形成了“一带一路”陆桥运输的最初景象，这些数以十计的班列至今仍是大陆桥运输中的一大景观，使多年沉寂的欧亚交通的内循环再次活跃起来，充满了新的生机。

2015年，“郑新欧”班列开出150多班，集货半径2000公里，“临满欧”打通临沂经东三省到欧洲的物流通道，“宾新欧”盘活了黄河三角洲的陆上外运，"青岛号"畅通了中国东部沿海到中亚的物流运程，"渝新欧"、"汉新欧"、"义新欧"以及"哈满欧"等等，中国通向欧洲的班列形成了东中西三条通道和重庆—杜伊斯堡、成都—罗兹、苏州—华沙、武汉—捷克的五条线路，覆盖了中国中东、中西部地区的主要铁路货运枢纽。德国铁路总公司董事、前总理府部长波发拉率团访华并与中国铁路中欧公司签署交换合作谅解备忘录，在向中国媒体发表消息时表示，希望在中欧班列、高速铁路和基础设施建设项目上与中方更密切地合作。中欧各个铁路班列的开行，是道路联通的成功典范，2015年中德之间的货运班列载量达到3万个集装箱，预计2020年将增长到10万个集装箱。德国铁路总公司对中欧铁路班列前景看好，认为具有灵活中的持续性，因为他们看到，中欧贸易具有巨大的增长潜力，铁路运输在一些特定的商品物流中具有不可替代的作用。比如，他们很关注化工产品的运输，因为在欧洲化工产品都通过铁路来运输，而中国主要是通过公路，不但单次货运量小，也容易造成公路多车种交叉的安全隐患，因此中欧之间的铁路运输市场保有巨大的发展空间。他们还希望在"一带一路"框架下与中国同行展开第三方市场合作，在铁路基础设施开发和商运方面紧密对接，一方面将德方高铁运营25年的经验和技术带向全球，一方面也有兴趣学习中国高铁远距离高负荷运载的技术经验，这种合作将是一种双赢的合作。

绝不能小看了这些定期不定期的班列，它们是"一带一路"开始启动的信使，也是"一带一路"从一开始就是一种划时代的行动而非"纸上谈兵"的规划展示。沿途经过欧亚八个国家的"义新欧"班列，在一年多中发出了39列货车，最长运程达到1.3万公里。"苏满欧""苏满俄""苏新亚"出口班列在2015年开行122列次，列次同比增长284%，货值9.9亿美元，同比增长338%。这表明，欧亚大陆内部久被压抑的流通能量蓄积多年，只要有一点出口，有一丝撬动，就喷发奔涌出来。它所展现的是欧亚大陆经济联通和贸易交流的历史必然。俄罗斯在欧亚第一座大陆桥经历多年使用、剩余运量不足的"苦恼"之后，也在积极地迎接新的市场机遇。2016 年一开年，中俄国际班列增添新成员，在原有的“义满欧”“苏满欧”之外，大连与斯卡卢加州的沃尔希诺国际工业园之间，开通了中俄新班列。从大连出发走海路一般需要 50 天，这条新班列线时间缩短一半。与俄罗斯发生相互贸易封锁的乌克兰也不放过向东进发的机会，2016 年 1 月 15 日，从乌克兰南部的伊利乔夫开出班列，经黑海、格鲁吉亚、阿塞拜疆、里海和哈萨克斯坦，历经 12 天时间抵达中国西部枢纽站。这其实也是古代丝绸之路的黑海线，运程似乎更短一些。

诚然也要看到，诸如“义新欧”班列，去途满负荷，回程多半空，难道欧盟国家出口不积极？似乎并不是。细细观察，不是欧洲商人没有增加出口的打算，也不是中国的消费者不喜欢欧洲商品，而是受欧洲对俄经济制裁以及俄罗斯的反制裁严重影响，一些商品的“过路”都成了问题，例如西班牙的招牌食品就因为对俄食品出口封锁，无法借道进入中国市场。

欧亚大陆桥

然而，这种非经济因素造成的贸易的“不对等”毕竟不会长久，“班列丝路”显示的各种不足与遗憾，只是一个令人不太满意的“插曲”，有开端的曲折就有流畅的结尾。人们翻检古丝路的历史，贯通东西的道路像一张抛向四面的渔网，疏而不漏，几乎覆盖了欧亚大陆的所有角落，其中最为关键的路线就有多条，我们今天把它概括为六大通道，但从更为广阔的视角来看，应当是八大通道，这还仅仅是从陆路的角度去看的。这八大通道，在中国的西部和西北部有三条，大体上以东天山为间隔，最北的一条是我们常提到的经由阿拉山口西行的第二座欧亚大陆桥，经由霍尔果斯口岸或者与吉尔吉斯斯坦接壤的中国阿克苏地区西去，这是辗转走向乌兹别克斯坦和阿富汗北部以及广大西亚地区的古丝路干线。最南的一条则是唐僧取经的必经之路，也就是今天的中巴经济走廊。中南和西南方向的通道也是三条，其中两条是我们已经耳熟能详的中缅孟印走廊和中南半岛走廊，后者可以分为湄公河、红河老街河口和南宁凭祥三条支线，但最为西南的一条则是连接尼泊尔与印度次大陆的雪域高原丝绸之路。还有两条与北京有关，一是经由山海关走向东北亚，一是传统的草原丝绸之路。八个通道八个陆地方位，自古如此，今天更为彰显。

那么，按照这八条通道和八个道路联通的地理方位去测想，人们设想的欧亚大陆桥就不会是两座，至少还会有另外六座，虽然这其中还有各种技术上和商业成本上的问题需要研究，但丝路的地缘与地理已经提供了大致的规定性。

这种规定性告诉人们，第二座欧亚大陆桥会有西亚、中亚到欧洲的走向，同时也会有渡过地中海到达希腊，通过已经启动的匈塞铁路第一期路线，与欧洲相连接。中巴经济走廊的交通线是喀喇昆仑山公路，但从技术的极限上讲，铁路连接并非不可能，如果就像走向西亚的铁路可以连接地中海一样，越过波斯湾、海湾和红海，也就与西亚北非地区海陆相连，进而形成海陆相间的西亚地中海大陆桥。这条跨越中亚世界屋脊的大陆桥，从天山南北两侧都可以穿越，目前最可行的还是从霍尔果斯西去进入哈萨克斯坦南部和乌兹别克斯坦北部联通西亚的铁路。从吉尔吉斯斯坦西去也是个选择，那里的安格连铁路正在修建，中国企业承建了最困难的隧道工程。

在“一带一路”经济合作南向和东南向的方向上，“泛亚铁路”北向的中线、东线和西线是引人注目的。尤其是西线，在规划中连接着中国、缅甸和东盟国家，但也会正面影响到中孟缅印经济走廊的建设与推进。按照既定规划走向，由中老铁路、泰老铁路对接马来西亚到新加坡的铁路，是“泛亚铁路网”的中线，从中国昆明经缅甸东向泰国、马来西亚再到新加坡的是西线，从昆明经越南、柬埔寨、泰国和新加坡的则是东线。中线全长 4500 公里，西线全长 4760 公里，东线全长 5500 公里。三条线都是泛亚经济带的钢铁骨架，也是通向中南半岛和东盟经济共同体的三条重要的经济走廊。这三条经济走廊有不同的经济合作覆盖面，但最终汇集到马来西亚和新加坡。“泛亚铁路”北向线无论是哪一条建成，都可能发生预料不到的联通效应，那就是经由中国的昆明、成都走向兰州，汇入第二座欧亚大陆桥。如果是这样，人们完全有理由称之为第三座欧亚大陆桥，其能够产生的经济联动效应将会超越第二座欧亚大陆桥，成为“一带一路”道路联通的又一个奇迹。

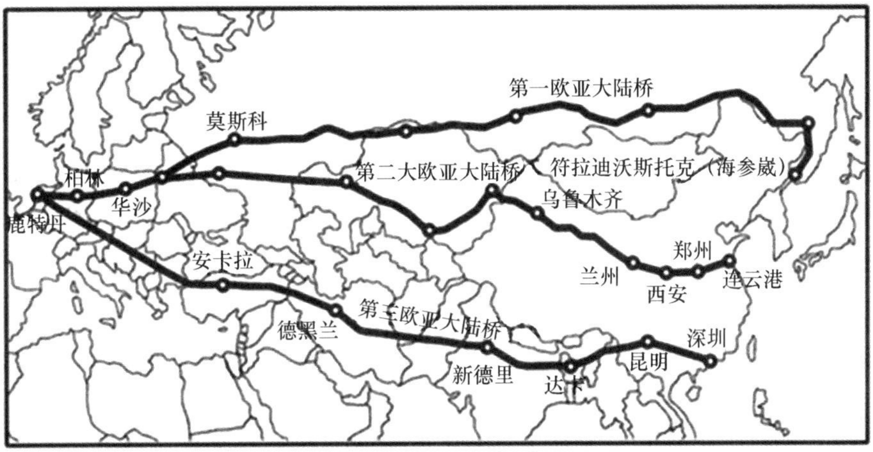

图 1　三条欧亚大陆桥示意图

临近中国西藏地区的尼泊尔，也希望建设一条穿越喜马拉雅山谷地的中尼边界铁路。虽然存在地质条件复杂的技术问题，但对于修建了青藏铁路并将青藏铁路分别向后藏和林芝地区延伸的中国铁路人，这并不是太大的难题。倘如此，南亚次大陆与欧洲的陆地道路联通同样不是问题。

在亚洲偏北地区，联通北京与莫斯科的高铁中远期规划已经进入中俄两国的备忘录，而京哈铁路与西伯利亚铁路的对接也是早已列入议程的事。随着俄罗斯西伯利亚铁路南延计划的逐步推进，东北亚与欧洲的互联互通也将会实至名归。甚至，一如俄罗斯有关研究部门的研究成果，这条铁路完全可以跨越白令海峡走向北美的阿拉斯加。如果这项研究成果可以实现，欧亚大陆桥不再是欧亚大陆桥，而是欧亚美大陆桥，恰好与文明文化传播的古老路线耦合。甚至人们也可以这样想象，有一天，规划中的莫斯科—北京高铁也会西向欧洲，东向美洲。在铁路技术的飞速发展中，这并不是一种地理梦想。如果我们还能记起，在数千年上万年的交通史中，人们已经这样走过，只不过是马帮、纤夫和背客借助木制的雪橇、骆驼、驴子悠悠地走过，现在则是换作了高速公路与高铁，让道路更平坦更便捷，联通得更有效率。

但这需要历史的新的轮回，需要“一带一路”对丝路现代复兴的因缘际会。人们预计，仅亚洲地区，基础设施投资就需要8000亿美元，这其中的一大部分需要用在陆路交通尤其是铁路建设与改造上。在设施联通中，道路联通已经成为沿丝路国家的共识，一步一步地“逢山开路，遇水搭桥”，修旧铺新，裁弯取直，将许多地区内传统的内向性交通设施更好地连接起来，形成人流物流跨界对流的新的交通系统。

充满曲折的泛亚铁路建设

从目前欧亚大陆和亚洲国家道路联通的动态来看，中老铁路的开工是一个关注点，中老铁路中国段玉溪至磨憨2016年通车，总长400公里的老挝段2015年12月开工，中老铁路全线预计2020年建成通车。与中国山水相连的老挝，对中老万象铁路寄予很大的期望。中老之间除了澜沧江湄公河准黄金水道在21世纪初正式通航，域内并没有一条干线铁路，物流与人流相对阻隔，严重制约经济的发展。老挝不仅希望这条时速为160公里的干线铁路成为联结中泰的运输大通道，同时要沿着铁路线布局自己国内的经济开发园区。老挝国会主席亲自出席了铁路开工奠基仪式，为中老万象铁路的修建铲下了第一锹土。万象的旅游资源丰富，农业资源也很丰富，老挝的工业化和现代化之路正在启程。中老万象铁路的开工，无疑会为老挝带来新的发展机遇。老挝缺少经营管理铁路运输的经验，在中国铁路企业的帮助下，正在加紧培训自己的经营管理与技术人员。

由于商业计划发生分歧，工程造价评估有差距，原定由中国银行系统融资并主要由中国企业承建和管理的中泰铁路，计划发生调整，改由泰方自己融资修建，中国提供技术，里程缩减并暂时停止了铁路通向泰老边境的计划，这在客观上推迟了“泛亚铁路”北线联通中国云贵的时间表，但是随着“泛亚铁路”北向东线和西线的逐步推进，中泰铁

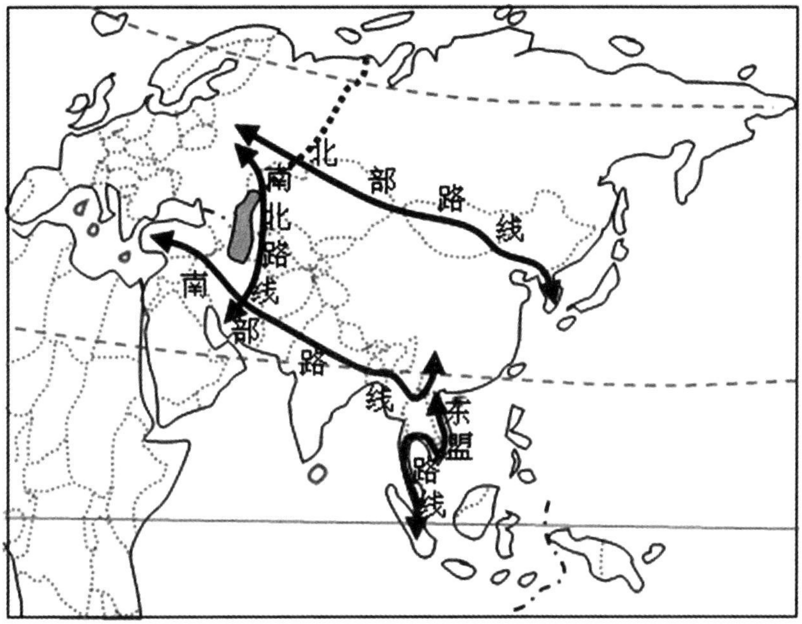

图 2 泛亚铁路四条路线规划示意图

图 3 泛亚铁路东盟段示意图

路连接泰老的计划并不会无限期地搁置。一方面，中老铁路竣工以后，必定产生老泰铁路联通的紧迫性；另一方面，"泛亚铁路"中线或曰北线其实关系到泰国对外交通的更大布局，不仅在于同中国建立更加紧密的外贸联系，其实最终也会关系到泰国和东盟的铁路能否较早地经由中国的"欧亚大陆桥"，开辟从陆路联通欧洲的贸易通道。"泛亚铁路"是东盟国家最为宏大的铁路联通计划，目前条件最成熟的还推中线或曰北线，尽管现在不能一步到位，主要路段的开建创造了道路设施联通的交通氛围。因此不能因为商业计划的调整与更改，就感到联通的艰难。也因此，中国与泰老铁路的合作有些曲折，并不意味着"一带一路"设施联通遇到了挫折。

对于这种基于商业平等互利的正常合作中的谈判，《美国之音》报道说中国要价太高，日本的媒体报道说，泰国缩小铁路合作规模对中国造成冲击，甚至是"泛亚铁路出现断裂"，"迫使中国不得不调整此前的构想"。这似乎有些"酸葡萄"的味道，哪一条铁路先全线贯通哪一条后全线贯通，在泛亚经济带建设的大局上并不是最重要的事，但从道路联通带来的经济联动效应上看，对铁路经由国和所在国的正面影响还是有时效差的。改变的只是合作的方法和结构规模，这种合作又是平等互利友好协商的市场合作，并不是什么要价问题。"泛亚铁路"本来就是东盟内部与外部互联互通的道路基础设施建设，中国的全部支持和局部支持都是支持，重要的是铁路联通本身。所谓"泛亚铁路"出现断裂，不管从哪个方面讲，都是一种不可思议的说法。

从时间的角度看，"一带一路"道路联通尤其是铁路建设布局，已经是够快的了。抛开前期调研与酝酿研讨不说，在短短的三年里，匈塞铁路塞尔维亚段工程启动，中老铁路奠基开工，雅万高铁落地，这将是东南亚首条高铁，预计 2018 年建成，也是中国在海外全程参与规划、建设、运营和管理的高铁。与此同时，中国也将介入新马高铁马来西亚段的建设，在此之前，由中资企业牵头组建的"东盟制造中心"在马来西亚投产，具备每年制造 100 辆动车组的能力，并具有电力机车和轻轨车辆等全系列轨道交通装备制造能力，使马来西亚成为东盟首个拥有轨道交通技术的国家。中国与伊朗合作的长逾 926 公里、时速 250 公里的德黑兰至马什哈德的铁路也进入了立项。在此之前，莫斯科至北京高铁的莫斯科喀山段进入了两国间的议事日程。这些主要的铁路联通项目不同程度地前后落地与达成，看似一个满天星的格局，其实都与“一带一路”道路联通轨迹不谋而合。

事实上，我们也看到了，许多重大的基础设施建设，从提出创意到立项，从开工到验收再到真正发挥效益，都不会是一蹴而就的事情。实施中出现一波三折，寻常可见；搁置多时又出现转机，同样是正常的事情。但最终的结局，拗不过“一带一路”所依据的共同发展规律。

“泛亚铁路”建设启动了，这就是事实，是“一带一路”道路联通的切实开端。近年来，各国都推出了高铁发展计划，据不完全统计，全球近 20 个国家的计划总里程 2 万公里，投资超过 8000 亿美元。东南亚各国正处于工业化中期，高铁网络将会改变它们的产业布局。东南亚市场是各路商家的必争之地。中国的高铁竞争力不仅在于技术，也在于价格和施工组织的整合优势。目前，中国的高铁企业占国内 80% 的铁路市场，2015 年覆盖线路 1.8 万公里。高铁与轨道交通设备出口国家超过 80 个，2014 年就占到世界市场份额的 10%，销售额远超西门子、阿尔斯通、庞巴迪和日企。中国企业在 10 兆瓦无线供电系统获得自主突破，保证高速列车时速达到 350 公里以上安全运行。中国铁路建设企业参与的非洲工程，除了中铁建修建的长达 1344 公里的安哥拉本格拉铁路已经通车，未来还将与安赞铁路、坦赞铁路接轨，实现南部非洲互联互通，形成大西洋印度洋陆上通道。此外，中国土木工程集团参与的尼日利亚沿海铁路也在施工。

在东南亚地区，短暂的波折后出现新的局面。在印尼，中国高铁“出海”实现历史突破，雅万高铁在激烈的竞争中花落中国企业。两国之间的产能合作不断延伸。斯里兰卡由于外债高筑，也在考虑由中国企业建设的暂停的港口项目。据有关报道，为确保红海到地中海通道畅通，希腊比雷埃夫斯港与以色列的阿什杜得港之间将建立海上通道，中国港湾工程2014年9月获得建设合同，承建亚喀巴湾的埃拉特港到地中海沿岸的特拉维夫的“红海地中海铁路”，实现海上丝路与陆上丝路在中东与北非交会。这条铁路拟建高铁双轨，横穿内盖夫沙漠。总长217英里，其中特拉维夫至贝尔谢巴一段已由以色列建成。以色列与中国在2012年就签署了有关备忘录，这条拟建的铁路也可以延伸到约旦并走向阿拉伯半岛。

尽可以这样去想象，匈塞铁路的建成加上后面将会提到的希腊比雷埃夫斯港，构成了地中海北上欧洲的海陆物流通道，与业已形成的欧亚大陆桥运输通道成为一个大的闭环。莫斯科至北京的高铁在未来建成，则会提供中欧之间人流往来的快速通道。

也尽可以这样去想，三年里，欧亚大陆内部新丝路版图会更加清晰，将会在历史上第一次实现海陆联通，跨向了南欧和地中海。倘若数千年前出使大西域地区而面对地中海的甘英副使，能够预料到如此恢宏的现实景象，又会是怎样的一种情怀？那位陆路取经海路归的法显大法师如果生活在今天，自然也不会因为没有陆路可取而被洋流漂到北方的青岛，冒死而归。

“一带一路”建设不畏惧市场竞争，因为它本身就是市场的战略选择。这在东南亚高铁建设中看得似乎更清楚。澳大利亚洛伊解读网站在2016年2月初发表了一篇题为“日中在东南亚的铁路大博弈中角逐主导地位”的文章，颇有旁观者看葡萄藤的意味。谈论者把一切都归于对政治地缘利益的争夺，甚至把亚开行调研马来西亚牵头的东盟提出的“泛亚铁路”计划说成是中国的“泛亚铁路”计划，从万象铁路、泰国铁路、雅万铁路甚至吉隆坡到新加坡的铁路都数了个遍，认为“必然是用很多优惠资金促成的”，甚至用轻薄阿基米德的态度讽刺说，“给我足够长的金融杠杆，我可以用铁路覆盖整个世界”。对于这样一位被“政治地缘”利益蒙住眼而不知市场竞争为何物的论者，你怎能同他论出什么妙论来？相较于他，较早评论同一件事情的另一位评论者尼马尔·高希先生，观点就平和得多。尼马尔·高希先生在新加坡《海峡时报》发表了“中国通过铁路与东南亚连接起来的梦想正成为现实”的文章，同样把中国与“泛亚铁路”紧密地联系起来，但他说，“按照中国支持的计划，相关国家将建设把东南亚大陆各国连接起来的铁路网络，并为中国开辟通向泰国和孟加拉湾的通道。如今，长期以来人们梦寐以求并不断讨论和辩论的计划终于迈出了实实在在的第一步”。

对于中国在设施联通中贷款的优惠，中国国内也有微词，甚至还有人认为基础建设项目回收周期长，标的国又都是发展中国家，市场又小，财力有限，会不会“赔本赚吆喝”。对这种担忧，首先要从“一带一路”共同发展的市场性质上去看，如果只是闷头赚自己的钱，不知共同发展中有多少新的共同发展商机，似乎是很难与之谈“一带一路”的。比如，在万象铁路的建设上，中国银行对老挝的贷款利息由 2.5% 降到 2%，老挝人口少，可供出口的产品也少，怎么能够养得起 427 公里的一条铁路呢？如果这只是封闭的一个铁路项目，当然言之有理，但联系到中国的庞大旅游人口，联系到老挝投资环境的根本改观，这个账显然就不能这么算了。加上中国素来的睦邻政策，这条铁路又是客货两用的中等 160 公里时速，不能不说是一个双方默契的既实在又精明的市场策划。“泛亚铁路”是一条共同发展的路，提出“一带一路”构想的中国必须全力支持。

在道路联通取得新进展的同时，空中交通联通得到强化。目前，中国国际航线爆发式增长，增长到 200 条以上，与“一带一路”沿线国家航线总周转量增长了 76%。采取多种合作方式，增强空中航运能力，是设施联通的重要努力方向。中国东盟信息港建设也在向前推进。信息港基地有可能落户广西南宁，包括了总投资 209 亿美元的 34 个项目。中国为此设立了信息港建设基金。根据“谁先动谁先受益”的操作原则，中国公司已与缅甸电信运营商合作建设海底光缆。中国东盟信息港建设项目是在 2014 年中首次提出的，是建设“21 世纪海上丝绸之路”

的信息枢纽。

海港建设

与铁路联通相关联，“一带一路”海上节点布局同样可圈可点。从目前的情况看，对“一带一路”经济发展最具战略意义的海港设施是印度洋—地中海一线，这是同历史上的海路贸易包括地中海—红海—印度洋至广州的转口贸易走向是一致的。最重要的海上丝绸之路节点，除了新加坡的马六甲海峡，便是斯里兰卡的科伦坡、缅甸西南部的漂皎、巴基斯坦的瓜德尔港，以及吉布提的吉布提港、也门的亚丁港和埃及的苏伊士运河。有一种“珍珠链”理论，是把贸易的珍珠硬比附为军事的布点布局，那实在有点以己之心度人之腹。世界贸易的哪一个繁华港口不是贸易这顶皇冠上的珍珠？而哪一个港口又何尝不想成为这样的珍珠？亚丁港与苏伊士运河已经是成熟的国际港口与水道，自然也是“一带一路”的主要合作者与参与者，但真正要由此北上欧洲并与波罗的海形成大的欧亚海陆循环，希腊的比雷埃夫斯港是首选之地，尤其是匈塞铁路与比雷埃夫斯港相邻对接，具有中欧贸易的海陆潜在优势，可以减少货物多次过境的复杂程序，具有“一带一路”发展的巨大战略意义。由希腊向西，地中海北岸是意大利、法国和西班牙，都是与中国贸易关系密切的国家，南岸则是利比亚与阿尔及利亚、摩洛哥，阿尔及利亚与法国又具有历史上的紧密关系。这样一种区位优势，既是推动希腊海运业复兴的地理资源，也是中希加强“一带一路”经济合作的重要节点地区。

2016 年 1 月，中国的两家企业首先与阿尔及利亚国有港务集团签署了成立中阿合资公司建设新港的意向书，中国多家银行为新港口的兴建融资 30 亿欧元，用于共同兴建阿尔及利亚最大的商业港口哈姆达尼耶新港。哈姆达尼耶新港位于阿尔及利亚首都阿尔及尔 70 公里的舍尔沙拉。阿尔及利亚原有的四个港口已经饱和，因此该港是阿尔及利亚一直迫切需要的基础设施建设项目。哈姆达尼耶港的兴建对西班牙也是一个利好，西班牙作为一个传统的航海国家，对港口管理有着丰富的经验，所以许多西班牙人参与到哈姆达尼耶港的项目中来了。哈姆达尼耶港的建设目标是七年内具有装卸650万标箱的能力。这样的规模使它成为地中海新的明珠，也将成为通过苏伊士运河进入西地中海和大西洋的关键点。哈姆达尼耶港是西非市场与西欧市场的分销平台，中国又是阿尔及利亚最大的进口国，2013年中国企业还在阿尔及利亚承建过非洲最大、世界第三大的清真寺，数万中国人在阿尔及利亚的能源、贸易和旅游行业工作，因此哈姆达尼耶港的合作模式既是中阿经济合作的成果，也是“一带一路”发展的新的战略节点。哈姆达尼耶港建设项目是合作模式的创新，与当地有资信的公司合资，共享成果，共担风险，并同时发挥第三方的力量。

相比较而言，在中东和地中海区位优势更为突出的希腊比雷埃夫斯港，合作就有些一波三折。2009年，中国远洋运输集团获得了比雷埃夫斯港两个码头的35年特许经营权，并耗资10亿美元进行现代化改造。在不到五年的时间里，比雷埃夫斯港实现集装箱运输量增长6倍，并为当地创造了1000个工作岗位的业绩。比雷埃夫斯港位于雅典近郊，是希腊最大的集装箱吞吐港，也是欧洲屈指可数的大港口。货物由比雷埃夫斯港北上要比从德国或荷兰起货上岸进入中东欧的运输时间缩短一周至十天。在匈塞铁路建成之后，中欧之间的商品进出增加了新的通道，比雷埃夫斯港是新通道的枢纽港口。比雷埃夫斯港同时担负了对大批国际游客的多岛屿轮渡业务，因此也是国际旅游人流的集散地。中国远洋运输集团对比雷埃夫斯港实行的收购模式是希腊政府所说的该港港务局“私有化计划”。这与阿尔及利亚哈姆达尼耶港的模式有很大不同。2015年1月，希腊刚上台的齐普拉斯政府宣布停止执行比雷埃夫斯港67%股份的“私有化计划”，终止向中国远洋运输集团出售该港股权。但由于希腊财政持续恶化，齐普拉斯在当年9月大选中再次当选后，放弃了反对大型“私有化计划”的立场。在匈塞铁路于2015年12月底举行启动仪式之后一个月，希腊政府再次看到了“一带一路”发展的前景，宣布接受中国远洋运输集团的投标，中国远洋运输集团成为比雷埃夫斯港的“首选投资者”也是唯一投资者。中国远洋运输集团购买比雷埃夫斯港经营权的总价值约为15亿欧元，其中包括该港港务局67%的股份报价3.685亿欧元，也包括承诺的后续投资和交给希腊政府的3亿欧元收入。2015年2月召开股东大会，5月完成法院审计和议会批准，比雷埃夫斯港成为“一带一路”发展中比较稳定的战略一环。

有人说，新丝路的国际互联互通是旷日持久和艰难的，不同的主权国家由于不同的文化背景和不同的政治制度背景，当然会在立项审查批准上有不同的效率，不同的社会制度和对同一件事物的不同认知态度甚至不同的利益取向和不同的国际变化背景，都会影响到不同的阶段性过程与结局。但只要记住那句话，“发展是硬道理”，也知道普天下的民心都会思发展，时间终究是一个软指标。

对比雷埃夫斯港的收购波折不断，其实也是西方政府换届经常会遇到的问题，因此也有经验可吸取，但比雷埃夫斯港收购的成功最终取决于中国企业尊重对方的社会制度、法律法规以及工人的合法权益、文化习俗之外，最重要的还是“一带一路”共同发展燃起的希望，提升了希腊在地中海与周边地区的经济战略重要性。

与比雷埃夫斯港类似但模式又不一样的，是斯里兰卡中资港口城项目。该项目在斯里兰卡首都附近，属于填海造地项目，108公顷土地中有20公顷归中国交通建设股份公司，其余土地该公司拥有99年的租用权。2015年斯里兰卡新总统西里塞纳上任后同样暂停了这个综合项目。西里塞纳执政一年，寻找不到新的发展路径，在外贸逆差加大、货币持续贬值的情况下，深感在“一带一路”中寻找发展机遇更实际，也就在2016年2月同意港口城项目恢复动工。路透社报道说，科伦坡目前正在“改弦更张，让一度停工的中国援建港口项目开工”，并把中国企业看作是另一处新经济特区的承建首选者。他们引用斯里兰卡的内阁发言人的话说，“政府对华立场已彻底改变。鉴于西方给出的条件苛刻，还有谁能给我们带来资金呢？”另一处新经济特区位于斯里兰卡南部汉班托特，是斯里兰卡推出的45个项目中较大的一个。中国企业此前在这里投有17亿美元的资金，承建了机场与港口，但只占其产能的一小部分。

在澳大利亚，2014年，中国招商局集团与澳大利亚黑斯廷斯基金管理公司合作，以17.5亿澳元协议价收购纽卡斯尔港。2015年，山东岚桥集团获得了达尔文港99年的租赁权。这是中国民营企业在海外港口建设取得成功的首例。

中国香港资本承建尼加拉瓜新运河。该运河长278公里，其中105公里要穿过宽230米至520米、最深处30米的尼加拉瓜湖，在2015年该项目也曾遇到以“环保”为理由的反对，目前正在正常施工。因为“环保”只是一个由头，尼加拉瓜新运河是以资源输出为大宗的拉美国家的一条希望运河，原有的巴拿马运河难以承担大吨位船只的通过，必须有一条新的运河连接太平洋与大西洋的航道，使拉美的资源企业有一条更适宜更便捷的海上大吨位船只往来的越洋跨洋通道。

吉布提似乎是一个敏感点，但摊开来说，或从根本上讲，也是“一带一路”经济发展与安全保障结合的题中应有之义。吉布提位于红海南端入口，是通往苏伊士运河的必经之地。那里已经设有美军和法军的军事基地，其他国家的海军也经常使用吉布提的港口，因此在那里建设一个海上丝绸之路的“保障设施”并不奇怪。吉布提总统盖莱在亚的斯亚贝巴接受媒体采访时说，“中国政府决定来这一地区。他们有权保卫自己的利益，跟其他所有人所做的一样”，“他们是我国最大的投资方。他们很体恤我们的感受和目标，两国的利益是互补的”。吉布提外交部部长尤素福则说，“我们知道一些西方国家对中国可能有决心拥有海外军事基地感到担心”，但他更讲，早就拥有海外军事基地的西方国家不应该感到担心。事实上，一些国家不仅不用担心，还应当反躬自问，他们除了在那里建设军事基地，还为这个红海入口国家做了些什么？在吉布提，除了美军和法军的军事基地，还有日本在海外的基地，欧盟反海盗部队中的西班牙、德国士兵也驻在那里。据闻，沙特、印度和俄罗斯都有相关基地计划。因此，此地被一些人认为是“大国竞技场”。

吉布提也要发展，港口经济几乎占到国内生产总值的70%。那里正在扩建港口以吞吐更多的大宗商品和集装箱，它还要修建两个新机场，接纳更多的游客。在未来五年，吉布提总投资要达到124亿美元。有意思的是，中国并没有把吉布提当成单一的海外军事基地，而是使用中国招商局在吉布提南部联合建设的多拉莱多功能港，中国海军将只使用吉布提港的一个泊位，作为一个后勤中心。这对于执行过索马里反击海盗任务的中国海军来讲，恐怕是最低的一种军事安全要求，中国的商船大部分进出红海与苏伊士运河，从哪个角度讲，在吉布提建设多功能港口，这应当是再正常不过的事了。

航道开发

从中国到波罗的海，21世纪海上丝绸之路的建设，除了传统的太平洋、印度洋、地中海和大西洋的航道，也有新的合作开发的潜力和思路。这就是近年来逐渐升温的“北极航道”。北极地区是地球上最后一块未开发能源富集区，同时随着地球气候变暖，有可能开辟经由白令海峡的新航道，这当然依旧需要破冰船等辅助设施，更需要足够吨位的港口泊位和陆上交通设施的修建与完善。中国是北极俱乐部的永久观察员国，中俄之间的经济合作关系尤其是能源合作应当有资源互补的长期性，尽管石油贸易目前风光不再，但石油天然气具有较长时期的不可代替性，因此，中俄之间的合作在北极地区既具有海上丝路交通的意义，也有综合的经济战略意义，可以兼顾能源保障与航运，同时更好地改变东北亚经济发展的凝滞状态，这是“一带一路”发展的“处女地”。

东北亚南部地区一直是古代海上丝绸之路最活跃的地区。在更早的地质年代里，其北部的白令海峡也应当是“前丝路”文明曙光露头的联通通道区域，许多历史考古成果证明，这里是亚洲大陆文明与美洲文明相互连接与互动的人文脐带。随着历史沧海桑田的巨大变化，这里出现了闭锁性的状态，但是，在地球越来越成为一个“村落”的互联网时代，昔日的经济地理的死角终究会消失，这是北极圈国家非常重视这一地区的最根本的原因。北极地区的重要性，概括起来有三：一是资源价值，那里分布着占地球三分之一的未开发化石能源资源；二是具有居北临南的最短直线距离，对全球安全问题产生直接的影响，甚至会改变现有的安全战略均势；三是与地中海航线南北遥遥相对的潜在的航运“纬线”，并可以形成一个围绕北半球大陆的“闭合圈”，具有潜在的航运缩短距离的价值，以及在经济循环对流中提升北半球欧亚美经济的经济整合能力。

对于北极交通和白令海峡航道，俄罗斯的研究机构一直在关注，沿北极圈国家也将其纳入战略发展思考研究。最富创意的设想有两个。一个是延伸第一座欧亚大陆桥，开凿海底隧道直穿白令海峡，建设连接阿拉斯加以及北美地区的跨洲铁路，这在技术上并没有难以逾越的障碍，主要取决于俄美关系和解决庞大的资金投入。这个规划看上去有点匪夷所思，但只要解决了另一种“修昔底德”情结，并从最终的世界经济一体化去考量，并不是永远不可以实现的。这个地区周边有着世界上最大的现实和潜在的经济体，有实力也有市场的立体需求，完成这样一个真正的世纪工程并不是什么梦想，只是，现阶段似乎壁垒分明，有点好似天方夜谭。但这也说明了，阻碍经济全球化的最大因素是所谓地缘政治思维，地缘政治思维割裂了地球人的共同利益，迟早应当得到清算，而建筑在地缘政治思维基础之上的“霸权”最终也会成为沙滩上的阁楼。除此之外，人们也看到，在经济全球化的格局中，东北亚是最为纠结的一块，但这也显示了，东北亚死结的化解，又是经济全球化发展的最后关键。这个丝绸之路最早带来曙光照耀的地区迟早要像北极的严冰逐渐融化一样，融入经济全球化的大潮之中，目前只是处于历史长河中的一个小小的冰河期。

相应地，另一个设想或者已经开始形成各种探索性方案的，则是首先开通北极航道。这个设想可以排除更为复杂的地缘政治的干扰，使用的是公海自由通航的概念，在技术和投入上也没有前者那么巨大，而且具有更大的现实市场支撑。

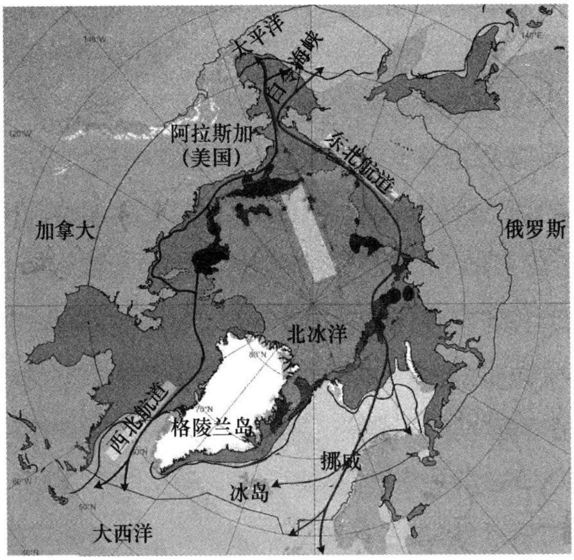

(1)

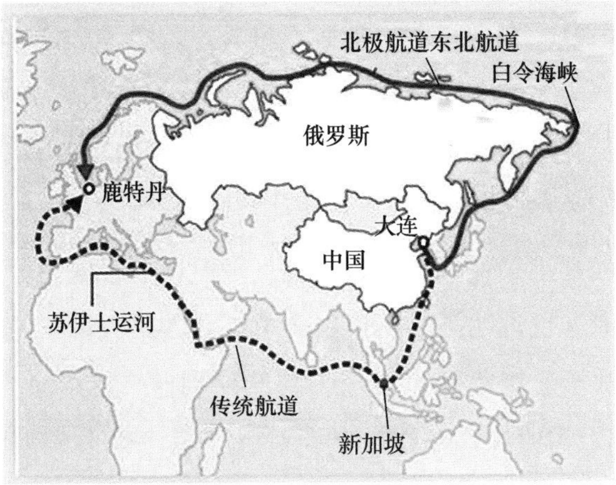

(2)

图 4　北极航道示意图

2016 年 4 月上旬，俄罗斯、芬兰、中国、挪威和韩国五国的外交官和公司负责人在摩尔曼斯克举行第六次北极物流会议，并讨论了北极航道。俄罗斯的一位副总理说，要想开发这条航道，不仅需要大量资金，最重要的是用户，能够保障必要货运量的国家，只有“像中国这样的大国”。在中国看来，“北极航道”也有可行性，气候变化令北方航道比过去更容易利用，经北方航道从欧洲前往亚洲要比走苏伊士运河路途短得多，而且这里没有不时出没的“索马里海盗”。这条新航道在运输一般效益成本上比较合算，去欧洲返亚洲可以装运俄罗斯的大宗资源产品，减少空舱空驶的概率。唯一的不足是中国的极地破冰船只有购自乌克兰的一艘，但那显然不是什么大问题。如果说有什么大问题，是这里缺乏专业港口基础设施，需要大量投资，而近期的回报前景并不明朗。通航距离远近是相对的，并不是构成航运综合成本的主要因素，交货期限与航运综合成本相比，是次要的。新航线开通伊始，用户需要积累，一般地讲，主要是东北亚国家和中国的北方沿海地区，俄罗斯在商业上主要着眼过境费与破冰费，因此需要综合地去考量。

但是，如果从更为综合长远的眼光去看，这又是次要的。北极地区终究要开发，北极地区是“一带一路”全方位发展的潜在地区，长远机遇大于短期机遇。新航线的开发终归有周期，循序渐进不失为一种好思路。“北极航道”不仅仅是航道，也会由此出现北极地区发展的一系列另类经济特区和航海自由贸易区。中俄正在俄罗斯北极地区的亚马尔液化气项目上合作，这样的产业合作配伍是不可或缺的。俄罗斯出于“反危机计划”的考虑，也有出让有关国有能源公司股权的想法，中俄在经济合作上关联度越高，“北极航道”的复合价值越高，双方从改革开放的思路上靠，“北极航道”全面开通的可能性越大。而不仅仅是权衡眼前商业利益的多寡，或者只把它看作一条单纯的需要发育的航路，起不到事半功倍的效果，事情的进展速度就会有所缓慢。

在“一带一路”发展中，逻辑上不应该有什么空白点，它本身就是一个具有均衡性思维的发展战略，尚未进入开发高潮期的北极应当在其视野之内。在这个地区的发展问题上，中国不能当永久的“观察员”。此外，“一带一路”发展最具纠结性的地区是东北亚。中国东北地区发展相对迟缓，在根本上是因为东北亚发展中的开放不足。目前，中俄之间的常规边贸解决不了东北三省的发展问题，历史遗留的产业结构的单一，也制约了东三省的发展，中俄要想获得更大的合作发展空间，必须有在东北亚重新打造新丝绸之路的概念与勇气，而“北极航道”的逐步开通，是承接丝路历史再造丝路历史的大事件。

2013 年，在中国成为北极理事会永久观察员的同时，“北极航道”迎来了第一艘中国货轮，从中国的大连到欧洲的鹿特丹，引起了关于中国即将参与开发“北极航道”的猜测。有关机构还预测，到 2020 年，经由“北极航道”的运输总量将会占中国外贸货运总量的 15%。但这只是一次“实战性”试航，后来还有一次，是由中国远洋运输集团进行的。中国远洋运输集团有自身的定期通航计划。我们也许可以把它比作通向欧洲的定期或者不定期的班列，这是经常化运输通道成型前的必要过渡态。“北极航道”开通的实质进展取决于俄罗斯对“一带一路”共同发展的开放度。

“一带一路”是一个新的事物，“一带一路”基础设施建设也会改变旧有的经济地缘结构，因此，有坚定的拥护实施者，也会有暂时或者永久的反对者。但“一带一路”互联互通项目维系的是多数人的福祉，因此即便是哪个项目出现波折，并不意味着它的价值有了什么贬损。重要的是，21 世纪海上丝绸之路的崛起是“和为贵”中的崛起，不会也不能再走昔日列强走过的横占强行之路。“一带一路”是一个经得起时间考验和磨砺的发展事实，“一带一路”提出以来三年里的风风雨雨，已经初步说明了这一点。

诚然也要看到另一面，“一带一路”的项目也是市场项目，中国企业大举投资海外港口和铁路等基础设施，面对的不仅是各种市场挑战，也面对自我挑战。市场挑战主要是经济问题政治化与多种安全因素，其次则是商业风险和长期的投入产出与经营管理。由于全球航运业在萎缩，也因为未来贸易方式介入了明显的“数字交易”因素，“一带一路”的港口设施建设也不能“摊大饼”，抓住主要节点，形成有利于海上丝绸之路的布局，是海上设施联通的重要思路。目前，中国，在世界上拥有排名第一船舶数量的中国远洋运输集团正在推进业务整合，它们管理着位于希腊和比利时的 46 个国际码头，集装箱船队规模达到 158 万标箱。

但是，更为重要的是，“一带一路”是沿线各国共同发展的经济战略，需要在合作模式上出现多方共赢的创新，同时也需要第三方介入，更需要“有钢使到刀刃上”，决不能把在国内曾经出现过的重复建设带到“一带一路”基础设施建设中来。2016 年是亚投行投入运行的第一年，相信会形成“一带一路”基础设施建设的市场化和规制化。

企业“走出去”进入爆发期

中国企业“走出去”并非从现在开始，但伴随“一带一路”三年的发展进程，这只是“黄金期时代”的开端。从一定意义上讲，一个国家的经济力量不完全取决于 GDP 的总量规模，还取决于企业的全球影响。不管是发达国家还是发展中国家，各类企业对 GDP 的贡献都占到四分之三，而跨国企业及其供应链控制着一半多的全球出口和几乎全部的市场直接投资。目前，外国的跨国企业依然主导着从制造到销售，从科技创新到价值链的主要市场环节，但中国的企业也正在“一带一路”经济合作中大步地赶上去。据国家商务部统计，2015 年前三个季度，中国企业对“一带一路”沿线 48 个国家的投资达到 120. 3 亿美元，同比增长 66. 2%，主要流向新加坡、哈萨克斯坦、印尼、老挝、俄罗斯与美国。同期，中国在“一带一路”沿线承揽对外承包工程项目 3059 个，新签合同额 591. 1 亿美元，占到新签合同的一半多，主要涉及电力工程、建筑、通信、石油化工和交通运输。

与此同时，国际产能合作加快推进。中国的产业优势、技术优势和相关国家的资源优势、市场优势形成互补。发展中国家需要，发达国家也希望借助中国装备和工程的低成本优势共同开发第三方市场。除了世人关注的高铁出口和通信设备，仅在 2015 年的前三个季度里，大型成套设备出口同比增长 10%，制造业企业对外直接投资 91 亿美元，同比增长 85. 7%。在电力方面，特高压技术标准和关键装备开始输出。“华龙一号”核电技术实现首次出口。近 30 年来，中国一直是国际核电巨头的市场，从20世纪90年代起，中国自主设计建设的核电反应堆在建的就有24座，相当于全球在建核电反应堆的三分之一。中国在2016年初公布了首部核电发展白皮书，提出到2020年实现总装机容量翻一番，达到5800万千瓦，并进一步推动出口核电站，争取到2030年实现“核电强国”的目标。目前，中国正在运行的核电机组位列世界第四，仅次于美、法、俄三国。中国在英国承建欣克利角C核电站和在埃塞克斯郡兴建一座核反应堆，并帮助沙特阿拉伯采用核反应堆技术。中国正在研究海上浮动核电站，预计2019年正式开工。中国的第三代核电技术具有国际竞争力。“华龙一号”反应堆不仅技术先进，建设费用也是日美欧企业的三分之二，先后与英国、阿根廷签署了建设协议。据测算，2030年全球将新建300座核反应堆，80%有可能位于“一带一路”沿线国家。传统的火电产业虽然有所萎缩，但核电市场却迎来新的市场机遇。

美国国家科学基金会发布的《美国科学与工程指标》显示，中国已经成为不容置疑的世界第二研发大国，理工科人才培养世界第一，研发支出和科技论文数量世界第二，高技术制造增加值世界第二。2014年全球高技术制造增加值为1.8万亿美元，中国占27%，略低于美国的29%，在前15年里高技术制造增加值增长了10倍。中国的信息通信技术产品占全球39%，制药业占28%。2014年，全球高技术制造产品出口总额为2.4万亿美元，中国占了25%。

中国企业“走出去”发生得很早，但真正有规模、有质量、有节奏的是近几年，特别是“一带一路”构想提出之后。以民营企业为例，由59家民营企业组成的投资方队向伦敦新国际金融城投资10亿美元，将皇家阿尔伯特码头改造成商务港，使之成为英国继伦敦城和金丝雀码头之后的第三金融中心。民营企业“走出去”的例子还有不少，如红豆集团等五家中柬企业在柬埔寨西哈努克市与当地企业共同打造经贸合作区，规划面积11.3平方公里，全部建成可容纳包括纺织服装、五金机械、轻工家电等领域300家企业。这个被称为“西港特区”的集群式投资贸易平台正在成为东南亚新物流中心，是“一带一路”的样板项目。

中国企业“走出去”应当分几个层面来观察，一是不断创新的产业层面，一是“走出去”的国别范围层面，一是企业直接投资活动和并购层面。

中国企业“走出去”的产业分布

在产业层面，创新技术是企业“走出去”的灵魂。高铁是最具代表性的。中国高铁的技术和安全性是明显的。雅万高铁成为中国高铁正式全方位的第一单。印尼是东南亚大国，市场较大，除了高铁还有许多海运和海港工程项目。从基建工程到通信再到其他高端制造业领域，中国都有包括技术在内的综合优势。即便是在比较薄弱的发动机制造领域，一吨推力涡扇发动机试车也达到了设计要求，从而打破了国外的技术封锁。亚洲开发银行在 2016 年初发布报告说，中国已经终结了日本主导亚洲高科技出口的时代。“中国在医疗器械、飞机和电信设备等亚洲高科技产品出口中所占的份额，已从 2000 年的 9.4% 上升到 2014 年的 43.7%。日本所占的份额则从 2000 年的 25.5% 下滑到 2014 年的 7.7%。”“低科技产品在中国出口中所占的份额由 2000 年的 41% 下降到 2014 年的 28%。”中国的无人机、智能手机和高铁都在国际市场上具备竞争力。以中兴通讯为例，2015 年，中兴通讯全球终端销售量达到 1 亿部，其中智能手机占到 6500 万部，整体销量全球排名第六。在 2015 年里，中兴通讯在欧洲市场的终端销售量增长了 400%。在美国，为了扩大品牌知名度，中兴通讯成为美国芝加哥公牛队的赞助商。小米公司领跑中国智能手机市场，2014 年销量增长 2 倍，超越三星公司。小米手机占中国 4.21 亿部手机市场的 12.5%，而三星手机占 12.3%，联想手机占 11.2%。

中国正在成为超级计算机大国，在 2015 年底最新出炉的《全球超级计算机 500 强》榜单中占有 109 个席位。“天河二号”从 2013 年 6 月以来就占据全球最强大超级计算机的地位。甚至，中国的世界首台百万千瓦超临界二次燃煤发电机组创下发电效率最高、煤耗最少、环境指标最优的三项世界纪录。在研发复合型机器人方面，沈阳一家机器人自动化公司填补了国际市场空白，他们生产的智能移动机器人、通用工业机器人，在美国的一家客户订单就追加到 50 台。世界知识产权组织的报告指出，在 3D 打印、机器人工程学和纳米技术方面，中国是唯一的向先进工业国靠近的新兴市场国家。

目前，中国仍生产全世界 80% 的空调，90% 的个人电脑，75% 的太阳能，80% 的手机和 63% 的鞋类，加快处理过剩产能的同时，加大创新和创业力度十分重要。中国国家统计局 2015 年 3 月发布了 2013 年中国创新指数，以 2005 年为 100，2013 年为 152. 8。同年规模以上工业企业劳动生产率为每人 91. 8 万元，比上年增长 11. 5% 。目前，中国大众创新活动方兴未艾，潜力巨大。2015 年初，《福布斯》双周刊网站报道，世界 73 家初创公司，“10 亿美元俱乐部”成员中，入围的中国企业有 8 家，占到 11% ，中国小米公司以 460 亿美元排名第一。

1990 年，中国制造仅占全球不足 3% ，现在是四分之一。中国制造业具有几大优势。一是在开发高端市场的同时保持了低成本市场的优势，如中国服装出口份额由 2011 年的 42. 6% 上升至 2013 年的 43. 1% 。二是出口商品中中国制造的零件从 20 世纪 90 年代的 60% 降至目前的 35% 。三是随着“一带一路”发展中的产业转移，制造业网络从中国扩散到周边，形成亚洲供应链的主要构成，中国工厂扩大为“亚洲工厂”，在共同发展中相互融合。

麦肯锡全球研究所这样认为，假若中国要在 2023 年以前一直维持 5. 5% 至 6. 5% 的增长率，增长的 35% 至 50% 必须来自创新中生产力的提高。对于这种创新活动的提升，中欧国际工商学院的三位访问学者在其分析中国创新动力的最新报告《中国的下一个创新机遇》里给出的评价是，中国正在崛起为“世界创新领袖”。他们的观察视角独特，既没有引用中国的申请专利数，也没有统计中国企业创新中心的数字，而是通过外企在华研发情况来折射：15 年前，中国大约有 200 个外国企业的研发创新中心，目前达到 1500 多个。到 2018 年，还会增加 20%。跨国公司利用中国国内大批科研人员日益浓厚的兴趣，纷纷与大学和科研机构签署合作协议。因此，他们认为，中国已不再是“世界工厂”，在全球价值链中的地位正在快速提升。外资企业将中国视为低成本生产基地的心态越来越淡化，相反更看重中国可以为创新活动提供的优越环境。

西方很多人都注意到，中国发生了“新跃进”甚至是“惊人的逆转”。中国曾是研发领域的一个“小角色”，现在研发经费超过除美国以外的任何国家。根据美国国家科学基金会的数据，仅 2011 年，中国的研发经费就达 2080 亿美元，美国是 4290 亿美元，日本为 1470 亿美元，欧盟国家总的研发经费约为 3000 亿美元。哈佛大学的学者说，中国在全球科技论文的占比从 1990 年的 1.2% 上升到 13.7%，尽管最优秀的科技论文美国占到 46.4%，中国只占 5.8%，美国是中国学生海外留学的首选地，但，美国和中国的科学家正在成为对方最喜欢的外国合作伙伴，“中国的研究人员可以从美国实验室学到最好的规范，美国人则得益于中国人的深刻见解”。2006 年诺贝尔奖得主美国哥伦比亚大学教授埃德蒙·菲尔普斯这样评价，美国的创新能力减了一半，剩下的只有硅谷，而“唯一可继续创新的国家”将是中国，中国的创新力超过了加拿大和英国，上升到仅次于美国的第二位。

中国的文化产品也批量走出了国门。联合国教科文组织统计研究所 2016 年初发布全球文化产品和服务贸易最新统计报告显示，尽管经济衰退以及电影、音乐等大规模向网络平台转移，文化产品贸易不断增长，中国取代美国成为最大出口国。2013 年，美国文化出口产品总额为 279 亿美元，中国为 601 亿美元。出口产品包括艺术品和手工制品十大类，2013 年，全球黄金饰品贸易额达 1000 亿美元，中国占近三分之一，之后为美国、印度、马来西亚、泰国和土耳其。雕塑像和绘画贸易份额上升，中国、美国和英国为出口大国。中国文化产品与服务潜力很大，轻行业和轻项目成为重项目的伴星。

中国企业走向全球

据中国国家发展改革委统计，2015 年前 11 个月，中国企业对外承包工程营业额 1301.2 亿美元，新签合同额 1630.3 亿美元，其中交通、电力、通信新签合同 921 亿美元，超过 1 亿美元的大型项目 342 个，遍布欧亚、非洲、拉美许多国家。

中国企业不仅走进全球的许多发展中国家，也更多地走进世界大经济体比如美国。新华社记者在 2015 年对中国企业在美投资做过实地采访调查。在之前的五年里，中国企业赴美投资猛增，2014 年中国企业对美投资突破 100 亿美元，而在前几年，有关数据都小到没能进入财经统计界的视野。美中关系全国委员会与荣鼎集团联合发布报告，之前的五年里，中国企业对美投资额增长 9 倍，2014 年达到 460 亿美元，雇用美国员工 8 万人，范围遍及美国 90% 的州和 80% 的国会选区。美国前助理贸易代表查尔斯·布鲁姆这样评价中国企业赴美投资的情势：“到一国投资，就等于给东道国投下了信任票。”

记者列举了万向集团、金龙集团、中国中车、江南化纤的成功案例，得出的结论有三点：一是带动了美国失业工人就业，二是带动了美国制造业回归，三是低生产成本是中企赴美投资的动因。万向集团的投资使 A123 系统公司转危为安。2013 年，这家拥有电动汽车电池领先技术的行业翘楚因为资金链断裂宣告破产，万向集团接手一年后开始盈利，破产时离职的工人纷纷回来上班。由于中国迅速发展的电动汽车市场，万向集团决定再投入 3 亿美元，将其产能扩大 1 倍。人们记得，万向集团收购 A123 系统公司曾是美国政坛争论不休的大事，几乎没有人相信收购会成功，当时的一位总统候选人甚至说，如果奥巴马政府批准这一收购，纵容中国人窃取美国新能源技术，中国企业随后就会关张走人，不会创造任何就业岗位。A123 系统公司的首席执行官谈及这段往事说，当时还有一家美国公司参加竞购，方案是关掉工厂，只保留知识产权。他说，如果不是万向集团胜出，工厂也许不复存在。

金龙集团在亚拉巴马州投资上亿美元建立的铜管厂，在两年内雇用

300 名当地员工，被当地人称为“希望工程”，雇员中 60% 为女性，其中 70% 是单亲妈妈。她们多年来就一直依靠政府救济，现在有了很好的福利、保险和退休计划。铜管厂所在的威尔克斯克有将近 40% 的人生活在贫困线以下，失业率是美国平均失业率的两倍。

中国中车在马塞诸塞州雇用 150 名当地员工，生产地铁机车替换已经服役 30 年的红橙色列车，奠基仪式上许多企业寻求合作，学校也来打探就业信息。应美方要求，中国中车在选择合作商时优先考虑女性和少数族裔。中国中车建厂是该地区历史制造业中心复兴的象征，被认为是一个发展的“里程碑”。在曾经是“纺织工业走廊”的南卡罗来纳州，杭州科尔集团建立的纺纱厂试运行，消失多年的纺织业正在回归，在科尔工厂的东南方，来自宁波的江南化纤也在进入。

低成本是中企赴美的重要原因，那里除了人工成本高，电力能源和部分原料相对便宜。据分析，2009 年美国制造业生产成本是中国的 12 倍，2012 年缩小到 5—6 倍，现在约为 3 倍，如果考虑到物流等因素，基本持平，但技术指标大大提升。

2016 年初，美国中国总商会在纽约发布了《2015 年在美中资企业年度商业报告》。报告显示，2015 年在美中企表现活跃。60% 受访企业的营业额增长，但利润有下降趋势。其中美元走强和全球经济疲软是两大原因。受访企业普遍对中美双边投资协定抱有期望，至少可以减少中企赴美人员的审批程序。总商会还发表了 2015 年有关白皮书，白皮书称，2015 年 11 月，中国已经超过加拿大成为美国的最大贸易伙伴，中国在美企业为美国创造了 8 万个就业机会。

由于文化背景和政治环境迥异，中企“走出去”也会遭遇“水土不服”，比如石膏门板墙事件和中航工业公司遭受的风能开发协议事件，都是值得深思的。西方拥有严格的防污染反腐败法律，而一些发展中国家企业恰恰会出现诸如此类的不能忍受的运作“壁垒”。中国社科院世界经济与政治研究所曾经发布风险报告或曰风险地图，对 57 个国家进行了评估，许多对华友好国家如老挝、塔吉克斯坦、苏丹和缅甸，在海外投资方面却是高风险地区，一些发达国家并不是那么热情，却是投资的好地方。委内瑞拉最危险，德国最安全。美国在对华关系上排在第22位，但被评为中企投资的第二大地区。巴基斯坦是中国的好朋友，但经济和政治治安的基本面得分平平，因此排在乌兹别克斯坦、伊朗和希腊之后。一般而言，对美投资也还很值，因为美国在后危机时代有巨大需求，中企带给他们渴求的资金和13亿人口的大市场，同时中企也能够在这块商业管理和科技创新的高地上体验发达国家的商业文明、法律框架和社会政治生态。从“一带一路”发展的终极目标上看，不管美国的政客们如何采取“鸵鸟政策”，在发展战略理论上如何无视“一带一路”改变世界的现实与长远的巨大能力，只要是加强了相互投资，就是“一带一路”特别是21世纪海上丝绸之路发展战略的进一步成功。

加快推进国际产能合作是拓展发展新空间，实施“一带一路”发展战略的重要举措。从2016年起，国际产能合作开始提速，政府强调统筹协调，完善政策支持，营造合作环境，但最重要的还是以市场为导向，以企业为主体，按照国际惯例和商业准则，企业自主决策，自负盈亏，自担风险。

2015年底在中国举行的推进国际产能合作工作会上传出信息，中国正在制订国际产能合作“三年行动计划”，其目标是，中国对外产业投资将从2015年的1200亿美元增加到2018年的1600亿美元。2014年底，中国与哈萨克斯坦达成产能合作共识，这将会成为双边产能合作的样板。从早期成果来看，中哈产能合作涉及钢铁、水泥、有色金属、化工等52个项目，总投资为241亿美元。除了中哈合作，中国与印尼、巴西、秘鲁、埃塞俄比亚等20多个国家开展了机制化的双边产能合作。在多边合作中，中国与非盟签署了谅解备忘录，并积极推进在铁路网、公路网、区域航空网、工业化领域的“三网一化”。在金融支持方面，对接欧洲投资计划，推动设立中欧共同基金，并与法国开展第三方市场合作，与韩国、英国、西班牙、德国、澳大利亚等国先后达成共同开拓第三方市场共识。在英国外交部与英中贸易协会联合发布的报告里，提出了五个具体的商业合作模式：一是商业合伙，建议英国企业利用自身在第三国的伙伴关系与中国企业联合开拓第三方市场，反之也可以利用自己与中国企业的伙伴关系争取到第三国境内的项目。二是技术转让，将自己先进的技术与服务转让授权给中国合作伙伴。三是投资融资，英企利用中国的投融资扩大自己在第三国已有的项目。四是公私合营，英国企业为公私合营项目模式提供设计管理、风险评估、当地技术标准的落实、法律咨询以及环境保护方面的专长支持。五是供应链调整，英企利用重庆—杜伊斯堡货运专线等线路更快更好地将自己的产品和服务销售到第三方市场。

中国企业的海外发展模式

投资与并购

企业“走出去”必然伴随资本的“走出去”和企业并购的大量发生。2015 年是史上最大并购年，也是中国企业对美企业投资较大的年份。2015 年上半年，中国对美直接投资 64 亿美元，连续三年超过 100 亿美元。中国企业的海外并购主要集中在数字新媒体、金融、汽车、不动产、高级制造业、食品行业及文化产业，“一带一路”的基础设施建设项目以及建材等也将会进入并购视野。

全球金融数据提供商迪罗基公司在 2015 年 12 月公布了一组统计数字，全球并购金额达到 5.03 万亿美元，较 2014 年增加 37%，超过了 2007 年曾经创下的 4.296 万亿美元纪录，是金融危机爆发第二年 2009 年并购数量的 2 倍。并购总额中，医疗保健领域达 7240 亿美元，技术领域达 7130 亿美元，房地产领域达 4580 亿美元，尤其是卫生保健领域，发生了历史上最大的辉瑞制药公司与艾尔建公司达成的总额 1600 亿美元历史上第二大并购协议案。该年度第二大并购交易案是比利时啤酒生产商百威英博对南非的 SAB－米勒啤酒公司，并购交易额 1174 亿欧元。第三大并购交易案是英荷壳牌石油对英国天然气公司，交易额 815 亿美元。技术领域发生的戴尔与易安信之间并购交易额是 670 亿美元。迪罗基公司认为，2015 年大宗并购案频发，超过 100 亿美元的就有69宗，超过500亿美元的超大交易占到六分之一。投资银行将因此获得约为210亿美元的服务收益，其中最大的赢家是高盛·摩根大通和摩根士丹利。在被普遍认为会载入并购史册的并购高峰年里，中国企业的并购活动榜上名列其前。

在企业投资并购市场上，中外企业有出有进，产业和企业转移比较活跃，如西铁城、微软计划关闭在广州、东莞、北京的工厂，松下、大金、夏普和TDK等企业准备迁回本土。但更多的中国企业“走出去”了，这意味着中外企业双向投资互动频繁。中国商务部数据显示，2014年流入中国的外国投资总计1195.6亿美元，同比增长1.3%，其中622亿美元投向服务业，同比增长7.8%，占55.4%。对制造业投资为399亿美元，占33.4%。2015年中国实际使用外资1418.8亿元人民币，同比增长2.7%。2015年，中国企业对外直接投资规模超过了历年的水平。而且中国企业也开始与外国企业平起平坐，进入企业并购席的前排。2015年中国公司宣布了115笔收购美国公司的交易，交易总额为205亿美元，2016年前两个月就达成24笔并购，交易总额比2015年全年高出15%。有统计说，在2016年第一季度里，最终达成和尚在进行程序中的交易额超过了1000亿美元。

2016年，中国企业的海外并购活动出现了惊人的一幕。1月，海尔集团以54亿美元的价格收购美国通用电气的家电业务，这桩并购案尚需得到美国监管部门的审查批准，但就其交易规模来讲，超越伊莱克斯和美国家电市场的其他竞争对手。海尔2014年的全球收入就达到326亿美元，它在中国的市场份额是29.8%，在美国只占到5.6%。海尔两度尝试通过收购扩大在美国的市场份额，一次是2005年收购美泰，但败给了惠而浦；2008年也试图收购通用公司的家电业务，但在美国发生次贷危机的背景下，同样无功而返。唯一成功的是在美国南卡罗来纳州设立工厂并收购了新西兰的斐雪派克公司。时隔8年，旧事重提，一举上演了中国企业在美的最大通用家电业务收购案，超过了2013年双汇国际对史密斯菲尔德的47亿美元的并购案。更为要紧的是，并购消息宣布之后，海尔与通用电器又要宣布建立“伙伴关系”，这已不是简单的收购交易，而是品牌互建的一种开始。海尔与通用电器建立“伙伴关系”，其意义要比收购本身还要重大。它们在 1 月 15 日发表的共同声明里提出，海尔与通用一致同意，两家企业要在能够提高商业竞争力的重点领域展开全球合作，包括工业互联网、医疗和智能制造。这种并购之外的全新合作格局出现，不仅对海尔的未来产业产品结构的提升产生重大影响，也是“一带一路”企业“走出去”共同发展所要达到的最高境界。

2 月，海尔并购案的声浪未落，中国化工集团在欧洲发起了被国际传媒称为“大手笔”的中国公司在海外的最大并购案。中国化工集团继 2015 年 3 月以 70 亿欧元收购意大利倍耐力集团和 2016 年 1 月以 10 亿欧元收购克劳斯·马费公司，又收购了瑞士全球领先的种子和农药制造商先正达公司，并购价格达到 430 亿美元。这是迄今为止中国公司在海外的最大收购案。先正达公司是瑞士最大、世界有名的农业公司，是四大基因改良型作物生产商，旗下的种子品种接近 7000 种。瑞士的媒体惊呼，中国化工集团的收购将是中国企业的巅峰之作，还是国际企业并购的序幕，“目前还很难说”，但他们也明白地指出，为了确保中国的粮食安全和应对美国孟山都公司的长期挑战，中国企业意在用重金购买农业专有技术，以市场机制弥补国内在农业现代化方面的短板，是一个值得付出的市场努力。有趣的是，孟山都公司之前曾经两次试图收购这家瑞士公司，没有成功，却被中国化工拔了头筹。这也是中国企业在市场竞争中走向更大开放的一个典型事例。

中国企业的较大并购案例不是零星出现的。2016 年初，海航旗下公司天津天海投资以 60 亿美元收购英迈公司，刷新中国企业收购美国 IT 公司的新纪录，北京控股收购德国的 EEW 废物能源利用公司。

中国企业海外并购也是比较全面的，2012 年，万达集团以 26 亿美元收购了 AMC 娱乐控股公司，开始了进军好莱坞的进程。2016 年 1 月以 35 亿美元收购《侏罗纪公园》的制片方传奇影业公司，3 月又以 11

亿美元收购了卡迈克电影院公司，成为美国最大的影院经营者。中国拥有世界第二大电影市场，2015 年票房同比增长 49%，达到 67.8 亿美元。中国的伟东云教育集团还并购了欧洲第二大职业教育集团法国德莫斯培训集团，该集团专注于金融业、制造业、医疗、互联网的职业教育培训，核心课程约 1500 门。这是继 2015 年网龙全资收购英国在线教育公司之后的对教育产业的新的并购。中国的安邦集团在 2014 年并购纽约华尔道夫酒店之后，又在 2016 年以 65 亿美元出手，从黑石集团手里收购了美国战略酒店与度假村公司，并准备以 140 亿美元的价格收购美国喜达屋酒店及度假村国际集团。由于多种原因，安邦最终退出了这场“竞购战”，喜达屋花落万豪，但中国企业并购的来势于此可见一斑。有国际媒体称，中国企业加入了“巨额交易者俱乐部”，全球 2016 年第一季度并购交易总额 6820 亿美元中，跨境并购占到 46%，为 3110 亿美元。在这 3110 亿美元里，中国企业并购又占三分之一，达到 1010 亿美元。

中国企业并购活动不仅发生在欧美，也发生在日本。中国企业和中国资本“走出去”具有“一带一路”的开放性，并不局限于哪一个特定的国家。中国市场对日商开放，中国的旅游者也有效地拉动了日本的旅游经济。2015 年冬天，中国的上海豫园旅游商城出资 183 亿日元（约合 10 亿人民币）收购了北海道的一家大型滑雪度假村的剩余股份，与此同时，上海春秋航空和上海绿地集团分别计划在日投资建设 20 家酒店和收购千叶的商业中心。据日本国家旅游局统计的数据，2015 年中国赴日旅游近 500 万人次，消费总额超过 1.4 万亿日元（约合人民币 120 多亿元），中国游客猛增不仅是日本经济萧条中的亮点，也推动了中日贸易伙伴关系的新的投资关系。2016 年，中国企业也接连收购了日本的家电企业和消费电子企业，日本东芝在 6 月底向中国美的集团转让白家电 80% 的股份，台湾富士康公司则收购了夏普 66% 的股权，进一步巩固了富士康作为苹果公司供应商的地位。有评论说，这桩收购交易反映了全球电子行业面临的压力，也反映了中国企业实力的全面增长。

中国企业的并购效果也显示了初步的成功。2010 年被李书福的吉利公司并购的沃尔沃汽车集团重获新生，2015 年沃尔沃汽车全球销量首次突破 50 万辆，利润同比增加 2 倍，不仅收复了欧洲市场，在美国市场的表现也有起色。沃尔沃汽车集团 1999 年曾经归入美国福特公司旗下，2010 年被吉利收购，虽然其利润率还不是很高，但预计在 2016 年还会刷新经营纪录。中国企业的并购不仅盘活了沃尔沃汽车集团，也带动了沃尔沃汽车集团总部所在城市瑞典哥德堡的经济生活，带动了当地零配件行业的发展。

2016 年，在中企直接投资较大的项目里，还有中铁三局集团和英国的中富集团签署谅解备忘录，宣布在苏格兰投资 100 亿英镑开发综合性基础设施建设项目，包括政府保障房、清洁能源、高铁和智慧城市建设。苏格兰首席部长说：“苏格兰有望受益于中国‘一带一路’战略创新，苏格兰拥有世界级的高校和研发能力以及在能源、生命科学、技术、金融服务、娱乐等领域不断发展壮大的创新企业，与中国在这些领域的长期投资计划不谋而合。”

据贝克·麦坚时国际律师事务所和荣鼎咨询公司的一份报告，2015 年中国企业在欧洲总共投资 230 亿美元，比 2014 年的 180 亿美元增长 28%，2014 年又是 2013 年的 2 倍。其中，2015 年对欧元区的直接投资达到 171 亿美元，同比增长 37%，对意大利投资排第一位，对法国投资排第二位。在美国投资 150 亿美元，比 2014 年高出 17%。纽约州、加利福尼亚州和得克萨斯州获得投资最多。诚然，企业对外直接投资过猛过快也会带来负债水平上升的问题，应当取得一种平衡。

产能合作

企业“走出去”还有一种新模式，那就是企业向西部和丝路沿线周边转移。例如，山东的大型纺织企业如意集团在新疆喀什建设新工厂，涂料企业科天集团从安徽转移到甘肃。它们都志在西进，而著名的万达除了直接进入海外，也在中老铁路的中国终点提前布局了大型综合旅游区。

推进和扩大国际产能合作是企业“走出去”的宏观组合，也是“一带一路”共同发展中必然要出现的一项国际经济合作功能。就产业构成本身来讲，国际产能合作与20世纪80年代提出的产业转移的概念并没有什么本质不同。如果说有什么区别，后者描述的是产业移动受制于市场要素价格变动所产生的被动自发运动，而前者却展示了对市场的理性理解和相应的结构调整。这种理性来自对经济平衡的市场追求，同时也来自对共同发展的理想追求。“一带一路”发展提供了这种追求的最大可能，国际产能合作也就成为更多国家的选择。

自贸区建设尤其是在自贸试验区总体体系之下的跨境经济合作区和境外经贸合作区，是推进和扩大国际产能合作的能量集聚区，推进和扩大国际产能合作的主要载体虽然是企业，但必须要有金融和宏观经济政策的支持。中国建立了双边产能合作基金和人民币海外合作基金，推动装备制造、技术、标准、服务与品牌“走出去”，需要相关基金的投融资支撑。推进和扩大国际产能合作，企业为主，市场化运作，政府推动，PPP模式将会成为主流形式，中国政府已与联合国有关机构签署协议，共同推动PPP模式的落地。推动国际产能合作也可以发挥中国改革开放以来的合资合作模式，形成以现代企业制度为骨干的国际行业产业体系。国际产能合作是“一带一路”落地生根的有效形式。

在一些想当然的认识里，常常把中国的产能过剩与国际产能合作完全捆绑在一起，认为中国会输出落后产能和落后技术，甚至输出“污染”，这是一种偏见。中国的产能合作主要在高新技术领域，如高铁和核能发电等等，有一些在中国也是“短缺”和新型的。即便是寻常项目，技术含量也是很高的。例如，中国企业与沙特企业联合承担的一项清洁煤发电项目，就具有环保的极大优势。

过剩产能与落后产能是两个概念，而且有不同的结构环境评价。在资源产业发达而制造能力不足的国家里，前者意味着过剩，后者意味着短缺，在另一些国家里，也许情况恰恰相反，因此，互补的概念就随之产生了。这种产业结构的不同，有时会产生比较优势，有时又是一种经济软肋。在2015年下半年集中发生的经济变化中，资源国家受到最严重的伤害，也说明了过犹不及是一枚成色不足的银币的另一面。正常的产业结构并不需要“大而全”和“小而全”，但需要避免“单打一”，在这种情况下，国际产能合作就成为比贸易更重要的经济合作选择。在这种国际产能合作中，贸易和投资紧密相关，最大化地盘活了生产要素，最大化地节省了成本，成为双赢或者多赢的经营局面。在中国改革开放的过程中，正是这种双赢或者多赢的经营局面使得中国的经济面貌焕然一新。据美国迪罗基公司统计，2016年第一季度，就出现170多起中企并购案例，总金额1050亿美元，几乎与2015年全年的1125亿美元的总金额持平。

中国企业“走出去”须破除一定的认识误差

诚然，中国企业“走出去”，也不会一帆风顺，除了“水土不服”需要适应，一些国家对中国的市场经济地位采取的还是消极态度。按照中国15年前加入WTO的有关条款，这种局面就应当结束了，世界上已有170多个国家完全承认中国的市场经济地位，许多欧盟国家也态度积极，但个别国家实行贸易保护主义，置WTO的有关条款于不顾，还想用“反倾销”和出口禁令等非经济贸易壁垒打压中国企业。2016年3月发生的一个最新动态就是将中兴公司列入“贸易制裁”黑名单。中兴公司提起上诉，一些代表美国科技公司的美国贸易团体也认为，美国商务部对中兴公司的贸易限制，对美国公司造成了负面影响。一位美国电信公司的首席执行官在《华尔街日报》网站上发表文章说：“这些禁令伤害的是我们，而不是中兴公司。中兴公司可以随时从我们的竞争对手那里进口。你们这些政府里的聪明人好好想过这点没有？你们是要让我们在这场战斗中冲锋陷阵，死在自己人的刀下吗？”

2016年2月宣布的中国化工集团收购先正达公司并购案也遇到坎坷，美国的一位共和党参议员要求美国农业部对此进行安全审查。由于农业部不是由16个美国政府与机构代表组成的外国投资委员会（CFIUS）成员，他们提出农业部参与审查，此举无疑是在为这一桩中企并购“设障”。先正达公司是瑞士企业，只是因为其生物技术部门在美国，就被认为威胁到美国国家安全，这实在有些生拉硬扯。先正达公司的一位发言人说，欢迎审查，“但我们认为，在美国进行的交易不会以任何形式危害食品或国家安全”。不止是先正达交易案，中联重科收购工程设备商特雷克斯公司也被要求严格审查，那桩芝加哥证券交易所收购案自然也不会放过。美国监管机构一贯密切关注外国并购者，在此前，美国外资投资委员会（CFIUS）就禁止了飞利浦的金额为 33 亿美元的业务出售案。说是安全问题，其实是认为中国经济“扩张”，既欢迎投资却又到处设限。

对于中国企业的海外并购，西方也有明智的看法。一种是美国应当拥抱而非恐惧中国企业投资，一种是中国企业的海外并购要以 30 年前的日本为戒，需要更多地关注商业收益本身。美国的里佛特怀斯研究所所长扎卡里・卡拉贝尔从另一个角度写文章说：“一个更为理智的反应是拥抱中国的投资。与其说它是对美国安全的威胁，不如说这是减少未来冲突的最佳方式。”“经济关系也许并不能成为和平与繁荣的保证，但它确实提高了协商解决分歧和考虑经济伙伴的需求和芥蒂的动机。我们必须为中国对美投资提供方便。它不仅有助于振兴国内产业，也将为实现更大的安全提供一条路径。”美国的《金融时报》网站则发表美国外交学会高级研究员马拉比的文章，提出中国企业海外并购不能重蹈日本之路，“一个节俭的亚洲大国依靠储蓄与投资，一步步成长为世界经济明星”，在国内大公司转向海外投资时，由于缺乏经验，“辛苦挣来的巨额国民储蓄就这样消失于黑洞之中”。他或许没有深入思考过“一带一路”，但他提到的问题是存在的。比如大宗商品领域的风险，比如竞买的“高杠杆化”而非商业收益。他提出一个测算，在 2015 年，按照中国企业收购出价的中值来计算，对目标公司的估值是 33 倍的市盈率，这意味着收益率只有 3%。

令中国企业有所安心的是，2016 年上半年，历时 8 年的中美投资协定谈判基本完成，这意味着中美之间的企业直接投资相对进入正常化。据美中贸易全国委员会掌握的数据，2008 年以来，美国对华直接投资年均保持在 27 亿美元至 41 亿美元之间，但中国对美直接投资逐步升温，从 2008 年的不到 10 亿美元增到 2014 年的 119 亿美元，2015 年和 2016 年更是出现了井喷状态。

国内“微丝路”格局优化

2016 年初，推进“一带一路”建设工作会议在北京举行，中国常务副总理张高丽强调，在中国“十三五”开局之年要加强战略对接，通过商签合作协议等合作方式，与沿线国家形成利益“最大公约数”。要以基础设施互联互通为先导，陆上依托国际大通道，共同打造国际经济合作走廊，海上以重点港口为节点，共同建设运输大通道。要深化经贸务实合作，与有关国家签署投资保护协定，提高投资、贸易、人员往来便利化水平。要推动人文交流，保护生态环境，共同建设绿色、和谐、共赢的“一带一路”。

毋庸说，这种利益共识的“最大公约数”要以基础设施互联互通为先导，陆上依托国际大通道，共同打造国际经济合作走廊，海上以重点港口为节点，共同建设运输大通道。基础设施互联互通建设不仅是拉动欧亚和世界经济走出低迷的必要举措，可以便利贸易，扩大消费，同时也为世界经济的长远发展奠定新的基础。这是“一带一路”十分强调设施联通的真义所在。

设施联通

设施联通是有地缘规律的，尽管古丝路沿袭中的网状贸易通道和海上航道给出了重要的坐标启示，但今天的设施联通技术和手段可以化解彼时的许多联通难题，使丝路辐射的半径更大，联通的效果更好更快更便捷，也使“一带一路”发挥了空前的经济发展的联动效应。

从系统论的观点上看，“一带一路”中有许多子系统。在道路、航路和航线上，有干有枝，还有重要的连接次区域的中心节点和中转节点。在地缘的接近性上，既有山水相连，也有五湖四海，因此会有边际效应的连接，也会有跨境和穿越空间的紧密联系。这一切都组成了"一带一路"在欧亚大陆和全球的大系统和子系统，对于遍布"一带一路"沿线国家和地区各自的"子系统"，我们可以称之为"微丝路"。

毋庸说，中国虽然是"一带一路"共同发展战略构想的首创者，也是全力推动者，但这并不意味着谁是其中的"盟主"，也不意味着"一带一路"是中国独有的经济发展战略资产，它是所有参与国家和地区共同拥有的地缘经济财富。也毋庸说，中国作为"一带一路"共同发展战略构想的首创者，在支持别的经济体发育自身的"一带一路"的"子系统"的同时，首先要发育好自身的"子系统"，因此要在国内"微丝路"建设上先行一步，并预留更多的对接空间。

"微丝路"并不微，"微丝路"建设涉及"一带一路"建设的所有环节和设施联通、贸易畅通、货币流通、政策沟通和人心相通的所有内容。在这里，政策沟通和人心相通是前提，设施联通和货币流通是手段，贸易和投资畅通是目标，共同发展实现双赢和多赢则是最终的结果。"微丝路"建设要有这样的预期效果，才算是一种起码的成功。

从道路联通和贸易畅通的角度，以及从"一带一路"的大系统角度和中国在大系统中的相对地理关系上看，陆上存在许多贸易走廊和通道，迄今为止，有关部门将其描述为陆上六大走廊或六个通道，海上自然是四条方向性的航线，但是，正像上文已经讲到的，六大走廊或六个通道的概括并不完整。在我们惯常看到的西三条走廊或通道（包括中巴经济走廊、霍尔果斯中亚西亚走廊、西南方向的孟中印缅走廊）和中国通向中南半岛的三条陆上走廊，以及同样古老的北方茶叶贸易之路之外，重要的东北亚和喜马拉雅山中段的雪域高原丝绸之路被模糊了。陆上存在"一带一路"现实和潜在的八大通道或八大走廊和众多的"微走廊""微丝路"。海上四条走向性的航线则会在延伸和延长中不断形成海上丝路的更多"微丝路"，甚至会出现陆海贯通、裁弯取直乃至新开发的变化。后者例如在前面提到的“北极航道”，终究将是东北亚航线的必然延伸。前者如是地中海上海陆贯通、港路联动，形成了欧亚非三大洲新的联通格局。甚至也可以这样认为，在香港投资商完成尼加拉瓜两洋运河和南美跨洋铁路的修筑以后，中国通向拉丁美洲的太平洋航线和大西洋航线也会繁忙起来，形成21世纪海上丝路的新景观。“一带一路”共同发展的覆盖面和泽被面进一步得到扩展，设施联通的效益将会呈几何级数的增加。而且，这不是想象中的“一带一路”道路联通的路线图，是已经渐渐逼近的现实。为了迎接这个说来就来的贸易畅通往来景象，中国必须打造好自身沿海和陆上的“微丝路”系统，更好地实行“一带一路”的全方位对接。

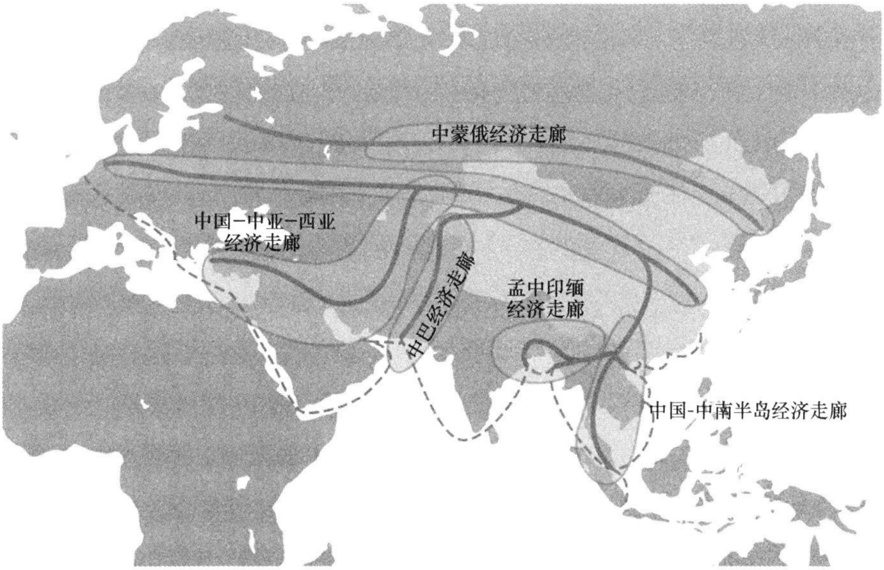

图5 六大经济走廊官方表述示意图

国内“微丝路”建设

中国国内的“微丝路”建设大体是从以下五个方面展开的：一是国内高铁与铁路网的建设，这是国内区域经济一体化的基础；二是沿海率先启动自贸区建设，并进一步完善布局；三是经济开发区布局的优化和新区建设升级；四是加快与此相应的国内区域经济一体化发展；五是加快更大对外开放格局的形成和市场经济体制制度建设的步履。除此之外，在互联网经济蒸蒸日上的发展大趋势里，“互联网+”和“一带一路”的有机融合，不仅使“五通”有了更为便捷的跨时空通道与空间，也使“一带一路”发展增添了新的穿透力、辐射力和更为久远的生命力。

路网建设

中国为了打造全国高铁网络，在过去5年里投入约合3000亿美元的投资，中国的高铁运营里程达到19369公里，相当于日本与欧洲的总和，居世界第一。但日本的速度纪录居世界第一。韩国的高铁虽然少，人口覆盖率达44%，居世界第一。中国的高铁占铁路线网的29.2%，但因人口数量庞大，高铁人口覆盖率只有10.7%。在欧洲，西班牙的高铁全长3100公里，居世界第二。在高铁发展方面，西班牙和法国也在世界前列。目前西班牙在高铁人口覆盖率方面占第四位，但加上正在计划的2700公里高铁路线，其高铁人口覆盖率将由20%提高到38%。

在未来“十三五”规划实施的五年里，中国的高铁运营里程将达3万公里，覆盖80%以上的较大城市。此外还要修建连接成都与拉萨长达1629公里的川藏铁路。在中国公布的“十三五”规划中，引人注目的建设北京至台湾高铁计划赫然列入其中，“京台高铁”大陆段已经基本建成，大陆专家也提出了台湾海峡海底隧道的可行性研究，其中最短的北线起于福建平潭，止于台湾桃园海滨，全长125公里，为人们普遍看好。北京至台湾高铁并不是政治难题，例如有识者就说，从“安全”角度讲，铁路比其他交通方式更容易控制，因此关键在于要不要扩大与大陆的三通往来。

中国的“十三五”规划提出，每年2万亿元人民币投入路网建设，其力度之大不仅超过2009年的经济刺激计划，也将使中国国内的“微丝路”建设进入新的阶段。

从目前来看，中国国内的“四纵四横”干线路网格局早已形成，甚至这个概念已经落后于中国西部路网建设的实际。进入完成时的兰新高铁和中国西南地区与西北地区的铁路联通将会重绘中国的铁路交通地图，再加上东部沿海铁路的基本形成，具有贯穿南北东西、具有高铁化趋向特征的铁路网络正在向各个方向延伸。这些铁路走向了周边，已经做好了“一带一路”道路联通的准备，一些原本处在“微丝路”通道上的铁路与高速公路，有的正在变成丝路干线。就拿准备与“泛亚铁路”北线对接的东、中、西三条南行的铁路线来讲，在中老铁路建设启动之前，已经按照中、东、西三个走向修建到边境地区，东线目前与越南海防高速公路相接，中线则伸向西双版纳的磨憨口岸，西线跨越滇西怒江开凿几十公里的高山隧道，甚至穿越高黎贡山的线路都在进入施工。这是万事俱备，只待联通。

进入未来准备时的铁路联通工程，莫过于为人少知的居延海戈壁铁路。居延海戈壁铁路在几年前已经建成，由内蒙古的首府呼和浩特市走向东归英雄部落之一的额尔吉纳旗，现在则正在跨越著名的“黑戈壁”，向哈密延伸。居延海戈壁铁路东向连接京包铁路，正在与联合承办冬奥会准备的京张高铁西向会合。在冬奥会举办之后，很可能出现京乌高铁的一路向西的盛观，中俄拟议中的莫斯科至北京高铁的中国段已经启用。联系起 2015 年中俄磋商过的中俄高铁分段建设的远景规划，以及高铁向中国东三省的延伸，那将会是“欧亚大陆桥”从未有过的高速化。在这里，我们还顾不得去预测，青藏铁路的四面延伸又或带来“一带一路”在国内和跨境中建设的前景。在中国国内，已经规划和实施的铁路联通计划几乎“消灭”所有的交通“死角”，首当其冲的自然会是“一带一路”经济合作的接口。东部沿海地区的沿海高铁已经没有多少“断头路”，在渤海海湾和钱塘江湾地带，新的跨海大桥和跨海隧道已经列入议事程序，从渤海湾到杭州湾，从台湾海峡到琼州海峡，一个全方位的内外道路联通新格局正在走向形成。

自贸区建设

国内的自贸区建设是“一带一路”发展的重要接口，这也应当是一种软基础设施建设。正像有关人士所说的，这是一种制度建设，起效慢但后劲大，有备而来，抓住机遇，打开新的贸易和发展空间。自贸区建设是经济全球化的“路由器”，也许在当前全球外贸低迷引起的外贸疲弱中，没有立马见效的短期效应，但从长远与根本上讲，是一种不可缺少的软件建设。自贸区建设的政策红利释放需要时间，这就像中国推动高铁和核电“走出去”，看似难以对外贸起到立竿见影的效果，但后发效应和品牌拉动效应不可小看。自贸区建设要立足于提高贸易便利化水平，推动关税壁垒和非关税壁垒的对等消失，更好地参与经济全球化，并在提升贸易主动权与制定外贸规则的话语权方面，起到不可替代的作用。它是中国参与经济全球治理的基础“标准动作”，自贸区建设的本质是外贸体制改革和全球性结构改革的重要部分，是按照世界贸易组织的便利化要求以及相关国际规则，推动贸易良性发展的跨国经济的神经细胞。

中国的自贸区战略是“一带一路”大战略的一部分，同时有外贸制度建设和参与经济全球化的独立意义。自贸区建设构建了“一带一路”大通关合作机制软件，与建设“一带一路”海陆通道相互配套，形成更大半径的物流、人流、信息流的有效便捷对接。随着自贸区建设的扩容与深化，边境经济合作区、跨境经济合作区和境外经贸合作区以及跨境电子商务试验区和服务贸易试验区的“一自多合”的大格局陆续形成，构成了国内支撑“一带一路”的四梁八柱。与此同时，用好双边产能合作基金，建立人民币海外合作基金，推动中国装备、技术、标准和服务“走出去”，扩大国际产能合作，也是题中应有之义。

首先是扩大自贸区试点。中国东部沿海地区有四个港口群：一是大长三角港口群，二是闽台港口群，三是渤海湾港口群，四是珠三角港口群。此外还有北部湾港口群，可以归入大珠三地区。北部湾的北海、钦州、防城、湛江与海口也是海上丝路门户，具有海陆丝路直接相连的地缘特征。2013 年北部湾港口货物吞吐量达到 1.87 亿吨，集装箱 100 万箱，2020 年将达 3 亿吨。自贸试验区的设立布局主要是基于对海上新丝路贸易的匹配，由于历史沿革和地域接近，北部湾港口群属于大珠三的自贸辐射区域。渤海湾港口群则包括辽东半岛、山东半岛两翼，具有海陆丝路直接相连的特征。辽东半岛与山东半岛揽辽黄而抱海，带桥相连，路点结合，海陆一体，直通第一座和第二座欧亚大陆桥，东向黄海、东海，西向中国内陆、俄罗斯、蒙古和中亚、西亚，也是走向朝、韩、日东北亚地区的商贸物流核心区域。在上海自贸试验区取得成功的基础上，中国扩大设立了包括上海在内的四个自贸试验区。

2014 年底，上海自贸试验区在推进投资管理、贸易便利化、金融创新、事中事后监管四个方面取得了重要经验，起到了自贸区建设和自贸机制的孵化作用。在上海自贸试验区成功的基础上，三个新的自贸试验区各有地域吸纳与辐射功能。广东自贸试验区着重于港澳经济一体化和中国与东盟经济合作升级版以及加工贸易转型升级。福建自贸试验区则在打造海上丝路贸易合作核心港区的同时，注重与台湾经济的融合发展。天津自贸试验区则更注重京津冀一体化协同发展和东北亚地区的合作。上海自贸试验区则在领衔各个自贸区的同时辐射江浙与宁波、舟山地区。

上海自贸试验区成立两年，取得九大成效。一是实行投资备案制度，二是完善企业准入单一窗口，三是不断提升贸易便利化水平，四是贸易功能强化，五是本外币一体化运作功能拓展，六是推进跨境人民币结算，七是运营了一批面向国际的金融交易中心，八是优化人才环境，九是加快了自贸试验区建设。国务院明确 2020 年前实现全国海陆各类海关大通关。“沪港通”打通了内地与香港的资本市场通道，取得了可复制的经验。上海自贸试验区正在探索金融准入负面清单，人民币资本项目可兑换有望率先突破，为五年内取消资本管制奠定了基础。福建自贸试验区覆盖厦门、泉州等东南沿海半岛和岛屿，继承了古代海上丝路的贸易功能，将对南洋地区继续加强贸易、投资和经济合作。而广东自贸试验区毗邻港澳，具有更大的贸易功能。广东自贸试验区东起潮汕，西到粤西半岛和北海、防城，具有更大的发展潜力。天津自贸试验区也将随着京津冀一体化的发展进程，出现更大的功能整合。目前，天津自贸试验区总面积已经达到119.9平方公里，涵盖了三个片区。东疆片区30平方公里，是北方国际航运中心和物流中心的核心区，注册企业达到3200家。机场片区43平方公里是先进制造业集聚区，注册企业12000家。滨海新区片区是金融商务区，注册企业2900家。值得注意的是在天津之外，大连、营口和秦皇岛乃至曹妃甸的港口也在快速发展，而京津冀的产业转移区沧州渤海新区黄骅港也由于朔黄铁路的交通优势以及毗邻黄河三角洲土地逐年增长的土地优势，引起人们更多的关注。黄河三角洲和山东半岛是近年来经济崛起的重要区域，深水港湾众多，也是未来新的自贸试验区的可选择的区域。也许，随着京津冀经济一体化的推进，京津冀经济协同发展向晋鲁两翼扩张，这里会成为“一带一路”的重要东西辐射区域。

事实上，自贸试验区的布局，是基于近现代贸易的主要流量是从海上完成的事实，海权贸易的游戏规则以及相对低廉的航运成本，不仅使世界上的大商业城市向沿海集中，形成了许多航运中心、物流中心和金融中心，也形成了现今沿海地区人口密布而内陆地区人口相对稀少的格局。各国以“海关”来命名进出口管理机构，也是由于海上贸易远远大于陆上贸易，经济重心向沿海移动的结果。这种商业重心的历史变化至今仍是主流。但是，这也造成了幅员广大国家和内陆国家发展机会的不平等，造成了不同的发展梯度与发展水平的不平衡。“一带一路”不仅着眼于依旧繁盛与繁荣的海上贸易，让中国和各沿海国家的沿海发达区更加发达，也要形成中国与有关各国内陆腹地能够分享全球经济成果的新的发展机制。在“一带一路”发展构想中，“一路”是21世纪海上丝绸之路，是海上贸易新开拓和各国沿海经济带的更大开放与发展。“一带”则是洲际内陆经济的振兴与复兴。在更为广阔的意义上，还要打通沿海发展与内陆发展的历史“死结”，打通内陆经济与沿海经济的“任督二脉”，使经济发展的全资源要素充分流动起来，更加有效地进行资源配置，也更加有效地实现欧亚乃至全球经济发展成果共享。

在中国，未来五年的基本发展理念是“创新、协调、绿色、开放、改革”，协调发展摆在重要地位。因此，中国不仅要不断地推动自贸区的建设，在高标准的贸易制度安排和贸易便利化上取得更多的突破，也要在“一带一路”发展的国内外对接中盘活全局。

内陆腹地尤其是沿边地区需不需建设自贸区，这似乎是一个问题。但答案应当是肯定的。因为，正如上文所讲到的，海关名称只是海路贸易中形成的概念，自贸区也并不会在沿海地区才有，正如许多内陆国家也要建立自己的经济特区并实行特殊的经济政策，只要有利于国际贸易的便利化，也不排除在适当的贸易节点地区建立陆上的自贸区。尤其是丝绸之路经济带的重要贸易通道上，自贸区与经济开发区是相伴而生的，只是不能多设滥设，真正起到自贸区的作用，实现自贸区的完整功能。据了解，目前中国国内有 24 个省区在申请自贸区，这似乎不太现实，但目前自贸区都位于沿海，对应的是海上丝绸之路包括航空物流贸易往来，与“一带一路”的宏大开放格局在总体上并不适应，也与丝绸之路经济带的建设与联通不相适应。因此，陆路开放的自贸区建设将会陆续跟进。在一些重要的丝绸之路经济带的节点地区和特殊的国际商业汇集地区如宁夏回族自治区等，应当优先考虑。内陆自贸区的设立要有物流人流数量和过货过人国家数量的标准，也要考虑经济辐射的主要方向和海陆空综合考量的区位因素，并不能简单地同经济开发区和国家新区建设等同起来。

经济新区

在中国国内“一带一路”的发展战略棋盘上，国家级新区建设其实是自贸区建设的补充和支撑，形成了尖端效应和国内发展的“多核引擎”。在沿海地区，从北到南布局了大连金普新区、天津滨海新区、青岛西海岸新区、南京江北新区、上海浦东新区、舟山岛新区、福州新区和广州南沙新区；在内陆腹地，则有湖南湘江新区、贵州贵安新区、重庆两江新区、四川天府新区、陕西西咸新区和甘肃兰州新区，全国一共 14 个。这些新区既是新的增长极，也形成了“一带一路”的国内重要发展联动线。有的省份虽然尚未批设新区，但同样是“一带一路”

的重要枢纽，比如河南郑州，已经成为“一带一路”重要的货运中心。

在沿边地区，全面开放的格局已经形成。在新疆地区，地处北疆伊犁地区的霍尔果斯已经成为通向中亚、西亚的陆路交通与物流的枢纽，地处南疆的喀什不仅是通向中巴经济走廊的公路起点，而且面向巴基斯坦伊斯兰堡和阿联酋沙迦等地的国际航线也开通了，8 小时航程圈覆盖亚欧和北非的主要经济中心，临空经济的发展进一步凸显了喀什在丝绸之路经济带建设中的区位优势。除此之外，中国新疆地区的金融体制改革显示了巨大的灵活性，跨境人民币借款政策落地，允许区内企业从境外借款。允许借入境外企业甚至个人投资者的资金，不仅推动人民币国际化，也有效提高企业融资的便利性。

国内区域经济一体化

新的对外开放的自由贸易格局，必然要求内陆区域经济的市场化整合。在“一带一路”发展战略的带动下，区域经济发展互联互通的经济一体化格局也正在形成。2015 年年中，面积为 21.6 万平方公里、人口超过 1 亿的京津冀经济一体化时间表公布，珠三角和长三角经济和辐射区域扩容。环渤海地区是中国继珠三角和长三角经济区域之后中国北方最具发展潜力的地区，直接幅射范围是京津冀，间接幅射范围包括山东半岛、辽东半岛和蒙晋一线。在清末民初，这里是东北亚经济最发达地区，也是中国工业、采矿业、交通业、技术行业和北方转口贸易的发源地，历史上所谓的北洋维新体系由此而来。由于中国南北的发展差距和计划经济的更深影响，京津冀经济结构扭曲，“背对背”发展造成了经济凝聚力不强、要素分割的局面，活力相对不足。因此，从京津冀经济一体化入手，用更加市场化的方式重新规划和打造环渤海经济圈，使这个 C 形的而非 A 形的“倒三角”地区重焕生机，是国内经济协调发展的重要战略选择。京津冀经济一体化发展规划显示，2017 年在交通一体化和产业升级转移方面取得突破，2020 年区域内发展差距缩小，2030 年一体化格局基本形成。完成这个经济发展的转型过程，大约需要 10 年到 15 年的时间，届时，这三个省市 GDP 之和将超过 6 万亿元。

预计京津冀经济一体化运作到一定阶段，东三省经济一体化发展也会相应浮出水面，到那时，东北亚地区的总体发展将会进入新的境界。

京津冀经济一体化对自身和其他经济区域产生了示范效应。2014年底，环渤海地区开始出现“京冀6＋1”“津冀4＋1”合作框架，中关村分园落户秦皇岛，京冀共建曹妃甸现代产业试验区，天津港口集团与河北港口集团共建天津东疆保税港区。在交通一体化方面，京津之间规划第二高铁，津石之间铁路联通，张唐铁路、津保城际铁路建成通车，京张、京霸、大张等高速铁路和京滨、京唐城际铁路开工建设，京沈、石济、呼张高铁加速推进。京津冀经济一体化产生了示范效应，内蒙古与晋冀二省联手打造“长城金三角”和“黄河中上游金三角”，一方面完善省际通道，一方面加快城际轨道与相邻省份紧密联通的高铁建设。为了共同打造国内现代能源产业链。呼和浩特、包头、银川和榆林等13个西部内陆城市也在国务院2012年批准的呼包银榆经济区发展规划的基础上，积极融入丝绸之路经济带，尤其是素有“塞上江南”之称的银川，连续举办中阿博览会，成为内陆开放的重要地区。在西南地区，粤桂黔区域合作开启新板块，西江经济带和贵广经济带的发展贯通了西南地区与粤广海上丝绸之路的新的联系，并首次将珠三角和云贵地区的经济连接在一起。2016年初，中国与新加坡政府间互联互通示范项目管理委员会在重庆挂牌，首批总金额65.5亿美元的12个项目签约。这是继中国新加坡两国政府在苏州工业园、天津生态城之后，在内陆建立的第三个互联互通合作项目。示范项目管理委员会下设金融服务、航空产业、交通物流和信息通信四个专业委员会。这些带有连续性的项目投入运作，与完全点对点的经济合作是不完全相同的，既是“一带一路”国际合作的重要支点，也与中国内陆地区经济一体化市场运作新机制开始形成分不开。

在国内“微丝路”建设中，还有一种大流域经济带，依托黄金水道与现代交通网路紧密结合的联通优势，形成立体交通走廊。其中覆盖面最大、经济效益最显著的就是长江经济带。除此之外，珠江的西江经济带、黄河经济带（区）乃至段落性的大运河经济带，各有形态各有特色。长江经济带是国内“一带一路”建设的重要跨省项目，有自身独立的经济价值，也将是“一带一路”外向联通的转接枢纽，是中国东部沿海与西南地区互联互通的黄金物流走廊。重庆位于“一带一路”与长江经济带的交叉点上，是长江三大航运中心之一。长江上游集中启动立体交通走廊建设五年来，水运经济快速发展，集装箱吞吐量达到100万标箱，周边货物中转比重达到43%，重庆进入长江沿线亿吨大港之列。重庆还以长江、嘉陵江和乌江为框架，形成“一干两支”航运体系，集装箱通过能力达到400万标箱。到2020年，长江上游仅水路货运量一项就将超过2亿吨，航运交易结算额超过100亿元人民币。长江经济带上游发展带动云贵川三省经济发展，辐射陕甘，成为国内最大的“微丝路”经济带。黄河的航运功能早已降低，但“九曲黄河”的河曲部出现带状和片状的跨省经济合作区，形成了独特的绿洲绿带式经济协作景观。这其中除了正在形成的以兰州为中心的“一河两翼”跨省经济合作区，颇为有名的是豫陕晋三省四市“黄河金三角”。

提升国内区域经济发展质量

国内区域经济一体发展，在中国对外开放的初始阶段就开始了，但人们更关心的是对外开放的区位优势，并在经济特区的建设中形成了著名的“珠三角”和“长三角”。自此以后，各种“三角”层出不穷，先后出现了“苏锡常”“长株潭”等次一级经济协作区。这都对冲破计划经济下的区域市场封闭起到了作用。但不能对这种作用估计过高。在高度市场经济机制没有完全形成之前，其作用依旧是基于行政权力基础上的有限协作。生产要素的流动受阻于各种基础体制和制度的关键性约束，这不仅严重影响到生产要素的高效流动要求，也会制约中国经济的对外开放。完全可以试想，一个继续保留经济相互封闭或者画地为牢的区域经济发展状态，如何能够实现经济对外开放大格局的有效对接？又如何在更大的“一带一路”发展战略的棋盘里实现共同发展的目标？

但也不能跳过发展阶段苛求这种三角模式的一哄而上。它们毕竟为后来的区域经济一体化发展奠定了概念上的基础。例如，闽东北五市一区的联动发展，早在1986年就开始了，在最近五年里也取得了很大的发展成果，但真正出现市场的“无缝对接”，还是在“一带一路”尤其是福建自贸区建设推进之后。闽东北经济协作区，以福州市和平潭综合实验区为龙头，围绕海上丝路自贸区建设与闽江流域的资源利用和环境保护，走上五市一区经济一体发展的新路子。

应当看到，在过去一个阶段，国内区域经济发展取得进展，但也不同程度陷入发展雷同化与重复建设甚至恶性竞争的一些误区，这也是导致产能过剩和政府财政负债严重的主观原因。国内区域经济发展的一体化水平不高，至少还导致了条块分割中的物流成本过高。根据中国物流与采购联合会的调查研究报告，2014年中国社会物流总费用10.6万亿元，占GDP的比率为16.6%，比1991年下降了7.2个百分点，但仍然高于美国、日本与德国8个百分点，高于全球平均水平5个百分点。业内还有一种测算，如果物流成本减半，社会物流总费用的GDP比率达到美国2010年8.3%的水平，可新增经济效益5万亿元。目前中国企业社会物流总费用高企，主要是仓储与综合运输费用高位运行，例如，仓储费用占GDP比例高达5.8%，是美国的2倍以上，美国的运输费用也只有中国的60%。运输费用高使中长距离运输过多依靠公路，多种运输方式也缺乏有效衔接，配送成本过高。但这只是技术问题。在不同地区“背对背”的发展中，产业布局不合理，不仅导致大宗商品“旅行”，也导致产能严重过剩。在去过剩产能中加快推进国内区域经济一体化，进一步优化产业布局，发挥市场配置资源的强大功能，既是国内经济结构调整的要求，也是“一带一路”取得最大效果的保证。这是国内“微丝路”建设面临的最需要持续解决的重要问题。

毋庸说，“一带一路”的提出，把国内区域经济一体化发展提到了新的必须实现的高度，从这个高度上看，“微丝路”建设是国内区域经济一体化发展的外部牵引，同时也是在市场机制中真正实现经济循环发展的重要方面。近年来，中国国内的区域经济一体化发展有了突破性进展，不仅在发展规划中推动了基于市场的一体化考虑，也在生产流通布局上有了更符合市场规律的产业链供应链结构。与此同时，行政简政放权方面取得重大进展，不同程度地拆毁了行政权力对市场过多干预和滥干预的市场藩篱。2013 年以来，清理、取消和撤并了许多过时的和不符合市场经济通行做法的“红头文件”，一些行政权力管不了、管不好和不能管的事情，交给市场来办。尤其一些形形色色的审批制度，既造成了权力寻租的空间，也破坏了资源优化配置市场优胜劣汰的竞争机制，都是经济发展必须根除的障碍，也与“一带一路”发展水火不相容。2014 年以来，中国国内反腐败达到了空前的力度，处理各个层次的违法干部就达 30 万例。同时加强了制度建设，提升办事效率，改革陈规陋习，在转变管理思维上做出前所未有的努力。特别是事后监管和负面清单在自贸试验区的引进和实施，造成新的管理冲击波。商务部门出台了新的境外投资办法，他们在 2014 年 10 月至 2015 年 9 月的跨年度里，完成了 1 万件备案与核准，为外资“走进来”和中企“走出去”创造了更好的亲商环境。

亚投行成功筹建运转

2016 年初，有 57 个创始成员国的亚投行正式开业，中国国家主席习近平出席开业仪式并致辞。习近平在致辞中表示，亚投行成立并开业，对全球经济治理体系的完善具有重大意义，顺应了世界经济格局调整演变的趋势，有助于推动全球经济治理体系朝着更加公正、合理、有效的方向发展。为了支持欠发达成员国开展基础设施项目准备，亚投行设立项目准备特别基金，中国出资 5000 万美元。中国财政部部长楼继伟被选举为首届理事会主席，前副部长金立群当选为首任行长。英国、德国、韩国、印度和印尼的有关人士担任亚投行的高级职务。

从筹建到成立

亚投行从筹备到成立时间并不长，但也充满了戏剧性。2013 年 10 月，习近平主席与时任印尼总统的苏尼洛在雅加达会谈时提出，为促进本地区互联互通建设和经济一体化，中方倡议筹建亚投行。一个月之后，筹建亚投行进程在北京启动。从 2014 年 1 月开始，每两个月举行一次多边筹备会议，陆续举行了 5 次，并开始确定首批意向创始国。2014 年 10 月 24 日，21 个亚投行首批意向创始国在北京人民大会堂签署了《筹建亚投行备忘录》，为时正好一年。接着开始了法律协议的多边磋商。又是一年多时间，创始成员国终于在新加坡会议上达成一致。2015 年 12 月 25 日，《亚投行协定》生效，亚投行宣告成立。在 57 个创始成员国里，中国获得 26.06% 投票权，印度第二，占 7.5%，俄罗斯第三，占 5.92%，德国与韩国分别是第四、第五大股东。根据有关成立协定，亚投行法定资本为 1000 亿美元，分为 100 万股，每股票面价值 10 万美元。亚洲国家占股不能超过 75%，亚洲以外国家占比可达 25%。成立后的亚投行将会继续吸收新成员，据说尚有 30 多个经济体申请加入。新成员和创始成员权利有所区别，创始成员参与筹建和协定条款的制定，新成员需要接受既定条款；创始成员享有 600 票投票权，新成员不享有；在理事提名董事并进行投票时，创始成员享有优先权，除此以外，新成员在参与亚投行治理、重大事项决策等方面与创始成员享有的权力、责任和义务相同。

亚投行的筹备过程是烦琐细致的，但这不是问题，问题是来自美国与日本方面的干扰与反对。美国自己反对不说，还要求盟国也反对，它们的反对或以担心表示的反对，其实包含着不时露出来的怀疑中国意图的“思考”。虽然这种“以己度人”并不是经常有效的，“莫须有”的逻辑也是世上最软弱最无说服力的“推理”，但不能小觑它所造成的国际政治心理影响。因此亚投行的筹备顶着巨大的压力，随时都会有受到挫折的可能。中国在推动亚投行筹建的起始阶段，也有一定的心理准备，从最小参与数起步，争取最大的可能，一开始的推动参与范围和重点主要在亚太地区基础设施建设需求紧迫的国家里。但是，远在欧洲最西端的英国，率先不再理会美国的毫无道理的阻挠，在欧洲国家里第一个明确地表示要加入亚投行，形势发生了预想不到的反转，原本只有近30家的创始阵容，很快增加40家再到57家。以亚洲冠名的跨地区投资银行一下子拥来更多的欧洲创始成员，这不仅具有一种戏剧性，也产生了连锁的“雪崩效应”，因为这在欧美的同盟关系史是从来没有见到过的。欧洲复兴开发银行行长苏马·查克拉巴蒂说，亚投行的成立将为国际体系提供更多“健康的国际火力”。在他和他的同行看来，亚投行不仅不是国际金融体系的威胁，相反是一支及时赶来的援军，既解了欧盟国家意欲扩大基础设施建设启动资金不足之围，也使欧盟成员国从无力为中东欧国家拉动经济提供起码的资金“弹药”的窘境中解脱出来。苏马·查克拉巴蒂用了“健康”的肯定字眼，一扫同业和政界中时隐时现的美国对中国的意图和美日对亚投行管理机制与能力怀疑的雾霾。

就事论事，增加金融“火力”，是拉动欧亚经济走出困境的需要，是启动庞大的基础设施建设市场的需要，这也是正常金融思维下的正常思维底线。唯其如此，以英国政府为代表的支持和参与亚投行的选择，得到更多国家的呼应。他们不再盲从美国的一切说法，开始实事求是地做出自己的判断。但透过亚投行筹备过程变化的这一幕，人们更多地看到了，亚投行成功筹办成立的内涵的冲击力和凝聚力，并不是谁有资金谁能取得信任，首先的因素是各国共同发展愿望带来的对基础设施建设的高度期望。和平与发展仍然是当代世界的主题，不管是什么样的联盟，都不会凌驾于各国的发展利益之上。欧美国家之间对亚投行筹建和成立一事的分歧认识，虽然不能说是美欧联盟内部发生隐约可见裂痕的象征，但在美国反复强烈的反对下，英、德、法等主要欧盟国家还是坚持了自己加入亚投行的选择，并影响澳大利亚与韩国也很快做出了加入亚投行的决定，美国真正担心的骨牌效应发生了，这是要求发展引起的一个巨大的根本的变化。

亚投行虽然立足于亚洲，但成员遍布欧亚，因此从代表性上讲，说它是立足于亚洲基础设施建设以投融资为业务特色的世界性国际银行，也并不为过。世界银行行长金镛表示，要与亚投行联合融资。欧洲复兴开发银行很快给中国发出参加邀请，中国成为欧洲复兴开发银行的正式新成员。对此，《印度教徒报》评论说，“通过在战后布雷顿森林体系外脱颖而出的三家开发银行，欧洲与亚洲形成了新的联系。这正在改变全球的地缘政治架构，欧亚大陆则处于核心地位”。“中国是这个不断演变的世界金融架构的关键因素。”“由于中国的加入，欧洲复兴开发银行正在迅速重新定义自身的角色。该行 1991 年时成立的宗旨是巩固苏联解体后形成的单极世界格局。该行的重点关注对象是东欧地区，但该行行长苏马·查克拉巴蒂坦言，中国正在引领旨在将欧亚连接起来的‘一带一路’倡议。”苏马·查克拉巴蒂也明确地表示：“10 年前，东欧国家在寻求西欧的投资，今天它们扩大了目标范围，把中国也包括在内。对我们来说，能让中国加入进来是一项重大的胜利。”“欧洲复兴开发银行愿通过亚投行等其他多边金融机构与中方保持合作。”

在中国加入欧洲复兴开发银行的同时，国际货币基金组织发布声明，国际货币基金组织董事会改革修正案从 2016 年 1 月 26 日开始生效，约有 6% 的份额向有活力的新兴市场国家转移，中国份额的占比从 3.996% 上升至 6.394%，排名从第六位上升到第三位，仅次于美国与日本，中国、巴西、印度和俄罗斯四个新兴经济体在 IMF 股东行列中位居前 10 名。金砖国家的总份额达到 14.7%，最大股东美国仍然占有 16.74%，而占有 15% 的份额才能否决董事会的决策，因此美国还具有对这个世界最大货币组织的最后话语权。对大多数发展中国家来讲，这可能是目前最好的结局，尽管时间晚了点儿，拖了 8 年之久，但好戏是不怕开锣晚的。

之前成立的金砖国家新开发银行自然也与亚投行建立了沟通协调的渠道。在两年的时间里，连续有两家主要为基础设施建设服务的国际金融机构出现，这是“一带一路”的重要金融支撑，也是世界金融结构发生变化的征兆。对于这样一种新变化，卢森堡财政大臣皮埃尔·格拉梅尼亚给出的评论也许是最准确的，他说，亚投行的成立是“世界经济再平衡的又一证据”。

接下来，美国政府何以处之呢？卸任的美国驻亚开行的代表罗伯特·奥尔在东京发表告别讲演时说，美国和日本也应当考虑加入亚投行。他这样说，“美国和日本需要在亚投行的管理方面具有一定的影响力，而不加入就不会有任何影响力”。奥尔还称，美国将可能在“某个时刻”加入亚投行，美国所能做的就是找到应对此事，与亚投行合作，并将亚投行引导至符合美国利益的方法。他的观点是个人观点，还是在探路放风，有意说给日本听，不好判断，但显示了美国政府在亚投行问题上的一种尴尬和反思。中国还会一如既往地持开放态度，并不反对谁进入亚投行，但美、日真要在“某个时刻”加入，恐怕丧失了成为创始成员国的机会。中国虽然会因此而减少了股权，但换来的是这个重要的国际金融组织更大的开放性和代表性。2016 年 4 月，作为北美自贸区的成员，加拿大宣布加入亚投行，这也许是一个积极信号。

作为新型多边金融机构

亚投行是世界 25 年来成立的第一家大型多边开发银行。提供的金融服务广泛，包括贷款、控股、提供担保和技术援助等。将会有效地促进亚洲地区的基础设施投资，多渠道动员各种资源特别是私营部门的资金投入基础设施建设领域。它是伴随“一带一路”共同发展的新型金融机构，它的运营是向着国际金融秩序改革迈进的重要与踏实一步。

亚投行提供的是一种不是由某个国家一言九鼎影响下的金融发展新视角。亚投行的筹备与成立旨在推动“一带一路”沿线国家基础设施建设，同时也体现了以中国为代表的锐意改革旧的国际金融体系的新兴经济体之有生力量。多边主义的协调与沟通应当成为它的风格。

无须讳言，世界银行虽然对全球金融业的发展做出了贡献，但“二战”后根据“怀特计划”建立的世界银行，在很大程度上都是美国人的“一言堂”。总部设在马尼拉的亚开行（亚洲开发银行的简称）也要看日本财务省的脸色行事。这种由来已久的“店大欺客，客大欺店”

的惯性机制，以及国际金融机构组织结构“硬化”，拓展无门，促使发展中经济体和部分发达经济体共同发起了亚投行。但亚投行并不是世界银行和亚开行的对手，应当是互为补充的关系，就现任世界银行和亚开行的领导人来讲，他们对亚投行的态度是积极的。尽管中国拥有25%的持股投票权，但亚投行通过多数意见代表和平衡成员利益。它的机制是全新和多边的。英国财政部前首席秘书丹尼·亚历山大被任命为亚投行常驻北京的副行长之一，德国人担任亚投行副行长之一以及董事会两名副董事长之一，体现了这种多边特质。

德国是亚投行域外创始成员国中的最大出资国，德国政府希望确保融资建设项目符合有关环境保护和社会福利的高标准。在亚投行项目提出之初，就不断有人质疑是否能够坚守严格的人权、劳工、环境和公司治理标准。亚投行从成立起就承诺以“创新的最佳国际标准”来运营，推行透明的治理结构和理念，致力于建立一家精干、廉洁、绿色的银行，推动金融治理体系和全球经济治理体系朝着更加公正、合理、有效率的方向发展。

亚投行明确表示，结算货币依然是美元，同时还加了一条，亚投行的工作语言也是英语。这是对当前世界已经形成的金融格局的一种正视和效率的尊重。亚投行在管理上推行重大事项均须理事会超级多数批准，吸收新成员则采用特别多数原则。超级多数批准是指理事人数占理事总人数三分之二以上，所代表投票权不低于成员总投票权四分之三的多数通过。特别多数是指理事人数占理事总人数半数以上，且所代表投票权不低于成员总投票权一半的多数通过。鉴于会有某个项目产生分歧意见，亚投行决定设立仲裁机构。对雇员的聘用，按照项目到人向海外派驻雇员，同时临时征召专家，从而保证相对较低的人数水平。此举与世界银行形成鲜明对照，后者常因薪水过高、人浮于事并在一百多个国家设有办事处而遭到诟病。但是，会计标准，并未采用美国标准。

世界对亚投行的期望值是高的，亚投行的自我要求也不会低。无论是从管理运营角度还是各种复杂的国际利益平衡角度，人们都有理由提出这样那样的问题甚至质疑。作为亚投行创始成员国的领衔者，中国绝不会是“一言堂”的爱好者。它与其他国际银行业的联合融资也表明了它是国际全面经济合作的支持者。它的出现，对全球经济治理体系的完善具有重大意义，完善而不是取代或者对垒，这是亚投行的全部生存发展哲学。亚投行如此自信地启程，显示的是发展中大国的风范，也是亚投行的风范，是“一带一路”发展的风范。英国《金融时报》网站就亚投行成立不久就与亚开行联合融资的消息评论说，“亚投行创立之初引发了过度的焦虑，尤其在华盛顿”，但现在有充分理由相信，中国推动“设立亚投行并不只是要通过其他方式扩大自身影响力”。亚投行的筹办运行，不仅仅是亚洲互联互通的基础设施建设有了专业金融支撑，其筹建过程中近乎戏剧性的变化，本身就反映了“一带一路”发展构想在沿线各国产生的越来越大的影响。这种影响是世纪性的，具有经济全球化的世界意义。它和此前成立的金砖国家银行以及中国应邀参加的欧洲复兴银行，意味着“一带一路”有了自身的金融操作平台，尽管它的体量还没有足够大，但它的快速诞生以及得到的广泛支持和参与，证明了“一带一路”战略的经济务实思维受到世界多数国家的广泛欢迎与重视。

对亚投行的首个项目，国际普遍关注，马来西亚、新加坡两国专家预测，新马高铁或将是亚投行的第一个大型项目。新马高铁全长 350 公里，预计耗资 120 亿美元。沿途经过巴生河流域、马六甲以及柔佛等地，设计时速 350—450 公里，可将目前来往新加坡和吉隆坡 6 小时的车程缩短至 90 分钟，使新加坡和吉隆坡实现一日生活圈的“双城”概念。更重要的是，新马高铁是设想多年的“泛亚铁路”真正的起始原型，将对“泛亚铁路”的形成起到决定性的作用。新马高铁的大部分路线在马来西亚，新加坡的 20 公里，新加坡政府会独立负担。但马来西亚由于油价走低，政府直接出资的可能性不大，预料会采用公私合营模式进行，因此也会是亚投行的一个可能的最佳选择。

亚投行肩负着亚洲和欧洲部分“一带一路”设施联通的融资重任。

在2010年至2020年的10年里，亚洲发展中国家基础设施建设投资总需求将高达8000万亿美元，年平均投资水平高达7300亿美元，其中68%用于新增基础设施，32%用于维护和维修现有基础设施，而世界银行和亚洲开发银行等现有多边开发银行在这个领域的投资规模仅有100亿到200亿美元。如何利用有限的资金撬动更多的政府财政投资和社会投资，支持域内甚至域外的基础设施建设，亚洲发展中国家需要付出极大的努力。

结算货币

与亚投行成立堪称“双喜”的是，2015年底，人民币加入国际储备货币一篮子货币，成为继美元、欧元、英镑和日元等之后的国际储备货币。在这个“篮子”里，人民币的比重占到10.3%，欧元约为20%，人民币的比重在英镑和日元之前，美元依然占绝对的头牌地位。中国加入一篮子货币也同组建亚投行一样，是具有影响世界金融走势的历史性大事件。

人民币成为国际储备货币，是人民币国际化的重要一步，人民币国际化尽管前路会有曲折，但会在稳步中推进，稳中有进将是今后一段时间人民币国际化的重心所在。人民币成为国际储备货币的意义是重大的。这种意义并非有人所讲的，目前象征意义大于实际操作意义，因为它已经在中国处理当前世界货币危机中成为重要的参考工具。人民币作为国际储备货币体现了人民币国际地位的上升，尽管人民币国际化目标的真正实现还取决于在国际市场具体计价和结算中不断扩大人民币的国际跨境使用范围和份额。但加入国际储备货币体系，将会加速这个进程的出现。人民币国际化已经走过了三个阶段，第一个阶段是允许人民币在内地以外流通，主要是港澳台地区。第二个阶段，通过发展离岸人民币计价资本市场扩大它的市场影响。2010年，外国企业实体被允许发行以人民币计价的债券，俗称“点心债券”。第三个阶段从2011年底开始，首先是香港企业和合格投资者可以利用离岸人民币进行在岸投资。到了2014年11月，在“一带一路”发展构想提出之后，人民币国际化迈出了实质性步伐，国际投资者可以利用上海与香港股票市场互联互通机制直接进入内地股票市场。这就是著名的“沪港通”和“深港通”。2015 年 10 月，人民币跨境银行间支付清算系统启动。2015 年 12 月，韩国成为首个发行人民币债券的主权国家。这种债券也被称为“熊猫债券”。2016 年新年刚过，瑞士也发行了“熊猫债券”。

国际化货币需要有定价自主权。但这种定价自主权取决于金融市场发育的水平与水准，需要相对规模集中的货币与丰富的金融产品。这需要中国继续发育金融市场，同时加大来自国际市场使用人民币的数量与频率。“一带一路”战略在初期发展中具有地域渐进辐射的特点，人民币的跨国使用也随之具有初始的渐进特点。人民币国际化也是人民币品牌化的过程，需要扩大使用的知名度与美誉度。从周边到更大的跨国使用半径，有一个习惯于国际信用的确立过程，但不会十分遥远。目前，与中国实现互换货币的国家虽然不少，甚至人民币在个别的非洲国家被当成法定的货币，但在一些国家里总体上还是初步的。因此，急不得，也不能急，保护人民币的国际信誉是首先的一条，相对稳定对美元的汇率更具现实意义。虽然中国央行宣布，未来人民币汇率走向主要参照一篮子货币，但美元的强势地位仍在，不可能不影响到一篮子货币对美元的汇率走势，因此，盯住一篮子货币，其实最终避不开美元的强大影响，稳定发展是一个基本的操作走向。

寻找相对的突破口，逐步扩大人民币在外贸结算中的数量和频次，是更为现实的选择。事实上，除了着眼于双边货币互换，更需要看重直接贸易市场使用中出现的连锁效应，在货币消费中提高它在跨国跨境市场中的影响力。在中国的周边国家市场，人民币流通是常见的现象，多数来自边境贸易，具有市场基础和习惯性，需要重点保护。真正的大规模正规贸易本身具有一定的避险要求，尤其是在汇率动荡的情况下，更是如此。循名求实，不能完全依靠所谓高层次渠道。例如，人民币在临近的东盟国家使用频率比较高，在东北亚部分地区和北亚、中亚的相邻国家里，也有较大的市场影响力。尤其是在 2015 年和 2016 年，许多国家发生了货币贬值通货膨胀，这也是人民币走向境外的重要市场机会。在民间贸易中不断推动人民币的境外持有和使用，要比货币互换更有持久性和弹性。

俄罗斯是与中国发生货币交换关系较多的大国，由于卢布在美联储升息中进一步大幅贬值，贸易下滑，俄罗斯经济陷入困境。在欧美经济封锁尚未解除的情况下，俄罗斯更多地依赖中国的投资和与人民币的合作。2016 年，俄罗斯央行加大对人民币的开放力度。根据俄罗斯央行原来的相关法令，可以使用卢布和包括美元、欧元、瑞士法郎、英镑和日元在内的外国货币组成注册资本，现在可以使用人民币补充注册资本，人们预计将有来自中国的更多银行进入俄罗斯市场，俄罗斯银行也会感兴趣。有评论说，这是“去美元化”的尝试。这个说法有些夸张，它只是适应了人民币加入一篮子储备货币的必然要求。

中国、俄罗斯参与的金砖国家开发银行在中国发行价值 10 亿美元的人民币长期债券，用来融资于俄罗斯西部的一个水电项目，还为南非提供“兰特贷款”，降低南非因为对美元汇率出现较大波动所受的影响。金砖国家开发银行 2016 年计划支出 20 亿美元，2017 年会增加 3 倍。金砖国家开发银行成立时，这些国家的平均经济增长率是 5%，2015 年为 2%，但中国是 6. 9%，印度是 7. 5% 左右。由于部分成员国主权债务评级被下调，该行在国际市场的借贷成本提高，向低回报的基础设施项目的风险也在提高，中国的规模为 6. 1 万亿美元的银行间债务市场成为唯一的融资选择。

2016 年，俄罗斯提出与中国和上海经济合作组织成员国家共同组建“欧亚自贸区”的计划。这应该是“一带一路”建设进一步落地的举措。一般来讲，别的自贸条款都不会有问题，但希望用本币结算“欧亚自贸区”的贸易往来，这是别的自贸谈判都未曾遇到的问题。如果说，这是一个贸易结算“去美元化”的设想，倒是真的，但是，相对于每个主权贸易国家，不可能不与美元产生贸易交换关系。如果缺少一种基准货币，这个交换系统将是混乱的，那么，哪种货币可以成为

“欧亚自贸区”贸易交换的尺度呢？

也许，设计一种超主权货币是一个思路，但这个超主权货币是什么样子？谁又是它的管理权力机构？难道是有过酝酿但还没有正式诞生的“上合组织开发银行”吗？也许恢复金本位制是个思路，但鉴于如今的各国经济规模，黄金未必能够再次揽得起这个“瓷器活”。

与此有关联的是将在下文提到的“数字货币”。但中国央行设想过的货币数字，既不是比特币，也不是后来出现的无须央行的“黑石币”，它与人民币等值，因此还是人民币的数字货币形式。作为国际储备货币，它要拥有独立的定价自主权，无论什么贸易场合，设想中的本币结算“基准”也会要求这种权利。这是继布雷顿森林体系崩溃以来出现的又一个难题。但这个难题似乎也在提示，如果未来真的出现所谓金融秩序的“颠覆”，统治世界金融界的，既不是美元霸权，也不会是现行国际储备货币中的哪一个，当然也不会是无意于谋取新霸权地位的人民币，也许是一个新的数字单位。当然，人民币尊重每种主权货币的尊严，同时也会维护自身的市场价值和尊严。

地理标志之一：中欧经济合作新阶段

就“一带一路”共同发展来讲，多元市场成果是重要的，影响半径的扩大也是重要的，因为取得多大的市场成果有时取决于“天时”，亦即机遇，但影响半径的大小和覆盖面的宽窄，来自“地利”与“人和”，决定着未来更多的收获。由于“一带一路”的地理地缘的相对规定性，市场节点影响着市场半径的大小和覆盖面的宽窄，因此，在“一带一路”不同的发展阶段，重要节点的定位决定着它的效能与效果，甚至可以说，在一定的时段内，重要的定位有多远，路就走得有多远。2015 年前后出现的“一带一路”显著地理标志之一，就是中欧经济合作取得新突破。

对于这个突破，很多人说是非同寻常，意义非凡。他们说，在过去的三年里，中国在欧洲开始了既是双边也非全部双边的全方位的经济合作，是与欧洲已有平台的合作，但不是与全部欧洲已有平台的合作。

“16＋1”合作框架

首先是在2012年在华沙发起的“16＋1”合作框架下的合作新进展。“16＋1”的合作框架的16，包括5个非欧盟成员国（阿尔巴尼亚、波黑、马其顿、黑山和塞尔维亚）和11个欧盟成员国（保加利亚、克罗地亚、捷克、爱沙尼亚、匈牙利、拉脱维亚、立陶宛、波兰、罗马尼亚、斯洛伐克和斯洛文尼亚）。2015年，“16＋1”合作框架第四次领导人会晤在中国苏州举行，再次明确了未来五年中国与中东欧国家在农业、运输和人员交流等方面的合作方向，包括进一步加强金融合作，研究设立30亿美元投资基金等。中东欧是通向西欧和北欧的桥梁，在丝绸之路经济带建设中承前启后，关系重大。2010年，中国与中东欧国家的双边贸易额为439亿美元，2014年增加到602亿美元。在设施联通方面，中国与中东欧共同推进中欧陆海快线建设，中国出口马其顿的动车组也在其铁路主干线上投入使用。中国还与匈牙利、塞尔维亚签署修建高铁协议，中国铁路项目首次进入了欧盟市场。中匈在金融合作方面也取得不小的进展，匈牙利政府2016年发行中东欧地区首只人民币主权债券并建立了该地区首个人民币清算中心。匈牙利政府与中国政府还签署了推进“一带一路”建设政府间谅解备忘录，在中东欧具有示范效应。

“16＋1”的框架，不仅是中国与东欧国家共同建设丝绸之路经济带的战略思路，也是中国与欧洲国家经济合作不可或缺的一部分。在欧洲主要发达经济体增长仍然乏力的情况下，东欧经济体的发展是欧洲发展的活力来源。2015年，波兰、罗马尼亚和斯洛伐克的国内生产总值增长了3.5%，捷克经济增长率达到3.9%，波兰为3.5%，而整个欧元区的增长率为1.8%。东欧国家的投资也相对活跃，捷克在基础设施建设方面的投资增加了58%。波兰、捷克和斯洛伐克等国融入了西欧的产业链，同时也与中国加深了经济合作，是丝绸之路经济带建设的欧洲亮点。波罗的海三国经济也在不同程度地增长，2015 年拉脱维亚同比增长 2.7%，爱沙尼亚同比增长 1.1%，立陶宛同比增长 1.7%。2016 年，习近平主席访问素有“中欧后花园”之称的捷克，两国正式建立战略伙伴关系，进一步推动中国与中东欧经济合作。捷克是中东欧地区传统的工业强国，在机械加工、汽车制造和航空领域具有独特的优势。在经贸领域，中国连续多年是捷克除欧盟外的第一大贸易伙伴，捷克也是中国在中东欧地区的第二大贸易伙伴。2015 年 11 月，捷中签署了两国政府间“一带一路”建设合作谅解备忘录，捷克是中东欧国家中首批签署关于“一带一路”合作正式文件的国家。捷克总统泽曼两次访华，随行的都有成员为数众多的企业家代表团，泽曼在 2014 年访华时说，他到中国是了解如何加快经济增长而不是“教授市场经济或人权的”。

中东欧地区是从黑海水系一直向西北溯源进入北欧、西欧的天然经济走廊，分布着许多民族独立国家，各自具有不同的资源禀赋与产业优势。2015 年以来，中国与中东欧国家经济合作进入新阶段，匈塞铁路塞尔维亚段开工，将于 2018 年通车。中罗两国达成核电站框架协议，首个使用中国—中东欧合作机制 100 亿美元专项贷款额度的波黑斯坦纳里火电站项目开工建设。中东欧国家也有发展现代农业的自然基础，例如西邻黑海的保加利亚就是一个农业资源丰富的重要国家，其农产品对华出口一直稳步增长，但由于农村劳动力不断流出，期待更多的外部支持，吸引更多的中国投资，中保两国农业合作将会成为“一带一路”合作中的一个亮点。

一个重要的经济事实是，中国与东欧国家不仅在贸易投资和经济合作方面有明显的互补性。中东欧的地理区位优势决定了它在“一带一路”中的枢纽作用。人们还看到，欧洲制造业也在由从英国曼彻斯特一直延伸到意大利米兰的“蓝香蕉”地带，向东转移。“蓝香蕉”概念是法国地理学家罗歇·布吕内在 1986 年提出的，用以描述覆盖了 1.1

亿人口的欧洲的制造业城市带。如今，欧洲工业版图已经发生变化，取而代之的是以德国为中心的“金足球”，涵盖了波兰、匈牙利、捷克、斯洛伐克、奥地利和罗马尼亚，这些国家已经成为德国工业的“延伸生产线”。生产性工作已被转移到欧洲中部地区。就像20世纪后期欧洲的煤矿和钢铁工业基本消失一样，德国凭借最大的制造业基地确立了其在欧洲头号强国的地位。欧洲制造业的东移和中国的丝绸之路经济带的西向，更加印证了欧亚大陆国家地区经济合作的必然性。

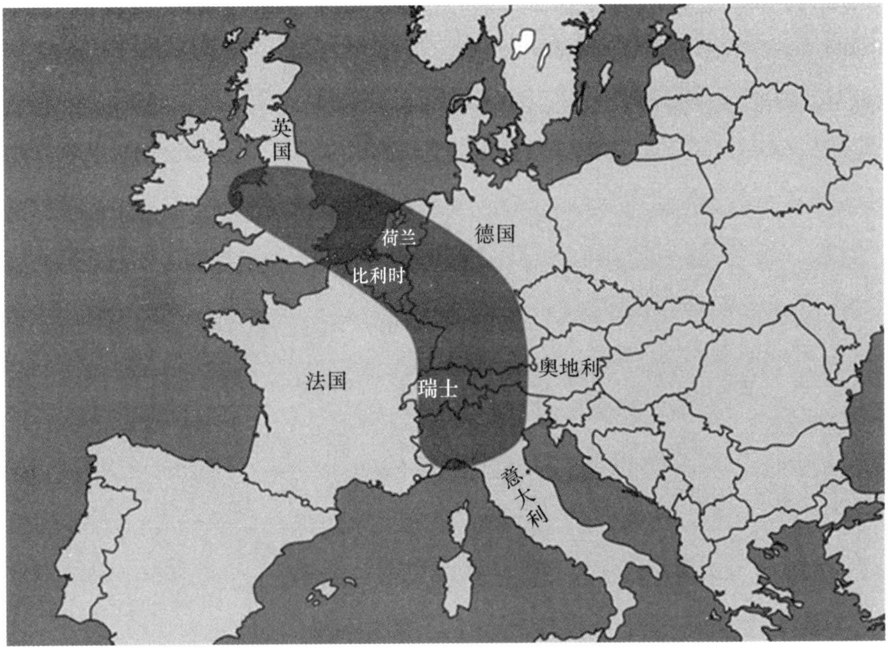

图6 “蓝香蕉”地带示意图

作为欧盟第二大贸易伙伴

“一带一路”发展在欧洲，最大亮点还是德国、英国和法国以及欧盟其他国家。据欧盟统计局公布的贸易数据，2015年，中国继续为欧盟第二大贸易伙伴，欧中双边贸易总额为5210亿欧元，在欧盟外贸中的比重为15%。美国为18%，居第一，瑞士和俄罗斯分别为第三与第四。德国的杜伊斯堡在铁路货运中是中国商品在欧洲的集散枢纽，多数中欧班列在这里落货与起货，分流到西欧和北欧。德国人行事一般比较沉稳，在中德经济合作中行多于言，他们不一定采取声明的形式表示中德之间越来越密切的经济合作，而是更多地见诸明确的行动纲领。德国整合地提出了110个项目，务实推动中德经济合作。德国总理七次访华，考察过中国的许多地区，也考察过许多在中国投资的德国企业，中德的经济合作有一种持久性。英国是欧洲第一个加入亚投行的创始国，是人民币走向国际化的最给力的欧洲国家。英国也是首个获得批准人民币合格项目投资机构和投资者初始额度、首个发行人民币主权债券的欧洲国家，首个将人民币纳入外汇储备的主要发达国，并明确表示了对“一带一路”的积极态度。习近平访英期间，中英签署了核能建设的合作协议。英国外交大臣哈蒙顿这样说，“英国很高兴作为第一个亚洲域外国家加入亚投行，并愿同中方积极探讨在‘一带一路’下开展合作”，财政大臣奥本斯在第七届中英经济财金对话期间明确表示，“英方承诺与中方共同推进‘一带一路’建设”。英国皇家国际问题研究所亚洲项目研究院蒂姆·萨默斯则说，“一带一路”对于欧洲国家意义重大。英国高度重视“北方经济增长区战略”和国内其他高端制造业与“一带一路”规划的对接，“一带一路”规划还为中国企业与英国企业联合拓展市场提供新的商业机会。英国前首相卡梅伦则在首相府举行的庆祝中国猴年新春招待会上这样讲，“如果你想要一年的繁荣，请种植谷物。如果你想要十年的繁荣，请种植树木。如果你想要千年的繁荣，请发展人民之间的关系”，“这正是我们致力于建立英中两国之间这一伟大关系的原因所在”。中英经济合作是多模式的，有直接的投资合作，也有第三方合作，第三方合作的一个亮点是中法合建英国核电站。欧盟的反垄断机构批准了中国广核集团（CGN）与法国电力公司（EDF）合作建设欣克利角核电站。这是全世界耗资最大的核电站，预期费用180亿英镑，约合255亿美元。欣克利角核电站将在2025年投入运转，可以满足7%的英国电力需求，并在兴建中创造2.5万个工作岗位。

法国是最早提出开展“一带一路”发展三方合作思路的国家。

2015 年 6 月，中法签署关于第三方市场合作的联合声明。为了推动中法在非洲市场的合作，法国政府专门任命了一位负责中国与非洲关系的大使，这位大使是曾经在赤道几内亚担任过大使的佛朗索瓦·巴拉托。中法双方还成立规模为 20 亿欧元的特别基金，主要为中法在非洲的项目提供融资支持。中国企业有能力获得大项目，法国企业可以作为分包商，这是一些法国企业需要的理想合作模式。由于多种因素，中国援非资金不少，但直接投资不多。据了解，在非洲接受的外国直接投资中，中国只占 3%，中法在非洲的第三方经济合作，将会提高投资效率从而扩大对非投资规模。中法的第三方经济合作区域主要在撒哈拉以南和北非的马格里布地区，由于历史的原因，法国文化在那里具有传统影响。中法的第三方经济合作能够解决中国企业“走出去”的文化水土不服问题，也能在管理和技术上实现互补。2016 年，法国的企业运动组织、对非贸易国际商会和雇主联合会等联合连续举行三方企业家研讨会，主题就是如何更好地开展第三方合作。这是“一带一路”发展在合作模式和合作地域上的新突破。

瑞士在 2014 年 7 月与中国签署自贸协定以来，根据瑞方的统计，2015 年对华出口达到 89.3 亿瑞士法郎，增长 1.4%，双边贸易额为 212.7 亿瑞士法郎，创下历史新高。中国已经成为瑞士第五大贸易伙伴、第四大进口来源地和第六大出口目的地。中国企业先后收购瑞士的阿达克斯石油公司、昆仑表、瑞士国际空港服务公司以及正先达公司等。2016 年，中瑞两国决定建立创新战略伙伴关系。

2015 年底，中国加入欧洲复兴开发银行，将为中国向欧洲基础设施建设和“一带一路”的发展开辟新的渠道。欧洲复兴开发银行和亚投行密切合作，填补了基础设施融资缺口。更要紧的是，中欧之间的金融体制合作属于长期性的基础性的合作，开始从高端领域打破欧亚发展“楚河汉界”的背对背历史局面，为欧亚大陆超大区域经济走向一体化奠定了基础。中国和欧盟还就发展 5G 移动网络签署了合作备忘录，协调彼此标准，共同研发，这是着眼未来经济技术合作努力。

中欧经济合作新思路

国际问题专家们从不同角度分析，中国与欧洲经济发展战略的接近，具有力求双边互动而非欧盟机构互动的特点。尽管欧盟是一个政治经济共同体，但每个主权国家的需求和问题并不一样，希望摆脱经济“危机”，希望自主发展。对中国来讲，欧洲市场是最大的贸易市场和先进技术来源，同时也是“一带一路”的欧亚大陆终端。在丝绸之路经济带建设中，中欧据于东西两端，其产生的互补与互动的能量，对总体欠发达的欧亚中间地带几十个国家发展来讲，无疑是一种“双核”动力。

也有从地缘政治变化来看中欧关系密切化的。他们认为，从地缘政治角度讲，欧洲从来不是美国制衡中国的力量，但现在欧洲却是制衡美国霸权的潜在力量。美国国家亚洲研究局的一位安全主管就说：“中欧早就成为伙伴，因此这些最新趋势看似是以往双边经济项目发展的自然延续，然而欧洲在‘一带一路’框架下与中国展开合作非同寻常。时代变了，在内外的政治与社会经济危机的重创下，今天的欧洲已与过去不可同日而语。”他们还认为：“‘一带一路’倡议更多关乎的是一国的宏伟战略，而不是为了简单地追求经济增长。中国至关重要的战略目标，是自身通畅无阻的崛起，相伴而来的还有美国霸权的必然灭亡。”

把“一带一路”仅仅看作是一国的宏图，这是典型的美国人“个人本位”的思维逻辑，把欧洲看得那么经受不住危机，也未免有些“门缝瞧人”，而我们能够看到的事实是，美国向来把别人当工具用，连盟国也概莫能外。美国还有一种不知从哪里来的自信气质，就像曾经扬言可以同时打赢两场军事战争一样，也可以左右开弓，同时开打两场“经济战”，于是一手操弄 TPP（跨太平洋伙伴关系协定），试图制衡中国；另一手操弄 TIIP（跨大西洋贸易与投资伙伴协议），用来制衡俄罗斯。但它树敌太多，上下左右战略就容易错位，别人又不能在它的错位中乱帮忙，也就只好各奔前程了。

那位安全研究主管看得很准，“在这个背景下看，欧洲与中国在‘一带一路’框架下的合作有吸引欧洲靠近中国磁场而进一步远离美国的作用”。但这怨谁呢？美国的衮衮诸公需要反思。

中欧经济的进一步密切合作，还面临着一个问题，那就是欧盟应当如期取消对华反倾销“替代国”的做法，承认中国的市场经济地位（MES）。中国在15年前就加入了WTO，按照《中华人民共和国加入世界贸易组织议定书》第15条规定，世界贸易组织进口成员应于2016年12月11日前取消对华反倾销“替代国”的做法。2016年1月，欧盟委员会举行全体会议，提出要对中国市场经济地位全面评估，下半年正式提出意见。目前，世界150多个国家都已承认中国的市场经济地位，但欧美和部分拉美国家迟迟未承认，导致贸易摩擦时有发生。欧盟一些行业协会渲染取消对华反倾销“替代国”会给当地的就业和经济发展带来负面影响。这主要是出于行业利益，并不是欧盟的政策依据，以任何借口不履行国际义务，都会对多边贸易体系造成伤害。

在欧亚腹地经济板块中，高加索地区国家和濒临黑海、里海沿岸国家也是建设丝绸之路经济带的重要节点国家，阿塞拜疆和格鲁吉亚是东到中亚、南接伊朗、北联东欧的十字路口国家，都与中国建立了经济合作伙伴关系。亚美尼亚是“欧亚经济联盟”成员国。亚美尼亚和阿塞拜疆，一个是基督教国家，一个以穆斯林突厥语民族为主，盛产油气，虽然在2016年因为纳卡州再起武装冲突，但不会持续。对于地处西亚和东欧交会之地的高加索和黑海、里海地区的国家，需要更多地开展经济合作。这不仅是因为它们有着强烈的丝路建设愿望，也是因为它们在古老丝路中曾经的交会区位。在希腊神话里，黑海周边是出产“金羊毛”的地方，所谓“金羊毛”，并不是真的有金羊，而有可能是指代古代游牧部落的“天堂”。无巧不成书的是，在中国古代神话地理书《山海经》里，也有“一目人”的塞人“神话传说”，他们曾在阿尔泰山地区采集黄金，黄金流向的地区却在里海与黑海。希腊史家希德罗在写作《历史》一书时，曾经循着黑海、中亚的古老贸易路线到达或者听说过阿尔泰山周边的这个塞人部落，并大致勾勒出经由黑海的与民族迁徙有关的早期贸易路线，只是因为历史信息的不对称，这一切都湮没了。倘若我们还要联系俄罗斯考古者在南俄草原发现的公元前5世纪斯基泰人的贵族大墓，随葬的居然是金缕丝绸织品，那不仅把丝绸之路的历史向前推了500年，也辗转透露出黑海、里海与高加索走向地中海的古老贸易通道。蒙古帝国伊尔汗国的都城在现今伊朗北部阿塞拜疆省的大不里士，大约也有游牧部族对黑海、里海地区历史传说的记忆。这或许对现实中的"一带一路"并不很重要，但作为中西文化交流的背景却是有价值的。

地理标志之二：地中海的新丝路里程碑

在历史的丝路贸易和丝路经济文化交流中，中东地区一直是最关键的一环，甚至是历史丝路的直接"目的地"。史籍所载中国在东汉时期的"甘英通四海"，指的就是接近地中海东部与东南部的大中东地区。中国明代的穆斯林航海家郑和也曾到过阿拉伯半岛的麦加朝觐。中东地区几经历史演变，从14世纪末期一直到近代，发生了很大的变化，在较长时期里，成为世界上国际关系和政局最错综复杂的地区。宗教和宗教内部的教派问题以及欧洲民族与中东民族的历史纠纷，沉淀着历史遗留的各种矛盾。西方国家在近代与当代的不断插足，引发了各种战争，恐怖主义的肆虐更使这一地区处于混乱状态。但是，中东又是三大洲和地中海的丝绸之路最大的交叉路口，又是化石能源和其他大宗商品资源富集地区，是连接欧、亚、非的历史与现实贸易制高点。既是历史丝绸之路的咽喉，又是"一带一路"发展的枢纽地区。目前，中东地区的反恐战争还在胶着，但反恐战争不断深入和美国政府撤销了对伊朗的经济制裁，令中东出现了新的变化，虽然面临的局面还不稳定，但有可能进入新的发展阶段。多种因素带来了中东地区发展经济的希望，"一带一路”共同发展则为这种希望提供了千载难逢的历史机遇。建设的大幕正在拉开，拉开大幕的是“一带一路”发展理念。

2016 年 1 月 19 日至 23 日，习近平主席对沙特阿拉伯、埃及和伊朗展开国事访问，开启了中国与中东主要国家新丝路合作的新里程。

中沙、中阿合作

沙特阿拉伯是中国在中东地区连续多年的最大经济贸易伙伴。2014 年，双边贸易额达到 691 亿美元，是中沙建交初期的 230 倍。中沙两国贸易增长速度快，互补性强，经贸发展潜力颇大。沙特经济高度依赖油气资源，中国则是沙特重要的油气市场。在美国“页岩油气繁荣”并开始出口油气的情况下，沙特与美国打造的“石油美元”，在事实上已经走向了尾声，保障沙特石油的中国市场份额，对沙特对中国而言都是十分重要的事情。据有关测算，到 2020 年，中国需要进口 5.4 亿吨原油，对外石油依存度达到 60%，中国每进口 6 桶油就有 1 桶来自沙特。除了原油，中国还从沙特进口石化产品和液态天然气等，沙特则需要大量的日用消费品，包括中国制造的服装、家具、建材和玩具。据不完全统计，每年有 1 万至 3 万名沙特商人前往广州与义乌等地采购，并为此建立了沙中商务理事会和中国阿拉伯商务理事会。中沙经贸合作还扩展到工程承包领域，截至 2014 年底，中国企业在沙特累计承包劳务合同价值 462.8 亿美元，完成营业额 330 亿美元。2015 年新签 54 亿美元，完成营业额 60 亿美元，同比增长 13%。中国铁建承建的麦加轻轨铁路，是迄今世界上设计运能最大、系统集成化程度最高的轻轨铁路。中国华为公司保障麦加朝觐，连续多年提供了高密度通信方案。中交集团承建的沙特吉达防洪堤则是沙特国王重点关注的民生工程。更重要的是，在油价不断下跌的情况下，沙特经济结构也正在转型，中沙之间的国际产能合作有着更为广阔的前景。

沙特是一个很独特的国家，国王至今享有至高无上的权力，且受到社会的普遍尊重。沙特宗教气氛也很浓厚，国家的宪法就是《古兰经》。男女隔离制度被严格执行，餐馆分家庭区与男子区，婚礼也是男女分开办。除了治安警察保障社会治安，还有“宗教警察”。沙特王位在开国君主众多的儿子中轮流继承，但政权稳定，由于拥有庞大的石油财富，各种公共服务免费成为高福利的一个特征。他们整体上对中国和中国人很友好。

习近平主席访问沙特获得了成功，中沙两国重续丝路辉煌，建立了全面战略伙伴关系，并决定建立指导双边关系的高级别委员会，双方宣布了“一带一路”合作备忘录，并签署了包括化石能源、可再生能源、核能、航天等领域的合作文件。习近平主席提出，中沙两国要做“相互支持、真诚互信的战略伙伴”“合作共赢、共同发展的互惠伙伴”“同舟共济、携手同行的合作伙伴”“往来密切、交流互鉴的友好伙伴”，还具体地提出“1+2+3”的合作格局，即以能源合作为主轴，以贸易和投资便利化为两翼，以核能、航天卫星和新能源三大高新领域为突破口，全面深化中沙、中阿经济合作关系。

沙特是阿拉伯海湾国家的头雁。中沙经贸合作也是中阿经贸合作的缩影。2014年，中国与海合会（海湾阿拉伯国家合作委员会的简称）国家贸易额达到1752亿美元，同比增长了6%，2015年前三个季度贸易额也达到了1050亿美元。据中国宁夏社科院的数据，2004年到2014年的十年里，中阿贸易增长率比中国外贸平均增长率高12.5个百分点，年均增长率为28.3%。中国对阿拉伯国家的直接投资超过了100亿美元，阿拉伯国家在华投资为31亿美元。他们从贸易规模上预测，阿拉伯国家拥有4亿人口，在未来十年，中国与海合会国家双边贸易额将会达6000亿美元。从基础设施合作建设上看，阿拉伯国家的建设规模接近全球五分之一，在轨道交通、通信、电力、电子信息和民用核能方面都有中阿合作的大空间。以阿联酋为例，在阿联酋生活的中国人目前就有20万，阿联酋希望成为中国与欧洲、中东和非洲贸易的物流中心。2015年底，中国与阿联酋建立了规模为100亿美元的联合投资基金。该基金主要进行股权投资，包括对常规能源、再生能源、基础设施和先进制造业的投资。由此观之，中国与阿拉伯海湾国家之间的丝路合作有着互利互补的坚实市场基础。

中国重视与海湾阿拉伯国家的全面经济合作。在习近平主席出访中东三国之前，中国政府郑重地发布了首份《中国对阿拉伯国家政策文件》，重申致力于中东和平稳定的政治意愿，推动中阿关系迈向更高水平，不断充实和深化中阿全方位、多层次、宽领域合作格局。文件从政治、投资贸易、社会发展、人文交流、和平与安全五个领域阐述了中方全面加强中阿关系的各项政策举措。习近平主席访沙期间在阿盟总部发表了演讲，提出中国抓住未来五年的关键时期，做中东和平的建设者、中东发展的推动者、中东工商业的推助者、中东稳定的支持者和与中东民心交融的合作伙伴，引起了很大反响。他在会见海合会秘书长扎耶尼时还提出，愿同海合会构建上下游全方位能源合作格局，支持海合会国家在地区热点问题中发挥建设性作用，共建共享中东海湾和平发展。扎耶尼则明确表示，海湾国家赞同重启海合会与中国自贸区谈判，并进一步加强“一带一路”框架下的合作。

中国和海合会启动中海自由贸易谈判始于2004年，并于2009年就解决货物贸易框架下97%左右商品市场准入达成一致。基于后来的种种原因和国际市场变化，海合会暂停了所有正在进行中的与全球17个国家的自由贸易谈判，中海自由贸易协定也随之陷于停顿。2015年12月，海合会外长理事会决定单独重启中海自由贸易谈判，这是海合会进一步加强与中国战略伙伴关系的重大举措。中国与海合会相向而行，双方致力于2016年底前达成高水平的自由贸易协定。

中埃合作

埃及是阿拉伯国家的主要成员国，也是最早同中国建交的阿拉伯国家和非洲国家。中、埃作为历史悠久的两大文明古国，经济合作具有很大潜力。中国是埃及的最大贸易伙伴。中埃经济合作也是中非、中阿和南南合作的成功范例。中埃两国的双边贸易额连续三年突破了100亿美元，2015年达到116.2亿美元，同比增长10.3%。2014年，中埃两国建立了全面战略伙伴关系，加快推进“一带一路”框架内的电力、交通和其他基础设施建设等领域的经济合作。双方在工业、能源、电信、基础设施建设合作紧密，中国企业对埃投资已经超过 50 亿美元，并为当地创造了 1 万多个就业岗位。

2014 年底埃及总统塞西第一次访华，中埃双方就达成了中埃产能合作的共识；2015 年初秋，塞西第二次访华，两国正式确认了产能合作的 15 个优先项目清单，签订了产能合作框架计划和具体项目协议，其中包括长达 1200 公里的 500 千伏电网改造和“十月六日城”轻轨等项目。新签的承包工程项目涵盖了电力、交通、农业、水利、能源和通信领域，合同总额同比增长 90%。埃及总理伊斯梅尔明确地说，埃及珍视与中国的传统友谊，支持“一带一路”的倡议，愿意成为连接中国与欧洲贸易的通道。2016 年，塞西重新改组内阁，在美元短缺、埃镑贬值的情况下，进一步加大了振兴埃及经济的力度，中埃经济合作继续向前发展。

埃及苏伊士运河是从亚洲到欧洲的海上必经通道。2015 年，苏伊士新运河竣工，苏伊士经贸合作区一期 1. 34 平方公里全面建成，实现了道路、水电、燃气、宽带与电信“五通”，这个“五通”加上苏伊士运河不可复制的区位优势以及边界物流、保税仓储和优惠的税收政策，成功地引进了 62 家企业，包括中国的中石化公司、巨石埃及玻璃纤维公司、牧羊公司、恒石公司和泰达公司等。目前，面积扩大为 6 平方公里的合作区二期建设开始启动，项目投资规模 22 亿美元到 34 亿美元，计划销售收入达 115 亿美元。苏伊士经贸合作区的建设引进了中国经济特区建设经验，已经成为埃及目前最有活力的经济心脏地区，正在有力地推动埃及国家复兴计划。在这里，中埃经济合作已不单单是贸易通道的合作，而是中埃全面产能合作的重要试验实施区。

埃及的政治经济中心正在向苏伊士运河附近转移，在开罗以东的沙漠地带，一座占地 700 平方公里的新行政首都开始建设，第一期投资约为 450 亿美元，新首都拥有一座国际机场、一座主题公园和 90 平方公里的太阳能农场，前景看好。中埃关系愈来愈得到两国政府的高度重视，在民间贸易繁荣的同时，全面突出了产能合作的新特点。埃及经济学家、民族进步统一集团党领袖赛义德·阿卜杜勒阿勒说，“埃及人可以接受美国大片和美国快餐，但在实实在在的经济项目方面，我们更想与中国合作”。产能合作已经成为中埃两国经济合作的重要切入点，埃及政府为此成立了总理领导多位部长参加的“中国事务小组”。在中国主席习近平访埃期间，中埃两国共同发布了《中华人民共和国和阿拉伯埃及共和国关于加强两国全面战略伙伴关系的五年实施纲要》。

《金字塔报》报业集团董事长纳贾尔在习近平访埃前夕发表文章说，埃中双方对经济能力的互补性有深刻的认识，也对苏伊士运河对于“一带一路”的发展战略价值有深刻的认识。“中国在国际关系中的务实做法建立在尊重各国主权，和平而公正地融入国际关系的基础之上，这与西方的霸权手段和集权式做法正好相反。在埃及 2011 年的革命和 2014 年 6 月 30 日的第二次浪潮中，中国完全支持埃及的独立和意愿”，“在这种背景下，中国似乎是埃及发展经济和政治关系的完美合作伙伴”。他注意到了中埃贸易之间的逆差，例如，2013 年对中国的贸易赤字是62.43 亿美元，几乎相当于两国贸易总额的85%，但解决的办法是埃及进一步激活对华出口，如磷酸盐产品、农产品、海洋渔业产品、炼化产品及旅游业，埃及的造船与船只养护也具有跨国投资的潜力，通过苏伊士运河的船只每年就有 1.8 万艘。

中伊合作

伊朗与沙特一样，是中国的主要石油供应国。中伊两国经贸关系在过去几年里发展较快，2014 年两国贸易额达到 520 亿美元，而在 20 世纪 70 年代只有几千万美元的规模。1991 年双边贸易额为 3.13 亿美元，2014 年增长了 1200%。中国连续六年成为伊朗最大的贸易伙伴，中国也从 2011 年以来成为伊朗原油的最大买家。中国企业进入伊朗较早，从能源合作到地铁、化工和电信，许多工程项目都有中国企业员工的身影。德黑兰地铁和奇瑞汽车园是中伊经济合作的经典案例。随着西方国家对伊朗经济制裁的解除，伊朗期待获得技术与资金，向中国、印度和欧洲出口更多的天然气。在未来十年里，中伊两国贸易额有望扩大到6000亿美元。

中伊未来的经济合作将会进一步涵盖能源、金融、高铁与自由贸易区建设以及工业、航运与科技。尤其是在美国对伊经济制裁取消以后，伊朗经济正在强势回归。伊朗资源丰富，国民教育程度高。据伊朗官员在2016年世界经济论坛上传递的信息，2016年伊朗经济增速将为5%，未来五年里有可能达到8%。伊朗是世界第一大天然气储藏国和第四大石油储备国，目前主要问题是资金缺乏，开采不足。目前，油价虽然低迷，伊朗在多年后首次增加石油出口，由原来的110万桶迅即增加到180万桶，两年后计划增加1倍。伊朗将成为未来影响世界油价的一个重要变量。美国的沃尔夫研究公司认为，伊朗增加石油出口，不仅会引起油价进一步下跌，也会对美国的油气企业造成冲击。2017年美国将约有三分之一的油气企业破产。

习近平主席是十四年来首位到访伊朗的中国国家元首。中国与伊朗同为文明古国，两国的友好往来同样源于两千多年前的丝路历史。中国文明与波斯文明居于亚洲大陆一东一西，并在相互连接中打通了通向古罗马的商路。伊朗是古丝路的重要桥梁，也将是“一带一路”共同发展的桥梁。习近平访伊构建全面战略伙伴关系，推动中伊两国关系再上新台阶。伊朗明确提出积极参与“一带一路”建设和保持两国在国际事务中的及时沟通协调。中方提出，要把双方的能源合作作为“压舱石”，把互联互通作为“着力点”，把产能合作作为“指南针”，把金融合作作为“推助器”。中伊双方签署了《“一带一路”建设谅解备忘录》，发表了建立全面战略伙伴关系的联合声明，并在能源、产能合作、金融、电信、投资、文化、司法、科技、安全、新闻和人力资源多项合作中签署了多个文件。中伊还将在核电建设方面进行合作。中国支持伊朗加入上合组织，两国密切合作，协力解决伊拉克、叙利亚、阿富汗和也门的恐怖主义与极端主义问题。

习近平会见了伊朗最高领袖哈梅内伊，哈梅内伊称赞中国在伊朗最困难时期对伊朗的支持，并强调伊朗从来不信任西方。哈梅内伊在波斯新年诺鲁兹节讲话中强调，“经济必须是我们优先考虑的事情”，解决的方案是“抵抗型经济”，“对抗失业和衰退，控制通胀，并直面敌人的威胁”。伊朗优先发展经济的战略思维，为中伊在“一带一路”建设中共同发展铺平了道路。

伊朗具有成为新兴大国的潜力与潜质。在后制裁时代，西方国家争相推动与伊朗的双边经贸合作，伊朗也会采取多元合作的策略吸引欧美资本和技术。伊朗经济在恢复时期实行贸易伙伴多元合作策略也是一种必然的选择，在美国取消经济制裁以后，将有1000亿美元的资产解冻，也迎来了伊朗扩大石油贸易的新机会。但是，伊朗受西方多年制裁，在基础设施、油气开发与民航领域发展严重滞后，仅在油气开发领域的资金缺口就达1500亿美元。一些欧洲国家对重建对伊商业关系表示兴趣，尤其是意大利，其与伊朗曾高达70亿美元的双边贸易额在对伊制裁后降到12亿美元左右，需要迅速恢复与伊朗之间的传统贸易。伊朗在对欧输油管道对接上一直持积极态度，在这种现实变化背景下，伊朗总理鲁哈尼很快飞赴意大利和法国，在与欧洲谈判扩大对欧洲能源合作特别是天然气合作的同时，向空中客车公司采购了114架飞机，以解决伊朗国内客机不足与陈旧的紧迫问题。据说，伊朗的客机平均机龄达到25年，而且现有的可以继续使用的飞机只有150架，远不能满足最少400架的航空市场需求。伊朗与俄罗斯具有战略伙伴关系，因此伊俄也会在农产品贸易等方面继续扩大规模。这都是正常的贸易决策。但西方一些评论者把这些统统归为各国对伊朗市场的激烈竞争，甚至是中国与俄罗斯及欧洲的竞争。他们不懂得，通向市场的大路不止一条，也不懂得，“一带一路”的要义是共同发展、共同繁荣。多元包容发展和发展中的多元包容原本就是“一带一路”区别于其他战略的一种极为难得的特质。

中伊是能源保障与供给的利益共同体，更是合作发展的利益共同体。在伊朗遭受西方经济制裁时期，在西方企业缺席的背景下，中伊在能源和其他经济领域一直保持着合作，中资企业在市场竞争中形成了先发优势，目前在伊大型企业就有 78 家，有的享有很高的知名度。对伊制裁解除后，伊朗面对的国际环境改善，中伊合作的外部掣肘减少，中伊石油贸易结算问题迎刃而解，中国可以根据自身的需求不受约束地向伊朗购买石油。尽管美伊关系的同步改善在短期内也会导致中东地缘大国之间的矛盾加剧，从长期来讲，更大的可能是形成地区均势，中东地区出现相对平衡的安全框架。在后制裁时代，中东能源运输通道受到战争威胁的风险系数也在降低，在以前与伊朗的合作基础上，通过投资伊朗的油气开发项目扩大双边油气合作，有了更多的保障。中伊在核能、基础设施建设与通信技术等方面达成的合作意向，也会进一步扩展中伊合作的范围。中伊经济结构具有极强的互补性，两国如何充分发挥彼此的资源禀赋和互补优势，进一步加强合作是一个关键。就具体产业行业而言，中国在高铁、电力、通信、工程机械和建材等领域优势明显，加上丝路基金的支持，可以在互联互通的多个领域拓宽中伊经济合作领域，伊朗凭借区位优势与中国、中亚国家共同推动丝绸之路经济带东西大通道建设，有效降低人员、商品、资金流、信息流跨境流动成本，是大有可为的。

伊朗知名经济学家莱拉兹认为，“一带一路”将会进一步拓宽与伊朗的合作领域和合作模式，将中伊合作提到一个新高度。从长远看，中伊双方在高铁、天然气生产输油管道等基础设施建设中有巨大的合作空间。随着中国经济转型升级，中伊贸易结构也会变化，除了油气合作和承包工程，许多旅游、教育文化软项目将会增多，双方的贸易更合理，更有弹性。他还说，未来的伊朗市场竞争更激烈，但中国作为伊朗的头号贸易伙伴国的地位难以撼动。

中国、中东合作新里程

伊核全面协议有没有可逆转性呢？由于后续执行期长达八年，在这个漫长的时段里，制裁有效论也有可能再度盛行，而目前中东呈现和平趋势在很大程度上取决于奥巴马政府的中东政策的持续性，一旦美国的下一届政府恢复对伊朗的保守政策，中东的地缘冲突还会复燃，在这种情况下，同时与伊朗和沙特保持友好关系的中国更具平衡作用。中东主要国家都愿意同中国保持经济密切合作和高层交往，保持在国际事务中的及时协商与沟通，而中国作为“一带一路”共同发展的首倡者，也会一如既往地支持中东永久的和平和发展事业。也是基于这样一种信念，在中东地区，中国一直主张热点问题政治解决，在为阿富汗政府与塔利班的和谈积极奔波努力，对叙利亚冲突也开始积极进行调解。叙利亚是反恐的前哨，也是未来“一带一路”发展的要冲。叙利亚的和平稳定不仅影响到中东与中东周边的稳定，也会影响“一带一路”的全面贯通。

因此，中国中东学会副会长宁夏大学中国阿拉伯研究院院长李绍先评论说，习近平主席访问中东意义重大，中东是“一带一路”沿线的重要地区，增强政治互信，深化务实合作，加强文明互鉴，促进共同发展，十分重要。目前，中东地区面临版图重组，阿拉伯国家政治经济进入转型期，亟须和平稳定和经济重建。中国在这方面可以发挥两方面的作用。从经济上讲，“一带一路”与中东国家转型重建对接，符合中东国家的发展要求。从政治上讲，沙特阿拉伯、埃及和伊朗是中东三大伊斯兰国家，沙特阿拉伯是海合会主要成员国，目前正在大幅改善民生，完善国内基础设施；埃及从“阿拉伯之春”的阴影下走了出来，历经动荡，需要在稳定中自主发展；伊朗的经济制裁刚刚结束，面临新一轮发展机遇。中国作为联合国安理会常任理事国，劝和促谈，可以发挥第三方的大国作用，并在互联互通中推动“一带一路”建设向前发展。

2016 年 4 月，埃及和沙特共同宣布，埃沙联合建设连接非亚的红海大桥，将以沙特国王萨勒曼·本·阿卜杜勒-阿齐兹之名命名，这是埃沙两国为非亚联通和“一带一路”做出的努力，也被阿拉伯国家看作是“阿拉伯国家的新篇章”。红海大桥是一个由来已久的亚非联结梦，甚至出现在古老的《旧约》篇章里。在十多年前，就有建设红海亚喀巴湾的设想，但没有实现。那位本·拉登同父异母的兄弟建筑商塔里克·本·拉登也曾构想过吉布提与也门之间红海口的联结，但也不了了之。埃及和沙特建设的红海大桥，分别起于埃及西奈半岛附近的旅游胜地沙姆沙伊赫的奈斯拉尼角和阿拉伯半岛西北部的哈米德角，全长近40公里，20分钟之内就可以跨越亚非。在未来，红海大桥与苏伊士新运河将会成为西奈半岛相互映照的两大景观，呈现出地中海咽喉地区的联通景象。

不管怎么讲，从历史到现实，西亚和毗邻的地中海地区是古丝绸之路上继中亚之后的经济文化跨国交流第一制高点，也是当前“一带一路”共同发展的核心辐射区域。古丝路商业文化在这里扇形分流，直接间接地走向欧洲，走向非洲，走向地中海深处。现代丝绸之路在这里陆海交会，这是“一带一路”向前发展的地中海里程碑。也就是说，中国与中东多数国家全面建立了战略伙伴关系，这是“一带一路”经济发展构想提出不到三年里出现的重要标志性成果。这个成果不是骤然间得来的，是厚积薄发中的必然。在未来十年里，中东国家将是“一带一路”的重镇和再造丝路历史辉煌的重要推动者，也是在新的历史条件下复兴地中海文明的主要动力。据预测，未来十年，仅伊朗和海湾国家同中国的双边贸易额就会是两个6000亿美元，总体上达到和突破万亿美元级。

第二章

六大板块两条经济带

纵观“一带一路”的地理地缘循环走向，从中国看去，在欧亚大陆可以这样描述：五个梯度、八个通道、六大板块，在海上则是传统的三条方向性的航路。六大板块对着陆上的八个通道。在21世纪的海上丝绸之路的联通格局中，三条方向性的航路很可能变成四条。“一带一路”不仅是全球各国共同拥有的经济地缘财富，也是各个经济体共同发展的平台。当它们相互之间不断寻求战略对接的时候，必然会从不同的操作视野中找到共同的繁荣与发展。

所谓五个梯度，其实也就是欧亚大陆地球经纬线带来的自然地理分区，即东亚、中亚、西亚、中东欧和西欧，但更具体地看，六大经济地理板块颇为全面地概括了欧亚大陆的次区域分布的自然与经济文化状态，这就是东北亚、东南亚、欧亚腹地（包括中亚和东欧）、南亚、西亚地中海和中西欧六大板块。连接中国与六大板块的陆地通道和经济走廊大的有八个。即经过欧亚联盟地区的欧亚直接走廊，一般穿越里海北缘和黑海北缘，中亚西亚方向、南亚和西南亚方向的中巴经济走廊，通向南亚的尼泊尔喜马拉雅中段走廊和中孟缅印走廊，中南半岛陆地走廊，东北亚走廊，中蒙俄北方走廊和雪域高原丝绸之路。六大板块和八条通道明示了欧亚丝绸之路经济带的准确构架，传统的三条未来有可能是四条方向性的洲际航路，则将我们的地球村从四围联结在一起。

在中国的“十三五”规划里，专章列出了

推进“一带一路”建设的内容，提出健全“一带一路”合作机制，畅通“一带一路”经济走廊，共创开放包容的人文交流新局面。明确地提出推动中蒙俄、中国—中亚—西亚、中国—中南半岛、新欧亚大陆桥、中巴、孟中印缅等国际经济合作走廊建设，共同构建连接亚洲各次区域以及亚欧非之间的基础设施网络；明确地提出建设上合组织国际物流园和中哈物流合作基地，积极推进“21 世纪丝绸之路”战略支点建设，推动共建临港产业集聚区，畅通海上贸易通道，打造具有国际航运影响力的海上丝绸之路指数，等等，轮廓清晰，大体覆盖了六大欧亚区域板块和海上丝路串联的两个国际经济发展带。

本书上一章已经涉及欧亚六大经济板块中的西亚地中海次区域以及中西欧方向区域，并对未来有可能出现的“北极航道”做了初步的探讨。本章重点讨论的是东南亚、东北亚、南亚包括中巴经济走廊以及欧亚腹地的新欧亚大陆桥沿线国家的经济合作趋向，同时也将对中非、中拉的国际经济合作，以及海上丝路跨国战略支点基础设施建设做一些展望。

六大板块中的欧亚腹地通道

欧亚腹地板块正在出现“一带一路”国际经济合作的最新动态。中俄两国和上合组织国家就丝绸之路经济带的建设，以及深化“一带一路”与欧亚经济联盟合作对接，进一步磋商研究。这对丝绸之路经济带建设将是一个牵动全局的进展，甚至对欧亚大陆不同经济板块的经济发展发生整合性的影响。丝绸之路经济带中各个经济体之间的合作，有双边性，但更多的是多边一体中的交错合作。例如中国与欧盟、中国与中东欧“16 +1”、中国与海合会国家以及中国与东盟经济共同体等等。尤其是东盟经济共同体成立之后，中国与东盟的自贸谈判力争在 2016 年内完成，中国与海合会的自贸谈判也开始重新启动，地处丝绸之路经济带中间区域的中国与欧亚经济联盟的丝路合作，也就面临着进一步深化发展的机遇。

中国与欧亚经济联盟的睦邻合作

睦邻合作政策一直是中国的基本外交政策，而这也是“一带一路”能够一路远行并取得不断成功的基础。“千里之行始于足下，九层之台起于垒土”，丝绸之路经济带的成功建设，首先取决于临近国家和联合经济体之间的互利共赢。在丝绸之路经济带的欧亚连接部，中俄蒙和欧亚经济联盟国家包括俄罗斯、中亚五国、白俄罗斯甚至前苏联的已经获得独立地位的许多“加盟共和国”，它们之间的经济合作进一步得到密切，无疑会直接关系到丝绸之路经济带建设的前景。

有俄罗斯专家盘点 2015 年的中俄关系，认为是经济、政治冰火两重天：在西方制裁下，俄罗斯与欧美合作顷刻间破灭，在国际舞台上，中国成为“唯一的、具有全球分量的伙伴”，但在经济上，虽然俄中签署了油气合同以及技术合作的重要协议但又停滞不前，如莫斯科至喀山的高铁目前还在纸上，双边贸易也从 2014 年的 1000 亿美元跌到 700 亿美元。但这种双方都不愿看到的贸易事实，与全球经济形势尤其是油价下跌有着直接的关联。在建立多极化世界和打击恐怖主义等方面，中俄有高度的共识。在双边贸易中，中俄之间的商品贸易数量并没有减少多少，在更大程度上是由于油价的下跌与卢布的大幅贬值，造成了贸易值的相对变化。而这种变化由于美联储升息和“石油美元”的真正贬值造成的暂时难以克服的贸易瓶颈，处于欲进不能的状态。中俄石油天然气方面的合作也是成功的，但有一定的“时差”效果。面对这种状况，中俄双边启动了以人民币为结算货币的贸易机制创新，对“石油美元”的结算方式做了一定条件下的“扬弃”，这是中俄发展和扩大贸易的一个新的思路。俄罗斯经济的优势之一在于能源，它的阿喀琉斯之踵也在于能源。虽然有人断言石油和大宗商品不会有翻身之日，但过剩并不等于它不重要。在新能源还不能主导国际能源供给结构的现实情况下，石油天然气还有其合理的资源价值，只是它的价值在回归于一种经济理性。石油价格一度回升到50美元，出现剧烈反弹的可能性并不是很大。石油资源富有国家抓紧调整产业结构的深刻原因在于此，它们在客观上要求强化在国际产能合作中推动“一带一路”贸易、投资、经济合作的紧迫感，也在于此。俄罗斯还有高科技的诸多优势，但受苏联计划经济的长久影响，经济结构一直没有调整到位，必须借助丝绸之路经济带的整合发展，摆脱面临的经济“困境”。

但是，也有一些美日学者和媒体从另一个角度评估预测中国与欧亚经济联盟深化丝路合作的走向。欧亚经济联盟以俄罗斯为主导，因此他们把评估预测的重心放在所谓中俄的“交情”有多深上。美国之音报道，过去两年来，中国与俄罗斯快速推进双边关系，包括双方签订巨额石油天然气合同，两国海军在多个海域举行联合军事演习，以及俄罗斯向中国出售先进导弹和战斗机，等等。日本北海道大学的一位教授则说，边界纠纷不再是障碍，眼下中俄“俨如两个亲密盟友”，“俄中关系正朝同盟关系的初级阶段迈进”。美国的安全问题专家甚至将克里米亚与中国的南海类比，说中俄两国都试图改变自己所在区域的国际秩序，并试图阻止美国介入，因此两国走到了一起。另一种分析则把中俄关系称为“权宜联姻”。美国的一位国务院前官员还说，中俄两国的能源合作关系开始“散架”，中俄“能源轴心”已经丧失很大一部分能量。美国和它的欧亚盟国甚至包括印度，都应当联合起来应对中俄。

事实是，在投资贸易经济合作领域，中俄双方在努力强化合作。2015年，在中俄输油管道尚未竣工的情况下，中俄石油贸易的商品数量达到创纪录的800万吨，只是因为石油价格的跌落，表现在贸易额上，似乎是下降。中俄贸易额不能不受到美元升值的影响，但不会受到进出口商品数量的影响。俄罗斯滨海边疆区小麦出口中国，中资参股俄西伯利亚油气公司与秋明油气公司49%的股份。在符拉迪沃斯托克举行的首届东方论坛上，俄罗斯石油公司与中石化签署俄罗斯北部亚马尔-涅涅兹和克拉斯诺亚尔斯克两大油田共同开发协议，在埃克森美孚停止北极地区喀拉海石油钻探之后，中俄印有望携手开发北极油田。在世界石油投资陷于停顿的现状下，中国继续对俄罗斯的石油业给予大量投资，这是中俄建设丝绸之路经济带的重要举措。中国还看好俄罗斯直接投资基金与丝路基金的合作对接，共同倡导在欧亚联盟地区扩大丝绸之路经济带建设和欧亚联盟的经济发展战略对接。与此同时，中俄边界基础设施继续完善，中俄黑龙江大桥通车。中俄企业在图们江出口处的加鲁比诺6000万吨大中型港口合作建设也正在顺利进展。但总的说来，中国与俄罗斯经济战略的对接还处于潜力挖掘的初始阶段，未来的空间巨大。除了在东北亚地区的经济合作，在欧亚大陆腹地尤其是中亚及周边地区，有着更深刻的丝路交集。

在欧亚联盟内部，除了处于边缘地带的经济体与资源核心国家存在着互补关系，大多数经济体和国家的经济结构与俄罗斯大同小异。中亚五国中实力最强的哈萨克斯坦同样是石油天然气生产发达的国家，但产业结构同样比较单一，在油价下跌和货币贬值的情况下，同样面临着巨大的经济转型挑战。对它们而言，丝绸之路经济带建设的进一步推进，不仅事关未来发展，也关系到克服眼前的经济困难走出经济危机的现实问题。欧亚联盟成员的石油、天然气储量总和分别占全球15%和20%，但产业技术、人员支持和市场保障明显不足。在丝绸之路经济带建设中，推进资源经济的改善是一个方面，推进国际产能合作调整经济结构也是一个重要方面，而这一切都构成欧亚经济联盟国家希望与“一带一路”进一步紧密战略对接的深远背景。

欧亚经济联盟成立于2015年1月，俄罗斯、哈萨克斯坦和白俄罗斯签署条约，承担相互间商品、劳务、资金、劳动力自由流动的义务，并在包括能源、工业、农业、交通运输在内的经济领域推行协调一致的政策。有关报道说，“就欧亚地区一体化而言，条约的签署堪称具有历史意义的事件”，“意味着独联体地区最大的统一市场组建完毕，它涵盖了1.7亿人口，将成为新兴的经济发展中心”。但也有报道影射中俄经济合作的关系“微妙”，这是一种大惊小怪，也不理解“一带一路”合作包容中的对接意义。经济对接可以是两个经济体的双边对接，也可以是两个联合经济体的多边中的双边对接，操作得好，后者的效率更高。欧亚经济联盟并非突然间提出来的，也不是中国倡议“一带一路”之后的一种经济区域平衡，恰恰是一种加快对接步伐的次区域整体合作的准备。早在1994年，哈萨克斯坦总统纳扎尔巴耶夫就提出过欧亚经济联盟的设想。他在欧亚经济联盟正式启动时说，欧亚经济联盟只是一个“经济项目”，不涉及政治主权问题，也没有把边防安保、移民政策、卫生科技等超出经济一体化范畴的条款纳入条约。该条约商定，最终形成商品与服务市场，要待2025年才能完成。在目前，多国分配统一关税收入的比例并没有变化，俄罗斯占87.97%，哈萨克斯坦占7.33%，白俄罗斯占4.7%。这种关税同盟显然高出一般自由贸易区合作一个层级。该条约还商定在2025年前成立统一的金融管理局，但并未提及统一货币，只是强调其成员国可在极端情况下采取为期一年的货币限制措施，但不排除统一货币的可能。只是因为所有成员国货币都在大幅贬值，因此在实际上并没有多少操作空间。总之，这是一个全球经济一体化和区域经济一体化背景下建立更为深刻的经济共同体走向的明显的经济合作形式，道路也许曲折，但走势明显。如果从丝绸之路经济带建设的更大格局中看，从丝绸之路经济带内多个次区域经济合作环环相接相扣的大区域内部结构上看，推动丝绸之路经济带与欧亚经济联盟的对接，不仅在方向上不存在问题，也是必须重视与首先需要整合的环节。

对于欧亚经济联盟，西方国家也早有过中俄经济势力将在中亚地区争夺影响的议论与判断。但他们的判断逻辑未必正确。从政治地缘和区域安全关系上讲，上合组织的成立与发展，是取得东西方政治经济平衡、推进世界经济和平发展的建设性力量。“一带一路”与欧亚经济联盟的对接，虽然与上合组织的发展是两个层次，但上合组织的发展与区域经济对接，显然有着内在的联系。2015年9月，为落实乌法上合组织元首会共建“一带一路”的成果，上合组织成员国第十四次部长会议在中国西安举行，批准了2017年至2020年推动经济项目清单，总金额近千亿美元。推进贸易便利化、搭建贸易平台，是其中的一个亮点。

会议之外还有230家企业参加展览与博览，明确提出加强成员国之间的投资合作，深化海关合作，开展电子商务和互联互通合作，提出加强资金融通的合作范围。值得关注的是，巴基斯坦发出了邀请哈萨克斯坦加入“中巴经济走廊”建设的建议，这是“中巴经济走廊”首次第三方参与，扩大了中国、巴基斯坦与哈萨克斯坦等中亚国家共同发展的空间。巴哈合作空间很大，尤其在能源方面，具有明显的互补性。哈萨克斯坦对投资巴基斯坦的纺织、食品和皮革制品也有很大兴趣。在道路联通上，哈萨克斯坦将经过中国新疆地区通过喀喇昆仑公路，与中巴经济走廊实现物理联通，未来或许也会出现借道阿富汗的前景。

2016年，俄罗斯在推进“一带一盟”合作中，也没忘记联结中俄蒙的草原丝绸之路。俄罗斯开辟了“茶叶之路”旅游项目。在历史上，中俄两国的商队从俄蒙边境的恰克图（买卖城）走向伊尔库茨克，再经由克拉斯诺亚尔斯克分道进入俄罗斯的欧洲部分，下诺夫哥罗德是终点市场。

这或许都显示了丝绸之路经济带内部的纵横交错的紧密联结性。在这种联结中，俄罗斯与中亚五国及白俄罗斯组成的欧亚经济联盟以及蒙古都是较为核心的合作因素。进一步看，西南亚、西亚和中亚是一个历史性的大文化经济板块，联系素来十分紧密。在当前对于消除“一带一路”发展的一些主要的不稳定因素，即恐怖主义极端势力活动造成的对发展环境的威胁，这种区域与次区域的紧密经济对接，更具现实意义。一些极端主义者主要在塔吉克斯坦境内活动，这是俄中两国和哈萨克斯坦共同关心的问题。巴、中、吉、哈四国之间签有转口贸易协定，中亚与西南亚实现了贸易联通，无疑会强化对区域安全的更大需求。巴基斯坦总理谢里夫在多个场合强调，中巴经济走廊会为中南亚、中亚和中东30亿人口带来经济福祉，并非虚言，但中巴经济走廊的持续发展最终需要在更大的国际经济合作背景中稳定实现。从这个意义上讲，丝绸之路经济带建设不仅要与欧亚经济联盟对接，欧亚经济联盟也要与丝绸之路经济带中的中巴经济走廊建设对接。目光可以更远，视野可以更宽，可以在多地区的更广泛的合作中取得“一带一路”发展的新突破。

从这种对接的更为长远的走向上看，也有可能对欧亚大陆整合的发展具有历史性的意义。我们知道，欧洲的历史，在很大程度上表现为俄罗斯与西欧国家的关系史，欧洲边缘地区发生的战争主要来自各方经济利益的冲突。俄罗斯双头鹰的国徽标志，至少在客观上体现了俄罗斯的双向经济利益走向。也许，在丝绸之路经济带建设的历史进程中，“一带一路”与欧亚经济联盟的对接，将会成为欧亚经济全面立体经济合作的稳定连接器，化历史恩怨于共同发展之中，而不久前发生的经济制裁与反制裁也会最终成为历史的一种“绝响”，欧亚大陆共同发展一体振兴，也不会是一个梦。因为我们已经看到，中亚甚至西亚各国既把亚太新兴市场作为外向经济发展的着力点，也把欧洲市场特别是欧洲的能源市场作为商业的一个方向。也就是说，既向东看，也惦着西方。这不仅与“一带一路”市场经济带建设的根本方向是一致的，也与欧亚经济联盟的整体发展方向具有一致性。古丝路既向西看也向东看，这是地缘经济发展的轨迹，也是新丝绸之路的当然发展目标。

中亚五国与“一带一盟”

对于这个欧亚腹地梯度发展的设想，美国也不是没有过动作，美国学者很早就提出“大中亚”的设想，而且在美军主力撤离阿富汗之前，也在阿富汗投入数百亿美元，修建道路，那显然不仅仅是对阿富汗遭受苦难的一种补偿。美国对中亚也有一个另类的“丝路”计划，那就是由阿富汗向北修路。美国的前国务卿希拉里在2013年也大讲过丝绸之路，这是一些人把丝绸之路发明权归之于美国的一个了不起的论据。但希拉里也不过是“理想化”地提起，真要操作，是没有那么大的心力与经济投入的。但是，美国、中国与巴基斯坦共同参与阿富汗国内和平的多边建设性谈判，终归是一种正面积极的努力，这对具有开放性的“一带一路”建设来说，无疑是一件好事情。中亚一些国家也在2014年重提过穿越西天山建设南下铁路通道的设想，想得很好，但帕米尔山结形成的崇山峻岭地理走向，历来是由西向东由东向西的横切方向，南北竖向工程之浩大，投入的数字是难以想象的。除非阿富汗出现了真正的和平，从阿富汗的北部向南向北穿越，也许是一个可能的选择。

中国与中亚主要国家的直接经济对接，是“一带一路”与欧亚经济联盟（合称“一带一盟”）经济对接合作的一部分，其中并不存在错位关系，而是相生相伴关系。哈萨克斯坦由典型的内陆国变成有出海通道的国家，除了借重中国陇海线东部的出海口，也可以借助很快可以见到的中巴经济走廊通道，这是巴基斯坦邀请哈萨克斯坦介入中巴经济走廊建设的原因和理由。在这条预设的通道上，伊犁盆地通向中国南疆的“昭苏古道”具有古代“微丝路”的发展潜力，那里应当是真正能够穿越天山南北的最具可行性的道路联通选择。

在中亚地区，“一带一路”或曰“一带一盟”的对接，主要实现形式首先还是道路联通。“一带一盟”之间有天然的经济联系与人文联系，道路联通进一步密切了这种联系。但双边或多边的贸易规模扩大，需要多种技术因素来支撑。在当前美元利率与相关汇率的剧烈波动中，着眼于货币结算带来的现实贸易影响无疑很重要。中俄之间已经开始确定以人民币为贸易结算单位的有益探索，但在目前的国际货币形势下，能不能马上由双边扩至多边，在技术条件上还有待于条件的继续成熟。在一个大的经济合作对接区里，多种本币实现平衡的利率汇率政策，至少要有一个类似央行的权威金融管理协调机构，也许拟议中的上合组织开发银行可以担当此任，但那也需要上合组织出现欧盟那样类似的经济一体化机制。也许可以设想发行一种与成员国本币有相应兑换关系的“欧亚元”，甚至是经济合作区域内的一种“超主权货币”，但同样需要时间和条件，最重要的条件之一是基本经济结构的有效转型。因此，在更为基本的层次上，进一步推动国际产能合作，应当成为“一带一盟”密切对接的重中之重。

在丝绸之路经济带建设和欧亚经济联盟之间的经济对接中，发挥好中俄经济合作的引领作用很重要，发挥好欧亚经济联盟成员国积极调整各自经济结构的努力，以及基础设施建设的整体规划也很重要。上合组织创始成员国与后加入国和观察员国家也应当成为国际产能合作的参与者，全方位地提升经济合作水平。上合组织既是区域性安全组织，也应当是区域内最大经济对接平台，与“一带一盟”相呼应，不断扩大各方利益汇合，实现商品、资本、劳动力的自由流通。

“一带一盟”的经济发展战略对接，与各种双边经济发展战略关系并不矛盾，这种双边合作甚至是多边合作的催化剂。2015 年下半年，哈萨克斯坦发生严重通胀，这同样与石油价格跌落有关系，也与美联储加息预期分不开，同时也间接受到俄罗斯受西方制裁的牵连。但坚戈贬值也有利于出口。在前十多年，哈萨克斯坦一直处于发展的黄金时期，GDP 年均增长 10%，经济实力占中亚五国的三分之二，人均 GDP 为 1.2 万美元，但 2015 年 GDP 增长只有 4.3%。哈萨克斯坦的问题是对大宗商品出口过分依赖，一方面要改善结构，一方面要加大“私有化”力度。哈萨克斯坦有 7000 家国企，其中 60 家进入“私有化”名单。还有主权财富基金旗下的 600 家企业拟在三年之内出售。但“私有化”也遇到买家少的尴尬。在这方面，在丝绸之路经济带建设中扩大国际产能合作，是一种化解的思路。

可以明显看到的是，在丝绸之路经济带的发展中，中哈经济合作先声夺人。2014 年，哈萨克斯坦总统纳扎尔巴耶夫提出了“光明大道”经济计划，“霍尔果斯-东大门”经济特区的建设同时启动。这年年底，纳扎尔巴耶夫为“霍尔果斯-东大门”经济特区陆港的启用按下了电钮。“霍尔果斯-东大门”经济特区陆港是中哈共建的霍尔果斯国际边境合作中心的核心部分。作为哈萨克斯坦境内最重要的物流中心，哈萨克斯坦对它寄予厚望，希望它由此东向中国连云港，西向里海国家，成为中亚内陆国家最重要的发展枢纽。这种两头接地气的战略决策，是与“一带一路”发展的包容气质和全方位开放性的内在要求一致的。这同时也说明，“一带一路”不仅没有丝毫排他性，相反还欢迎这种多向的经济对流。一个善于从东西方向多向对流中发展自身经济的贸易伙伴是值得信赖的合作伙伴——如果说，前两年中哈边境两侧还有明显的发展反差，一边是高楼林立，一边是帐篷满目，但现在发生了大变化。据统计，自“霍尔果斯-东大门”经济特区陆港投入使用以来，2015 年上半年，霍尔果斯国际边境合作中心进出口的货运量同比增长近 12 倍，双边贸易额同比增长近 10 倍，进出区人员 150 万人。哈萨克斯坦要把“霍尔果斯-东大门”经济特区建成中亚最大的陆地港，目标是通过这个陆地港，使中欧之间的物流量达到传统海运量的十分之一。据哈萨克斯坦铁路总公司统计，尽管油价下跌，坚戈贬值，哈萨克斯坦进出口大幅下滑，但中国经哈萨克斯坦去往欧洲的集装箱货运增长了一倍。哈方计划，在经济特区中建设占地 220 公顷的工业园，引进加工业、制造业、化工与制药，打造哈萨克斯坦的产业发展引擎。法国《世界报》的记者在采访“霍尔果斯-东大门”经济特区陆港后报道说，这条横贯亚欧的大通道，开始了“汽笛一响，黄金万两”的商业景观。

2015 年，中乌经济合作水平也在提升。2013 年，《中乌友好合作条约》签署，进一步奠定中乌经济合作基础。2014 年，中乌双边贸易额为 47 亿美元。2015 年受国际贸易低迷影响，双方贸易仍将保持 40 亿美元左右。乌兹别克斯坦先后建立纳沃伊自由工业经济区、安格连工业特区和吉扎克工业特区。吉扎克工业特区是中乌合作重点项目，中国企业在 2009 年投资建立的鹏盛工业园是吉扎克工业特区分区，经过五年多的发展，已经形成多种轻工和建材产业发展的重要工业合作园区，成为中亚地区拥有年产 10 万部智能手机能力的企业。2014 年产值近亿美元，向当地纳税 1000 万美元。园区员工 1500 人中，当地员工就有 1300 人。美的集团与长虹集团也进入了乌兹别克斯坦。乌兹别克斯坦处于东西南北十字路口，是重要物流枢纽，未来的中吉乌铁路对密切中乌经贸合作意义重大。中乌产能合作尤其是电力建设合作呈现亮点。天然气也从过境合作发展为供气合作。乌兹别克斯坦农业发达，盛产棉花，近年来纺织服装业有了较大发展，2015 年出口额达 10 亿美元，2016 年计划增加到 11 亿美元。“一带一路”建设得到乌兹别克斯坦从总统到社会各界的广泛支持，乌兹别克斯坦在丝绸之路经济带建设中将会扮演越来越重要的角色。

中国是土库曼斯坦的最大贸易伙伴。土库曼斯坦是中亚最大产气国，在“一带一路”能源合作中具有同时东西向的输出优势，其中连接中国的 A、B、C 输气工程，已经成为中国西部国际能源输入的动脉。土库曼斯坦也是向西进入里海北部和东欧地区的接合部。里海地区是一个油气宝库，土库曼斯坦是通向这个宝库的重要门槛。

但是，由于受国际石油价格下跌和俄罗斯经济下行的影响，中亚各国经济进入动荡期，社会稳定也受到拖累。哈萨克斯坦坚戈兑美元汇率下跌一半，塔吉克斯坦的汇率也下跌 40%，乌兹别克斯坦和塔吉克斯坦赴俄劳务收入缩水，单一经济结构受到挑战。阿塞拜疆也大体类似。在保持社会稳定的同时加快经济结构调整成为各国当务之急。

中亚五国是有巨大发展潜力的。中亚的大部分资源尚未开发，特别是里海的石油和天然气，该地区天然气探明储量 7.9 万亿立方米，排在俄罗斯与伊朗之后，居第三位，石油探明储量超过 40 亿吨。中亚也是发展劳动密集型产业的重要地区。虽然中亚五国目前只有 6000 万人口，市场不算很大，但人口比较年轻，成长的空间很大。例如，居于中亚一隅的塔吉克斯坦，是人口相对稀少的高山之国，但据联合国预计，该国的人口将会从 2015 年的 848 万增长到 2050 年的 1400 万，在多数国家发生“老龄化”倾向时，这里是“人口红利”的后发优势之地。许多国家兴起“中亚热”，就连远在东隅的安倍都注意到中亚，不远万里地去访问，完全是基于经济与政治地缘的双考量，而中亚国家也希望多方合作，这其实也十分有利于丝绸之路经济带进一步建设发展，辐射出更多的经济能量。

大陆级中巴经济走廊

在“大中亚”和欧亚腹地“一带一路”发展战略对接中，中巴经济走廊建设是丝绸之路经济带发展战略棋盘上的“当头炮”，也是联结南亚和西亚的一步重棋，是丝绸之路经济带建设的南亚样板，具有机制上的可复制性和区位优势的不可复制性，将会极大地影响推动其余经济通道与走廊的建设与发展。在“一带一路”建设发展中，并没有什么需要固守的所谓“桥头堡”，而是端口连接，纵深通透，跨境合作，达到互利互惠互补双赢共同发展的目标。2015 年是中巴经济走廊全面发展的一年，其初步成功的主要标志是，中巴经济走廊建设进入市场运作阶段，出现了丝绸之路经济带建设的杠杆效应。

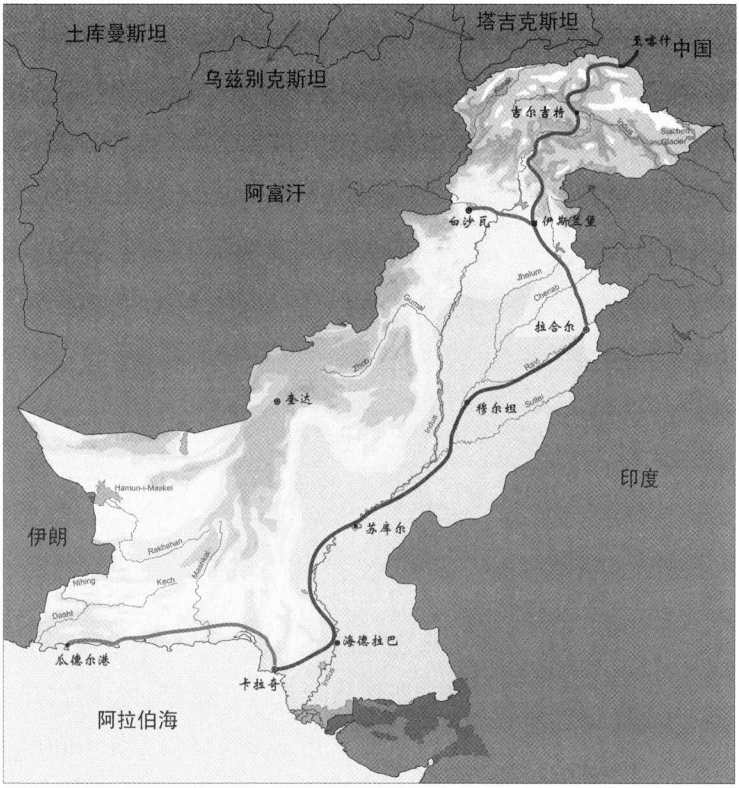

图 7　中巴经济走廊规划示意图

初步建设成果

在人们的一般印象里，提到走廊，不是道路就是港口，联通就是一切。但联通只是其中的重要手段，作为丝绸之路经济带发展中的中巴合作模式，中巴经济走廊有着更为丰富的内涵。2015 年习近平主席访问巴基斯坦，确定了中巴“1+4”合作框架，“1”就是一条建设多个工业发展园区的经济走廊，“4”则是能源、海港、交通和产能产业合作。

瓜德尔港是中巴经济走廊建设的尖端末梢，汇聚着丰富的经济神经节。瓜德尔港不仅在航运中是一个新的中枢，还将拥有目前所能看到的南亚和西南亚的最有前景的自贸区。自贸区 2281 亩土地使用权已经移交中国海外港口控股公司，租期 43 年。有评论说，瓜德尔港未来将会成为巴基斯坦的“香港”。

瓜德尔港西距石油运输航道霍尔木兹海峡 400 公里，是中东、南亚和中亚的交会垭口，未来作为石油转运港，不仅对中国的能源安全有巨大意义，同时对阿富汗、伊朗、印度和中亚国家的经济发展都具有非常重要的战略意义。一些论者总是强调它的潜在军事功能，认为那将是所谓“珍珠链”的一环，但更多的理性学者看到的是其中蕴藏的巨大经济功能。石油生产国与石油进口国在这里实现新的市场合作，为本地区和地区以外区域的经济良性发展提供了新的支撑。

2015 年下半年，瓜德尔港建设雏形显现，巴基斯坦举行了第二届国际投资大会，巴基斯坦提出在走廊沿线设立 25 个工业区，素来为能源不足困扰的电力建设也是这次大会的重点。巴基斯坦总统侯赛因指出，巴基斯坦在整个南亚地区拥有自由度最高的投资环境，外资比例不设限并提供税收减让优惠。这应当是中巴经济走廊取得阶段性成果的一个重要标志。随着中巴经济走廊建设的实质性推进，中巴经济走廊撬动投资的杠杆效应开始出现。巴基斯坦与阿富汗开始探讨将阿富汗纳入中巴经济走廊延长线的方案，中亚五国也开始探讨经由东天山和中国的南疆进入中巴经济走廊的线路，伊朗、卡塔尔则在讨论天然气管道是否也可以以此为终点向南亚地区输出。其实，中巴经济走廊不仅是普惠各方的现代能源走廊和未来的工业走廊，其实也是一个现代化农业走廊。巴基斯坦农业部门研究考察，走廊沿线有多个生态区，包括高山农业、湿润山地农业、沙漠农业、灌溉农业等，生长着 20 多种优良的农作物，农产品加工业发展前景可期。

因此，电力建设是中巴经济走廊的一种先行项目。2016 年 1 月中，中国与巴基斯坦为卡罗特水电站项目举行了开工奠基仪式，这同样是中巴经济走廊取得阶段性成果的一个重要标志。这个水电项目由中国三峡公司主持建设，是中巴经济走廊也是丝绸之路经济带建设的首个大型水电工程，耗资 16.5 亿美元，装机容量 72 万千瓦，预计 2020 年完工。巴基斯坦的能源缺乏、电力紧张，是发展的主要制约因素。中国曾经投资卡拉奇核电站扩建项目。到 2018 年，中方将在走廊建设框架下建设最少 14 个能源项目，新增总发电量 1040 万千瓦，可以极大地弥补巴基斯坦的电力缺口，并为中巴经济走廊的发展提供动力支持。

意义与挑战

具有“一带一路”发展全局意义的中巴经济走廊建设不是凭空出现的，也不是有谁凭着主观意愿催生出来的。第一，这里具有历史悠久的经济文化交流传统，形成了历史跨国交通的相对闭合圈。在印巴分治之前，印度的佛教文化中心在临近喜马拉雅山的北印度和如今巴基斯坦沿印度河流域，著名的佛教东传和中国僧众“西天取经”的活动半径也在这条必经之路上。印度河发源于中国西藏的阿里地区，水系流经克什米尔地区和巴阿交界地区，流入印度洋，印度文明遗址也有一大部分分布在这里，著名的旃陀罗文化遗存就在巴阿交界地区。第二，在“一带一路”发展的总体格局里，这是一个既是“天险”，又是多个区域板块相互连接的地理通道，北邻兴都库什山的开伯尔山口，东接喀喇昆仑山的山垭，南滨阿拉伯海和波斯湾以及红海出口，西南是印度德干高原。这里是西亚、南亚、中亚和东向连接向中国的不可多得的十字路口，既不像帕米尔高原那么难以逾越，又有印度河及其支流冲刷而来的交通孔道，成为东西文明交流的最大交会点，也成为“一带一路”经济发展海陆交会的战略枢纽。中巴经济走廊的繁荣发展，可以盘活周边地区的经济战略资源，改变中亚的内陆封闭状态，提高欧亚六大经济板块中至少三块之间的资源流动效率。

当然，中巴经济走廊建设取得阶段性成果，并不意味着一切顺利没有挑战。主要是巴基斯坦的安全形势不能高估。尤其是走廊走向选择倾向于“西线”，客观上加大了挑战因素。走廊的主干方向选择，在巴基斯坦国内一直存在“东线”与“西线”之争，巴基斯坦中央政府最初倾向于“东线”，也就是以瓜德尔港为南起点，经过信德省、旁遮普省以及开伯尔-普什图郝瓦省、巴控克什米尔地区，通过吉尔吉特地区到达中巴边境的红其拉甫口岸。所谓“西线”，则是绕经巴基斯坦西部的卑路支斯坦省东部与南部再进入既定路线。卑路支地区历来存在分离主义势力，除了政治团体还有各种小股武装，卑路支地区北部和开伯尔-普什图郝瓦省还毗邻高度自治的联邦直辖部落区域。巴基斯坦的塔利班势力强大，而且与东突恐怖组织牵连不清。但总体来看，巴基斯坦近年安全形势好转，尤其巴军展开“利剑行动”，在部落区摧毁了极端组织的藏匿点和军火库，几乎消灭了所有的东突分子，取得较好效果。并且编制了数以万计的军警，专事保卫走廊工作。巴基斯坦也准备建立特种部队，保卫走廊的安全。但 2016 年一开年，西北部的帕夏汗大学遭到恐怖袭击，死亡 21 人。此外，巴基斯坦与其北方邻国的边界在很多地方实际上处于不设防状态，各类极端分子来往其间，对经济走廊侧翼是潜在的威胁，因此不能掉以轻心。

还有一个关联的因素，是印度对中巴关系深入发展难免有所忌惮，很容易从自身安全视角去看中巴经济走廊，但印度国内也有瓜德尔港建设有利于印度能源安全的分析。2015 年底，莫迪总理访巴，两国关系有所缓解。对于中巴经济走廊的建设，中国向来是坚定的，这是丝绸之路经济带建设颇为敏感和复杂的一段，但也是有发展潜力和造福面最大的一段。在这里，主要涉及的是吉尔吉特—伯尔蒂斯坦地区的地位问题，这个地区属于存在争议的查谟和克什米尔地区的一部分，那里尚无经济特区和基础设施开发计划。

中巴经济走廊有安全隐患，但它又是在更大半径里实现区域安全的钥匙。一些美国官员和学者也明智地提出建议以此为抓手，实现和平与发展在丝绸之路的最终握手。这是一个好的提议。因为，谁都看得出来，阿富汗的和平稳定，不仅取决于阿富汗政府与塔利班和谈的成功，最终取决于阿富汗的经济发展。阿富汗是一个内陆国，目前主要依靠毗邻巴基斯坦的南部开伯尔山口边境贸易实现南向对外交流，中巴经济走廊的建设提供了历史机遇。尤其是瓜德尔港的建设，不仅为巴基斯坦创造了发展的新平台，给中国能源安全提供了新通道，也为阿富汗与内陆的中亚五国提供了商品的出海口，惠及多方，功莫大焉。就连印度也可以在印巴经济合作中推进莫迪政府提出的“季风计划”与“香料之路”的开拓，各方终将在中巴经济走廊的瓜德尔港找到更多的共同语言。所谓“季风计划”得名于印度洋季风与厄立特里亚贸易的关系。著名的印度洋西来的季风创造了古代盛极一时的印度洋贸易，正是这种季风，造就了印度洋与地中海古老厄立特里亚贸易对接的原动力。厄立特里亚贸易也称印度洋贸易。在一般情况下，彼时的阿拉伯单桅杆商船缺少向东航行的动力，但阿曼的水手们发现，每当印度洋进入信风季节，这个障碍也就排除了，因此在信风降临的季节，印度洋便成阿拉伯商人和印度转口商人贸易异常活跃的商贸季节。在现代航运技术条件下，信风已经不再是影响跨国贸易的因素，但正如中国和中亚商人告别了驼铃声而丝绸之路继续在延伸，“季风计划”其实也是海上丝绸之路在不同语境下的同一表达。它意味着印度仍旧会按照传统的贸易方向加强与阿拉伯世界和西方发达经济体的联系合作，包括从中东地区取得宝贵的能源。“香料之路”也是同一个意思，是“向东看”的历史语汇指代，就像欧洲学者与中国学者用丝绸之路指代横跨欧亚的贸易大通道一样，也像俄蒙学者会把丝绸之路称为“茶叶之路”一样。不同的国家着眼的大宗贸易商品角度不同，以及文化表达的不同，形成不同的词语形式，那是必然的事情。从古至今，大家在不同的区位操着不同的语言，以不同的主流优势商品交换，做着同一件事情，却捧出不同的商业品牌。从意译的角度看，这些由历史传统而来并用历史语言形式包装的发展概念，大可以视为“一带一路”发展的不同语言版本。

中巴经济走廊也将会成为中亚化干戈为玉帛的发展走廊，尽管某些段落存在无可回避的安全隐患，但开发与建设既是长远稳定的基石，也是许多关联因素不断化解的唯一途径。正如上文所说，西亚和南亚国家既提出“向东看”，也会在事实上“向西看”，而这也是“一带一路”希望达到并且能够达到的最重要的效果。东西和南北利益在这个新生长点上交流和交汇，21 世纪海上丝绸之路和陆上丝绸之路经济带在这里实现对接，这是一个很值得为之付出努力的世纪工程。

未来发展

回到中巴经济走廊，它的发展利益的共同交集性，完全可以使更多的经济体在这里找到各自的利益。

中巴经济走廊对巴基斯坦经济发展的意义十分重大。多年来，巴基斯坦国内能源短缺制约了该国的工业发展，瓜德尔港的建设，既为中国的能源安全提供了更好的运输条件，也为巴基斯坦的能源安全发挥了关键性的作用，并且全面带动企业直接投资，推动经济发展。2014 年，巴基斯坦发布 2013 年和 2015 年经济表现报告，2013 年经济增速达到 4.14%，外汇储备保持稳定，时隔七年后重返国际债券市场，仅 2014 年发行的主权债券就由原计划的 5 亿美元突破到 20 亿美元。中巴双边贸易水平也在不断提升，中巴经贸合作进入快速上升通道。鉴于巴基斯坦在中巴双边贸易中赤字较高，巴基斯坦努力增加对华出口，包括农产品的出口。巴基斯坦并不针对特定国家包括中国制定单独的优惠政策，所有外国投资者都享受与国内投资者同等的国民待遇。

中巴经济走廊和瓜德尔港不仅满足中巴两国的贸易与能源安全需要，同时造福了亚洲腹地和边缘的大部分地区。如果用另一种地理视野审视中巴经济走廊和拟议中的孟中印缅经济走廊，这一西一东两条经济走廊分居于喜马拉雅山两侧，堪称区域共同发展中的双璧。因为经济走廊涉及的利益具有广泛性，中国不仅全力推动中巴经济走廊建设，也不遗余力地倡导孟中印缅经济走廊的建设发展，同时积极地参与斡旋实现阿富汗和平的多边会谈，最终目的是为南亚、西亚、中亚和东亚地区的经济良性循环发展奠定新的基础。

中巴经济走廊的建设对毗邻的阿富汗的重要性，上文已经提及，巴基斯坦与阿富汗拥有2600公里的共同边界，巴阿之间边贸与过境贸易频繁，巴阿之间传统的经济往来与中巴经济走廊开通可以相互促进，既提升巴阿经济贸易水平，也会对阿富汗的和平稳定起到积极作用。据2013年阿富汗商贸与工业协会统计，仅在2013年，阿富汗的出口额就达到了从未有过的5.24亿美元，同比增长33%。绝对数额不大，增幅很大，预示着阿富汗经济开始出现增长的趋势。如果瓜德尔港成为阿富汗的转口贸易基地，阿富汗的经济发展将会今非昔比，进一步发生巨大的变化。中亚国家的天然气和石油进入巴基斯坦，最短路线是从阿富汗过境，可观的过境费对阿富汗也是一个收入来源。阿富汗的待开发资源并不少，据磁力和重力测绘研究，阿富汗蕴藏着至少22亿吨铁矿石与大量天然气，还拥有价值3万亿美元的稀土矿。这都是阿富汗经济翻身的本钱。据了解，巴阿之间制订了计划，将双边边贸规模从每年24亿美元提升到50亿美元，并且提出了巴阿边境铁路的设想。巴阿两国也有意邀请中国参与两国的基础设施建设，最大限度地整合与中巴经济走廊毗邻的交通资源。

关于中巴经济走廊周边国家的互联互通，巴阿两国之间还有多种构想，比如让铁路直抵巴基斯坦的卡拉奇或瓜德尔港，如果这个计划能够实现，中巴经济走廊也就成为欧亚腹地与南亚、西亚联通的最大经济走廊，瓜德尔港也会成为西南亚最大的海陆港口。其实，从长远来看，中国通向阿富汗的道路，在地理上也是通达的。中阿边界之间的狭长的瓦罕走廊，虽然需要翻越海拔4287米的山口，也并非不可逾越的天险，当年的玄奘取经就翻越过位于乔戈里峰南坡的“大头疼”“小头疼”。对于穿过高海拔冻土成功修建过青藏铁路的中国人来讲，这不是解决不了的难题，而瓦罕走廊至今还有商人的驴队在往来行走。关键是阿富汗尽快实现和解与和平。这样一天到来了，“一带一路”又会出现新的通向西亚和西南亚的景观，那么，在我们已经熟知的中巴经济走廊之外，也许会有一条“中阿瓦罕经济走廊”。

但无论后来如何发展，中巴经济走廊目前乃是欧亚级也是一个世界级的经济走廊。

中国与东盟经济共同体

在东南亚的经济板块上，充满活力的东盟十国经济共同体诞生了，这是东盟十国送给世界经济全球化的一个重要礼物。东盟十国组成的东盟经济共同体虽然不能与走在经济全球化最前列的欧盟相类比，但它诞生的意义同样不寻常。东盟经济一体化进程的目标是建设“单一生产基地和市场”。目前，其中经济比较发达的六国之间取消了99%关税，另外四个国家也将于2018年取消关税。这种操作时间的差异主要来自东盟国家之间存在的发展差距，是从实际出发做出的“妥协”。2015年12月31日，以政治安全、经济与社会文化为三大支柱的东盟共同体正式成立，发布了《东盟2025：携手前行》的愿景文件，提出要在2030年将目前接近2.6万亿美元的经济总规模扩大一倍。愿景的落实取决于东盟各国的经济发展，取决于东盟经济共同体与外部贸易关系的升级，也取决于东盟共同体互联互通基础设施建设的进一步扩大。东盟自贸区升级谈判正在加快，在2016年底完成谈判的可能性越来越大。加入中国一贯支持的东盟自贸区谈判的国家在不断增加，这样一种多边谈判必然加速经济全球化的进程，同时也推动了在“一带一路”发展中，中国与东盟共同体经济合作的密切经济互动。

在东盟十国里，有一部分参加了TPP（跨太平洋伙伴关系协定），这是它们自己的选择，但这个被认为高水平的TPP，即使在美国国会最终通过，也还要在两年之后生效。TPP覆盖亚太地区十二国，尽管总的经济体量不小，但经济体的覆盖面相对较小，因此无论如何取代不了亚太地区更多国家的自由贸易要求。所以，不仅是这十二国以外的国家，即便是在这十二国以内的成员里，也要通过与亚太不同国家、地区的自贸谈判，实现自身自由贸易的要求。据估计，东盟自由贸易升级版谈判，无论是参加国家和地区的数量、人口规模，还是经济总体量和贸易量都不会低于TPP，因为这里有世界第二大经济体和第三大经济体，有世界第一人口大国和后来加入的潜在第一人口大国印度，东盟国家的总人口也有6.25亿，有高达2.5万亿美元的经济规模，贸易总额达到2600亿美元。这一切加在一起，无疑会是世界上最大的自由贸易市场，由此发生的贸易量自然不会低于前者。

也有人质疑，在目前，在新兴市场包括东盟市场里，投资与贸易都有萎缩的趋势，即便是自由贸易机制形成了，会不会由此显著拉动贸易增长，也是一个问号。这其实是一个颇为虚假的问题。因为，第一，经济疲软是“寰球同此凉热”，比起发达经济体经济总体放慢的趋势来讲，新兴市场经济贸易的放慢程度远小于前者。第二，贸易放慢有两种，一种是需求减少，供给也减少，这是真正的实质性放慢；另一种是需求没有减少多少，供给也没有减少多少，但美元计价器的换算“程序”出了问题，这就好比“老秤砣”换成了新秤砣，小斗换成了大斗，报的数量是一样的，甚至还多了，但美元的星准点数少了，问题就出现了。这部分问题出在量尺上，但又无可奈何。第三，自由贸易是个长效机制，需要一定的时间发生作用，它又不是商场里习见的打折、减价、赔“血本”，怎么会在一哄而上的买与卖中马上产生促销效应呢?

不管怎么说，自由贸易和自由贸易谈判本身是经济全球化的具体形式和过程，是值得各国政府为之努力的。除了极少数所谓失败的国家，都会毫无例外地加入各种各样的双边和多边的自由贸易谈判，除此以外没有更好的选择。

但是，自由贸易谈判就是自由贸易谈判，讲究的是平等互利的投资贸易，平等地让渡能够让渡的部分主权。如果在其中夹杂了不应当的条件和非贸易、非经济因素，那不仅是谈判变味的问题，也是对自由贸易的一种反讽。把自由贸易谈判当成一种实现政治地缘战略的从属手段，那就多少有些“项庄舞剑，意在沛公”了。

2016 年 2 月，美国与东盟国家举行了领导人峰会，若是庆贺东盟共同体成立，或者像 G20 峰会那样研判世界经济走势对东盟国家的影响，倒也罢了，但他们似乎对此并不感兴趣，而是谈论东盟国家的“集体认同感”。什么是东盟国家的集体认同感呢？就是要使东盟成为美国心目中“安全秩序”的“可能的共同参与者”。但正像一些学者所指出的，东盟认同的是发展，而且东盟国家内部发展是不平衡的，既有像新加坡这种人均国内生产总值与美国持平的城市国家，也有像柬埔寨和老挝这种相对经济落后的国家。从文化上看，印尼在世界各国中穆斯林人口最多，马来西亚穆斯林占大多数，泰国却是信仰佛教的世俗国家。在经济上，东盟一体化主要受它们在全球供应链中的位置所决定，如目前它们受电子与服装产业链分工的影响。东盟国家之间的贸易只占东盟贸易总额的 30%，与亚洲其他国家的贸易占到 53%，其余才是它与世界其他国家的贸易。因此，至少从贸易上讲，东盟国家的“集体认同感”是什么，应当是一目了然的。因此，一些美国学者也质疑美国致力于东盟在亚洲“核心地位”的努力，他们说，“如果大家都是战略伙伴，那也就没有了真正的战略伙伴”。

目前，东盟成员内部对美是有“温差”的。要想整体摆平是一厢情愿。除了极少数具有军事同盟关系，即便是参与 TPP 的，也未必相互是“战略伙伴”而只是贸易伙伴。以 2015 年经济表现最出色的越南为例，自加入了 TPP 协议以后，一些分析人士猜测，越南会不会与美国消除积怨形成事实上甚至正式的同盟关系？答案恐怕很清晰。分析人士更多地认为，越南的主要关注点依然是经济问题，2015 年的经济增速接近 7%，发展势头不错。虽然中越在西沙、南沙问题上有纠葛，但其自身的安全并未受到任何威胁，如果出于对华博弈动机而与美国结盟，这并不符合越南的利益，因为会反过来恶化自身安全环境，危及发展，陷入国力长期消耗的困境，引发的后果更严重。对美国来说，真要与之结盟也非上策，在历史上，大国与小国结盟而被拖下水的不乏其例。美越之间意识形态不同，共同利益有限，在一些问题上“相互利用”可以，但与大的走势无关。因为中国毕竟是越南的最大贸易伙伴，在产能合作上颇为默契。借力打力可以，但没必要当真。

老挝与越南有比较密切的历史关系，但目前与中国的经济关系更密切，中老之间除了中老铁路合作，还签署了《磨憨-磨丁经济合作区建设共同总体方案》。磨憨-磨丁经济合作区是中国在老挝以及东南亚建立的第一个跨境经济合作区。这个跨境经济合作区的前身是磨丁特区，磨丁特区升级为磨憨-磨丁经济合作区，加快了磨丁及中老边境地区的发展。目前，老挝经济发展速度超过6%，居于东南亚国家前列。在“一带一路”共同发展中，自然地理带来的封闭并不能阻挡内陆国家发展的步伐。因此，在“一带一路”共同发展中，老挝与中国的经济关系将会更紧密。

2013年，中国与柬埔寨双边贸易额达37.7亿美元，贸易体量不算大，但增长速度快，同比达到29.62%。中柬有西哈努克亲王与中国老一辈领导人打造的传统友谊，经济合作密切。中国企业在柬投资较多，也合作建设了经济园区，在农业、渔业、港口建设上有较大的合作空间。

泰国是东南亚经济实力比较雄厚的国家，是东南亚第二大经济体。在其GDP的构成中，农业占8%，工业占27.28%。但政府换届频繁，社会矛盾较多，加上世界经济疲软的影响，泰国需要进一步振兴经济。泰国财政部部长阿披萨说，泰国期待中国加大投资，中企也对泰国的多个行业领域表示了兴趣。例如中国的主权财富基金中国投资公司就对泰国的基础设施基金表达了投资意愿，该基础设施基金筹措私人和机构投资者的资金为基础设施项目融资。阿披萨宣布，2016年是泰国“特别投资促进年”。此外，泰国总理巴育启用了他信时代素有“经济沙皇”之称的吉颂·乍杜西比达为主管经济与外交的第二副总理，空前加大了引资力度。泰国在多个府启动经济特区计划，分为边境经济特区和内陆产业集群经济特区。前者集中发展劳动密集型产业，后者侧重高科技和高附加值产业，包括新一代汽车及零配件、智能电子、信息技术以及环保型数码产品。泰国还提出五大潜在产业和五大未来产业，五大未来产业瞄准“工业4.0”新趋势。泰国拥有众多吸引投资的优势，是东南亚贸易、生产中心，基础设施相对成熟，有丰富的原材料和熟练工人。统计数字显示，2015年前十个月，中国在泰国投资四个项目，投资额约为22亿元人民币，目前位列在泰投资第四，前三位分别是日本、新加坡和印尼。泰国认为，中泰将是长期战略型合作伙伴。中泰合作模式灵活，既可以中泰合资，也可以在产业集群经济特区内建立工业园。他们说，中企在泰企的帮助下更容易融入，而泰企也由此获得技术转让。对于“一带一路”，他们认为无论直接投资还是间接发展都有利于泰国。泰国工业部部长说，“一带一路”为泰国提供一系列战略优势，可以通过泰国建立中国与东南亚地区内外的互联互通。它强调了中泰之间的铁路合作，也强调了深化东盟-中国自由贸易升级版合作的重要性。

在新的经济全球疲软中，马来西亚与中国的经济联系也越来越紧密。中国企业在马新高铁马来西亚段项目投标绝非偶然，除了中国高铁具有综合竞争力，中国企业已经为马来西亚高铁的零部件甚至整车制造行业发展准备了国产化的条件，在车辆制造和人员培训方面走到前面。这种具有极大提前量的服务模式与传统的技术垄断完全不同，使高铁市场竞争带上了国际产能合作的特点。马来西亚还是国际清真食品行业的国际认证中心国，而清真食品多数规则是国际食品行业认同的标准，马来西亚将在中国推动最严格食品管理中发挥重大作用。马来西亚的本币也在贬值，但中国企业对马来西亚的经济有信心。2015年，中国有影响的碧桂园民营公司首次在马来西亚发行以林吉特计价的伊斯兰债券，按当时汇率换算，规模余额为2700万美元，其特点是需要资产支持而非信用。与此相关的一个预测说，未来五年，市场对伊斯兰债券的需求达到万亿美元换算级数，而目前的规模是3000亿美元。

新加坡是东盟国家与中国经济一度最密切的国家，对“一带一路”采取了明确的支持态度。在改革开放初期，新加坡就与中方联手打造了苏州工业园，近年又在江苏南通，安徽宿迁、滁州和新疆霍尔果斯多处

“复制”类似项目，并合作启动了天津“生态城”和位于重庆的“一带一路”互联互通示范项目。2013 年，新加坡设立东南亚地区首个离岸人民币清算中心，2014 年，双方探讨“第三次合作”，中新经济关系和金融关系正在不断加深。也有域外企业家认为，随着中国经济进入新常态，新加坡金融面临风险。但新加坡金融界对此并不认同，认为对华投资资产质量总体良好，不良贷款率并不高。新加坡总理李显龙说，新加坡经济并不会出现 2008 年全球金融危机时的下滑，政府对 2016 年国内经济的预测为 1.0% 至 3.0%。中新经济合作将会在正常轨道上运转。新加坡也是 TPP 的主动参与国，这同样是它的选择。但不久前新加坡总理接受《华尔街日报》采访，力促美批准 TPP“制衡中国”的消息，被美国媒体炒得沸沸扬扬，恐怕也是各有所思，各有所愿。美国之音强调的是，“美国的领导地位无可替代”，但又有谁要替代美国的“领导地位”呢？因此，这不仅是一个伪设的命题，其实也会陷受访者于不义。新加坡既然选择了 TPP，对于这个以贸易服务立国的经济体，往来都是客，自然有其内在的逻辑。既然参与 TPP 谈判并不容易，好不容易谈成了，哪会受得起半路“胎死腹中”的折腾。至于要说由谁来制定贸易规则这种奥巴马式的话，那也是谈话者的自由。人们只是知道，作为东盟共同体的主要经济体，它们与中国的贸易投资与经济合作从来都是割不断的，中国参与的“区域全面经济伙伴关系协定”终究会实现，那无疑会是东盟国家而非美国主导的协定。

印尼是东盟经济共同体中中国第一大进口市场和第二大出口市场。印尼是东南亚经济大国，也是世界第四大人口大国，拥有 300 多个民族，1.3 万个岛屿，是 90% 国民为穆斯林的国家，又是多元文化共处的世俗国家。印尼总统佐科多上任以后提出“全球海洋支点”和“亚太海运轴线”的发展理念，同时正在推进建设“贯穿印尼东西部的海上走廊”和十个“世界级枢纽港”。印尼希望成为东南亚经济发展的发动机，它确实有这个潜力。不少人估计，到 2030 年，印尼中产阶级将由现在的 4500 万人增加到 1.35 亿人，该国是一个发展中的重要新兴市场。2015 年，中国与印尼企业合作建设时速为 350 公里的雅万高铁，同时获得了印尼高铁特许经营权。这是印尼交通部首次将铁路的特许经营权给予外资持股公司。雅万高铁计划三年通车，未来有可能延长至印尼第二大城市东爪哇的泗水。印尼是习近平 2013 年首次提出 21 世纪海上丝绸之路概念的地方，中国也支持印尼“亚太海运轴线”的发展理念，更赞赏建设十个“世界级枢纽港”的宏大计划。中国与印尼在建设 21 世纪海上丝绸之路的发展理念上有着一致的复合性。中国与印尼产业合作也有极大的前景。尤其在可再生能源产业和技术方面，中国的总体产能居于世界第一，太阳能、风能和水电技术世界领先，2015 年中国可再生能源投资额超过美国与欧盟之和。印尼虽然有比较丰富的化石能源资源，但一直坚持化石能源开发最小化，可再生能源开发最大化。中国的资金优势和技术优势有助于推动双方在这些领域的持续合作，这是中国与印尼发展的一个重要的利益“公约数”。印尼的对外经济合作也是多元取向的，在与中企合作雅万高铁的同时，也利用日元贷款新建国内最大的港口。目前，印尼使用的最大港口是丹戎不碌港，年吞吐集装箱 650 万个，已经饱和，新港的吞吐能力将达 700 万至 800 万个集装箱。

文莱在中国的史书上称为婆利国或渤泥国，在中国明代，中文两国往来频繁，其国王麻那惹加乃访问中国，归途逝世，葬在南京。文莱是海上丝绸之路必经国家，其首都斯里巴加湾市至今还有一条“王总兵路”。文莱对华友好，在南中国海“问题”上主张双边谈判解决。文莱也是能源产业发展的国家，与中国在“一带一路”合作中关系愈来愈密切。

菲律宾与中国之间的关系在传统上是友好的。在郑和大航海之后，史称“白银贸易”或盖普-马尼拉贸易盛极一时，马尼拉成为欧洲商人与中国福建商人中转贸易重镇，马尼拉也就由此成为海上丝路的重要国际商埠。在中国明代，菲律宾的苏禄国国王曾经旅居中国，病逝后以王礼暂葬中国，其墓仍在中国山东德州。由于苏禄国内变化，这位国王的部分后裔留居中国。近代，菲律宾一度沦为西班牙、美国的殖民地，后来取得独立。在阿基诺时代，菲律宾虽然与美国保留了同盟关系，但对华友好是中菲关系的主旋律。1992 年菲律宾关闭了美国的军事基地。阿基诺三世上台之后，在美国的支持下开始转变态度，近年来一步步成为奥巴马“亚太再平衡”的主要棋子。菲律宾经济结构比较单一，发展缓慢，虽然处在“一带一路”共同发展的重要棋路上，却缺少明晰的发展规划。在南沙群岛的事情上不断挑起纠纷，又要搞“国际仲裁”，同时把自己的五处军事基地让给美军使用，其中的巴拉望岛上的安东尼奥·包蒂斯塔空军基地正对着南沙群岛。阿基诺三世 2016 年 6 月已经卸任，他所竭力推动的对华扭曲政策未必能够坚持下去。对于菲律宾的多数国民来讲，国家与社会的发展是第一需求，“一带一路”带来的发展浪潮不可能不影响到菲律宾，但阿基诺三世走得太远了些，如何摆脱美日给它不断绑上的绳索，重走共同发展之路，是一个较大的难题。

缅甸与东盟国家相接，是东南亚向南亚地区的过渡带，因此在东盟早期的“黄金四角”到“黄金六角”中都有缅甸加入，“泛亚铁路”网也覆盖了缅甸东中部，新开工建设的万象铁路也会影响到缅甸东部山区的发展格局，形成溢出效应。2015 年，缅甸联邦议会批准了皎漂经济特区一期工程，这是继皎漂港建设和已经投入使用的天然气管道项目之后的皎漂项目扩容。经济特区一期工程的中标企业是以中国中信集团为首的中国跨国公司联合体，耗资约为 100 亿美元。缅甸目前建设的经济特区有三个，除了若开邦皎漂经济特区位于经济落后的缅甸西南海岸，还有仰光地区的迪拉瓦特区和德林达依地区的土瓦特区，日本企业参与了后两个特区的项目，中国企业也介入了土瓦特区的基础设施建设。迪拉瓦经济特区毗邻仰光人口密集区，经济效益会更高，据说将在 2016 年完工。皎漂经济特区将对缅甸的西部发展起到巨大的平衡作用，未来将会成为物流和矿产加工中心，对于缅甸西部发展意义重大，将会改变缅甸西部落后闭塞的格局。皎漂港和皎漂经济特区虽然规模不如巴基斯坦西南海岸的瓜德尔港和经济特区，对“一带一路”发展同样举足轻重。皎漂经济特区的建设也有利于同天然气管道的配套。缅甸中西部的发展必须以道路联通设施为发展基本条件。皎漂项目招标评审委员会负责人说，缅甸政府有意邀请亚投行融资铺设北上中国边境的 800 公里的道路。

缅甸政府 2016 年换届改选，全国民主联盟的吴廷觉出任缅甸总统。执政党的最高领导人昂山素季在 2015 年曾到中国访问，表示了与中国密切经济合作的意愿。2015 年 11 月，全国民主联盟大选获胜，昂山素季在接受专访时表示，缅甸将继续奉行对华友好政策。她提出的中缅“邻居论”与中国由来已久的“胞波论”完全契合，是扩大中缅经济合作的基石。缅甸大选之后，新政府谋求全面改善对外关系，包括与美国特别是与中国的关系。印、日、美也在角逐对缅的影响力，但中缅关系在“一带一路”深化中会有进一步的发展。随着中国与东盟互联互通工程项目的推进，中国企业中标了缅甸西部皎漂深水港建设项目以及皎漂经济特区的一个工业园项目。这是密松大坝暂停建设之后的中缅合作项目的突破。中国是缅甸的最大贸易伙伴，2015 年中缅原油管道工程投入运营。中缅两国贸易占缅甸对外贸易的三成还要多，中国对缅甸的投资也占缅甸吸引外资的三分之一。经济上的这种紧密联系决定了下一步合作走向。缅甸是各方竞相争取的合作对象，必然会考虑多元合作，在事关缅甸经济发展的重要问题上，不会不去借助“一带一路”发展自己。缅甸与中国、印度、韩国和泰国都有比较密切的经济联系，印度希望打造一条从印度东北部通向缅甸的交通走廊，包括通过缅甸连接泰国的一条三方公路。

中国与东盟国家的经济合作是总体上的近邻合作，这种合作是一种由来已久的日常功课。二十多年来，这种合作具有绵延不绝的传统性，当前在走向上开始进入高峰期。在中国周边的 34 个邻居国家里，有 17 个以中国为第一大贸易伙伴。在东南亚，人们记得，中国与东盟经济体的整合合作是从连接中国与邻近的澜沧江-湄公河“金腰带”国家开始进入新境界的。澜沧江-湄公河流经中国、老挝、缅甸、泰国、柬埔寨和越南六国，六国形成了共饮一江水的紧密关系。在 20 世纪八九十年代，在联合国计划开发署的主持下，大湄公河次区域“黄金四角”出现了，从“黄金四角”到“黄金六角”，形成了大湄公河次区域经济发展区的一次扩容，但在总体上具有沿海与内陆地区发展差异的梯度递进递减特点。虽然随着澜沧江-湄公河的历史性通航，“金腰带”的含金量增加了，无论从道路联通的基础设施建设来讲，还是从次区域内的贸易互动来讲，中南半岛国家都迫切需要在更大地理半径上和更加多元合作中升级发展，由此出现“黄金 10 +1”和“黄金 10 +3”，一路走来形成了目前具有多边合作特征的中国与东盟共同体的合作格局。这种合作具有更大的整合性，但也会有河流地理自然走向的多样性，因此，在道路联通的“泛亚铁路”北线取得突破性进展之后，金腰带“澜湄合作”再次浮出水面。沿澜沧江-湄公河六国领导人首次在中国海南三亚举行会议，共商重视沿江国家实际利益，推进“澜湄合作”机制建设，促进地区经济一体化进程。澜湄流域拥有 3.26 亿人口，GDP 总量近 6000 亿美元，但工业化、信息化和农业现代化任重道远，人均 GDP 只有 2800 美元，因此澜湄各国合作发展意愿十分强烈。基于历史与现实的考量，中国在 2014 年第十七次领导人会议上提出建立“澜湄合作”机制的倡议，得到地区国家的积极回应。在各方共同努力下，确定了“3 +5”合作框架，以互联互通、国际产能合作、跨境经济合作、水资源、农业和减贫为五大优先方向，形成互利互惠合作共赢的发展格局。“澜湄合作”是中国与东盟经济共同体经济合作的次区域细化，也是丝绸之路经济带建设务实发展的重要举措。澜湄“金腰带”与泛亚铁路北线伴行，将会极大地提升澜沧江-湄公河沿江国家的协调发展水平。

先发后至的东北亚海上丝路

我们常讲，中国走向丝绸之路经济带的通道有六条，大约是从目前的显性程度给出的。还有另外两条，它们具有后发后至或者先发后至的开局特征，一个是与“跨喜马拉雅山经济区”有着直接关联的雪域高原丝绸之路，另一个就是被政治地缘关系严重干扰了的东北亚地区经济板块。东北亚地区的历史纠结和现实纠结太多，对政治地缘的心理扭曲盖过了对共同发展的合理追求，因此出现了一种走走停停、推推搡搡的“布朗运动”状态。一些国家利用这些历史恩怨造成的歧见，形成更加复杂的乱局，这是东北亚经济板块经济发展真正开局先发后至的主要根源。

这里存在多元多向的经济合作路径通道，尽管情况复杂，一旦理顺，将会爆发出巨大的能量。因为，在历史经济文化往来的丝绸之路发展史上，这是第一承接和受惠地区，在西向开通丝绸之路之前，它已经提前进入了丝路时代，在丝绸之路发展进入平行于中国汉唐时代的高峰期时，它已经接出了硕果。近代以来，相互关联的经济文化联系出现一波三折的变化，先后爆发了影响东北亚地区和谐发展大格局的中日、俄日之战，中日俄和朝鲜半岛连同中国台湾地区，都开始进入矛盾多发的劫难状态。“二战”结束之后，连续爆发的“热战”与“冷战”，台前幕后晃动着域外大国的身影，东北亚发展呈现区域内相对封闭和对立状态，一直到中国主动推动改革开放，才出现了新的转机。但是，出于历史恩怨也出于一种真正的“修昔底德情结”——这是相邻大国之间才可能发生但并非必然发生的对抗误判，像美国这样的毫不相干的国家，与东北亚远隔万里而“修昔底德”，实在是自找烦恼——这种化干戈为玉帛的历史机遇并未得到珍惜，也就形成了当前一幕与丝绸之路传统背道而驰的局面。

发展机遇

应当说，东北亚相关国家共同发展的机遇还在。目前，除了中国振兴东北地区的计划在推进，俄罗斯加快了远东地区的开发步伐，联合国经济计划开发署在20世纪80年代末90年代初推出了“大图们”地区联合开发设想，虽然无功而还，目前还是有了一点儿新动静。大图们开发与俄罗斯远东边疆区的开发应当是双璧，需要联系在一起考虑，也需要在具有韧性的追求中逐步去实现。2015 年 11 月，联合国开发计划署“大图们倡议”第四届东北亚旅游论坛与项目磋商暨中俄蒙旅游合作会议在吉林珲春边境经济合作区举行，它着眼于跨国旅游带来的人流、信息流，从改善地区基础设施重新起步。其海路旅游路径有两条，一是东出珲春和俄罗斯扎鲁比诺港经日本海抵达东南亚和欧洲，路线很长，另一路开辟北极航线。后一条线具有创新想象力。陆路则是西向大兴安岭地区进入蒙古与俄罗斯，进入欧洲。中俄蒙三国地方政府发布了《吉林宣言》，建立了联席会议制度，并拟建立“图们江三角洲国际旅游区”。“大图们倡议”落实任重道远，但这是一个现实的选择。

图们江也称豆满江，上游是中朝界河，下游流经吉林省的延边地区，进入日本海。图们江是吉林省乃至东三省腹地通向海洋的唯一出口，但历史遗留的划界公案令它面对着无穷的尴尬。在那里，面对大海的，除了图们江的江水，便是朝鲜战争留下的几近废弃的低矮铁桥，此外则是通向边防哨所的蜿蜒小路。为了这条小路，在日军的侵华战争中，苏联红军与日本关东军之间爆发了“张鼓峰”战役。为什么在这个连牛屁股都转不开的地方如此厮杀，因为它实在是一个战略咽喉与要地，不唯在日本军部“北上”计划中举足轻重，在未来东北亚经济发展的棋盘里也是一枚定局之棋。日本军部当然不会考虑什么未来的经济发展，但历史的发展逻辑将会借重这一步对东北亚各国共同发展的战略棋路。

毋庸说，这里的历史纠结远未解开，并且随着朝鲜半岛的核危机，面临的问题更加复杂。但这不是阻碍东北亚发展的最终主导因素。最关键的是必须明确改变思路，使“大图们倡议”放开手脚，沿着“一带一路”发展思维的经济战略纵深，在更大的操作半径里取得新突破。朝鲜在改革开放中一直摇摇摆摆，在图们江相邻地区建立经济开发区名存实亡，连花架子也算不上，朝鲜的金正恩政权又一意孤行坚持核武器试验，指望朝鲜在图们江乃至东北的发展中做出贡献，在短期内可能性不大。因此，拟议中的图们江地区开发，似乎应该从核心的三边加多边转变为中俄双边加多边。从目前来看，发育邻近的俄罗斯扎鲁比诺港基础设施建设与确定港口功能定位，是关键问题。

扎鲁比诺港的扩建进入了中俄企业合作新阶段，工程目标是年吞吐6000万吨，显得小一点儿，但在开始阶段也还与当前的市场匹配。但是，如果我们着眼于上文提到的“北极航道”而不仅仅是国际旅游，显然这里应当出现一个重要的深水港口群。这个港口群将是“北极航道”的南部终端起锚点，它的港口区位优势要比大连、青岛大得多。

为什么要在这里发育“北极航道”？因为这里是冻港与不冻港的过渡带。但真正重要的是，“北极航道”的开通，将给东北亚“一带一路”的发展开拓新的思路，加添了一部真正能够运转的超级发动机。当我们发现老的发动机已经进入了故障不断的检修期，不能完全负起启动和加速东北亚发展的功率，就需要毅然决然地打造并安装新的一部发动机。这并不是说，旧的引擎要进垃圾场去了，而是需要检修需要校正，需要重新磨合；也不是说，在未来的“北极航道”上，别的港口不会再起作用，只是说“大图们”与另一个“比雷埃夫斯港”更居于东北亚发展的中心位置。

“北极航道”与东北亚“一带一路”发展又有什么关联？倘若只是着眼于北极的资源开发和单一的航运，这只不过是北极圈国家考虑的事情，而且对贸易来说，“北极航道”航行距离的远近和需时，并不是成本计算的决定性因素。但把这一切联系起来，会发生另一种从来未有的东北亚联动发展的新场景：东北亚能源相对紧缺的局面在新的供应渠道里得到缓解，贸易和运输数量逐步增加，普京总统提出的开发俄罗斯远东地区的规划开始有效推进，韩国“欧亚倡议”与“一带一路”对接增添了新路径，中国的振兴东北老工业基地的努力出现新机遇，甚至历史遗留的中俄日近代关系“死结”开始解开，在这种历史性变化的大背景下，基于发展利益，日本不得不再次融入丝绸之路，朝鲜也最终不得不放弃对抗与封闭，渐渐地走向开放之路。完全可以这样想象，在东北亚区域，仅是中、日、韩三国，经济总量就占世界的五分之一，占亚洲的70%，如果加上潜力很大的俄罗斯，甚至美国的阿拉斯加地区，东北亚经济区的经济能量恐怕是北美经济区和欧盟都比不了的。它对世界经济的影响力和带动力也就更难说了。

发展愿景

普京总统提出的开发俄罗斯远东地区规划与举措不少，但真正实施起来难度不小。首要的制约因素是俄罗斯远东地区人口与产业相对稀疏。要使经济重心从西部转向东部受到多种因素制约，最重要的制约是市场缺少发育和劳动力流动的事实上的思维限制，尽管普京推出了特区规划，但特区的存在与发展首当其冲要有市场人气。普京总统提出在俄罗斯远东地区大量引资，并从四个方面展开远东开发计划，一是建立14个开发区，二是鼓励俄罗斯公民到远东租赁土地，三是鼓励私人投资，四是完善基础设施。俄罗斯为此设立了150亿卢布的远东发展基金，并在铁路、公路建设加快步伐。甚至，俄罗斯政府开始研究在远东设立新自由港的可能性，同时提出俄罗斯远东与中国东北之间建设高铁。但是，没有更大的关系到东北亚市场总体发展的手笔，想要实现这一切设想，都是有难度的。

但是，再大的难度也挡不住对发展的愿望与追求，挡不住丝路发展历史轨迹带来的开发能量。俄罗斯远东发展部部长亚历山大·加卢什卡发表文章说，俄滨海边疆区要为中国（东北）开辟新通道。他在文章中说，单是中国黑龙江和吉林两省的GDP就接近1万亿美元，为如此庞大的经济地带提供货运服务，“是推动自身发展的天赐良机。计算表明，倘若满足一些具体、合理的条件，滨海边疆区的重要港口便能增加近4500万吨的货物吞吐量，相当于2015年的1.5倍。如此一来，远东国际运输走廊不只可以成为中国的丝绸之路经济带项目与俄罗斯远东优先发展计划对接的切实范例，也能为俄罗斯远东及中国东北地区的经济发展做出重要贡献”。

俄罗斯的远东国际运输走廊计划是俄罗斯委托第三方麦肯锡咨询公司根据运输走廊经济金融模型论证的，突出了符拉迪沃斯托克的自由港设计。从2016年10月起，符拉迪沃斯托克24小时昼夜吞吐，过境检查“一个窗口搞定”，开设绿色通道，启动自由关税区。与此同时，使用中方轨距，修建从珲春到扎鲁比诺港的铁路，并允许中国货车在国境与港口往返。这是东北亚经济区发展的一个重大的政策转折。国际运输专家认为，这是中俄双赢之举。俄罗斯每年可因此增加290亿卢布的GDP，中国企业至少减少每年因为运能受限导致的10多亿美元发货损失，而最主要的是，黑、吉两省提升了经济竞争力。

东北亚的振兴与发展，关键在于开放。符拉迪沃斯托克的自由港设计，不仅与中国提倡的“一带一路”发展耦合，也与韩国2013年10月提出的“欧亚倡议”的经济外交构想是一致的。韩国“欧亚倡议”的主要对象国家是中国、俄罗斯、中亚国家、蒙古与土耳其，也不排除先从东北互联互通做起。

东北亚“一带一路”发展有其历史的来源，是源远流长的中日、中韩经济文化交流造成了最早的丝路整合传播。在一段时间里，中国东北地区特别是图们江流域，一直是东北亚地区的核心区之一，也是丝路经济文化传播的重要的次中心。在“一带一路”新的发展中，中国东北地区必将再次发挥重要作用。由于历史的原因，东北地区缺少直接的出海口，在一定程度上形成了地理相对封闭的格局。在日本军部发动的侵华战争中，东北一度沦为日本的资源供给基地和制造业的第二加工基地，东北工业格局也就在多种复杂的因素中发育。新中国成立前后，东北工业为国内经济的恢复和第一个五年计划的实施做出了贡献，但国内输出大于投入，在改革开放中优势不再，虽然边贸红火一时，结构调整也取得一定的效果，但解决不了对外开放发展的根本问题，资源的相对枯竭，制造业创新不足，人口出现外流，东北地区经济发展处于一种乍暖还寒的状态，需要在“一带一路”的经济整合里出现新的发展格局。在“一带一路”发展已经成为欧亚乃至全球新潮流的情况下，只有把东北三省的发展同东北亚的总体发展前景联系在一起，才会有中国东北的真正未来。

东北亚的总体发展前景，也不是老景象的复制。虽然一些老景象在“一带一路”的新画面里依然占有位置，甚至还会是其中的一抹底色，但新画面的尺幅更大了，新景象出现了，“一带一路”的笔触在昔日留白的空间里延伸，将会出现始料不及的效果。如果这条新丝路发育得好，日本海也许是一个新的地中海，而白令海峡就是它的直布罗陀海峡。不过，这个面目一新的海峡，直面的不是西班牙和英伦三岛，而是美利坚的阿拉斯加。当年，沙皇以为这片冰天雪地没有什么用场，又缺钱用，700 万美元就卖了它，但这也是用金钱让渡主权的一例，是市场条件下的一种让渡。然而令人多思的是，美国会持什么态度，是反对？是赞成甚至加入呢？这也许会成为一个新的纠结。那么日本呢？如果还是我行我素地不理会丝绸之路给它带来的新机会，就像无视丝绸之路曾经带给它的那些发展荣耀，机遇女神也许会将它打回到古丝绸之路延伸之前的发展孤岛状态。这不是危言耸听，世界上无论是哪个国家、地区抑或部落，从不发达到发达，都要凭借与外界的文化交流和经济交流的多种因素，这是丝绸之路惠泽人类社会的成果，也是丝绸之路能够长生并最终被人们认可的原因。

对东北亚未来的这种合理的想象，也许还有好长的路要走，好多的梦要做，甚至其中的纠结还会在很长时间里左右人们的认知和行为，但如果我们回顾丝绸之路开拓的历史，有谁能将那时处于蛮荒状态的世界屋脊的两侧与人流络绎往来的丝路贸然地联系起来？丝绸之路的穿透力和塑造力原本就来自它的地缘文化和经济力量。有了这种力量，没有什么不可以发生。也就是说，东北亚的地区形势虽然复杂，但只有“一带一路”发展可以应对这种形势，改变这种形势。不论是政治地缘力量的后坠力多么强劲，最终抵不过地缘经济发展的力量。

对于“北极航道”的开通，俄罗斯是颇为积极的，它们认为，这样一条新航道的开通，离不开具有规模市场需求的中国，也离不开中国的投资。在“一带一路”的发展战略对接上，它们十分感兴趣的是两件事。一个是欧亚经济联盟与中国在中亚地区的自由贸易区对接，另一个是在东北亚联合开辟“北极航道”。前者固然重要，但涉及复杂的货币结算问题，后者却是一个更大开放的概念，可以实现。丝绸之路本身就是大家的，大家开发大家使用，大家为东北亚的整合发展共襄盛举。

2016 年 3 月，广船国际南沙造船基地建造的全球第二艘极地重载甲板运输船 PUGNAX 号交付使用了，这是为俄罗斯北冰洋沿岸利比里亚半岛和亚玛半岛全球最大油气项目 Yama LNG 项目建造的。这艘极地船设计载重 2.4 万多吨，破冰厚度 1.5 米，可在 -50°C 环境下常年航行，对将在 2017 年 1 月生效的“极地规则”完全适应。极地重载甲板运输船 PUGNAX 号的交付使用，意味着在运输技术上已经不存在根本性的问题。

金砖 2.0 与“南环经济带”

2015 年，曾经写过《大趋势》的约翰·奈斯比特和多丽丝·奈斯比特到中国推介其新著《大变革》，2016 年又到印度推出与《大变革》同一个底本的印度版《全球大变局》。该书主要讨论组成全球“南环经济带”的新兴市场国家，包括俄罗斯、中国、印度、南非与巴西。他们认为，经济力量正在向南环经济带国家转移，其中的一个标志，是这些国家里产生了具有强大购买力的“全球消费阶层”和随之而来的城市化进程。比如中国的城市化率超过 50%，印度的城市化率约为 30%。印度的中产阶级按常年财富接近 1.4 万美元的标准为 2400 万人，而中国的人数超过 1 亿接近 2 亿。《大变革》重点讨论了印度与中国，认为中印虽然文化不同，但都与非洲经济体等有着牢固的经济联系。对于印度，他们谈到中英关系取决于竞争与合作的平衡，并强调推进基层设施建设、提供廉价住房和推广数字化教育的重要性。

在交通和经济往来互联互通中，南环经济带其实是对 21 世纪海上丝绸之路中的一个重要发展状态的描述。从“一带一路”发展的角度看，它与欧亚大陆正在进一步形成的“北环经济带”相对应，但主要的动力来源都与中国、印度和其他新兴经济体有关。南环经济带的主要构成则是以中印为代表的金砖国家。

金砖2.0：面临逆境合作升级

2000年，金砖国家的经济总规模约为美国GTP（一个国家在四个季度的经济规模）的四分之一。如今，它们的GTP之和超过17万亿美元，与美国的17.4万亿美元几乎相等。研究金砖国家的经济专家说，自2000年以来，全球名义GTP的增加部分有三分之一以上要归功于金砖国家。

以金砖国家为代表的新兴市场迅速崛起，是21世纪以来一度令人瞩目的全球变化之一。尤其是在2008年，美国陷入次贷危机并演变为全球金融危机，金砖国家不仅保持了较快的经济发展速度，并且共同启动了全球性救市行动，连续两轮向国际货币基金组织增资1800亿美元，积极缓解深陷危机国家摆脱困境，并推动国际货币基金组织和世界银行改革。它们是防止金融危机进一步扩大的重要力量，也是支撑世界经济发展的中坚力量。

在过去十年里，金砖国家对世界经济增长率的贡献超过50%，成为一时无两的经济发展引擎。进入2014年，世界经济在相对分化中开始缓慢艰难的复苏，但不确定性继续增多，金砖国家也相继进入了自身的结构调整期。但这种调整并不会掩盖金砖国家发展的后劲和潜力。即便在世界贸易充满寒意的2015年，中国仍与其他金砖国家保持了较高的贸易水平。根据中国商务部网站前三个季度的信息，据俄罗斯海关统计，前三个季度，中俄双边货物贸易额为468.3亿美元，中国为俄罗斯第二大出口市场和第一大进口来源地。据印度商务部统计，前三个季度，印中双边货物贸易额为533.5亿美元，增长2.9%，中国在印度出口贸易中居第四位。据巴西外贸秘书处统计，前三个季度，巴西与中国双边贸易额为538.3亿美元，中国是巴西第一大出口国和第一大进口来源国。据南非国税局统计，前三个季度，南非与中国双边货物贸易为

176.2 亿美元。在金砖五国内部贸易中，与中国相关的占到九成。

但是，与前几年相比，金砖国家的表现没有那么惹眼了。有的国家还由于资源价格的暴跌和汇率的变化，陷入危机和准危机之中。例如巴西，2015 年经济增长出现创纪录的 3.8% 的萎缩。2015 年，巴西国内生产总值为 5.9 万亿雷亚尔，约合 1.55 万亿美元，人均 GDP 也下降了 4.6%。在各经济部门中，只有农业保持增长，工业与服务业分别下降 6.2% 和 2.7%。2015 年巴西通货膨胀率为 10.67%，2016 年的信号依然不好。在金砖国家中，只有印度与中国表现不错，印度大约 7.5%，中国进入主动的中高速增长新常态，但在一些人眼里也成为金砖国家经济发展开始落败的证据。

对于金砖国家的未来，国内外都有比较悲观的预测。有一种看法是，以前有一种观点，金砖国家似乎要主导未来的世界经济，但现在可能性明显下降了，至少是金砖国家的经济发生了分化。他们说，随着巴西和俄罗斯经济衰退的加剧，“金砖”魅力减退，人们对金砖国家的信心受到打击。最典型的例证就是高盛关闭了旗下的金砖国家基金，该基金从 2010 年最高峰时的 8 亿美元缩水到 1 亿美元。一个规模本来不大的基金的关闭其实是无关宏旨的。有趣的是基金经理们居然找到了“金砖”的一个替代品，名之为 TICKs。十年前，时为高盛公司首席经济学家的吉姆·奥尼尔首提金砖国家概念，名之为 BRICs，现在则把中国台湾、印度、中国和韩国的首个字母合写，让他们认知中的科技经济体中国台湾和韩国取代了巴西和俄罗斯。创造这个概念的一位基金经理人说，“金砖国家不再是新兴市场的增长引擎，新的增长点出现了”，他的研究所正在跟踪研究 120 只新兴市场股票基金，总值达到 2300 亿美元。为此，英国《金融时报》网站发表了一篇文章，题目是“金砖国家已死，TICKs 万岁”。他们着眼于创新与消费的观测角度并不错，认为“如今服务行业尤其是技术服务走向前台，而实物商品特别是大宗商品贸易开始退居幕后”。“如今你在新兴市场应该投资的是消费市场。”“在许多新兴市场，年轻消费者适应科技变化的速度要比美国同龄人快得多。”他们的统计也不是没有可信度，即截至2015年底，63%的新兴市场基金把至少50%的资产投资于中国、印度、韩国和中国台湾地区，相比之下只有10%的基金把同样比例的资产投到金砖国家。“新兴市场股票基金最近大幅增持中国科技各色股票，如今对中国IT行业的平均投资与对金融行业的投资相当”，他们由此得出结论，由于科技创新正在深刻地改变着经济结构，科技开发与科技服务成为股票投资基金的追捧对象，于是提出TICKs的股市投资概念。这在基金行当的业务分析中是司空见惯的，但与金砖国家这样一个特定的发展国家群体和具有全球发展更大视野的概念扯在一起，并且断言“金砖已死”，显非经济学家或者政治经济学家所能为。

金砖怎么了？这是一个时间里的问号。而唱衰中国与唱衰金砖似乎连在一起，组成了一个和声部。2015年当年就出现了“金砖褪色”“金砖淡出”说法。2016年初，又有人宣称金砖国家已经变成世界经济发展的“绊脚石”，将会在“空中肢解”。他们把金砖国家短期内承受的压力，转录为金砖国家的唱衰歌。他们唱衰金砖，究竟基于一种什么心理呢？是看不得金砖国家好，还是不明白金砖国家的经济分量，还是不知道世界经济本身就处于一种下降的通道？

比如有人老拿中印经济速度比较，不是为印度击掌，而是为了继续唱衰中国，进而肢解对金砖国家的理解，其心理动机多少有点复杂。

中印之间，有的可以相比，但更多的方面不可相比。这正如中国与美国，国情不同，人口不同，资源禀赋不同，发展阶段不同，各自面临的问题和需要解决的问题也不同。有些比较是没有意义的。要比，只能比较未来发展的一些可能性。

中国的经济体量目前远大于印度，因此经济增速高一点儿低一点儿，没有可比的实际增量口径。中印都是人口大国，消费市场潜力相近，但中国出现了老龄化趋势，印度的人口红利大于中国。就教育水平来讲，中印各有短长。印度的精英教育不错，但人口识字率偏低，男性为86%，女性为61%，中国的人口识字率至少在99%以上。尽管印度的媒体“有限网站”从中国与欧洲的互联互通、中国制造2025、城市设施建设和互联网的发展等方面做了比较，得出印度“望尘莫及”的“结论”，中国认为印度的发展空间潜力同样不小。尽管日本的媒体也在大讲“中国技术创新能力远超印度”，中国认为印度的技术创新能力一样巨大。外间一些人希望看到中印之间的裂痕，更多地炒作“珍珠链”“向西看”甚至是美印“接近”，互用后勤保障基地；印日在印度安达曼-尼科巴群岛合作建设简易跑道和发电站等，但印度不愿被美牵着走，提出了发生“印度不支持的行动”，印方有权不受约束，美太平洋司令提出“联合巡航南海”，印度断然表示拒绝。安达曼-尼科巴群岛处于马六甲海峡外侧，在“二战”期间曾被日军占领，由572个岛屿组成，大部分是无人岛但战略位置重要，因此被视为印度倒向美日同盟一边的迹象。但是，在自己的领土上建设是一回事，考虑战略平衡是一回事，倒向某个同盟又是一回事。中印共同的传统是和平共处不结盟，经济合作伙伴关系更重要。中印经济的持续发展与共同的发展利益大于其他，这是中印经济合作的基础，也是金砖国家继续前进的基础。

对于金砖国家的重要性，世界银行是有底的。他们在2016年初发出《全球经济展望》报告，强调金砖国家与世界经济的重大关联性，即假设金砖国家的增速比预期低1个百分点，将导致其他新兴市场的增速降低0.8个百分点，全球经济增速放缓0.4个百分点。但他们对金砖国家的担心同张口就唱衰金砖者并不一样，他们的分析主要着眼于金砖国家面临的外部风险。报告说，自20世纪80年代以来，大多数规模最大的新兴经济体的发展速度无可匹敌，2015年大宗商品价格暴跌，全球贸易减少、资本流动性减弱和货币压力增大多种因素相结合，形成了“对于大宗商品出口国尤其富有挑战性的外部环境”，在此环境下，大多数新兴经济体增速放缓。一些金砖国家当然也不例外。

金砖国家由于资源禀赋的不同与经济结构的差异，遭受的结构性经济压力不同，但并不是金砖行将“空中肢解”的理由，而是说明化解这些压力要有各自的结构调整的侧重点。在中国，主要是推动创新和实施供给侧改革。资源型企业比重比较高的俄罗斯需要调整过重的工业结构，俄罗斯在经济结构上石油和天然气占有很大分量，加上欧美的制裁，经济吃紧，但欧美对俄罗斯的经济制裁使它避免了实际的汇率损失。巴西的问题是过度实施了“去工业化”，工业有所萎缩。巴西的制造业由20世纪80年代在国民经济占比的29%降到了10%。虽然服务业比重上升到70%以上，但日益变成单一资源供应国，国家收入更多依赖于铁矿、大豆与石油。在21世纪头十年，国际大宗商品狂涨，获得了“大宗商品红利”，2011年后国际大宗商品价格进入下行轨道，年均增速由2%一直降至2015年的0.1%，巴西需要更多的时间去实现经济复苏。南非则正在摆脱低位徘徊的状态，开始新一轮发展。

重要的是，并不是所有的金砖国家都处在较为困难的境地，在全球经济低迷的状态下，中国、印度的发展依然引人注目，不仅都是新兴市场的亮点，也是世界经济增长的主要贡献者。经济新常态下的中国，2015年仍然以6.9%的中高经济增速贡献了全球经济增量的三分之一，印度则以7%以上的增速走在世界的前列。世界银行在《全球经济展望》报告中指出，2016年，俄罗斯与巴西经济将会触底反弹，中国经济增速温和放缓，印度发展势头继续。

印度在2015年初调整GDP计算方法，开始以市场价格而非工厂成本来计算，计算基期也从2004年5月调整为2011年12月。印度政府称，印度已度过“经济减速、通胀持续、财政赤字增加、国内需求疲软、国际收支经常项目失衡和卢比币值波动的时期”，有可能进入“中期增长轨迹”。印度在劳动力上有人口红利优势，到2020年，印度人口平均年龄为29岁，属全球最低水平，相比之下，中国与美国为37岁，西欧国家为45岁，日本为48岁。美国人口也开始老龄化，目前50岁以上人口占人口总数的三分之一，到2060年将占五分之二。

从中长期来看，金砖国家经济前景是光明的。一是金砖国家国土面积占世界总面积的26%，人口占世界总人口的42%，拥有巨大的消费市场和人口红利。2014年的经济总量已经高达17万亿美元，与美国相当。据预测，2030年以前，金砖国家的经济增速依然普遍高于发达经济体。2030年的经济总量将会超过七国集团。2020年，金砖国家消费份额的世界占比将从目前的23%增加到65%。这是金砖国家发展的底气所在。二是金砖国家经济虽然有分化但在总体上基本面良好，失业率保持在合理水平，宏观经济调控加强，经济结构调整加快，创新活动增加，改革逐步深化，为下一步发展打下基础。三是2015年7月金砖国家新开发银行成立和应急储备安排完成，将为基础设施建设和国际产能合作方面提供资金支持，为金砖国家的发展提供更好的条件。新开行是亚开行的“姊妹行”，60%的信贷用于清洁能源发展，并尝试用本币方式投融资，减少外汇汇率波动带来的投资和信贷风险。比如，在中国市场以人民币融资，然后在南非直接以当地货币兰特发放贷款，打通金砖国家的直接融资渠道，有效规避美元升息带来的汇率风险。

逆境是暂时的，其中一些因素也是外部环境造成的。关键在于及时调整，融合发展。对于融合发展，金砖国家是早有共识的。2014年金砖国家领导人峰会发表了《福塔莱萨宣言》，提出加深经贸、金融和发展领域的合作，2015年举行的乌法峰会上，又制定了以贸易投资为核心内容的《金砖国家经济伙伴战略》，同时通过了《金砖国家电子商务合作框架》，加快金砖国家一体化电子商务发展。最终的目标是海陆空大联通，多层次大流通，打造金砖国家利益共同体。

从总体走向上看，金砖国家的后劲正在调整中开始渐次恢复，而真正的希望在于金砖国家之间合作空间的广度与深度。习近平主席2015年11月在土耳其安塔利亚举行的金砖国家领导人非正式会晤中说：“伙伴的意义和价值，不仅在于顺境中共襄盛举，更在于逆境时携手前行。”

在2016年初举行的主题是“创新与互补”的金砖国家第三届财经论坛上，专家提出了“金砖2.0”发展新概念，认为金砖国家的合作迫切面临升级，不仅要进一步扩大经济技术与贸易合作，也要进入战略对接与城市发展的合作交流，升级版的金砖国家的经济战略伙伴关系应当更加紧密，主旋律是共生共荣，融合发展。这是金砖国家走向未来的必要途径。

金砖国家再度腾飞

在21世纪海上丝绸之路经济合作中，金砖国家的进一步合作，将会产生新的巨大发展能量。金砖国家都是大国，在本地区有着举足轻重的经济影响，能够产生更多的溢出效应。在亚洲陆路地区，中、印、俄三国疆土交错相连，跨越了北亚、东亚和南亚，在能源、技术以及产能和市场合作方面有很强的互补性。在能源领域，俄罗斯亟须扩展欧洲以外的能源输出通道，中俄之间已经达成石油天然气供应协议。印度对能源的需求量也越来越大，俄印之间也有打通能源运输通道的具体战略构想。在基础设施建设方面，中俄在高铁合作达成框架协议，中印之间的高铁合作则进入项目研究阶段。中印俄三国的合作不仅具有重大的市场意义，同时对相关地区的和平稳定做出了实在的贡献。俄罗斯主导的欧亚经济联盟以及普京总统开发远东的计划，完全契合中国提出的“一带一路”发展战略构想，中俄合作将会进一步带动中亚各国和东北亚地区国家的发展。

中国和印度、南非、巴西的融合发展也会产生较大半径的辐射。孟中印缅经济走廊建设正在逐步推进，而中巴经济走廊建设的成功，其实也是印度的一个利好，至少会成为未来印巴和中亚的重要能源运输转口通道。中南两国在2015年底签署了26项合作协议，涵盖了采矿、电力、旅游等领域，将会极大地推动南非的经济增长。巴西虽然经济处境困难，但真正来自外部的最大解困因素还是巴中之间的经济合作。巴中之间的产能合作领域广泛，包括能源、冶金、制造业、航天航空、农业和金融。从这个角度看，金砖国家的分量远非它们自身经济的分量，几乎包含了亚洲、南部非洲和拉丁美洲的更多国家。因此，金砖国家再度“雁行起飞”也将是世界经济再次进入繁荣期之时。

据美国波士顿大学全球经济治理研究中心和美洲对话研究中心发布的《中国与拉美金融数据库年度报告》称，2015年，中国在拉美的投资增加一倍，达到290亿美元，超过世界银行和美洲开发银行在美洲的总和。2005年以来，中国有关银行已经向拉美地区提供了1250亿美元的机构贷款。2015年，世界银行和美洲开发银行对美洲投资分别下降8%和14%，“中国已经成为拉美融资的一条越来越重要的渠道”。中国贷款不会强加各种条件，往往是在达成基于服务和商品交换的协议。该报告讲的是机构贷款而非商业贷款。尽管这些贷款集中在大宗商品的采掘行业，但同时也开始面向基础设施项目。巴西和周边国家处于“南环经济带”中，中国不仅与金砖国家携手前行，也有力地支持“南环经济带”的发展。

中国与拉美的双边贸易从2000年的126亿美元增加到2014年的2636亿美元，十年增长了20倍，中国取代欧盟成为拉美第二大伙伴。从2008年开始，中国巩固了在拉美的存在。中国经济进入新常态，拉美的经济增长也受到世界经济前景的影响，世界市场大宗商品价格的下跌，都会给双边贸易蒙上阴影。但中国目前依然在世界基本产品需求量中占有13%的比重。中国消费25%的世界黄金产量，镍、铜、锌、铝和钢铁占一半，进口量是庞大的。中国的经济结构调整与拉美增加出口产品附加值的机会并不相冲。拉美对中国和中国对拉美依然至关重要。

应当说，金砖国家是世界经济发展的主要动力，过去是，现在和未来都会是，即便是在换挡，也是由于前面出现了颇为泥泞的一段路，还有这里那里设置的或明或暗的路障。即便需要调整路线，也是因为各自的经济结构不同，需要做出方向不同的调整。

同所有的国家一样，金砖国家面临的是加快创新和经济结构调整，迎接新的技术革命时代，只是有的动手早，有的为资源优势所累，被动了一些。巴西和俄罗斯本身就具有较大的科技潜力，只要形成共识，并不是不可以变被动为主动的。尤其是金砖国家的另外两个拥有世界三分之一强人口的中国、印度，科技创新的潜力正在迸发，断言“金砖”已死，未免太轻率了。其实，股票投资者讲的都是购票盈亏的概率，连他们都带着天生的哈姆雷特情结在问自己，究竟是死还是活。对于长期趋势和短期股市走势来讲，摩根大通的一位专家说得好："现在的问题是这种趋势是反映了深层次的结构变化，抑或只是一种周期性行为？现在受热捧的 IT 产业股票会不会重复能源公司曾经的遭遇呢？"就股市而言，两种可能性都存在。"存在深层次的结构因素，但与此同时，新兴市场的股市有其周期性特点。"

中国进入经济结构调整期，开始初见成效。德国"时代"网站发表杜伊斯堡-埃森大学经济管理教授马库斯·陶贝文章说，"巨人没有踉跄，他在跳跃"。尽管中国在发展中付出了"隐性成本"，如追赶型增长模式不可持续以及产能过剩等，意味着"工业生产能力从资本货物向消费产品转移"，"需要建立新的供应链和工业结构，而这并非是一夜之间可以完成的"，但"2015 年中国消费支出对国内生产总值增长的贡献已达到三分之二，明显打破累计投资的主导地位。服务业以足足 10% 实现最高增速，服务业增加值占 GDP 的比重已达到 50.5%。外贸下滑领域，即中国增加值部分不高的加工贸易，正是应进行战略削减的领域。这些都表明，走向生产率更高和更加创新友好型工业结构的经济转型正在全面展开"。"经济结构转变过程中的成就带来的是未来也会成功的希望。"此外，"互联网＋"助中国拥抱数字时代、"新经济"将成中国重要增长引擎的评论不绝于耳，从多个侧面印证了中国经济转型正在走向成功。中国总理李克强在 2016 年政府工作报告中讲，到 2020 年，中国经济总量将会超过 90 万亿元人民币，也就是 15 万亿美元左右。这个预测表明了中国的经济自信。西班牙《国家报》采访了 13 年前担任过 IMF 总裁的法国经济学家米歇尔·康德苏，问及中国有无能力管控经济模式转变时，他明确地说，我从 20 世纪 80 年代就与他们共事，我相信他们说的话。"没有理由对中国持怀疑态度。"

中印之间，虽然存在一些悬而未决的问题，在"一带一路"合作中也表现出一种"定力"，目前是波澜不惊，稳步推进，练的是"瑜伽"内功。中印的互联网公司互动频繁，阿里巴巴就投资了印度的第二大电商网站"快购网"，腾讯公司也开展了与印度医疗科技公司的合作。这种高科技产业之间的合作要比前两年的中国企业园的层次更高。中印之间的经济合作也体现在共同筹建金砖国家银行和亚投行的努力中，印度是亚投行的第二大股东，又是金砖国家银行的“操盘手”，对上合组织也持支持的态度。中印两国的金融合作拥有较大的空间，未来在南亚、西南亚和西亚地区的发展也会有共同利益交集。

2016 年 3 月初在新德里举行了瑞辛纳对话，其中涉及 BBIN（孟加拉、不丹、印度和尼泊尔）的互联互通。这不仅关系到孟中印缅经济走廊建设，也关系到历史悠久的雪域高原丝绸之路。在中印和中国与南亚国家的经济合作中，雪域高原丝绸之路的现代化也是不能小觑的。从历史上看，内地出产的丝绸、茶叶不仅一直是藏族同胞的主要用品，也通过喜马拉雅山的中部山口，源源不断地走向南亚次大陆，尼泊尔是传统的贸易通道。尼泊尔总理奥利 2016 年上半年访华，双方签订了两国过境贸易条约并敲定了包括能源贸易在内的十多个合作项目，中尼双方还将合作建设机场和桥梁。《印度时报》援引尼泊尔财政部部长的话说，“我们想要成为两个大国之间的桥梁”。尼泊尔是喜马拉雅山区典型的内陆国家，曾与印度达成过边境贸易协议。2016 年初，在印度尼泊尔经历一段关系紧张之后，印度结束了对尼泊尔为期四个月的燃料封锁和贸易封锁，但也促使尼泊尔再次寻求多元合作。在尼泊尔地震中，中国给予尼泊尔及时的援助，他们希望中国对尼大力投资并与中国签署自贸协定和中国银行在尼开设分行的协议，通过中国的港口进行国际贸易，同时提出修建两条铁路的可能建议，其一是把尼泊尔的三座主要城市连接起来，其二是从中国跨境进入尼泊尔。尼泊尔总理奥利在中国人民大学演讲时说，“作为中国的近邻，尼泊尔将从这个‘一带一路’中受益匪浅”。

西藏地区的交通已经得到极大的改善。在铁路建设方面，在举世闻名的青藏铁路的基础上，拉日铁路已经开通并向中尼边境吉隆延伸，拉萨通向林芝的铁路正在修建，连接四川与西藏的康藏铁路已经立项。“天路”的铺设将使雪域高原丝绸之路再次复兴，成为中尼、中印跨境贸易和经济合作的纽带。尽管也有人认为中尼过境贸易走廊离海上丝绸之路遥远了些，但经济合作的合力大小，并不是完全按照路途的远近来丈量的。有学者提出跨喜马拉雅大经济区的设想，其实也是有其道理的。帕米尔号称“世界屋脊”，不也造就了丝绸之路多向穿越的亘古通道？只要有共同发展的愿景和机制，没有什么发展的目标达不到。

在南亚地区，斯里兰卡在政府更迭中，中斯关系一度曲折，但2016年出现了合作的“第二次握手”，随着暂停项目的陆续复工，斯里兰卡总统在访华中签署了新的合作项目。斯里兰卡在中国古代史书上称为“锡兰”，国土面积65610平方公里，人口2000多万。斯里兰卡有众多良港，是海上贸易集散地。高僧法显曾从印度赴斯游学，著有《佛国记》；郑和第三次下西洋，曾在这里立有“三语布施碑”。“三语布施碑”是1911年在斯里兰卡南部小城发现的，镌有中文、泰米尔文和波斯文刻字，现藏科伦坡国家博物馆。在斯里兰卡还发现中国铜钱有唐朝的“开元通宝”，也有宋代的“绍元通宝”“淳元通宝”。公元15世纪，时斯里兰卡王子到中国，后来定居福建泉州，其后代为世姓，至今仍在泉州和台湾定居。斯里兰卡传统产业除了宝石，源于中国的茶产业也同样著名，年产值10亿美元，约占国民总收入的15%。

“一带一路”非洲“追光区”

非洲大陆是世界上仅次于亚洲的潜力巨大的发展中大陆。由于历史地理的沿革，一般分为北非和东北非、西非、东非和南部非洲或者撒哈拉以南地区几个次区域，也可以按照自然地理和经济地理分布，划分为尼罗河流域、马格里布地区、刚果河周边地区和撒哈拉以南地区四大板块。西北非的马格里布地区临近直布罗陀海峡，是与西欧最接近的地区。在中国明代，中国的民间航海家汪大渊前后两次乘搭商船去过马格里布地区的摩洛哥，可见马格里布地区在公元14世纪就与中国频繁通商。马格里布地区和尼罗河及其两条支流青尼罗河与白尼罗河流经区域，在经济流向上与地中海和阿拉伯半岛海湾地区紧密相关，多数为伊斯兰国家。有的是阿拉伯国家联盟成员，其中最具地区影响力的是埃及。西非地区则受到法国、比利时以及葡萄牙等西欧国家的长久文化影响。东非面临印度洋，在中国郑和大航海的时期，是中国商船频繁到达的地区，那里的岛屿与沿海地区如马达加斯加、毛里求斯尚有丰富的中国航海文化遗存。在撒哈拉以南，分布着大小26个国家，属于南部非洲地区。

就非洲大陆整体来讲，中国已经连续六年是非洲国家的第一贸易伙伴。2014年中非双边贸易额2220亿美元，存量直接投资为324亿美元。投资非洲的中国企业超过2500家，15年来对非直接投资平均增速为30%。中国增资中非非洲基金20亿美元，使其规模达到了50亿美元。非洲还是中国企业在海外的第二大承包工程市场和联通援建目的地。在道路联通方面，中国公司在东北非、西非目前合作修建的有埃塞俄比亚至吉布提的电气化铁路、乍得铁路、尼日利亚沿海铁路和蒙巴萨至内罗毕的铁路等。2014年，中国企业承建的横贯安哥拉全境的本格拉铁路竣工，翌年通车，这是继20世纪坦赞铁路建成后在非修建的最长铁路线，长达1344公里。未来还要与安赞铁路、坦赞铁路接轨，实现三国联通，形成联通印度洋大西洋的首条非洲大洋陆上通道。这将是“一带一路”发展在非洲的精彩一笔，为南部非洲的经济起飞修筑了宽阔的跑道。

非洲是21世纪海上丝绸之路的中心和中间区域节点。从突尼斯到塞内加尔、加纳到东非的莫桑比克、坦桑尼亚和吉布提，都是重要的贸易、投资和经济合作的节点。坦桑尼亚的巴加莫约港将来是非洲的最大贸易港口，吞吐量将是达累斯萨拉姆港的20倍。巴加莫约港中有一个类似经济特区的出口开发区，由中国招商局与阿曼国家总储备基金出资建设，将在2017年完工。巴加莫约港在印度洋西岸具有重要的经济战略地位，尤其在非洲中部跨洋铁路的联通完成之后，巴加莫约港将会成为“一带一路”和“南环经济带”上一颗新的明珠。

目前，从太平洋经由印度洋走向大西洋，除了地中海海上通道，就是传统的南非好望角，费时靡长。传统海路还有它的巨大价值，在连接南美洲和南极大陆上无可替代，但非洲跨洋铁路无疑是一项世纪工程，将使“一带一路”发展具有更多的通透性。如果我们站在东经西经 180 度与赤道的交叉点上看，从东半球走向西半球，将会在原有的两条海上通道之外，增添了新的陆上通道，倘若“北极航道”能够开通，至少会有四通八达的一种新的海陆交通格局展现在眼前。

非洲曾经是一片沉睡的大陆，但它的经济能量犹如火山里滚烫的岩浆，一旦喷发，将会全面影响到全球。这是一块在发展潜力上不亚于亚洲的经济大陆，甚至会超过它。它的开发度与拥有的各类资源相比，以及它在我们星球上的中心区位优势，将会无愧于它的人类古老家园的名分。“一带一路”之于非洲，关系到的不只是非洲的发展，更关系到全球发展的整体利益，是“一带一路”发展舞台的未来“追光区”。

非洲的发展已经出现了亮点，世界银行 2015 年发布的《全球经济展望》显示，2014 年撒哈拉以南非洲国家的 GDP 平均增速为 4.7%，坦桑尼亚的经济增长在 2013 年和 2014 年超过了 7%。世界银行原来预测，撒哈拉以南非洲地区 2015 年的经济增长率可望达到 5.1%，但 2015 年出现的全球经济发展疲软势态，同样拖累了南部非洲的发展，加上许多国家产业结构偏于资源型，也就出现了当前较大面积的经济下滑。当前中非贸易额的下滑主因，是大宗商品价格下跌，同时也有贸易不平衡和结构单一的问题。进一步帮助非洲国家实现工业化，推动非洲与外部的互联互通，扩大经贸和国际产能合作，许多发展与贸易瓶颈才能消失。

在北非，除了埃及和阿尔及利亚等国家，苏丹也是中非“一带一路”合作的重要门户。中苏合资建设的喀土穆炼油企业提供了苏丹国内 75% 的成品油需求。喀土穆炼油企业结束了苏丹成品油依靠进口的历史，目前加工原油能力 500 万吨，形成了化工、电厂和石油贸易产业链。中国公司承建的麦洛维大坝被称为尼罗河上游的“三峡大坝”，大坝轴线长度 8.8 公里，是世界上最长的大坝。大坝集灌溉与发电功能于一体，灌溉面积 100 万亩，满足了尼罗河上游两岸 400 万人的生产生活用水。电站装机容量 125 万千瓦，相当于项目在建时苏丹全国装机容量的两倍。中国公司还承建了苏丹罗赛雷斯大坝加高工程以及上阿特巴拉水利枢纽工程，为苏丹农业和电力发展做出了努力。中国已经连续多年成为苏丹第一大贸易伙伴和第一大投资来源国，苏丹与中国的贸易占苏丹对外贸易的 60%。中国在苏丹设立了免税区，目前正在商建自由贸易区。在“一带一路”发展中，中苏经济合作领域不断拓宽，除了石油天然气，在电力、矿业、农业和基础设施建设方面都具有国际产能合作的较大前景。

在东北非，埃塞俄比亚或将成为非洲的“世界工厂”，其纺织服装业已经成为经济发展的领头羊。埃塞俄比亚的人工成本远低于中国，甚至比肯尼亚、卢旺达、加纳和莱索托还要低。埃塞俄比亚在 2004 年到 2011 年曾经创造过平均 10.6% 的发展速度。

尼日利亚是西非经济发展的新亮点。在 2015 年以前，尼日利亚的经济增长率一度达到 10% 左右。该国 GDP 达到 5099 亿美元，超过了南非当年 4021 亿美元的规模，一时间被人们比作“西非雄鹰飞过了南非大象”。2013 年尼日利亚的经济增速为 7.41%，中尼双边贸易额也达到了 136 亿美元。尼日利亚是生产石油的资源大国和欧佩克的成员国，其石油储量居非洲第二位，世界第十位。由于石油价格的暴跌，2015 年经济增速降为 3%，外汇储备也减至 293 亿美元，官方利率几近崩溃。但是，尼日利亚经济一方面受限于资源出口型发展战略，另一方面也加快了经济转型，加快了服务业的发展。例如，以前尼日利亚国内仅有一家电信运营商，现在增加到十多家，在网用户达到 1.69 亿户，普及率为 80% 以上。尼日利亚还拥有自己的电影产业基地“瑙来坞”，年产电影 1000 部，成为非洲最大的文化产业出口国家。尼日利亚的农产品不能自给，基础设施存在短板，中国企业承建的沿海铁路将会大大改变其国内的交通格局。作为非洲的第一人口大国和经济大国，尼日利亚具有较大发展潜力，将会成为西非乃至非洲经济发展的一个火车头。2014 年，中铁建集团与尼日利亚有关机构签署了沿海铁路建设框架合同，以

119.7亿美元的承包金额刷新了中国对外承包工程单体合同金额的纪录，2015年又签署了尼日利亚奥贡州城际铁路项目合同，并在津巴布韦承建其历史上最大的房建项目。

卢旺达是非洲经济发展中的新秀，2014年经济增速为7%，2015年为6.9%。分析数据显示，卢旺达的服务业发展一马当先，占比47%，工业、农业分别为14%和33%，工业化水平得到提升，还有进一步发展的潜力。

刚果也是非洲重要发展中国家，中刚正在开展“石油、电信工程一揽子合作”，并推进铁路港口建设，建立中刚合资银行。

2016年上半年，中国与西非的冈比亚“复交”。这个有些迟来但颇正常的“复交”也引起了一阵波澜。有人着眼于台海关系，主要是冈比亚与中国大陆和台湾地区都唱过建交断交“二进宫”的一幕。冈比亚再次向中国提出“复交”，是2013年的事，顾及台湾地区当局的“感受”，中国有意推迟“复交”，但这终究是回避不了的事情，因此也炒不出更多的新闻。这件事其实显示的是“一带一路”发展带来的客观影响，如果一定要去判断下一列“多米诺骨牌”还有多少个，人们是心知肚明的，至少还有为数不少的与台湾地区有关系的亚非拉小国家，强烈要求与大陆建交和“复交”。抛开别的不讲，“一带一路”共同发展的感召力和这些国家对自身国家利益的正常思考，也是促使它们选择更好外交路线的主要因素。比如在拉丁美洲，巴拿马、尼加拉瓜等国家都是这样一种心理状态。

相比之下，人们对金砖国家南非有着更多的关注。南非也是非洲最大的经济体之一。在21世纪初，南非进入了经济快速发展期，但在近年来，由于大宗商品资源价格下行，货币大幅贬值，通胀率较高，经济陷入衰退。经过初步的经济调整，经济有所回升。根据南非税务总局2016年3月发布的数据，南非贸易赤字大幅下降，出口环比增加27%，进口增加2.7%，尤其是汽车与交通设备环比增加了109%，贵金属与宝石出口环比增加52%，机电产品环比增加28%，但矿业出口依然下滑8%。这一数据好于预期，有利于南非本币兰特币值的稳定。

应当看到，资源价格下跌重创了非洲经济，最典型的例子就是尼日利亚和南非。在采矿业占国内生产总值10%的南非，出现了矿山出售和裁员浪潮，铂金巨头隆明铂族金属公司就裁减了5000多名员工。在过去一年里，铂金价格下跌了30%，铁矿石价格下跌了40%，而非洲的更多资源国尤其是产油国，更是陷入价格低迷的恶性循环。国际货币基金组织认为，撒哈拉以南非洲地区的经济增长率为3.5%，为过去十年来最低点。

从自然地理和经济地理上讲，撒哈拉以南地区是一个相对独立的大的经济区域。金砖国家之一的南非处在非洲的最南端，是南部非洲经济相对发达的国家，同时也是由金砖国家自然形成的“南环经济带”的一个主要经济体。对于南部非洲的可持续发展，中国给予了极大关注。2015年底，习近平出席中非合作论坛约翰内斯堡峰会，提出中非十大合作计划，提供600亿美元的资金支持，并设立首批100亿美元的“中非产能合作基金”，对中非经济合作和“南环经济带”的发展具有深远影响。

应当说，东非和撒哈拉以南非洲地区是非洲经济发展最具活力的地区，尤其是在经济全球化和区域经济一体化的大走势里，南部非洲国家的市场合作开始强化，影响巨大的事件就是非洲自贸区建设的提出与推进。2011年，非洲各国领导人一致决定建立自贸区，实现区域内货物自由流通。这个自贸区覆盖东南非共同市场、东非共同体和南非共同体，拥有26个成员国和6亿人口。其中的南非共同体成立于1992年，是历史较长的区域性政府间合作组织。南非共同体8个成员国国土面积占到非洲总面积的三分之一，人口占非洲总人口的27%，率先进行区域内经济合作。南非共同体曾经制定过2015年至2020年的共同发展规划，以共同市场、基础设施建设、推进工业化和社会发展为四大重点，发展跨国铁路、公路、港口以及电力与通信，建设“南北经济发展走廊”。因此，南非共同体总体进入非洲自贸区，将会成为非洲自贸区发展的重要力量。非洲自贸区的谈判在2014年初步完成，按计划将于

2016年底完成。非洲自贸区的建成，将会进一步整合南部非洲国家的市场力量，是非洲大陆发展中划时代的一件大事。

非洲自贸区的酝酿和建立进程的推进，不仅与非洲跨洋陆地铁路通道的规划建设相配伍，后者也会促进非洲自贸区在建立以后由区域内经济合作更多更快地向加强外部合作转型与转变。在未来“一带一路”共同发展的利益格局里，撒哈拉以南非洲地区和整个非洲大陆将会与世界经济更加密切地对接，扩大和推进“一带一路”和“南环经济带”的互联互通，并使非洲尤其是南部非洲成为“一带一路”发展的另一个中心舞台。

“一带一路”是一个不断生长的发展概念，也是一个不断扩大开放的概念。

不同的阶段出现不同的热点项目和热点合作区域，在循着“一带一路”发展重要节点区域之外，同时也会带动边缘地区发展，并在边际效应的扩大中产生新的商机。“一带一路”填补了世界关于稳定发展与和平发展的战略空白，也填补了经济地缘发展的空白。在此前的历史上，每个地区都会有特定的经济状态定位，要么就是天生的只能生产麻烦的“火药桶”，巴尔干地区是这样，中东地区也是这样；要么就是经济死角，发展的女神全然不会光顾某些所谓落后地区，西非是这样，撒哈拉以南地区还是这样。“一带一路”发展带来了均衡发展的希望，这个希望也是非洲和南南合作的希望。

毋庸说，中非之间有过长远的历史友好交往，有多半个世纪的相互支持和中国对非洲国家的经济建设支援。但中国对非洲的经济文化仍然处于全面学习的初始阶段。一方面，这种往来历史为中非乃至世界各国提供了平等交往平等经济合作的现实文化土壤；另一方面，却又缺少合作中不可或缺的进一步的文化交融。赤诚的合作还要有赤诚的文化沟通，非洲地区的多种文化、多种民族与部族带来的多种利益理解，这是中国企业推进与非洲国家“一带一路”合作的经常性的课题。要想更好地解答这些具体课题，不仅要加强不同文化谱系中共同发展理念的对接，也要借助第三方合作的优势，在更大的经济合作半径里和在更为多元的利益格局里，实现发展中的多赢。由于历史的原因，许多欧盟国家在非洲的不同国家发生过这样那样的文化谱系交流，甚至在语言上也有不同程度的交叉使用，形成了许多带有各自文化特征的准文化经济圈，各自形成特殊的对外联系。因此，“一带一路”根植于人类不同历史文明发展的深厚土壤里，这种土壤是五颜六色的，它对多种文明多种文化的交融与价值提升具有潜在的整合力量。文化的多元交融与价值整合是和平的主要来源，也是发展的基本营养，“一带一路”所要传递的，不只是彼此发展的能量，也要传递这些文明与文化不断生长的营养。

在西非地区，中法之间的第三方合作开始出现了，在撒哈拉以南地区也会陆续出现。第三方合作甚至第四方、第五方合作，乃是古丝绸之路的一种经济往来常态，在“一带一路”发展中更应当进一步发扬。古丝绸之路具有历史与文化经济的强大整合力量，“一带一路”就更具有比古丝绸之路还要强大的现实的文化经济整合力量。

中非经济合作是多层次的。除了国家与国家的合作，企业合作开始密切。2016 年，中国国际中小企业博览会首次牵手非洲中小企业，中国与科特迪瓦联合主办了第十三届“中博会”。

第三章

经济全球化发展新动力

“一带一路”的发展道路越走越宽，为经济全球化增添了新动力。尽管推动经济全球化的引擎运转得不那么和谐有力，贸易自由化的方向目标还是清晰可见的。但是，也有一股“孤立主义”思潮卷来，这是经济全球化面临的真正危险。“经济全球化第三阶段”走向哪里，人们又将如何看待当前贸易出现的疲软状态，“数字交易”又会在多大程度上重绘全球的贸易蓝图，“一带一路”又如何在未来连接世界，这都是需要人们特别关心的问题。

关于太平洋战略伙伴协定

在一路蹒跚的经济全球化进程中，多边或双边的自贸协议是经济全球化的最具体也是最高的法律形式。如果说，各个经济体之间寻求建立不同层面不同深度的经济伙伴关系，是具有一定弹性的，多边或双边的自贸协议就更具有多边或双边的平等约束力与刚性。它可以是单项的，也可以是整合一揽子的；可以是以负面清单界定准入的自贸区协议，也可以是适用于协议相关国家海关的通则性的协议。这都要涉及准入、关税的变化和部分经济主权的相互让渡。双边自贸协议的达成一般比较快，多边自贸协议就有些费周章甚至旷日持久。在多边自贸协议的谈判中，比较引人瞩目的是亚太地区的TPP（跨太平洋伙伴关系协定）和RCEP（区域全面经济伙伴关系协定）。

TPP 协议由美国主导，RCEP 由东盟经济共同体主导，中国一直在支持 RCEP 的完成与结束。

RCEP 有可能在 2016 年底结束谈判，TPP 则在 2016 年 2 月正式达成。2015 年 10 月 5 日，TPP 谈判宣布正式结束，奥巴马在 2 月 5 日发布的一项声明中并没有就事论事地谈论他的这项“成就”，而是明确地披露了美国推动 TPP 协定的动机和底牌。他说：“当我们超过 95% 的潜在客户都居住在国外时，我们不能让中国这样的国家书写全球经济规则，应当由我们书写这些规则，为美国产品开辟市场，同时制定保护工人和保护我们环境的高标准。”虽然他并没有排除中国最终加入 TPP，但毫无疑问这不是近期要谈的事情。

TPP 谈判历时五年，美国与其他十一个太平洋国家达成在地理上横跨从智利到日本的贸易区，经济体量达全球 40%，这本来应当是经济全球化的一个成果，但经奥巴马那么一讲，就有些图穷匕见的意思了。因为这不仅仅是一个经济协定，其实也是有意排斥中国在亚太地区的正常贸易的发展。同时把这样一个贸易协定与围堵中国的地缘政治与军事战略捆绑在一起，出现了经济问题政治化甚至潜在准军事化的“异化”。用来“书写全球经济规则”的工具，也被当成霸权书写的工具，这是经济全球化进程中不该带有的一丝“悲哀”。“我们不能让中国这样的国家书写全球经济规则，应当由我们书写这些规则”，表面上的措辞是“我们”，其实是美国自己。奥巴马在声明里唯一不好说穿的是，TPP 也是美国军事遏华的一个标配。美国国防部部长阿仕顿·卡特要比他更无顾忌，在公开场合说，他认为 TPP 比往该地区增派一艘航母更重要，而日本首相安倍则将其视为“安全保障”的重要成果。一份贸易协定变成了地缘政治的备份，这也是对自由贸易的一种有意无意的嘲弄。

虽然讲的是“为美国产品开辟市场”，但 TPP 在美国产生的反响并不相同，协定能否在美国国会顺利通过，也面临着不确定性的挑战。TPP 虽然会提高部分公司的竞争力，降低美国与日本、越南、澳大利亚以及其他八个泛太平洋国家的贸易壁垒，但也会损伤中小企业的国际市场竞争力，并在一般的产品制造行业导致美国失业率的增加，因此受到为数不少的企业主和他们的雇员的反对。尤其是 TPP 达成之后，紧跟着 TTIP 即美国与欧盟国家的大西洋经济战略伙伴协定，由于美国与欧盟国家产业结构大体雷同，互补性并不很强，唯一对美国产业发展有利的莫过于页岩油气的输出，少数行业得利而大多数高科技行业面临对冲中的竞争，更在客观上带有贸易问题政治化的色彩，因此同样会遭到美国国内一些企业的抵制。2016 年是美国的大选年，为了选票，从民主党人到共和党人都避免不了在诸如 TPP 或 TTIP 上去做迎合选民的文章，这就使已经政治化了的贸易协定进一步政治化，出现始料不及的局面。据多数人预测，在美国大选落定之前，谁都不会上锅蒸这块会烫手的山芋，倒是把它当成政治玩具踢来踢去。共和党的候选人特朗普曾经用“可怕”一词来形容 TPP，希拉里也对所谓具体内容采取批评的态度。诺贝尔经济学奖得主施蒂格利茨则在《瑞士商报》网站发表文章说，这是跨太平洋自由贸易的一个谎言。他在文章中说：“我们不要自欺欺人了：从谈判领导者一直争论不休的还未澄清的主要问题来看，TPP 的关键不在于贸易。”他列举了从奶制品、糖类、大米贸易、烟草贸易以及涉及知识产权的医药贸易，一针见血地指出了相关国家之间的利益纠葛，随时会威胁到协定本身，而这些仅是“TPP 实际上不利于自由贸易的现象的冰山一角”。施蒂格里的结论是，“美国主导的协定带来的是受操纵的贸易而不是自由贸易。当非商业利益相关方被排除在政治决策之外时，这就会发生”。

对于 TPP，欧洲主要国家和日本、韩国等反应也是不一样的。英国的智库认为，当前欧洲正在与东盟、日本谈判自由贸易协定，同时与中国开展双边投资协定谈判和自由贸易区可行性研究，TPP 压缩了英国和欧洲与亚洲国家谈判的空间，但加速了欧洲与亚洲经济体自贸区和投资协定谈判的进程。法国的一些银行家认为，TPP 或将导致亚太现有产业供应链发生移位，不利于中国经济，但不能低估中国的产业结构升级，因此尚需冷静评估 TPP 给中国带来的冲击。更多的学者认为，TPP 抗衡中国的作用未必如预期，虽然“暂时在亚洲阻止了美国影响力的必然衰退和中国影响力的相应增强”，但许多亚太国家已经与中国达成了自由贸易协定。且不说中国的国家开发银行和进出口银行向本地区提供的贷款总额超过了世界银行和亚洲开发银行的总和，中国成为本地区的主要债权国，也不说亚投行在 2016 年开始正式运营，就中美两国的对外贸易而言，它们向有关亚太国家的出口商品的品类并没有更多的重叠，因此这种竞争带有一定的错位性。更重要的是，新加坡外交部前常务秘书比拉哈利·考西坎讲了一个道理：美国不应该认为亚洲国家想在中美之间选边站，“没人认为 TPP 可以替代中国。美国很重要，中国也很重要。我们可以两边兼顾。中国是个令人无法忽视的重大经济因素”。

德国的媒体认为，TPP 绝不是一个简单意义上的贸易协议，代表着美国地缘政治影响力的进一步辐射，带来巨大的竞争压力。韩国的经济界则普遍认为，TPP 将沦为日本挤占韩国中间产品出口市场的工具，而日本则是不同产业在或喜或忧中分化，但因为日本企业的海外生产基地主要在未进入 TPP 协定的中国、韩国与泰国，TPP 的关税减让未必能给日本企业带来多少利益。善于计算的日本企业家看到了一个问题，即目前的自贸协定对日本贸易的覆盖率为 22.3%，TPP 带来 14.9% 的覆盖率，如果 RCEP 谈判达成，其覆盖率可以两倍于 TPP，达到 26.4%。届时自贸协定对日本贸易的覆盖率就可一举达到 63.6%。因此，他们认为在勉为其难达成 TPP 之后，总体算账，RCEP 对日本更有利。他们希望更多的东盟国家加入 TPP，甚至中国也尽快加入，但这是一厢情愿的事情。因此，最好的结果是把 RCEP 打造成可与 TPP 比肩甚至超越它的贸易协定。

中国对 TPP 的态度是开放的，但暂不加入也是有道理的。第一是美国已经表明了排斥的态度，第二是没有磨合的充分准备，在中国的心目中 RCEP 更重要也更合乎亚太自贸区的接近性特征。没有中国的 TPP 不仅是一个奇怪的经济胎儿，也未必行得远。由美国书写规则的 TPP

自诩阳春白雪，必定也会曲高和寡，即便美国国会通过了 TPP，唱到半途，会不会找不着调，也是一个问题。当然，否认 TPP 的最终达成和通过是对中国构成的一种挑战，也不客观；无视它对中国的进出口构成一定的压力，也不是事实，但这种挑战和压力在经济上究竟有多大，在中国经济成功转型之后又会怎么样，也还不能听风就是雨。中国对 TPP 的态度也是谨慎的。虽然没有中国参与的任何适用于亚太地区的贸易协定都是“不完整的”，但即便不完整，也会产生短板效应。更何况，TPP 是一个贸易包装，里面装的是试图对冲中国经济发展的玄机，明白它的来龙与去脉，也就不必过多地把它放在心上。

中国应对 TPP 的替代选择有很多。就中美经济合作而言，中美双边投资协定一直在谈，美国前财政部部长保尔森在任时说过，两国经济最重要的是投资，有了相互间的更多投资，也会带来更多的贸易。至于自贸协定，有多边中的双边，也有双边中的多边，并不是哪一家的专利。正如上面讲到的一些日本企业家所分析的，推进达成东盟国家自贸升级版的 RCEP 谈判，同样有更大半径的覆盖率，而且远比 TPP 具有更强的包容性。随着 2015 年底东盟经济共同体的建立，RCEP 自贸谈判完成结束的时间并不遥远。正如一些分析指出的，在理论上讲，TPP 会对中国产生不利影响，但中国正在稳步推进并达成了多个自贸谈判，前景要比预想的还要乐观。也许，就亚太地区来讲，在一段时间里有可能出现两个互相竞争的经贸伙伴关系，但最终会演变为既竞争又合作的关系。从长远来看，越来越得人心的“一带一路”终究会为更完整的亚太自贸区建设打下基础。

从实际情况看，美国制定的自贸游戏规则更适合美国，就以 TPP 中的有关企业制度要求来讲，美国国有企业规模甚小，有统计说其生产总值仅占美国 GDP 的 5%，而中国的国有企业的规模很大，尽管中国正在实行“混改”，但在“混改”没有完成之前，总不能用已经形成的百万亿元资产的代价，不顾一切地去购买含金量高不到哪里去的 TPP 的入门券吧。

对于TPP在经济上的重要性，美国华盛顿大学国际政治学院长麦克尔·布朗是这样讲的。他在《华盛顿邮报》上发表题为“不能错失建立贸易伙伴关系的机遇”一文，历数了TPP和TTIP好处，认为参与这两个谈判的国家占到全球贸易经济的三分之二，TPP将为全球贡献2240亿美元，TTIP将为全球贡献1330亿美元。然而“从经济上讲，这不是很要紧的”，非经济利益更大。TPP和TTIP虽然不是万能灵药，但“能加强西方在权力均衡中的地位”。对于这一点，日本的安倍首相也是心知肚明的，因此把TPP说是日本的“安全”保证。否则，他的政府也不会置国内敏感的农产品和汽车等问题于度外，迎合美国书写的规则。

不管怎么说，2016年2月，在新西兰奥克兰举行的仪式上，参与TPP的十二个国家在2015年10月达成协议后正式签署了自贸协议，同意取消关税或降低关税，并实行统一的国际贸易和投资规则。这项协议确定在十二国各自批准后60天生效，如果十二国在两年后没有全部批准，那么将在至少六个国家批准后60天生效，但这六个国家需要占到十二国GDP总和的85%。日本的媒体预测，考虑到各国的政治和法律情况，该协议预计在2018年或之后才能生效。他们还报道，印尼、韩国、菲律宾、泰国和中国台湾地区表示，有兴趣参与该协定，而美国的《华盛顿邮报》网站则报道说，TPP虽然是有史以来最大的地区贸易协议，“但是在国会，奥巴马总统这一标志性的经济计划的命运仍不容乐观”。为什么呢？美国的民主党人普遍反对，共和党人也有不少人反对。奥巴马不得不发表声明说，TPP是“把美国工薪阶层放在首位的新型贸易协议。简而言之，TPP促进我们在国外的领导地位，支持国内较好的就业机会”。但美国两党领先的总统候选人都持相反意见，共和党总统候选人特朗普说它“可怕”，民主党候选人希拉里批评该协议对美国工薪阶层不利。大多数民主党人说，这是“让跨国公司操纵规则——包括从专利保护到食品安全标准在内的一切——以对他们有利”。奥巴马原本希望通过2015年春天在国会激烈争论后批准的“快速通道”，为TPP的批准铺平道路，但很难如愿，于是又把话筒对准了各州的州长，敦促他们促使美国国会批准通过TPP。这一次，他丢开了烫手的国内就业问题，再次打起了遏制中国的牌。此前他只讲不能由中国来定贸易规则，这次索性讲反倾销，并且有些口无遮拦地说，“我们的担心是中国就是一个800磅的大猩猩”。但他也不敢把话说满，他对州长们说，工会反对这一协定，他对国会通过十二个国家的TPP持“谨慎乐观”态度。

美国国内对TPP的分歧意见，反映了美国国内复杂的经济矛盾。尽管据一个支持该协议的美国智库分析，TPP会提升美国的出口，每年会有大约5万个就业机会从传统制造业转向高科技行业，他们会持支持的态度。但美国的工人不这样看。美国劳工联合会—产业工会联合会主席在国会的一个记者会上说：“这项协议是有害的，美国人不会接受。”据称，美国和其他国家有100万人在反对请愿书上签名。鉴于大选选票的敏感性，在大选期间不把TPP列入议程也还是明智的。

问题还在于，就在TPP谈判完成之后，美国《国家利益》助理主编约翰·理查德·库克森发表文章说，“这项重返亚太战略事实上破产了”，“在奥巴马政府的努力下，TPP达成基本协议，但除此之外，恐怕没有别的事情发生，而且该战略未能将美国的注意力以一种实质性的、可持续的方式转向亚太。奥巴马所谓的美国在亚洲的巨大潜力在很大程度上仍未实现，中东地区在华盛顿战略重心中仍占据巨大份额”。“未来两年美国在亚太的策略或许只是避免导致任何糟糕的结果。”“就目前而言，重返亚太战略已经停顿。政治日程和当前的经济条件或许意味着，随着下一位美国总统上台，2017年才是华盛顿和北京重启建设性合作的最早时机。”

这篇文章不长，却切中了某些要害。除了TPP，恐怕没有别的事情发生。这确乎是奥巴马面对的现实。但在“一带一路”的迅猛发展中和在RCEP谈判继续推进中，这个TPP又能起多大的作用？要说围堵中国的企业，许多中国企业已经走了出去，包括走到了美国，并在国际产能合作中走到 TPP 成员的市场中；要说围堵中国的发展，匆忙中拼凑的“马其诺式”的市场防线，哪敌得过互联网条件下的“一带一路”共同发展呢？

2016 年 1 月 11 日，英国“卫报”网站再次发表诺贝尔奖得主约瑟夫·施蒂格利茨的文章《2016 年，让我们期望更好的贸易协定诞生，TPP 死亡》。他从 2015 年通过的巴黎气候协定谈起，认为那是全球经济地缘秩序的重大变化之一，而全球经济地缘秩序另一些重大变化同样不可避免。“比如金砖国家新开发银行和正在开始运行的亚投行以及人民币被纳入国际货币基金组织特别提款权（SDR）货币篮子等。但是，最具地缘经济的决策与贸易有关，如世界贸易组织多哈回合谈判，由于一向自诩倡导自由贸易的美国拒绝放弃对棉花等大宗农产品进行补贴，‘被默默地埋葬’，为了取代全球贸易谈判，美国推出了‘几十年来最糟糕的贸易协定’，为了得到正式批准，该协定还要面临国会的一场恶战，这就是 TPP。”

约瑟夫·施蒂格利茨认为，TPP 的主要问题不是贸易条款，而是有关的投资条款严重限制了协议参加者对环境、健康和包括金融在内的安全的监管。在这种情况下，即使是对温室气体排放的监管也会违背 TPP 的条款。这是美国“罔顾全球经济发展现实”的协定。奥巴马用来辩护的理由是，“TPP 将决定由谁（美国或中国）来书写 21 世纪的贸易规则”，而不是制定贸易和投资规则应当遵循的公开透明、集思广益的“民主原则”，这是不可接受的。因为，加深经济一体化就要坚定地支持全球治理改革，将“涉及国内政策的权利让渡给跨国机构”。

约瑟夫·施蒂格利茨讲得比较直率，但确乎发人深思，自贸谈判必然涉及部分主权的让渡，但 TPP 所要求的让渡是参加者对环境、健康乃至金融的监管权，TPP 的葫芦里卖什么药，也就有些奥妙了。这样的协定即便在美国国会通过了，也会带着硬伤，后来会出现一些大麻烦，也是不会使人感到意外的事情。约瑟夫·施蒂格利茨还明确地说，“我们应当期望 TPP 搁浅，一个不会赏强罚弱的贸易规则新时代由此开启”，而巴黎气候协定这样的多边协议才会是“维系真正全球合作所需精神和心态的先导”。在这里，约瑟夫·施蒂格利茨文章的关键词是“全球合作所需精神和心态”和“贸易规则新时代”，这无疑是对心态并不平衡的奥巴马政府一个有水平的批评。

福山在他的有关文章里认定，中国是美国的严重威胁。他把美国的概念等同和换成世界的概念。他在日本的《读卖新闻》上发表文章《对世界的稳定而言，最严重的长期威胁是中国崛起，而不是伊斯兰国组织或恐怖活动等跟中东有关的事务》，但他也看到，对付中国的崛起并非易事，“美国的战略课题不仅是对抗中国，还必须避免落入‘修昔底德陷阱’，即守成大国面对崛起大国时产生的过度反应，从而导致战争的发生”。“美国的利益是保卫太平洋的航行自由。为捍卫这一原则，美国在2015年秋天理所当然地派出宙斯盾驱逐舰拉森号进入中国人工岛12海里范围内巡航。美国同时也需要摸索与中国实力增强这一现实进行折中的办法”即“双重战略”。一方面，支持盟国；“另一方面，尤其是在经济政策上，美国需要与实力增强的中国进行折中。中国主导设立的亚洲基础设施建设投资银行和它提出的‘一带一路’倡议被视为与TPP抗衡的手段，但其实也未必如此。更好的办法或许是，美国与日本也加入亚投行，从内部来施加影响。把TPP作为封堵中国的第一道壁垒，在对中国有着严重依赖的亚太地区可谓毫无意义。把TPP发展成为包含所有国家的机构，这一观念的确立极其重要。”

其实，对美国的一些人来讲，这已经不完全是情绪的问题了，他们试着去搞多个经济战略伙伴关系，名之为高标准高水平，实际上除了要把经济发展问题与政治地缘搞在一起，也还是要搞发达经济体为主体、发展中经济体为附庸的区域自由贸易协定，这就是业已在十二国框架里达成的TTP的那一套做法。

为什么美国在全球经济不景气的情况下，频繁地要打出对拉动经济尚有滞后效应的贸易牌呢？这里不仅关系到奥巴马卸任后的政治遗产，也是美国的宏观战略取向所决定的。TPP也好，TTIP也好，在美国与其盟国拉动经济工具和“子弹”并不多的情况下，他们既寄希望于盟国间的“抱团取暖”，也不希望经济全球化的均衡发展打破自己主导的利益结构。TPP和TTIP说穿了都是资本利益凌驾于国家主权之上的贸易协定，既与一般劳动者的利益相冲突，也不能全面拉动产业发展，真正支持它的人，只有资本寡头，包括美国共和党人中的“建制派”。但这是不是全球化呢？从形式上看自然应当算作全球化中区域经济化的一种，但有条件、有挑选，最终要有利于美国资本的掌控。

目前，TTIP谈判正在进行，据测算，这会给欧美双方带来1100亿美元的效益，欧美力争在2016年夏天结束谈判。双方就服务业、放开公开招标、农业配额以及建立一家新法庭来解决投资企业和东道国之间的纠纷等继续展开谈判。这个协议在预料中也不会那么顺利，因为正像我们在后文关于全球化的分析中所讲到的，除了敏感的就业与失业问题，美国国内的“孤立主义”思潮也会淹没许多与全球化有直接和间接关系的事情。

不断推进的中国自贸谈判

2015年，中国的自贸谈判成果还是可圈可点的。中韩自贸协定在2015年2月完成确认，12月20日生效。在长达20年的过渡期里，中方零关税产品将达91%，韩方零关税产品将达92%。据研究，这个协定在五年内可使韩国GDP提升1.25%，中国提升0.4%至0.6%。中韩自贸协定利益关系大体平衡，也具有全面、较高水平的特征，为其他自贸谈判提供范本。特别是对未来的一揽子亚太自贸区路线的推进有意义，既是第一个，也有示范作用。中澳自贸协定谈判从2015年4月启动，6月17日签署，也于2015年12月20日生效。除此而外，中国-东盟自贸区升级谈判完成，签署升级议定书，为正式谈判的完成做出了准备。

目前中国已与20个国家和地区建立自贸协定。2016年需要加快中日韩自贸区谈判，推动已与海合会达成启动的自贸谈判，推动与以色列的自贸区谈判，并力争完成中国东盟区域全面经济伙伴关系协定谈判。此外还有与欧亚联盟共同建设自贸区的协调谈判，同时继续推进中美、中欧投资协定谈判。在对涉及全球60%贸易量TPP协定和TTIP协定继续关注的同时，坚定不移地继续逐步推进亚太自贸区路线的实现。

在国内，中国将在2020年形成内陆与沿海协作的大通关体制。中国关税改革实施方案已于2015年开始实行，一般关税总水平仍为9.8%，其中农业品为15.1%，工业品为8.9%。2015年实施暂定税率的有749项，平均4.4%，适用于24个国家和地区包括自贸区协定国。2015年1月19日，中国商务部还发布了外国投资法征求意见稿，拟将中外合资法、中外合作法、外资企业法三法合一，实行“有限许可加全面报告”以及准入前国民待遇加“负面清单”，外国投资享有不低于国内投资者的待遇。

自贸谈判成果

中国与海合会自贸区谈判恢复，是习近平主席2019年1月19日对沙特国事访问期间，中国商务部与海合会秘书处共同发布的联合声明中确定的。2016年2月29日，中海自贸区第六轮谈判在沙特首都利雅得举行，中国商务部副部长王受文与海湾合作委员会自贸谈判总协调人沙特财政副大臣巴兹分别率团出席谈判，就服务贸易、投资、经济技术开发以及货物贸易遗留问题深入交流意见。根据联合声明议定的时间表，双方力争在2016年内达成一个全面的一揽子协议。这是一个双边即多边的自贸协议，影响巨大。

与东盟经济共同体的自贸谈判也具有同样的性质。中国与东盟国家的贸易合作经历了20世纪的“黄金四角+1”“黄金六角+1”到“东盟10+1”“10+3”，发展到RCEP谈判。中国总理李克强在马来西亚吉隆坡出席RCEP领导人联合声明发布仪式上提出，力争2016年结束谈判。RCEP谈判举行多轮，在货物贸易、服务贸易、投资、经济技术合作和知识产权等领域都取得进展，但由于各成员国之间存在经济差异和不尽相同的利益诉求，谈判进展不算快。例如印尼的制造业不很发达，而该国的平均关税在RCEP中最高，印尼因此担心RCEP协定会不会对国内相关产业产生影响，等等。中日、韩日之间尚未达成双边自贸协议，在客观上也形成了一定的掣肘因素。此外则是RCEP中的七个国家与美国主导的TPP达成协议，它们也会审视RCEP的自由化率。凡此种种，都带有一些不确定因素。

但是，这不应该是什么大的阻碍。第一，RCEP与TPP是两个不同的自贸体系，又有一定的交叉，一个照顾到了东盟各国经济发展水平和产业结构不尽相同的差异，另一个自认为是“高水平”，在技术层次上“松紧度”不一样，适用性也不一样。如果用所谓TPP的标准要求RCEP，说浅了有些二律背反，说深了是少数人搅局。在与RCEP谈判的国家里，韩国、澳大利亚、新西兰也不都同中国达成了自贸区协议并开始运转吗？而澳大利亚、新西兰本身就是TPP的协议成员。那至少说明，各有各的贸易思考角度，但此角度并不会替代彼角度。举凡经济务实的国家并不会把“两面下注”和实际经济利益对立起来。第二，在过去的2015年，东盟一些国家的出口正在减少，东盟经济相对发达的主要五国，近六年来出口负增长。根据对新加坡、马来西亚、泰国、印尼和越南的贸易总额的统计，占区域出口总额90%的这五个国家出口总额同比下降13%。减幅最大的是东盟国家出口位居第二的马来西亚，2015年出口额为1817亿美元，下降幅度为22%。受资源价格下跌影响，出口单价也有大幅下滑。印尼的出口额为1502亿美元，也大幅减少了15%，连续四年同比下降。唯一坚挺的是越南，2015年出口额达到1621亿美元，增长8%。但这与中国的贸易是分不开的。面对这样一种外贸格局，即便是TPP协议参加国也不能等着最少两年后可望生效的TPP。多一副现实的拐杖总比等拐杖要好。第三，由于中国与东盟有关国家的共同努力，“泛亚铁路”的北线轮廓大体显露，尽管有些段落不能一次性开通，但假以时日，通向中国西南和中国相对发达地区甚至远至欧洲的贸易“大陆桥”就可以发挥联动效益。到那时，东盟国家的发展将会扩展更大更新的空间。综合以上一些因素，从道理上讲，尽快结束 RCEP 谈判应该不会有方向上的大问题。

值得注意的是，据印度《今日商业》双周刊网站报道，一直被美国主导的 TPP 放在一旁的印度，对 RCEP 协议谈判表示了极大的兴趣，希望在 2016 年内能够签署这项协议。印度总理莫迪一直在推动“印度制造计划”，也在上任之时提出了“向东看”，加入 RCEP 无疑是提高印度制造参与度的现实选择。《今日商业》援引一位印度高官发出的信息，印度将在年内完成一项关税削减协议，这被视为加快谈判进程的信号。亚洲开发银行的经济学家甘尼香·维格纳拉贾认为，“缔结 RCEP 将成为莫迪政府的里程碑成果”。

在 2016 年上半年，中俄开始酝酿联手打造“欧亚自贸区”。3 月 2 日在莫斯科举行的俄中建设论坛，讨论的不仅是建筑。俄罗斯经济发展部有关负责人在会上透露，欧亚经济联盟及上合组织成员国正在酝酿“经济大陆伙伴协定”，内容之一便是建立自贸区。他强调，这个协定将覆盖全球近一半人口，计划在乌兹别克斯坦首都塔什干举行的上合组织峰会上“一锤定音”。提前勾勒的“经济大陆伙伴协定”的框架，推动欧亚腹地商品自由流通和资本流动，并为扩大本币结算创造环境。俄罗斯还提出，向进入俄罗斯市场的服务业企业提供特惠待遇。这些信息印证了中国早先时候提出的在上合组织中设立自贸区的建议。俄罗斯欧亚联盟研究所所长列佩欣认为，中俄亟须打造一个泛欧亚自贸区。但这只是酝酿中的计划，如果拟议中的上合组织成员国家银行也随之浮出水面，倒有极大实现可能。从“一带一路”尤其是丝绸之路经济带建设的构想来讲，上合组织国家之间的自贸区建设，是一个必须填补的空白，但主要难点并不在于俄罗斯目前经济进入衰退周期并推出了 2016 年“反危机计划”，也不是多种因素导致的“中俄贸易下滑”，而是如何创造扩大本币结算的环境和条件。

中俄金融合作取得了进展。根据 2014 年中俄双边本币互换协议，从 2015 年 10 月开始，中俄两国的央行相互进行了多笔双边本币互换。

自互换协议签署以来，卢布对人民币大幅贬值，但中国央行发表声明说，未来双方可根据需要继续启动互换操作。具有更大意义的是，中俄贸易正在考虑以人民币为贸易结算单位。

中国与格鲁吉亚首轮自贸协定谈判也在格鲁吉亚首都第比利斯举行，双方对近两年来经贸合作的发展表示满意，原则上确定在2016年内完成实质性谈判，尽早达成中格自贸协定。格鲁吉亚处在古代丝绸之路里海北岸和高加索北部的咽喉地带，也在丝绸之路经济带延长线的中心部位，中国目前是格鲁吉亚的第三大贸易伙伴和第二大进口来源国。2015年12月双方签署启动自贸协定的谅解备忘录，两个月后谈判启动，进入的速度如此之快，对西亚东欧和独联体国家影响不小。

中欧自贸谈判也在推进。中国是欧盟的第二大贸易伙伴，欧盟是中国的第一大贸易伙伴。欧洲自由贸易联盟委托欧洲政策研究中心进行关于中欧签署自贸协定对经济影响的研究。研究成果显示，随着双边贸易的增加，未来15年内每年的经济增量为2000亿美元，相当于葡萄牙一年的GDP。起草的报告说，中欧之间贸易活跃但还存在关税壁垒、技术壁垒和行政机构主导的行政壁垒。取消双边关税，监管壁垒减少25%，或者取消双边关税，监管壁垒减少50%，双方就可以获得提升2000亿美元GDP的经济利益。

在2016年，随着RCEP结束实质性谈判，中日韩自贸协定步伐也有进一步加快的可能。中日之间“政冷”，但经济上还有紧密的联系。日本这几年实行超级货币宽松政策，希望通过“安倍经济学”的新旧“三支箭”摆脱经济困境，略有转机，却又在美联储的加息声中前功尽弃。进入2016年初，东京股市日经225种股票平均价格指数跌入新低，日元对美元汇率进入高位。“安倍经济学”计划创造的“神话”遭到市场的质疑。日元贬值令进口商品更加昂贵，财政状况恶化，政府债务高达GDP的236%，安倍就职所承诺的2020年实现财政盈余目标越来越远。日本央行几近无策，只能实行负利率。随着旧的“三支箭”脱靶，新的发展经济、改善社会保障和支持儿童培训的新“三支箭”搭上弓弦，能不能奏效，还是个未知数。因此从道理上说，改善经济发展外部环境是不得不为的事情。但日本向来更看重美国，在放弃国内农业产业利益加入美国主导的 TPP 之后，安倍启程访欧，参加一年一度的首脑磋商，但欧盟对欧日经济伙伴关系协定（EPA）谈判进展缓慢表示失望，建议以非正式首脑会谈取代首脑磋商。日本优先 TPP 而延宕了 EPA。日本要求欧盟取消针对日本汽车和电子产品的关税，欧盟则要求日本进一步放开猪肉、奶酪等农畜产品市场，同时对其政府采购等非关税壁垒表示不满。欧盟要求在 2016 年取得谈判结果，否则“可能不看好磋商前景”。那么，日本如何对待中日韩自贸协定，也是一个很大的疑问。

对世界贸易的积极意义

无论有多少曲折，在 2015 年，全球多边贸易谈判也取得了历史性进展，主要是就高达 1 万亿美元的全球信息产品贸易便利化和降低关税达成全球性的多边协议。这是世界贸易组织在多边贸易谈判受阻，尤其是多哈回合谈判停滞不前情况下，首次取得的比较重要的突破。

应当看到，在全球贸易不振和在熙熙攘攘的自贸谈判中，中国外贸综合优势依然存在，并具备远期稳定增长的基础。必须积极挖掘进口潜力，扩大先进技术、关键零件和消费品进口，推动加工贸易转轨升级，完善出口退税机制，提高贸易便利化水平，推进区域通关一体化改革。并且不断推动装备制造业和高科技产业“走出去”，促进投资与贸易有效融合。与此同时，加快自贸谈判的进程，为全球经济的最终复苏做好机制准备。

自贸谈判目前有三种形式，一是双边，二是全球中的多边，三是部分中的多边，即区域性贸易安排。中国与东盟的 RCEP 和美国主导的 TPP 等都可以归为第三种。但是，在经济全球化曲折而继续推进的大背景下，多边贸易体制依然是值得追求的主渠道。鉴于世界经济目前仍然处于深度调整期，全球贸易继续面临贸易保护主义的或明或暗的挑战，多哈回合谈判如何推进面临难题，区域性贸易安排有现实意义，但世界贸易组织框架下的多边贸易体制磋商是历史的选择。

自1948年关贸总协定诞生以来，自由贸易一直是主要的旋律，世界贸易组织成立，先后吸收36个新成员，成员国内平均关税降低了15%，覆盖了全球98%的贸易额，完成了400多次贸易政策审议，受理了500多起贸易争端纠纷，在全球贸易规则制定、政策监管方面发挥了不可替代的作用。贸易体制可以有多渠道的探索，但最终要回到多边中来，只有多边体制才有贸易规则的一致性和普遍有效性。2015年，世界贸易组织在多边贸易体制的推进中出现了两大突破，一是上面提到的《信息技术协定》，二是《贸易便利化协定》。这两个协定将会带来一定的贸易增长长远效应。《信息技术协定》是世贸组织50多个成员国达成的近二十年来规模最大的关税减免，取消了对201项信息技术（IT）产品高达1.3万亿美元的贸易限制，将使全球GDP每年增加1900亿美元，从全球定位系统设备、视频游戏机到下一代半导体，多种商品的贸易成本都会降低。根据扩大后的《信息技术协定》，关税壁垒分三个阶段取消，2016年7月生效，65%的关税细目取消，三年后89%的细目取消。2024年全部取消，尽管一些产品如LED显示屏和锂电池没有被纳入，但这是迄今为止多边谈判的重大突破。

但是，从大环境来看，由于世界经济复苏缓慢，地缘政治冲突不断，全球贸易在近期难有大的改善。世界贸易组织下调了2016年的贸易增速，年初预测3.9%，高于2012年至2014年2.4%的平均年增速，但低于20世纪90年代5.1%的年均水平。此外则是多哈谈判依旧艰难。2015年底，世界贸易组织发布《内罗毕部长宣言》，提出继续推进多哈回合谈判，但一些发达国家成员不仅缺少推动意愿，而且提出转向新的议题，2016年多哈回合谈判能不能有所进展，依然存有很大的问号。由于多哈回合谈判久拖不决，各国都在另辟蹊径，部分多边谈判在事实上成为主要模式。美国完成TPP谈判，下一个重点就是TTIP。但人们也看到，作为区域性贸易安排，TPP并不完整，基本是美国军事围堵中国的附庸，是用经济贸易手段完成政治地缘战略的目的，因此它所显示的问题，并不是什么贸易集团化、碎片化，而是另有所图。打破这种把自由贸易功利化、政治化的格局，一是真正的大区域贸易安排，例如不断推动中国与东盟的 RCEP 谈判等；二是在不断推进“一带一路”发展中回归更多更大范围的多边贸易体制谈判。从贸易角度讲，“一带一路”视野更广阔，是世界贸易的重要地理坐标，也是世界贸易规则统一的最大化的地理载体。“一带一路”沿线国家是明确的和潜在的世界贸易支柱力量。

其实也应当看到，美国主导的贸易价值观并不是放之四海而皆准的价值观。高水平的标准应当是有效推动世界的自由贸易，是走向平等互利的经济全球化，而不是以谁为主导的一团一伙。贸易规则的包容是规则中的第一共同规则，失去了包容和这种共同规则，不仅失去了自由贸易的前提，同时也不是普惠的。尤其是在把地缘政治与经济贸易绑在一起的情况下，在事实上也会捆绑自己。缺少了包容性，贸易摩擦也会不可避免地发生。

“全球化第三阶段”？

汇丰银行在 2015 年底发布的一份报告说，鉴于世界“全球化第三阶段”开始到来，预计 2050 年的全球出口将是目前的 4 倍，达到 68.5 万亿美元，而“全球化第三阶段”是一个全球化不断深化的阶段。这是迄今为止我们所能看到的对世界贸易最为乐观的预测。但眼前的贸易景象似乎不是这样，别说 2050 年的全球出口将是目前的 4 倍了，能够维持近十几年来全球贸易增速一直是全球经济增长的两倍多的“超全球化”速度都会是一种奢望。从 2014 年起，世界贸易就开始有些摇摇晃晃，2015 年又开始跌跌撞撞，明显地进入了下降通道。各国的进出口额纷纷下滑，世界贸易增长降至金融危机爆发以来的最低点，就连世界第一贸易大国中国，进出口总额增长速度也从两位数降至一位数。

2016年一开年，外贸曲线不仅没有回头的迹象，甚至更低。面对这种不寻常的贸易景象，多数经济体都有些沉不住气了。这边讲，不仅发达经济体复苏缓慢，需求不振，就连外贸一路走高的新兴市场也出现了大问题；那边说，问题出在大宗商品需求急剧减少，究其原因又是中国经济减速，一度兴旺的“卖方市场”变成了清淡的“买方市场”，由此又引出“看空中国”的争论，好像要把事情的变化都要归到中国头上。至于对汇丰银行的那个有些姑妄听之的“全球化第三阶段”的线性描述，更多的人认为完全不着边际。

全球化概念再讨论

所谓“全球化第三阶段”，是相对全球化发展的前两个阶段而言的。全球化的主动理论是在冷战结束后提出来的。从其被动运动的形态上讲，世界市场理论概念出现，经济全球化就在老殖民主义的外衣下出现了。但那不是平等交换下的全球化，因此只能作为一种历史的背景参考。我们所知和所要研究的经济全球化，是20世纪下半叶出现的新全球化。尤其是20世纪托夫勒提出新技术革命第三次浪潮，地球村的概念出现，使经济全球化进入了在平等竞争条件下崛起的初始阶段。在此之前，有关经济圈、共同体的研究和实践都有了长足的发展，并带有区域经济合作的明显特征。在一个经济区域内，相邻主权国家开始在着眼于加强安全战略的同时，推动彼此之间的贸易和投资往来，诸如欧共体、独联体乃至南锥体等的合作形态纷纷出现，但带着初始发育的烙印。世界贸易组织的出现与发展，及其对世界贸易规则的相对的酝酿和部分的多边谈判开始，以及欧盟的成立，标志着全球化第一阶段的结束和第二阶段的开始。

第二阶段也被称为“超全球化”速度时期，其主要特征并不是组织结构上出现了什么创新，统一贸易规则上有了什么突破，而是在多边贸易谈判踟蹰不前中迎来了世界贸易的高速发展期，各国自贸区建设提上日程，双边自贸谈判和区域内多边贸易谈判开始交替进行，尽管在此期间，前后发生了亚洲金融危机和2008年美国次贷危机引发的全球性金融危机，全球贸易还是进入了新的峰值。全球化一路高歌，在混乱的节拍里嘶吼，进入一个既熟悉又陌生的舞台环境。按照汇丰银行的分析，下面要上演的是经济全球化的第三部曲，音量更大，音准更强。但是，究竟有没有这个演出机会，或者说这个“全球化第三阶段”究竟有没有？会不会很快到来？人们现在似乎心中有点无底了。倘若没有，那就意味着经济全球化从此完结了，各国正在忙碌进行的自贸谈判，也不过是在为贸易打打“强心针”，或者干脆是在进行“人工呼吸”。如果还有，那又是什么样子？何时出现？根据又是什么？

这确乎是一连串的大问题。之所以说是大问题，不仅是因为它涉及对全球出口走向的判断，涉及世界经济发展前景，同时也关系到经济全球化的存亡。或者尽可以这样怀疑，全球化是不是带来了一场经济泡沫，并不是世界经济发展的必由之路呢？

应当说，伴随着经济全球化的兴起，对它的争论就没有停过。尤其是 2008 年以来，全球化还是“去全球化”，一直是摊不到桌面但又挥之不去的阴影话题。2014 年 4 月，美国《时代》周刊发表了一篇题为“逆向全球化”的文章，对世界经济一体化提出了相反的看法。文章说，“至少从目前看，全球经济一体化正在逆转”。其论据分别是：第一，美国国内消费不旺，支出疲软，所有国家都有消费意愿与钱袋子不匹配的问题。或者从另一个角度说，自 2008 年金融危机以来，美国越来越不再是世界的终极消费者。表现在对外贸易中，美国的贸易逆差不是增加了而是减少了，从 2012 年到 2013 年，美国贸易逆差减少了 12%，尽管其中有因为页岩气开发减少了进口化石燃料的因素，但对电子产品和汽车的全球消费也减少了。第二，全球贸易增长开始缓慢，过去两年，全球贸易的增速一反过去贸易增速大于总体经济增速的状态，开始低于总体经济增速。欧美如此，新兴市场也是这样。此外，信贷开始变得不宽松，许多经济学家和贸易专家开始讨论的问题之一，是世界转向“去全球化时期”的有关预期。企业也开始重新审视它们在全球扩展的价值链与供应链，讨论是否需要迁回本土市场，等等。

的确，《逆向全球化》文章里提到的事情都存在。尤其是美国奥巴马政府推出美国本土制造业振兴计划以后，资本向美国回流，似乎一切都有回到过去时代的模样，但这是否就是“逆向全球化”的前兆呢？一个显而易见的推理错误是，该文的论据建筑在美国是世界终极消费者这样一个未必能够完全靠得住的前提上，好像美国是全球化的发源地，想放水就放水，想闸水就闸水，是“大河无水小河干”，而不是“小河无水大河断”，这是一个逻辑上的误区。但是，我们并不能由此忽视美国这个世界最大经济体和“超主权货币国”的关键性影响。美国经济感冒，全世界经济体都要打喷嚏，因为这里面存在“呼吸感染”的机会和关系到货币血液循环的联系。

但是，对经济全球化来讲，全球化是全世界的全球化，世界经济大国所起的作用重大，但在走向上并不能够起到完全替代的作用。因此，人们有理由关注美国，同时也有理由关注世界的总体动向。从目前来看，2016 年全球贸易表现不会很好，但 2017 年的贸易也不会全盘逆转，再次简单复制前几年的超级景象似乎也很困难。

就 2014 年、2015 年的全球外贸表现来讲，那时已经开启了箭头向下的曲线点。世界贸易组织曾经预测，2014 年美欧发达经济体将会实现贸易 4.7% 的年均增速，但在 2014 年前三个季度里只有同比的 2.2%，不及预期的一半。如果完全以美元计价，连三分之一都不到。如果用荷兰经济政策分析局采用的另一种计算法，则是环比下滑 0.8%。经济合作与发展组织的数据更严峻，认为七国集团和金砖国家外贸下滑 2.6%，而且贸易增长与经济增长持平或低于经济增长的情况已经连续三年出现。2015 年，全球出口下降在 11% 以上，情况进一步糟糕。在这里引用 2014 年的数据，不仅是要说明，2014 年就是一个贸易坎节，也说明，2015 年贸易的继续下滑，是多年来未曾出现的下滑的继续。世界最大贸易国中国 2014 年和 2015 年的成绩单也是一个佐证，尽管中国贸易在已经乱了阵脚的世界贸易格局里，依然是灰暗背景里难见的亮点。这些亮点在南亚的印度和东盟的越南也可以不同程度地看到，但2014年中国外贸全年增长6.1%，这已是比预想要好的一个成绩。2015年，中国外贸以美元计算全年出口萎缩了2.8%，这是2009年以来的首度下降，虽然好于全球平均水平，同时中国产品出口在美国、欧元区、英国和日本的份额保持稳定，分别是18%、6%、9%和23%，在亚洲新兴市场中，也分别保持了韩国23%、印度16%、泰国20%的份额，均有上升，在非洲最大经济体尼日利亚的出口市场份额还占到34%，但总体是下行的。人们普遍预料，外贸低位增长或相对下降收缩，将是一种新常态。全球经济复苏的基础既不牢固，潜在的金融危机阴影又在闪现，在这样的经济发展势态里，外贸甚至经济全球化都会蒙上越来越浓厚的颓色。

由此来看，全球贸易究竟是一路下滑还是周期阶段性的下滑，全球化是不是面临着严重的挫折甚至是“拐点”？便会再次成为一个不可回避的话题。但这个话题究竟是由什么引起的呢？

若是周期性阶段性的变化，未来还会在一定条件下反弹。但正像一些学者所言，一旦一些经济以外的冲击尤其是社会政治因素越来越多地介入，势态就复杂得多。那就是说，比起周期性的原因和因素，问题更多地出现在非贸易甚至非经济领域。

全球化的挑战：“孤立主义”

2016年初，德国《世界报》网站发表了一篇题为“全球化时代成为过去”的文章。作者托马斯·施特劳布哈尔指出了几个对全球化可谓“不祥”的迹象。一是美国的保守派民族主义者有所得势，如提出驱逐拉美人和穆斯林的唐纳德·特朗普在美国大选共和党候选人中领先，意味着“孤立主义”在美国回潮。二是欧洲也出现“本质相同的民族化运动”，“几乎无人为增加欧洲共性呐喊”，尤其是在对待难民问题上，“单个欧洲国家让自己变得没有吸引力并封闭边界”。即便在这些国家，“大多数国民的经济状况好于以往任何时候，很多人仍自认为是全球化的受害者”。“新兴工业国的情况不同，但它们既无法指望自己国民的购买力，也无法指望稳定的原材料收入，所以它们现今的年经济增速比十年前实际低大约3%，因此赶超进程陷入停顿。”他的结论是，“过去几十年的旧全球化失去力量，未来负责世界经济增长的不再是新兴工业国，而应是传统发达国家”。换句话说，发达国家与发展中国家之间的全球经济联系不需要了，发达国家再一次充任了全球经济发动机的独自角色，经济全球化自然也不再是必需的发展前提了。

发达经济体尤其是美国能不能独自担当全球经济发展发动机的角色是一回事，想着再获取这种角色又是一回事。重要的是，目前在美国出现的一些社会经济思潮确乎显示了经济全球化需要面对的潜在挑战和压力。

就美国内部经济的运行来看，有些眼睛内视的迹象。颇为正常的是，接受虚拟经济过度发展导致金融危机的教训，开始强化实体经济，提出再次振兴制造业，美国的优越资源禀赋也使页岩气繁荣助力了这种势在必行的结构调整。好不容易从2008年的金融危机中拔出一只脚，必然会发出“田园将芜胡不归”的呼声。但颇为不正常的是，出现了另一种极端的声浪，那就是托马斯·施特劳布哈尔指出的“孤立主义”在美国的回潮。“孤立主义”对美国人来讲并不陌生，它的最高历史形态就是“二战”爆发前的“门罗主义”。美国的资源结构很容易导致“孤立主义”思维产生，因为它太可以经营自家的“一亩三分地”了，资源不缺，人手不缺，家什不缺，既无边患，又能进退自如，瞅准机会出去做几趟“生意”，大可以像“珍珠港事件”爆发前那样去“闷头发大财”。

曾经有人这样分析：美国对国际产业链和价值链的设计是消费、资源和生产制造“三元循环体系”，但令人不解的是，它利用页岩气能源武器摧毁了资源产业国的安身立命之本，现在又要整垮制造国，并且被人明确地说是为它的国人在争饭碗。既然原来的国际分工的三元结构不需要了，莫非是要搞国内的消费、资源与生产的三元循环结构吗？奥巴马当政的时候不会这样想，也不会这样做，虽然他在极力推动那个“小半个全球化”的TPP，毕竟还是全球化赛场上的自选动作，他在对别的国家市场经济地位上设限，毕竟也不能与贸易保护主义等量齐观。

奥巴马获得过诺贝尔和平奖，也被称为是一个“国际主义者”和经济全球化的一个推动者，成色虽然差一点儿，但还庶几近之。奥巴马的“国际主义”是很有限也是看对象的。在他的任内，本来是可以把中国企业投资的大幅增长当成是实现资本回流美国的一个例证，但是，由于中国企业大手笔投资了美国的酒店业，又加上其他行业的并购，居然引发了美国的国家安全审查。外国在美投资委员会（CFIUS）原本无权否决市场交易，但可以要求修改交易，还可以通过“直通车”提交总统裁决。奥巴马在2012年就以靠美国海军设施太近而首次否决过中国企业并购风电场案，2016年初，CFIUS又终止了美国飞利浦将其旗下亮锐公司将部分股份让渡给中国企业的交易。美国的传媒评论说，与中国有关的并购交易“常常会受到特别密切的关注”，“做出不一样的风险评估”，“美国的国会议员甚至要求CFIUS审查看似无关痛痒的交易”，比如中国某金融企业收购芝加哥股权交易所的交易，而该交易所“只处理全美约0.5%的证券交易”。有意思的是，新任总理上任的澳大利亚也紧跟上来，出台了新规定，即“重要的基础设施对外国投资者出售，须经澳大利亚外国投资委员会（FIRB）正式审查”。这与澳大利亚政府换届安全政策变化有关，但与所谓出现在许多国家里的“孤立主义”思潮有没有关联呢？

思维赶不上奥巴马的人还是大有人在的。民族主义与“孤立主义”诚然一直是干扰全球化的政治与意识形态因素，是旧已有之，于今为烈。从全球化与区域经济一体化开始加速发展，“逆全球化”的声音一直没有消失过，但它在世界经济低迷下的再次活跃，的确直接指向了经济全球化。如果美国是真的倾向于“孤立主义”倒也罢了，关起门来去过自己的好日子，并不硬要去充任什么世界警察和带头大哥，但那好像不是美国，而是瑞士或者欧洲的哪个大公国，这当然是不可能的。它还忘不掉自己编织的世界秩序“规则”，改不了到处插手“一言堂”的权威感，因此，一些政客在拉选票时，一边反对自由贸易，反对美国不计成本地到处去插手；另一边又忘不了“干涉”，很有些西部牛仔单枪匹马走天下的意思。但这说说就是，是当不得真话听的。美国立国的历史就是大部时间外向的历史，否则它们也不会费那么大的劲儿去搞什么“海权论”、“空权论”和“边缘地带论”，更不需要费时五年去拼接跨太平洋的TPP。尽管世人认可的全球化与美国的政治地缘理论并不是一回事，但它们需要这样的经济包装，需要一个理由。至于欧洲的发达经济体，从来也是贸易立国，闭关锁国并非其历史传统，在它们相对强大的时候是这样，在它们实力相对较弱的时候也是这样。因为几个难民就连带上经济全球化需要静止的有关历史趋势概念，思维的空间未免小了些。

诚然，经济全球化主要还是互联互通条件下的贸易投资和经济合作概念，在当今世界上，包括美国在内，有谁敢说，一国的发展可以离开其他国家企业的直接投资，可以离开国际贸易和国际经济合作以及相关的自由贸易准则。

因此，“全球化时代已经过去”基本上是一个伪命题，至少是把世界经济关系的历史走向、世界经济发展的规律与一时的经济发展曲折混在了一起。至于“未来负责世界经济增长的不再是新兴工业国，而是传统发达国家”的结论，如果不是对新兴工业国家的现实经济能量和发展潜力估计不足，那就是对发达国家独自实现经济复苏的能力估计过高。经济复苏的基本条件是市场的广度与深度，只要有一些现代经济市场常识就会明白，发展中经济体的市场空间是发达经济体的5—6倍，市场发展潜力之大更是难以测量。仅就这一点也就决定了，脱离了全球化的轨道才会是发达国家发展的一个噩梦。

为什么对如此明白的道理就一直搞不明白呢？说白了，恐怕有两个重要原因，一个是，美国经济略有回暖，给发达经济体复苏带来一定希望，这种希望便由新兴经济体身上更多地转移到发达经济体自身身上，这种思维逻辑是可以理解的，但它是基于美国曾经设计的世界“三元分工结构”，同时是一成不变地把美国作为世界的“终极消费者”的。目前的情况是，新兴经济体在技术创新中不断发展，产业竞争力大幅上升，市场消费水平也在大幅提升，世界性的生产，世界性的消费，世界性的交换，全球产业链、价值链和供应链正在变化，这就是经济全球化不可能消失的根本理由。在全球化的未来市场里，竞争前景究竟如何，人们或许并不是完全有底，但关起门来自己“呼牌”，未必是正常的选择。这也似乎不是倡导自由贸易的发达国家惯常的市场商业行为，因此更像是在宣泄一种说不清的情绪。

但是，这似乎不是一个简单的理论和逻辑争论。诺贝尔经济学奖得主朗纳·韦里希（1895—1973）提出的“摇摆木马”理论可以更好地解释这种狂躁的现象。在韦里希的“摇摆木马”理论里，当外力主要是政治外力对经济系统发生冲击，就像用木棍抽打木马，撞击的程度越大，经济系统的波动半径越大，摇摆的周期越长。人们从美国总统大选中的特朗普现象，似乎看到经济全球化背景底色里的一种斑驳，也看到了这样一种社会政治力量对全球化经济系统的撞击。这种斑驳实际上来自美国经济特别是一般制造业一度出现“空心化”的事实。也来自经济转型中的一种焦躁。经济转型是世界性的经济命题，中国在转，美国从 2008 年以来一直在转。转型本身就是一种高难度动作，再加上用一根随手抓起的木棍去冲击摇摆中的经济木马，其震动幅度之大是可想而知的。

正如英国《每日电讯报》网站所评论的，“稳定繁荣局面的衰落都已持续了至少三十年，如果民众当中真的爆发了不可遏制的愤怒情绪，那并不是由某种奇怪和陌生的原因造成的”。在美大选期间，美国之外的人们最关心的不是谁会出任下届美国总统，而是在两党最终候选人胜出中，分别支持他们的是什么样的社会思潮和力量。2016 年的美国大选实在是一个比万花筒还要使人眼花缭乱的视镜，折射着多种政治观念、经济观念和社会利益的冲撞。在美国，各种评论几乎亮出了舆论“拳台”的“全武行”，从民主价值观的阐述到对“寡头统治”可能性的抨击，从再度泛起的关于“威权主义”的争论到对“选民感情用事后果难料”的担忧，再从“把美国带回正常轨道”到美国“理想主义”的毁灭，等等。这一切源于亿万富翁特朗普的分歧巨大的竞选言论和演讲形象，而背后真正引起人们思索的是特朗普关于“孤立主义”言论与行为的“承诺”。英国《金融时报》网站发表该报外交事务首席评论员吉迪恩·拉赫曼评论说，“即使特朗普和桑德斯永远不会入主白宫，但是他们竞选活动的受欢迎程度以及他们对更主流候选人的影响表明，美国现在有很大一批拥护者要求美国放弃全球主义”。他说，这些言论都与把“世界拒之门外”有关，明确地倡导“保护主义”，例如承诺确保美国人购买美国自己制造的汽车和机器，并谴责美国已签署的贸易协定，要撕毁它们，等等。

特朗普的竞选演说颇有随意性，看似一锅杂烩，包括既不会认为亚太问题事关美国利益，不能为日韩盟国提供军事保护埋单，也要求把中国甚至日本定为“汇率操纵国”，采取提高关税等对抗性措施，扬言应该在美墨边境修一座“万里长城”。但最终的目的是迎合“孤立主义”思潮。桑德斯的“孤立主义”是特朗普的“左翼版本”，他既不认同美国“世界警察”的观念，也反对自由贸易，“都利用了美国人对全球化的日益失望，数十年来，美国中等收入人群感到维持生活水平的压力很大”，“无论是极右势力还是极左势力都要求美国从全球化中撤退出来”。与“孤立主义”思潮连体的是“民粹主义”和“威权主义”，“民粹主义”希望通过“威权主义”实现“孤立主义”。因此，这一种横刮竖刮的竞选“旋风”，不仅令美国经济界忧心忡忡，也令政客们大吃一惊。

“孤立主义”并不是真的要求孤立和封闭，在海权贸易文化中诞生的美国，从来没有过闭关锁国，而美国文化的一个显著特征就是开放。一个文化开放的国度居然出现封闭的声音，而且看起来势头还不小，说明分配制度出了问题。在美国，尽管就业率上升了，但钱包有些瘪了。美国的民调权威机构皮尤中心在2015年12月推出的一项报告就明确地指出，高收入家庭的收入占到美国2014年总收入的49%，比1970年的29%上升了20%，但中等收入家庭的收入在2014年占到总收入的43%，比1970年的62%降低了近20%。原本引以为傲的“橄榄型社会”不橄榄了，心理怎么会平衡。再加上人们普遍对世界经济缺乏信心，美国的经济增速不高于2%，他们不知道这是为什么，只能迁怒于外国人抢走了他们的机会，分食了他们的晚餐。而“孤立主义”的思潮，也就成为一种绝望中的发泄和非理智的心理慰藉。

但也有人看到，由此带来的“风险溢价足以令脆弱的美国经济陷入衰退”，对“保护主义”和“孤立主义”的担忧也会触发更大的金融危机。“孤立主义”其实也是一种扭曲了的抗争。连日本的《世界日报》文章都这样分析：“特普朗旋风”刮起，是因为“中间阶层崩坏和社会出现两极分化。原本在国民经济总体富裕时，年龄、收入、性别、学历、资产、人种等造成的美国社会内在的社会地位差距和对立不会表面化，但雷曼冲击之后的经济不景气和闭塞感导致两极分化社会浮出水面，进而令中间阶层开始崩坏，对立结构日益明显，也给了特朗普成为一方代言人的机会”。如果对这个问题再说得多一些，人们也许会对言犹在耳的智商超群的斯蒂芬·霍金的话理解得更深刻。霍金在回答美国红迪网站一位用户关于机器人是否会夺走人的工作问题时说：“如果机器人创造的财富可以共享，那么人人都可以享受舒适悠闲的生活，但如果机器的所有者游说成功，发起财富再分配，多数人最终都可能陷入贫穷。”

还是那个许多人在问的，美国的大选就是大选，为何候选人频打贸易牌？特普朗说，“我们不再赢得胜利，我们没有在贸易上打败中国。我们没有打败日本……我们不可能在边境和贸易上打败墨西哥”，民主党的候选人桑达斯也表达了对各种贸易协定的忧虑，希拉里也对“自由贸易”显示了游移的态度，甚至对那个TPP的“版本”也表示了“不同意”。打贸易牌最终是为了选票，但选票背后又是什么，显然有着一条社会思潮的牵连线。

美国人并不是真的不要经济全球化，而是不喜欢损伤他们利益的全球化。但是，他们的内部利益结构是分化的，对不同的全球化概念接纳的程度也不相同。在财富重心的一方看来，平等互利的全球化只是一种说辞，能够在完全掌控中增添个人财富的“全球化”才是心仪的“全球化”。在远离财富机会的人看来，那种增添少数人财富的“全球化”并没有改善他们的处境，也就在政客们的“指鹿为马”中被动地接受了“孤立主义”。

这再一次牵涉到“不完全全球化”的概念。什么是“不完全全球化”呢？应该有两层意思：一层是微观结构形式上有残缺，具有外部的排他性和内部的利益扭曲，“全球化”在其眼中既不是经济的历史走向，也没有共同发展的目标，是政治加经济的功利。TPP 算是一个代表作，说它不是全球化的一种形式，好像不是，说它是为全球化付出的正面努力，更不是。另一层则是少数人操纵的“全球化”，或者说“全球化”只是他们手里的“提线木偶”，是一个应手好使、能为少数人招财进宝的柔性工具。这样一种“异化”了的“全球化”，怎么不会招来人的反对呢！

全球化的内容形式变化，是值得注意的。法国学者马克维托里的文章《过去的全球化与未来的全球化》中讲道，金融危机以前的二十年时间里，贸易增长比生产快两倍，但自 2012 年以来，国际贸易速度低于全球生产。为什么是这个样子呢？他认为，一是消费者购买少了，高收入国家进口都比从前少 20%。二是贸易地理发生变化。是什么变化呢？他所看到的是，美国工业成本在下降，中国的工业成本在上升，价值链也在重组。在这种情况下，传统的大企业不一定起主导作用，起作用的是麦肯锡研究专家们所说的“微型跨国公司”。他们不必利用跨境商品来控制价值环节，网商的出现就预示着另一种全球化在显露。“微型跨国公司”和新的互联网销售的确提示了经济全球化的新形式，至少提示人们不能用过去的贸易老常态衡量新的贸易新的常态，要用变化的眼光看待和处理新的贸易问题。

马克维托里关于“微型跨国公司”和网络更多主导的结论似乎是有道理的，至少有利于更多的人在新的创业中分享全球化的成果，从而成为经济全球化的点赞者和推动者。然而，他断言在价值链的重组中消费者购买少了，还是把美国当成唯一的最终消费者。这个观点未必完全契合未来的事实。事实上，国际贸易模式的确正在发生新变化，从贸易品种到贸易方式，都在演变。网贸与服务贸易所占贸易比重越来越大，对未来全球化中贸易、投资、经济合作形式甚至货币结算和流通的影响越来越明显。关于网络在其中所起的作用，下面将有专门章节论述。下一节需要再次说明的是，全球化将会在变化中不断发展，“不完全全球化”行而未远，“逆向全球化”和“去全球化”的声音终究会是一掠而过的空谷回声。

国际贸易模式新变化

国际贸易模式正在发生新变化，这个变化首先来自全球性商品价格系统的变化。

其中，第一个显著特点是“石油美元”开始走向解体的前夜。美元在实质上不再起到支持石油生产和流通的核心作用，石油也就不再会成为美元的驯服仆从。由此而来，大宗商品价格体系受到从来没有的挑战，期货市场的重心越来越恢复其原始功能，不会再是人为因素中价值投机的商业博弈场所，而更多地成为调节目前尚不可克服的刚性产品的调节器，同时在期货产品创新中不断丰富自身的功能。

第二个显著特点是贸易结构和产品部类发生内涵性的变化，货物贸易虽然继续大量发生，但不再是唯一的主角，伴随着货物贸易一枝独秀地位的动摇，更多的贸易品类占据贸易舞台的“追光区”，吸引着商业“大咖”们意欲“下海”的热烈目光。由此而来，将会引起传统产业结构的三大改变：一是交通运输和物流渠道改变，高速高效的工具受到欢迎，高运输与高物流成为主流；二是服务商品贸易交易额渐次超过货物商品的交易额，成为国际贸易的头牌；三是贸易服务本身也将成为重要的商品，在提高贸易效率中获得了自身的市场价值而不仅仅是管理价值。

此外，因为现行全球贸易模式以美元为计价单位和比较基准，随着世界货币体系缓慢但又必然要发生的重构过程的演进，国际贸易的统计比较和显示器也将会发生相应既可捉摸又难以捉摸的变化。

这样一些变化并没有整合地到来，但它们陆陆续续来了，有的大摇大摆，有的正在悄悄溜来，有的正在“侧幕条”下张望。

石油美元体系走向解体

“石油美元”体系是“二战”之后形成的。它是布雷顿森林体系“黄金美元”崩溃前的准备和崩溃后的替代物，是现行世界货币体系的“钢筋”和基石。“石油美元”从“二战”宣布正式结束《雅尔塔协定》缔结后第一时间就诞生了。美国总统罗斯福乘着军舰访问沙特阿拉伯，与沙特老国王达成了以美元结算石油贸易额的协议并承诺保护沙特的安全，美国与中东的第一个军事同盟与经济同盟也就绑在了一起，开始影响长达70年的世界石油贸易格局和强化了美元在世界的统治地位。但是，美国的“页岩气繁荣”开始动摇和终结这种格局，美国和沙特为了各自利益引起的“石油暗战”预示着罗斯福奠基的“石油美元”体系大厦发生巨大的裂隙，这其中自然还有美国在中东陷入泥沼试图转换与调整战略的重大因素。美国清楚自身的石油资源优势，自给甚至出口都是应付有余的，它在“二战”结束后主动放弃了石油自给的资源格局，不仅是为了战略储备，也是着眼于很快就要到来的冷战格局，以大量从沙特进口石油并形成美元结算机制的方式取得一石二鸟的战略效果，一方面建立强化在中东的军事同盟，另一方面打造了“石油美元”，用石油的“黑金”本位取代黄金本位，建立了“石油美元”本位的美元一言九鼎的世界货币体系。

在美国新的战略调整中，沙特并没有买账，暗自较劲，继续保持欧佩克的生产速度，凭借几十年积累的石油财富，希望击垮美国的“页岩气繁荣”。就沙特石油的浅埋藏和生产技术带来的低成本而言，它并不是毫无获胜的希望。石油开采在不同的地质埋藏条件下，综合生产成本差异巨大，高至100美元以上，低至30美元以下，沙特属于后者。

但美国的页岩气开采的首轮板块也具有易开采的特点，尽管这些易开采油气板块也会枯竭，今后不得不转向开采难度更大成本更高的油藏地区，但与欧佩克国家“拉拉锯”，还是能够撑些时日的。石油产品恶性过剩，必然引起石油价格的循环下跌。沙特石油生产成本较低，甚至低于 30 美元的最后荣枯线，最终也使美国的页岩气繁荣吃了一些苦头，但战罢龙甲满天飞，石油价格的暴跌，给世界贸易格局带来的多重影响，是难以估量的。

美国之所以开始放弃对沙特的无条件支持，原因之一在于页岩气带来的繁荣太具有诱惑性。就近能源的大量生产不仅支持了制造业在成本较大幅度减低情况下的复苏，也会起到矫正中东盟国的警示作用——你如果不对美国俯首帖耳，言听计从，美国也会用另一种石油武器摆平你。再说，在欧佩克的众多成员里，也有诸如委内瑞拉这样的“捣蛋鬼”，不吃吃苦头怎么放倒它呢？但是，美国也有它的不明白，那就是地缘政治那一套虽然在国际政治中起一定作用，但一旦同地缘经济因素结合在一起，而且后者被前者当作了武器，事情就变得尤其复杂起来。比如经济制裁了别人，最终也会牵连到自己人和自己的企业。再比如经济领域的“再平衡”与军事活动的“再平衡”，如奥巴马推动的 TPP，不仅在国内引起歧议，也会在即使勉强通过后搞出一笔糊涂账。绘画讲究调色，但把黑色加在白色的里面，终究还是黑色。因此，美国自作聪明的效果出现了，自己的页岩气企业也在破产，还从整体上搞垮了世界石油经济，油气价格战推动了资源价格体系的轰塌，进而推动了通缩的蔓延，世界经济体系开始凋敝，自 20 世纪 30 年代发生的世界经济大萧条的影响不时露头。对于美国来说，页岩气繁荣带来的本钱还没有输完，但“石油美元”风光不再，基石已经破损，只剩下一个维持贸易计价的空架子。有人这样设想，美元既然不能在美元与石油的联姻中获得真金白银的巨额财富，何不结束这段带来不幸的婚姻？哪怕是习惯于“货换货”的“原始交易者”都不会带来更多的厄运。但那毕竟不是现代交易方式，在网络发达的世界还有许多可待选择的出路。

要紧的是，眼前的贸易世界怎么办？眼望着油气价格的反弹，而且也还一度反弹到50美元以上。但那只能在资本投机者的一抬一打中寻求差价带来的快乐，随着化石能源不再是不二选择，其身价也会慢慢地跌落。大宗资源商品也在环保和资源节约的双重作用下，不再成为国际货物贸易中的“抢手货”和顶梁柱。全球煤炭消费下滑创纪录，中国煤炭进口减少了31%，为了减排，中国压缩了1.5亿吨钢铁，压缩5亿吨煤炭，还要整合5亿吨煤炭生产能力。有人讲中国经济放慢了，大宗商品减少了，这是拖累世界经济的一个根源，但比他们更早的人说，中国对资源商品的无尽的需求是造成环境污染的根源。面对这样的二律背反，哪个是需要去听的理由？恐怕要听的是发展规律本身，而不是他们的一孔之见。可以肯定的是，现代科技创新已经为人类的生产与流通提出了与以往完全不同的更环保、更节能、更可以循环持续的道路，动辄以万亿计集装箱和百万吨邮轮/30万吨矿砂船来衡量贸易额的数量，不是说没有用场，但不会再是唯一的。在国际货物贸易中，大宗商品的地位下降了，至少不会永远是国际货物贸易的标尺和标配，这正是资源国面临的市场窘境和需要转型的原因，也是大宗货物贸易普遍遭遇天花板的重要因素。

贸易结构和产品部类发生内涵性变化

贸易结构和产品部类发生内涵性的变化也是显而易见的。货物贸易数量遭遇天花板，服务贸易的发展空间无限。服务贸易是外贸转型的重要抓手，又是中国贸易的短板。服务贸易有高低两重含义，低的还是基于对服务业的传统认识，不就是彬彬有礼地“伺候”人吗？从三百六十行的商业到眼花缭乱的金融业，从提供人们精神食粮的文化产业到旅游业，从外卖快递到交通运输物流业，从医疗到体育产业，的确已经成为贸易的新领域新亮点，但可惜连这些也做不到位。就连号称“无烟工业”的旅游业，也在中国国际贸易的上千亿美元逆差中引来无奈的反思。环境污染带来一连串反效应不说，一个令人头疼的“宰客”和强拉强卖，就极大地败坏了旅游的人文环境和商业规则，这样的旅游国际贸易怎么能够做大做强呢？世界旅游理事会 2016 年发布报告称，中国人在 2015 年赴国外旅游又破新纪录，消费额达到 2015 亿美元，同比增长了 53%。在过去五年里，中国游客增加了 1 倍，达到 1.2 亿人次。看来，中国人不仅仅是去外面观光，主要是国际旅游综合收益率比较高，旅游服务业发展的水平也相对较高。为什么出现了那么高的国际旅游贸易逆差呢？这是个最需要反思的问题。

外贸发展，加快发展服务贸易和服务外包至关重要。美国是全球最大服务贸易国，其健康市场在 2010 年就超过 2.5 万美元。音像市场出口大于进口。2011 年电影业创造 460 亿美元市场价值，电视与广播、唱片分别为 1610 亿美元、180 亿美元和 80 亿美元，2012 年知识产权授权费占到全球的 43%。世贸组织秘书处数据显示，2014 年当年世界服务贸易增长为 4.7%，美国为 8.8%。

2014 年，中国服务贸易进出口总额达 6000 亿美元，比 2013 年增长 12.6%。其中旅游服务增长 23%，占比 36.7%，金融服务增速 59.5%，通信服务增速 24.6%，计算机与信息服务增速 25.4%。服务业增加值超过二次产业 5.6 个百分点，在三次产业中比重达到 48.2%。中国商务部预测，服务贸易总额 2015 年将为 6500 亿美元，2017 年为 7860 亿美元，2020 年超万亿美元。为了进一步加快服务贸易发展，国务院 2015 年初印发意见，要求完善服务贸易政策支持体系，加快服务贸易自由化与便利化，扩大服务贸易规模，优化服务贸易结构，增强服务出口能力，打造一批大型跨国服务业企业和有影响的品牌，培育“中国服务”的国际竞争能力。

服务商品的高内涵，更在于生产性服务业的兴起，而这在发达经济体里已经是常识性的服务业。生产性服务业一部分是从生产企业分化出来的，目的是提高生产环节的精细分工市场效能，改变大而全实则是“大锅饭”的经营管理弊病，与所谓“微笑曲线”还是两个意思。它是社会分工特别是生产分工精细化市场化的一次结构性改革，既使大企业去掉了臃肿，也使生产服务业获得了创新发展的空间，实现了服务业既平等又“居高临下”的独立市场价值。中国企业在所有制结构上面临着“混改”，在企业的市场微观结构上则是生产性服务业的独立与分化。海尔张瑞敏的“小微团队”和平台主改革就是一种微观的尝试，但这种尝试还是俄罗斯“套娃”式的，因为并没有更多具有有效独立市场价值生产服务企业大批涌现的背景。在此之前，我们还需要像当年引进外资生产企业一样，引入大量的生产性服务机构，在另一个更高的台阶上复制产业开放的经验。一俟生产性服务企业独立结构形成，也就会出现服务贸易的新的喷发。

生产性服务企业的内涵很广，包罗了从技术设计到信息传播，从金融到通信，从出版到品牌的打造，举凡大小生产要素需要组合的“零部件”都能及时便利地提供。如果说它们当中的一些行当与传统的行当有什么区分，那就是档次提升了，技术含量更高了，有的就是制造业皇冠上的明珠。它们往往对“数字交易”的依赖性更强，或者说“数字交易”将是未来服务贸易的主流形式。按传统的理解，服务贸易有生活服务贸易、技术贸易、文化艺术贸易、教育培训贸易、医疗服务贸易、体育健身贸易和国际旅游贸易等，这样一些贸易活动虽然也在商务部门的视野之内，但一直不是重点。在这种状态下，外贸“物化”程度过高，限制了外贸空间的发展，也阻滞了贸易水平的提升。在服务贸易的新形态上取得突破，也就突破了恼人的“天花板”。

与有意无意以大宗资源商品交易和货物贸易兴旺还是疲软作为衡量贸易的重要尺度相比，服务贸易的发达与否将是另一个更重要的尺度。尽管由于世界多数经济体刚开始经济结构转型，货物贸易仍然举足轻重，但其分量已经开始缓慢地减低。相信有一天，除了少数领域，期货交易指数不会再是衡量经济和贸易走势的重要参数指标，或者它的构成将会发生变化，更多地纳入服务贸易商品的重要名目。从总的趋势来看，“资源大王”们将会沦为“庶民”，垄断性的“行业大王”们威名效应降低，如果说还有什么“大王”，恐怕会是“数字大王”、“服务商品大王”和“技术创新大王”，而且王位不会保持得太久。随着这种产业格局的变化，货物贸易的绝对“制空权”“制海权”也要让位给“制天权”或者别的什么权。

我们不能说，货物贸易已经没有多少潜力可挖，也不能说，世界贸易的复苏遥遥无期，但也不能说，经济全球化仅系于超量的货物贸易无限增长甚至是大宗商品的远距离运输上。经济全球化也会有自己的形式变化，相比之下，人员的流动、技术的流动、信息的流动、资本的流动和服务的流动，至少与货物的流动同等重要。它们的有机结合才是推动国际经济合作的内生动力。

可以这样说，在未来，在众多的发展中经济体里，随着其国内消费成为经济增长的新的增长极，“数字交易”主导下的服务贸易将会逐步成为外贸的极具潜力的新增长点。中国在推动跨境电子商务试验区建设的同时，提出用两年时间，在天津、上海、海南、深圳、杭州、武汉、广州、成都、苏州、威海十个省市和哈尔滨、江北、两江、贵安、西咸五个国家级新区开展服务贸易创新发展试点，重点对服务贸易管理体制、发展模式、便利化等八个方面的制度建设进行探索，有序扩大服务业开放准入。在税收优惠政策上，由服务外包扩大到高科技行业和高附加值行业并设立服务贸易创新引导基金，鼓励金融机构创新供应链融资业务，等等。这个计划如果还有什么需要完善之处，那就是不可就体制说体制，要与跨境电子商务区的试点联系在一起，而且试点不能时间太长，既然走势已经分明，还有什么可踌躇的？不可蹉跎岁月，看准了推开就是，除非是为一种留有余地的修辞需要，难道说，还要把一切希望都寄托在贸易周期的简单反复和反弹上？

新变化影响下的国际贸易

贸易额的变化也与货币汇率变化有关。美元持续坚挺和非美元货币疲软必然影响进出口额的计算和实际价值。一般情况下，一国贸易额的计算和年度升降比率有两种尺度，可以用本币衡量，也可以用美元衡量，用后者来衡量是国际通行的，也是世界贸易组织的统计比较标准，因此美元的币值变化将会在贸易商品不变的情况下给出价值量不同的结果。前者虽然也有衡量比较的价值，但各国本币对美元的汇率变化，无疑也会造成多元贸易中贸易额的复杂变化，即便在特殊情况下用某种特定的本币进行交易，仍然脱不开美元的强大影响。在这种货币格局中，一国国际贸易的商品数量也许并没有变化，甚至有较大的增加，但统计显示的是贸易额总量在降低。以中俄贸易往来为例，统计显示 2015 年贸易额降低，而且从 2014 年的近 1000 亿美元直降到 600 多亿美元，但是，中俄贸易商品数量并没降低多少，中国从俄罗斯进口石油 800 万吨，其他商品品类贸易的增加也体现了中俄贸易的活力还是增加的。双边贸易额的减少明显地受到美元石油价格暴跌的影响。2015 年，中国贸易主要市场的市场份额并没有发生大的变化，如对美、对欧、对日等贸易保持稳定，但日计有余，月计不足，算起总账来，出现了从来没有的负增长。就石油进口来说，2015 年增加进口 8% 以上，铁矿砂的进口也没有减少多少，国际旅游人数也大量增加，但进口软于出口的趋势更明显。

诚然，这也不是说，贸易数据的下滑与国际市场需求和国内市场的需求相对减少关联不大，与包括有关国家贸易保护主义抬头、国内产业连同订单向外转移加快和部分外贸传统竞争优势弱化，如中国加工出口已经连续 12 个月下降等，也没有更多的关联度，但是，把外贸的“疲弱”完全归之这些因素也未必很客观。要明白，在国际贸易模式新变化的过渡中，进取中守住传统外贸发展的底线和在更大进取中开拓新的贸易产品视野，既不能偏废，也不能等量齐观。

在引进投资的问题上也是这样，尽管中国一直保持着吸引外国直接投资的市场魅力，但是也要看到，在世界经济普遍缺乏拉动力的情况下，中国的外国直接投资结构也会发生变化，那种一说就是世界 500 强的引资战略虽然还继续有效果，但缺什么补什么，需要更多地向广义服务业尤其是生产性服务企业的投资开放。它们会深刻、正面影响中国内需市场水平的提升。根据联合国贸发会议预测，2016 年至 2017 年全球跨国直接投资前景不容乐观，中国也难免受波及。中国企业处在“走出去”投资集中爆发期，出现对外直接投资大于外国直接投资规模的情况非常有可能。这是“一带一路”发展的一个新特征。新的“两头在外”的模式即市场在外、生产在外，将会成为“走出去”企业的主要运营模式，这一切都会影响到贸易流向格局的改变。

“数字交易”新视角

对经济全球化发展前景的悲观判断，主要来自颇显黯淡的贸易变化曲线。货物贸易增速低于一路走低的全球经济增速，全球化失灵或发生逆转的观点渐成潜在主流。但正像麦肯锡咨询公司在 2016 年 2 月发布的一份报告显示的，如果将网络经济迅猛发展以来数据和数字信息的跨境流动计算进去，情况看上去就不一样了。

数字交易及其影响力

数据和数字信息的跨境流动在几十前几乎不存在，在几年前也不为经济统计学家所关注。但现在，如同服务贸易正在与货物贸易比翼齐飞，“数字交易”和“数据交易”显示的货物贸易和服务贸易的数量，以及由此引起的跨国数字支付的数量，已经影响到贸易的真实规模。“数字交易”也许有一部分与“实物交易”发生统计重叠，如同服务贸易与货物贸易有所牵连，但其数量的增长和增长产生的影响正在超过货物贸易。麦肯锡咨询公司全球所经济学家苏珊·伦德说，过去十年，数字信息流量增长了 45 倍，预计今后五年还要增长 9 倍。“这是各经济体之间的一种突飞猛进的新型流动和关系，谁都没有真正留意过。”

在麦肯锡咨询公司的报告看来，“数字交易”或者“数据交易”决定着全球贸易秩序和状态的变化。所谓“数据流”，既包括跨境电子商务所包含的一切，也包含了新型服务贸易中所有的新载体的运动方式，还包含了跨境网络通信和跨境在线教育、在线娱乐，甚至应当包括跨境电子邮件、跨境电子支付处理和一切数据信息的流动。他们认为，尽管传统的金融、商品和服务的流通看上去放慢了，在全球产出中的占比由2007年巅峰时期的53%降至2014年的39%，但全球跨境数据的流通却出现了激增。仅在2013年至2015年全球数字信息流通量就翻了一番，达到每秒290TB（兆兆字节），2016年这个数字将再增长三分之一，而这意味着，到2016年底，全球企业和个人发送的跨境数据量将达到2008年底的20倍。他们估计，2014年国际货物、服务、资金、人员和数据等的流动已经使全球GSP增加了7.8万亿美元，货物与投资各占一半，其中有2.8万亿美元完全是数据流，略高于全球商品贸易创造的2.7万亿美元。他们认为，这种变化不仅仅是智能手机、应用软件、流服务以及脸书和手机游戏等需要大量数据的数字产品出现，更重要的出现在企业制造的产出过程中，如利用3D打印技术制造喷气发动机的燃料喷嘴，到2020年，仅美国通用电气公司3D打印的零部件就将达到10万个。

苏珊·伦德分析说：“我们中许多人对全球化的认识仍然是，巨型集装箱货轮从遥远的工厂载满制造业产品，将它们运往世界各地的市场。但我们看到的全球化已经变得非常不同，并朝着数字化程度更高的方向发展。”

数字经济对全球贸易结构的瓦解与重新组装，预示着贸易所表达的全球化有了新的场景变化，即企业也开始部分地去中介化，将会更多地利用数字方式订购可以通过3D打印的商品，甚至只通过3D打印的设计，而不是一切都要通过集装箱运输的方式来完成跨境贸易。

“数字交易”或者“数据交易”引起的变化，不仅是全球贸易结构与方式的变化，也会引起全球制造业布局的变化，并对全球市场的疲软结论发出了疑问。全球制造业布局的变化，体现在制造业企业迁往离目标市场更近的地方开始没有什么更大的意义，跨国数字服务商在目标市场的舞台上粉墨登场，将会成为潮流。当前，全球市场的疲软不能用传统贸易周期性理论得到完美的解释，尽管我们不能完全无视这个理论苟延残喘的存在，但它在数字经济中已经退居次要地位。传统贸易周期性理论以产品过剩和需求降低为分析坐标，尤其以大宗商品的跨国供给与需求为依据，这一幕的高潮已经过去，至少从主角地位沦落为配角，而真正的明星是瞬息登台的数字。国际货币基金组织和世界银行在 2014 年的一份分析报告里就关注到相关的问题，认为全球贸易放缓，一半来自结构性因素。这个结构性因素虽然含义朦胧，并不全然指向国际贸易方式的变化，而更多地是指制造业供应链的布局变化，但支配这种供应链布局变化的数字动力俨然就在其中。后者才是颠覆全球贸易流转格局的真正推手。

麦肯锡报告分析的价值在于，他们从看似疲软的全球贸易表象中看到真正的变量在哪里，至少是在“数字交易”或“数据交易”的“替代”中。他们甚至认为，许多制成品如汽车和药品的全球消费已经超过这些商品的贸易增长，但许多中间商品如织物与电子零部件的全球贸易增长却呈现放缓迹象，这是“数字交易”或“数据交易”发展的结果。

一些经济学家也指出，全球商品和资本贸易的增长停滞与数据流通的激增是相一致的，这表明 21 世纪的数字经济已经在瓦解分化旧的贸易格局。这无疑会带来一种新的思考：第一，要对目前的全球贸易疲软评价进行新的梳理，数字经济造成的变化大于周期性危机造成的影响。用具有一定陈旧性的模式尺度一锤定音地解释目前全球贸易的变化，进而得出全球化风光不再的结论，未必符合事实。由此形成对经济全球化的悲观可能会是一种误导。第二，对全球贸易的一成不变的统计和信息反馈体系需要按照新的运行事实恰当地修正，否则我们永远走不出知行不能够合一的“怪圈”。第三，应当按照“数字交易”或者“数据交易”的新的贸易发展趋势明确打造新的贸易体系，推动经济全球化在新的轨道上发展。应当看到，这种新的贸易走向，不仅有利于数字力量实力雄厚的大的跨国企业，同时有利于有创新活力的中小企业甚至是个人。数字技术可以帮助一些国家和企业实现跨越式发展。不仅如此，伴随着贸易模式的改变，也要对影响到贸易的货币政策做出理论与实践上的调整。一个时期以来，许多学者对货币宽松政策的相对失灵提出疑问，对全球普遍出现的"通缩"现象也迷惑不解。问题提了出来，但更重要的是再思考。"数字交易"或者"数据交易"极大地降低了交易成本，应该会影响国际和一国内部商品和服务价格体系的变化。一般地讲，各国的商品与服务价格体系都在发生变化，商品价格下行而服务价格上行，这是个普遍的趋势，如果依然刻舟求剑式地将旧的指标体系当作主要的经济参数，无疑会增大误判的概率，甚至会发生南辕北辙的可能。

对于"数字交易"或者"数据交易"的影响，美国麦肯锡咨询公司报告指出，自动化程度的提高和制造业新技术的不断增加，提示着贸易变化在加速，说这是对全球贸易的"不祥之兆"，可以理解为对传统的贸易概念是"不祥之兆"，对新的贸易流程与秩序应当是祥瑞之兆，但前提是必须加快适应与改变。但他们对"数字交易"或者"数据交易"的各国发展情况分析，似乎并不全面。美国麦肯锡咨询公司报告显示，只有包括美国在内的九个国家在货物、服务、金融、人员和数据流动方面"超群突出，其他国家远远落在后面"。在他们的眼里，单就数据流动而言，"数据联通最强的都是发达国家，而且多数为西方国家。荷兰是欧洲互联网流量的中心，排在第一位，接下来是德国、英国、法国、瑞典、新加坡和美国"。苏珊·伦德解释说，美国在这方面实力很强，欧洲除外的每个洲消费的超过一半的数字化内容是美国生产的，美国作为全球数字化网络的中心受益匪浅，这么看贸易和互联互通，美国正在丧失全球竞争力的说法"并不符合事实"，"如果看什么决定全球化的未来，那么美国仍走到前面"。就人员流动来讲，加利福尼亚州在世界上排第四位，超过了英国与法国，而中国的广东贸易货物的进出超过了整个美国。那些落在后面的国家是哪些呢？她说，"有一些国家，比如巴西、印尼和印度，如果在过去十年里更开放，它们的经济规模可能比现在的规模高出50%"。还说，亚洲强国比如中国、日本和韩国，看起来也"沉溺于过去"，几十年来它们在制造业和货物贸易方面很优秀，进出资金流量巨大，但是它们的跨境流动人员很少，“数据流量更低得出奇，这表明它们尚未为下一个全球化时代做好准备”。

互联网与平台经济

中国目前也确实不是数字化贸易走在最前列的国家，中国的跨境电商刚刚起步。中国目前是互联网大国，还不是互联网强国，但说中国“数据流量更低得出奇，这表明它们尚未为下一个全球化时代做好准备”，有些夸大其词。2015 年，中国出口与网络零售均居全球之首。中国实物商品网上零售额达到 3.2 万亿元人民币。在 2016 年里，仅是阿里公司，网售额就达到 3 万亿元人民币，将会超越亚马逊。中国的跨国电子商务也正在成为外贸的新增长点，将在厚积薄发中走向成熟，目前要做的是扩大试点，放开手脚，并且在理念上充实“数字交易”的概念，扩充统计半径。一个难以否认的事实是，互联网用户重心正在从发达世界向发展中世界转移，中国现在有 6.7 亿左右网民，印度有 3.5 亿网民，2017 年将超过 7 亿。相比之下，美国的网民为 3 亿多。在“数字交易”中，大企业和中小企业乃至个人交易者是机会均等的，交易途径也是多种多样的，一旦能量全方位释放，其对外贸规模与质量的影响，将会是几何级数的爆发状态。

诚然，互联网发展至今，对实体经济尤其是传统制造业也还没有发生显著影响。但埃森哲数码物联网在世界移动通信大会上预测，20 年后，世界上一切事物都将互相连接。埃森哲的研究报告说，到 2030 年，物联网技术可能给中国经济带来 1.8 万亿美元的增量。到那时，“数字交易”以及所连接的一切产品，让“数据贸易”从形式到内容全盘发生变化。据报道，为了这种适应数字化贸易和“数据贸易”的新状态，英国已经研发成功一种并不同于比特币的数字加密货币。中国也将较快推出自己的数字货币。

作为工具，互联网有运用广泛和能力无限延伸的可能，既是悬在人们头上的一柄真正的达摩克利斯之剑，也可以铸剑为犁，深耕我们共同的经济土壤。它的工具性质决定了运用中的攻防性和技术拥有者的不对称优势，因此必然派生出网络主权的概念。这是当前美国与发展中国家甚至欧洲盟友在网络管理和保护隐私问题上持有不同看法的根源所在。但是，当我们不是把它用在近乎“邪恶”的概念上，而是运用在经济发展与全球的贸易活动中，部分的网络主权也可以平等让渡，形成“数字交易”的另一种“自贸区”。这是比现有“自贸区”功能更为强大，更能拉动传统外贸转型，真正扭转当前外贸颓势，形成多边贸易机制的途径。

美国是互联网技术的策源地。去世不久的雷·汤姆森在1971年发送了世界上的第一封电邮。美国就其技术的开创性资源来讲无可匹敌，但是，互联网虽然是美国经济、政治和军事的力量来源，华盛顿的利益与谷歌、苹果、脸书和亚马逊等技术企业数据共享的要求并不一致，因此与市场的开放和全球化的推进发生了许多错位。这是美国削弱互联网和互联网反过来可能削弱美国力量的一个结。

在中国，互联网经济方兴未艾，发展“数字交易”的事实上的“自贸区”已经被定义为跨境电子商务试验区。人们记得，在中国互联网经济发展的高潮中，阿里公司的马云曾经大声疾呼，“一带一路”还要加上“一网”。互联网正在更加立体化地强化着“一带一路”贸易、投资和经济合作的半径，一方面使设施联通具有更高的便捷性和即时性，另一方面也使贸易畅通、资金流通、政策沟通和人心相通有了迄今为止最有效率的手段。互联网不仅是经济全球化的加速器，也是工业革命的重要推动力，更是世界商贸发展的“永动机”。它给制造业带来了机器人与物联网，深刻地改变着制造业、服务业和其他的产业形态，同时创造了具有国际化功能的具体的贸易平台和全球半径的共享经济，以及跨境电子商务的具体形式。这说明了，中国的“数字交易”不但不落后，更具有创新性。

“平台经济”是一个全新的概念。尽管有人望文生义，认为平台经营模式过去就有，比如信用卡市场与收单订货市场相连接就是一个理想的双边服务平台。如果是这样理解“平台经济”，未免小看了互联网技术的塑造力。因为在前信用卡时代，现金交易与收单市场也是一种双边的市场“平台”。平台只是一个比喻，或者描述交易与消费的平等性。它的本质是无边界的互联互通的网络市场，基本形态是空间在有限中的无限，性质上不可切割，核心要求是便捷与共享分享，效果是尽力去掉横亘在市场中的不必要的中介转手因素。现在有人感叹生意不好做了，其实是方式和流程变了，信息不对称下的多余市场层次将要消失和已经消失，直接贸易正在被间接贸易所取代，传统的商业手段逐步退出市场舞台，网络造就的市场新平台，无所不能。我们说“数字交易”本身就是一个“自贸区”，也就是从这个角度去定义的。

互联网“数字交易”或“数据交易”跨境平台的这种特征，也意味着市场微观组织结构包括企业微观组织结构不再是叠床架屋的“金字塔式”，也未必是“扁平式”，应当是没有层级的双边和多边平等互利的“交互式”。

“平台经济”的出现，与互联网突破空间界限有着直接的关系，是对市场包括国际贸易市场的一场革命。在中国提出的“互联网+”中，从门户网站、网络游戏、社交网站、电子商务、网络视频到第三方支付、网络金融，各种不同类型的新型企业大量出现，在美国，从脸书、谷歌、苹果、亚马逊到 Airbnb. Uber，在中国，从阿里巴巴、腾讯、百度、京东到滴滴出行等等，都是“平台经济”的中坚力量。甚至，中国的家电制造巨头海尔公司也颠覆了传统模式，不仅在企业组织结构上出现了变化，并且在全球首家推出了全开放、交互式智慧生活的“海尔 U+平台”。平台企业根据自身的行业特点，向市场用户和各种生产要素开放，发挥了互联网快速集聚社会资源的强烈效应，成为市场新的领头羊。

从市场意义上讲，“一带一路”其实也是世界上最大的一个市场经济平台，它有一定的经济地理和空间特征，更具有超空间超时代的特征。在古丝路时代，生产者与交换者克服了自然地理障碍，构造了具有一定走向的网络状的市场贸易网，促使商流、人流和信息流交互流动，缔造了人类早期和近期的商业文明。由于传播技术和交通技术的局限，这个超级的地理市场空间也会因为人为的和自然的局限出现盛衰交替周期，但在互联网的时代里，有限的空间开始变得无限，“一带一路”也就在历史的变化中重新放出光彩。“一带一路”所能勾勒的现代市场，不仅契合经济全球化的大视野，要比古代的陆上与海上丝绸之路更开阔，市场效应更显著，并且在方兴未艾的互联网技术发展中，还会展现前所未有的跨国商业发展前景。我们或者也可以这样说，互联网的出现与广泛应用，给“一带一路”贸易投资和经济合作的崭新市场平台带来无限可能的空间，“一带一路”恰逢其时地横空出世，也给互联网发展带来更大的市场远景。“一带一路”的世界发展观与市场再发现，在21 世纪里与互联网技术的世纪性发明相逢，迸发出来的市场能量之大，将是可遇不可求的。

也是基于这样一个深刻的原因，中国对“互联网 +”中出现的跨境电子商务形式给予了极大的关注。2016 年初，在杭州跨境电子商务综合试验区试验成功的基础上，国务院决定在天津、上海、重庆、合肥、郑州、广州、成都、大连、宁波、青岛、深圳、苏州十二个城市设立跨境电子商务综合试验区，用新模式为外贸发展提供新支持。在综合试验区内构建包括企业、金融和监管部门的信息共享体系、智能物流体系、一站式服务体电子商务信用体系、统计监测体系和风险防控体系，并为跨境电子商务打造比较完整的产业链和生态圈。跨境电商的发展，无异于为企业尤其是中小企业和个人的消费打开又一扇通向国际市场的大门与通道，为全球贸易的可持续发展提供了新的支撑。

经济全球化重要战略引擎

目前，世界经济发展进入了关键时期。发达经济体经济几经货币宽松，复苏依然乏力。从另一角度看，美联储首次升息的国际市场影响，也可以视为是对美国经济的一个检验试剂。检验的结果并不理想，因此暂停用药，美元利率暂时停止在零利率边缘区的上方。但随着美国经济的缓慢复苏，美元升息又是必然的。谁也不能说，美元的多年零利率就是合理的，不升息是必要的。但利用升息过程有意无意打压其他国家的货币，忽视其本身具有世界货币的全球功能，却是另一回事。欧盟与日本央行实行了负利率货币政策，巴望通过再次降低利率促使本币贬值，增强本国和本地区的商品出口竞争力，但美联储暂停加息又导致了出乎意料的阶段性溢出效果，日元一度不贬反升，日元对美元汇率出现了2014年下半年以来的高位。不仅欧元区在遏制欧元走强方面面临与日本相似的问题，欧洲其他货币如挪威克朗、瑞士法郎都出现反向效果。提哪壶哪壶不开，不提哪壶哪壶更开，这是为什么？一种解释是一齐应声贬值，等于没贬，各自希望的贬值效应被相互之间的对冲力给抵消了。但经济合作与发展组织警告说，在利率长期处于超低水平的延续下，有关央行的货币政策影响正在消退，在一个需求继续低迷的环境下，负利率造成意想不到的市场“挤压”，“货币政策已经超载”。人们陷于两难境地，“一边是负利率，另一边是相当疲软的经济”，需要采取财政政策和结构性改革来“确保经济复苏能够自我维持”吗？把已经走乏的马放在一边，去骑另一匹没有使过劲的马，当然是一个选择。

世界经济贡献率

世界经济究竟如何？是不是全都一团糟？恐怕还需要多切几个刨面来看。2015年世界经济增长率是2.4%，其中G20经济增长率是3.2%，只比2014年低了0.1%，这个0.1%的下滑还是主要来自2015年第四季度的市场走软。在G20中，最后一季度下滑幅度较大的是韩国、澳大利亚、加拿大、墨西哥和日本，日本从微增转为萎缩，下滑幅度较小的有美国、意大利、印度，法国、德国、南非持平，英国和印尼小幅上升。G20的经济体量较大，能够反映世界经济发展的主要轨迹，给人的印象是总体尚可，略有分化，徘徊不前，步伐踟蹰，需要有好的思路走出经济增长泥沼的边缘区。

多数发展中经济体的发展分化度就大了，经济下滑幅度最大的无一例外都是资源国，最典型的是俄罗斯、非洲的尼日利亚、拉美的巴西等，但也有发展中的亮点，如东南亚的越南、老挝，南亚的印度，还有非洲的冈比亚，增速都在 7% 左右。发展速度相对较快的各有各的原因，资源国家的发展软肋是经济产业结构需要调整。

还有一个角度，就是对世界经济贡献率的比较，并由此引出一个谁来拉动世界经济发展的命题。在新兴市场经济发展高度分化的情况下，人们把眼光从新兴市场开始移开，投向调息了好几年的发达经济体，主要是美国，希望这些接受了货币宽松治疗法的经济体能够恢复元气。但是，面对宽松货币政策已经超载的局面，发达经济体似乎目前无力担当此任，这是许多人面对世界经济现状出现焦虑的一个原因。世界银行给出的数据中，在 2015 年全球经济 2.4% 增长率里，美国经济贡献了 0.6 个百分点，贡献率为 23%，达到了金融危机发生以来的最高点。这确乎是美国经济能够引领世界经济的一个好的迹象。但是，如果与美国经济自身在 20 世纪 90 年代末的表现相比，美国经济在 1996 年的贡献率是 28.3%，1997 年是 29.6%，1998 年达到顶峰，是 47%，这正是亚洲金融危机肆虐亚洲经济体的特定时段。美国经济虽然在 2015 年对世界经济贡献不小，但能不能再现 20 世纪 90 年代末的情境，还有很大的不确定性。从情境上看，亚洲新兴市场并没有出现另一场金融危机，但经济处于相对低潮，因此美国经济的贡献率相对高了起来，但美国经济显然还没有从金融危机的阴影中完全脱身出来，因此也很难再现 20 世纪 90 年代的一幕。反倒是中国，虽然进入了中高速发展阶段，对世界经济的贡献率仍旧达到 30% 以上。世界银行预测，未来三年，世界经济增长率依旧会在 3% 左右波动，高不到哪里去，也低不到哪里去，美国经济对世界经济的贡献率，在 2016 年将是 20.9%，下降 2 个百分点，中国则是 27.6%，美国 2017 年是 17.4%，2018 年是 15.7%，中国 2018 年将是 26.4%。但是，在 2018 年，除了美国、中国和欧元区，其他经济体的贡献率将会占到 50%。这意味着，在 2018 年，中国贡献仍旧排第一，为 26.4%，美国排第二，为 15.7%，欧元区第三，为 7.9%，美国与欧元区加在一起，仍旧比中国经济贡献低 2.8 个百分点。

美国贡献率的逐年下降意味着，美国经济作为世界经济发展的一个重要引擎，功率逐渐变小。目前对世界经济发展贡献率达到 30% 以上的中国，贡献率引擎的功率也会有所下降，但保持了大体稳定的能效。美国对世界经济贡献率的曲线变化，反映了美国经济调整中的艰难，总体上属于拔出型与爬坡型。中国贡献率曲线的变化，反映的是主动的转型升级，属于立体转身型。同样费劲，都是经济结构调整，也都是高难度动作，但角度和节律以及所需要的技能不一样。中国当然会继续为世界经济发展做贡献，但这种贡献不再是单纯的速度贡献，或者消耗与产出不成比例的贡献，重要的是质量的贡献。比例或有可能下降，含金量会提升。这是一个关于发展的巨大转变。中国进入了经济发展的新常态，这个新常态也就是经济转型升级，也正是因为有了经济转型升级，转型升级成功之后对世界经济的贡献将会更大。

从世界银行提供的分析数据中，我们还可以看出一个关于贡献率的重要变化趋势，那就是在 2018 年，除了美国、中国和欧元区，其他的经济体贡献率将会占到 50%。这又意味着什么？意味着大多数经济体会在调整中缓过劲来，在与世界各国包括中国、美国、欧元区国家的共同发展中拉动世界经济走出各种危机，走向稳定发展的目标。这个劲儿如何更快递缓过来，又怎么把一两部主要经济引擎变为多引擎合力发动的发展合力，这必然地引出关于“一带一路”共同发展的战略思路。

全球经济的过度分化

对于 2016 年的经济走势，开年之初多个权威机构就开始多种预测，似乎是好于 2015 年。理由是 2015 年世界经济虽然低迷，但有一些亮点，除了美国的就业增加，欧洲的一些小国家如爱尔兰增长快，发展中国家除了中国、印度，越南、坦桑尼亚、冈比亚增长势头较好，甚至连日本因为没有明显地陷入预料中的大后退，也被视为亮色。虽然一些专家声称“乐观”，但分析的基础是能源价格会有所上升，而这种分析已经证明是一厢情愿。有的小心翼翼地使用了温和回暖的概念，但主要论据是美国和欧盟国家就业回升，支持国内消费增长，因此多数预计2016年全年增速为比较保守的2.6%，比2015年高0.2个百分点。欧元区再次量化宽松，预计全年增速为2%，日本则是1.3%或下一财政年度的1.7%。它们的经济总量占全部发达经济体的四分之三，美、欧、日虽然有限但有预期的增速，多少会带动发达经济体的经济回升。新兴经济体扭转三年来下滑态势的理由是，东亚地区经济增速有望与2015年的5.6%持平，南亚可达6.7%。其中，哈佛大学的预测报告认为，印度经济增速可望超过中国达到7%。非洲是4.4%，西亚是2%，拉丁美洲也有望走出泥潭。但分析者也认为，全球贸易继续低迷，各国债务水平继续高企，美联储加息构成很大金融威胁，将会继续引发国际资本从发展中经济体流出和全球资产价格变化与资本异动及国际金融动荡。

从世界贸易来看，2016年也有可能降至2009年以来的最低点，即世界贸易组织预计的增长2.8%和国际货币基金组织预计的3.1%。因此，对于2016年世界经济的走势，持保守观点的并不少。国际货币基金组织总裁拉加德在开年时说，国际货币基金组织预计，2016年全球经济增速为3.6%，但“令人失望且缺乏平衡”。她特别强调了美联储加息产生的“外溢效应”，即导致信贷条件趋紧和新兴市场偿债成本上升。据国际货币基金组织统计，在过去十年里，新兴市场借贷超过了3万亿美元。国际货币基金组织在其年初发布的《金融稳定性报告》中说，任何利率方面的“正常化行动的失败”，都会在接下来的两年里拉低全球经济产出的3%。中国社会科学院世界经济与政治研究所发布的《2016年世界经济分析与预测》给出的预测值比国际货币基金组织低，比一般的保守预测高，认为2016年全球经济增长率只有3%。主要原因是：大宗商品价格继续下降，部分经济体面临通缩压力；整体就业状况改善但各经济体存在差异；国际投资有所恢复但金融市场波动剧烈，全球债务水平处于历史高位。这一切都提升了风险层级。

全球经济确乎处于一种不稳定的过度分化状态，尤其在美国货币政策走向的直接影响下，不仅发展中经济体有分化，发达经济体同样有分化。“寰球同此凉热”，只是各自感受程度不同，形成的压力力度也不一样。

先说发展中经济体。2016 年一开年，在美联储加息之外，国际油价向下破底 30 美元，为什么呢？因为自从 20 世纪 70 年代，美国就与世界上最大的产油国沙特阿拉伯达成一项协议，确定把美元作为石油的唯一定价货币，并得到欧佩克其他成员国的认可，从此美元的强弱一直影响着国际油价的走势，美元贬值意味着石油昂贵，美元升值意味着石油便宜。它们就是这样的联姻关系。美元此番走强必然引起油价在已经疲软的情况下继续下跌。尽管有时油价反弹，多半是游动资本炒作的结果。尽管此前国际能源署也有过两年后油价反弹到 60 美元的预测，并认为 2020 年欧佩克成员国产能达到极限，2025 年油价还会上升到 80 美元，但这似乎是一种刻舟求剑的预测。至今，石油输出国组织并没有达成任何减产计划，即便石油输出国组织成员达成一致，美国、俄罗斯乃至伊朗等产油大国也不可能主动减产，比如，沙特正在打一场低价“倾销而后抽油的消耗战争”，而美国的石油库存也达到了创纪录的高点，不得不开始出口石油。因此，要想依靠市场力量平衡油价，使油价在短期内回升，概率并不大。现在，美元对石油的价格扭曲，除了给产油国添乱添堵，对石油进口大户提供了低价进口企业能源成本降低的市场机会，没有其他宏观经济上的益处。2016 年油价还会下行，因为伊朗被解除制裁以后，其石油产品也会重返市场，而石油天然气市场，自从美国页岩气加入供给链之后，只有过剩，没有短缺。如果人们还注意到，世界非化石能源生产不断发展，化石能源市场价值能否回归昔日的时代，已经打了大大的问号。除石油天然气之外，其余大宗商品跟着一路跌到了 1998 年以来的最低点，价格比峰值时期下降了三分之二以上，也是基于同一个道理。虽然有人将其归之于中国经济减速，但过剩同样是主因，而且未来制造业智能化和精细化的发展趋势，将会影响到许多大宗商品的生产数量，要想回到发热的时代同样是难矣哉的事情。因此，许多资源国曾经开足马力，生产开发过剩，同时也拜美元升值所赐，发展中经济体中第一批经济受牵连的，便是石油和大宗商品输出国。这些资源型国家不同程度地发生了通货通胀和货币大幅贬值，大部分分布在中东地区、拉美地区和俄罗斯和部分非洲地区，数量并不少。

发展中经济体，除了中国，还有另一些被看好的国家，比如印度、越南，非洲的坦桑尼亚、乌干达和肯尼亚等，2015 年经济增速比较高，它们有的属于金砖国家，有的不是。金砖国家印度最被看好，美国哈佛大学国际发展研究中心的预测报告认为，印度在未来十年有可能成为增长最快的经济体，因为它的生产出口能力提高了，包括医药、汽车和电子产品。但也有另一种预期，印度的情况并没有预期的那么好，制造业出现明显的下滑趋势，首次跌破“不景气”区间。该中心也把东非地区的乌干达、坦桑尼亚和肯尼亚列入全球年增长率前十，东南亚的马来西亚、印尼、越南等也被认为增长率高于全球平均水平。但是，世界银行发布的《全球经济展望》认为，2016 年新兴经济体面临的风险并不小，“下行风险占主导，而且越来越多地集中于新兴市场和发展中国家”。世界银行估计，2014 年发展中国家的经济增速是 49%，2015 年下行至 4.2% 的最低点，2016 年将会是又一个艰难的一年。对于金砖国家在内的发展中国家经济前景的风险，原因自然是多方面的，一是全球贸易继续不振，多种贸易保护主义有增无减，贸易增速已经降到六年低点；二是美联储加息引发汇率震荡，新兴经济体增加了企业负债偿还压力。这两重因素结合在一起，必然对新兴经济体的发展产生巨大负面影响。

但这种负面影响并不只是发生在新兴经济体身上，也同样严重地出现在发达经济体中。因此，把发达国家与发展中经济体放在一张跷跷板上去比较去掂量，认为世界经济在转换动力，未来要更多地依靠发达经济体推动世界经济发展，那也是一种大而化之的观察。事实上，在美联储此番加息中，我们可以清晰地看出发达经济体中不同国家经济发展的直观刨面：发达经济体的经济感受是完全不一样的。除了美国开始走出经济危机的阴影，甚至被许多经济学家认为是“再成发展引擎”，欧盟国家与加拿大等国家的经济复苏仍处于较为落后和不确定阶段，尽管欧洲将保持2011年以来的渐进式增长趋势，但欧洲央行还需要再次实施货币宽松政策。美联储连续加息，对欧洲与日本也都构成了新的挑战。

对于这样一种多方向的经济分化现象，不妨名之乱花浅草迷人眼，但在乱花浅草的大背景里可以看出，美国的经济因素正在形成一种“厄尔尼诺”现象，意欲重新控制全球的经济气候变化。他们也在制造一种对中国的经济压力，巴望着中国还会像2009年一样，为了拼命扩大出口，为了解救美国的次贷危机，再次实行大规模的刺激经济的计划和货币贬值计划，帮助美国经济再次冲顶。

但这种分化也未必是花旗银行经济学家们所说的美国经济强劲而中国经济持续放缓下的“双速状态”，但他们所说的两个主要经济体相互之间的“拖拽力量会引发一场全球衰退”，这倒是值得引起注意的。在我们分析全球经济走向的时候，如果只是用美国与中国两个经济坐标来预测未来世界经济的变化，是不完整的，尤其是把中国经济发展进入中高速当成经济下滑，不能再去引领世界经济复苏，而当美国的经济有所向好时，就认为世界经济发展还靠唯一的一部有力转动经济的引擎。这种把世界经济简单地归之于中美两国的经济走向的预测法，至少是低估了其他发展中经济体发展能量的。但是也要看到，作为世界的第一、第二大经济体，美国经济与中国的经济理所当然地会对世界经济构成重大影响，影响的方式、方向和效应并不相同，但结果是一样的。如果美国还是在自顾自地玩加息，这对美国自己也许是正效应大于负效应，对其他国家则是负效应大于正效应。中国则希望出现发展愿景的“最大公约数”争取各方利益的“最大公倍数”，并希望通过推动国际产能合作，在更大国际范围平衡世界性的产能不平衡，这是基于“让自己过得好也让别人过得好”的国际经济双赢和多赢法则考量的。大国之间的发展思路或有差异，路径也有所不同，但发展的愿景是相同的。即便因为国情不同在一些方面着眼重点有所不同，在共同的发展利益上必然会发生交集。不能因为各自的路径不同和阶段目标的不同，也就忘记了目前和未来还担负着带动和直接影响世界经济发展的引擎动力责任。

应当说，世界经济的运转及其前景，既不是隧道尽头眼前一片亮色，也不会是隧道深处的一片黑暗。当你走道听风声的时候，不要以为已经到了隧道尽头，当你再次进入黑暗，也要看到隧道尽头就在前面，关键在于信心，也在于有更多的伙伴同行，相携而行就有希望到达胜利的终点。

“一带一路”提振经济全球化

信心是一种正能量。与其相对的是无名的焦虑，焦虑于美国经济起色不那么大，也焦虑于中国经济的减速。我们不能说“年年难过年年过”也是经济运行的一种另类矛盾规律，可以泰然面对，但也不能因此而乱了方寸。焦虑有时是对复杂事物的一种正常反应，有时却是看问题不得其法。比如对中国经济的相对减速，如果一直认为中国最好不断地复制原来的发展模式，依然按照既定的全球分工老套路去观察去分析，还是大量耗费资源，大量制造中低端产品，在高速运转中去做低端“制造业大国”，资源国生产过剩问题由此解决，发达经济体继续高居于全球产业链和价值链的顶端的格局也继续维持，如果不是这样，那必然是疲软了，失速了，崩溃了，那可持续的发展又从哪里来？发展的根本含义又怎样去理解？

对世界经济的观察分析也应当在不断“纠错”中寻找更好的办法。办法其实也很简单很明白，那就是在携手同行共同发展中不断推进经济全球化，并在这个基础上继续构建世界经济的未来。“一带一路”便是基于这样一个共同发展的认识提出来的。它不仅遵循了地缘经济市场规律，也遵循共同发展愿景中的人文规律，体现了一种经过历史检验的创造文明中的合作价值，对化解经济全球化中发生的各种矛盾，对共同推动解决世界经济面临的主要发展瓶颈，都有重要的现实意义。

“一带一路”并不是空泛的口号和所谓“外交辞令”，它首先是一种具有普遍价值的方法论。它所包含的设施联通、贸易畅通、资金流通、政策沟通和民心相通，具有系统的经济合作共同发展的操作要素，互为前提，环环相扣，只要形成共识，哪一个关联经济体都可以参与。它不仅有最大的包容性、开放性，也不附带任何政治的经济的特殊要求，唯一的合作标准就是平等互利，实现市场中的双赢和多赢。这样一个根植于市场和经济全球化土壤的发展思考与实践，本身并没有深奥的理论，它的理论基础来自文明发展的历史经验和市场发育的基本原理。

“一带一路”的实操性是十分明显的，从设施联通建设目标起势，政策沟通和民心相同为导入，以资本和资金自由流动为工具，必然会形成贸易畅通的国际经济合作新格局。因此，我们也可以说它是经济发展战略层次上的自贸区构想，也可以说它是经济全球化和区域经济一体化的实操版，是真正推动经济全球化向前发展的战略思考和战略举措。

“一带一路”对突破当前世界经济总体上徘徊不前的主要瓶颈，解开束缚经济活力释放的一些死结，给出了答案与方法。尤其在当前许多国家货币政策失效的情况下，打破就事论事、就金融说金融的复苏经济的狭窄视野，以及对一时失衡的经济“过度治疗”的认知和操作瓶颈，提供了一条更为广阔的振兴经济思路。

对于推动基础设施建设，我们并不陌生。至少在 20 世纪 30 年代美国发生大萧条和令人刻骨铭心的经济危机的时候，大规模的基础设施建设起到了经济起死回生的作用。当时的萧条与危机是工业产品极度过剩引起的，那个时代普遍的“血汗工资”也谈不到社会购买力对经济的拉动作用，消费不起，贸易不灵，只有国家财政负债投入，形成了至今还在使用的公路网和铁路网。当时的美国，金融业并未高度发达，也谈不到“虚拟经济”引出的金融危机，因此，凯恩斯运用的是原始的也是最基本的经济方法，但那也是最有效最基础的方法。

现在，世界经济的景象当然与那时天差地别。第一，那时是产品产能严重过剩，消费与外贸外需都无法支撑将倾的美国经济大厦。第二，金融危机还没有机会出来“乱世”。第三，宏观调控体系也谈不到，一切都是“自由落体”和“布朗运动”，只能从“三驾马车”里挑出能够跑路的一匹独自上路。但是，人们也会看到今日与往日的同与不同。不同的首先是，这次经济的变化是金融危机惹的祸，当然要由金融当局甚至要货币政策来收拾残局。其次，在发达经济体中，虽然由于失业率攀升，消费力有所萎缩，但社会消费能力并没有丧失殆尽。最后，外贸虽然收缩，但在经济全球化的背景下也还能够差强人意地运转。还有，美国那时是诸般方法难选，只有政府财政赤膊上阵；现在方法多了，投资市场高度发育，企业直接投资、PPP 政府财政与社会资本联合投入等等。因此，人们把凯恩斯主义当成彼时彼地的历史经典案例来讲，并不认为它再世也会扭转乾坤。

但是，情况的不同和行为对策的多样化，如同疾病治疗手段的多样化，基本的对症治疗还是最主要的。对于当前的世界经济发展来讲，在货币政策上过多地实行刺激，已经效果不显，需要通过实体经济活动包括通过规模巨大的基础设施建设带动扩大消费和为扩大贸易创造条件。基础设施项目虽然回报周期长，但带来的综合效应明显，是“一带一路”发展的路基，也是真正能够长久刺激经济回升与发展的主导因素。

对于金融货币政策运用过度而效用甚微的问题，许多学者和经济研究机构都在关注。经济合作与发展组织提出替代选择思路，认为真正能够见效的是积极的财政政策和深化结构改革。积极财政政策包括扩大社会保障、解决民生问题，同时也包括加大政府主导、社会和企业参与推动基础设施建设。这与中国正在推进的结构性改革和“一带一路”发展思路是完全一致的。

在“一带一路”发展的大背景下，中国国内正在推动供给侧结构性改革，同时也在推进国际产能合作，在新的“十三五”规划中，每年要在基础设施等方面投入 2 万亿元人民币，并首次扩大财政赤字，达到 0.6% 的水平。加大基础设施建设，无论是在中国还是外国，是发展中国家还是发达国家，都有巨大的公共需求和市场需求，其市场规模估计，按不同口径和轻重缓急，有 3 万亿美元至 8 万亿美元的最低需求，这是拉动国际需求和各国国内需求的现实市场要求量，中国为什么要发起亚洲基础设施投资银行，主旨也就在这里。“一带一路”沿线几十个国家争相参加亚投行，原因也在这里。

世界银行前行长佐利克在其关于如何应对世界经济变化的文章里，也从面上涉及基础设施建设问题。他引述了美国前财长劳伦斯·萨默斯的警告：由于缺乏需求，世界面临“长期性经济停滞”的威胁，新兴市场更是面临全球经济疲软、资本外流、投资前景黯淡和货币贬值。新兴经济体拖累发达经济体，发达经济体反过来抑制发展中国家。解决之道是通过极低利率的大借款为政府融资，拉动基础设施建设。他引述的第二个办法是哈佛大学肯尼思·罗戈夫的主张，认为全球经济处在债务“超级周期”的后期，也就是说，可以用时间来等待增长的缓慢恢复。第三种方法则是诺贝尔奖得主迈克尔·斯彭斯供应学派提出的重新专注于促进生产率和增长潜力，尤其是私营部门。问题在于，这样的结构性改革是困难的。随着民粹主义和“本土主义者”（“孤立主义”）的崛起，依赖于国家开支和中央银行会更简单——也就是说，球又踢回到积极货币政策和宽松货币政策上来。他最后的结论是“2016 年的关键问题是各国是否能勇敢地面对至关重要的结构性改革”。

就拉动基础设施建设而言，他们提出这是世界面临“长期性经济停滞”威胁的解决之道。这个解决之道是契合于“一带一路”拉动经济发展主张的。基础设施建设的跨国成果也会使所谓民粹主义和“本土主义者”失去悲观话语的传染空间，让经济全球化而非“逆向全球化”，更加有力地推动世界经济向前发展。

加大国际产能合作，也是“一带一路”推动经济结构调整的重要内容。世界经济徘徊不前的重要因素之一是资源国家受损，经济下滑严重，需要加快调整产业结构。在一些国家部分过剩的产能，在另一些国家，也可能是紧缺的产业与技术，需要引进，这里包含着投资、贸易和经济合作的多种商机，比一般的产业转移更有针对性，见效也快。在国际产能合作中，第三方市场和第三方产业也有巨大的合作优势。国际产能合作既有推动基础设施建设所需要的原材料与技术设备的市场考量，也有产业需要向价值洼地转移的考量，在客观上是较快实现经济结构调整的有效途径。由于各国资源禀赋的不同、发展阶段的不同和经济互补结构的不同，产能过剩和短缺在结构上具有相对性，产能封闭和缺乏产能流动，不仅造成局部的供给不足，也会造成资源的浪费。无论是大经济体还是较小经济体，“大而全”“小而全”不是结构调整的理想追求，但结构单纯或者畸轻畸重也很难抵御经济风险。每个经济体只要有可能，就要有几样“看家”的产业和有国际市场竞争能力的产业，在自身有效配置市场资源和经济互补中实现共同发展。就当前来讲，面对经济发展停滞和上升缓慢的风险，多数国家和地区都会抓住“一带一路”带来的产能合作机遇，在不同产业发展层次中和不同市场方向里扬长避短，实现结构调整的新突破。

推动互联互通基础设施建设和开展国际产能合作，其实是“一带一路”发展的两翼，也是贸易畅通的基础、资金流通的重要标的，不仅具有拉动世界经济的现实操作性，也会有效提高资源要素的整合水平，促进各国经济健康发展。这种务实的发展成果也是经济全球化的成果。

第四章
货币战？货币危机！

2015 年与 2016 年之交，一场始料未及的“全球货币战”发生了，这给不稳定的世界经济增添了新的变数。“货币战”缘起美联储的首次升息和各国本币对美元的各自不同的改变，但“货币战”的前期战果早已被美国收获，人们看到的是，斜刺里冲出的一支资本“盟军”，在心照不宣中“做空中国”。这对正在推进经济转型并行进在“一带一路”上的中国，意味着什么？中国如何应对？这场还没结束的“无硝烟战争”导致的结果，究竟会是一场世纪大战，还是导致了包括美元在内的严重货币危机？

2015 年底，世界经济发生的最大金融事件是美联储加息。一个国家的央行，调整基准利率原本是经济宏观调控中的寻常事，并没有什么需要大惊小怪的，但这事情发生在美元的故乡，而且是在特殊的时间特殊的经济背景下以特殊的方式发生，因此引起了全球经济的巨大震动。预后如何，我们目前只看到冰山的一角，这座冰山会不会撞沉世界经济的船队，或者撞沉船队的哪一只巨轮抑或帆船，或者竟是有惊无险地擦伤冲乱了世界经济这个大船队而它自己也慢慢地变成寻常的海浪，目前很难有结论，但说这是事实上的世界货币战风暴的新开端，则是大体可以肯定的。

说是特殊的时间，与纪年无关，但与美国经济的“复苏”与世界经济的走向不明的时间节点有关，也是大体可以肯定的。但物极必反，当更多的国家因为“用不起美元”而被迫更多地放弃美元，那又会发生什么景象？当然谁也不会推测，世界将重新回到易货贸易的时代，但曲高和寡的美元对美国并不是什么完全的幸事。美元虽好，若是“众叛群离”，这又有什么好呢？

特殊的背景，是西方发达经济体经济复苏步调不一，再次发生金融危机的阴影又开始闪现。美国在伙伴国家争相放宽货币政策的背景下，不思拉弟兄们一把，急不可耐地收紧美元，让它们作如何想，又如何是好？而绝大多数的受害国家，对美元的异动本来不会有什么好感，无缘无故的价格战硝烟尚未散去，又受到汇率变化的巨大冲击，自然感到除了危机，还是危机。

特殊的影响，那就是让众多的国家，不管是曾经的盟国还是美国的眼中钉国家，经济雪上加霜，无疑也会恶化经济发展的大环境。美国凭借其页岩气优势造成石油价格暴跌，挤压产油国的贸易空间，现在又开打汇率战，让石油用户国刚刚尝到便宜的“甜头”又要回吐利益，而石油输出国已经在汇率变化中本币贬值又会是一种什么样的感受？也许，美元进一步值钱，对以美元定价的石油输出国和与本币美元挂钩的国家是一种利好，但对它们的贸易却是一种冲击。更多的国家占不到好处，霉气扑面来，而且将会触多大的霉头，也还一下子说不清。

世界货币战？

美联储在2015年底开始加息，美元强势回归，甚至一开始有几乎肯定的预测，2016年美联储至少要加息4次以上。美元币值翻转，不仅对新兴市场货币构成了巨大压力，也对发达市场的货币构成步调不一致甚至错位的压力。如果我们还要向前探几步，美联储加息的靴子尚未落地，预期与传闻已经压垮了很多具有资源型经济特征国家的货币，从阿根廷到委内瑞拉，甚至从阿塞拜疆、哈萨克斯坦到俄罗斯再到非洲的尼日利亚，本币大幅贬值，通胀率攀升。中国的人民币也出现了小幅贬值。这一方面显示了美元本身的影响力，同时在另一方面也显示了，美元升息的预期效应比美元升息本身的事实更强大。因此，我们虽然不能说，美元升息就意味货币战的爆发，但围绕美元升息预期的货币战，在更早的时段已经开打了。问题在于，美联储加息只是开了个头，后续究竟如何动作，还会产生什么样的更大影响，这个围绕美元升息预期的货币战争，何时会告一个段落，是节奏徐缓，还是愈演愈烈，是仅仅起源于美国结束货币宽松政策推动美国经济复苏的金融动作的衍生品，还是另有一箭多雕的可能，抑或多种考量兼而有之，目前还看不分明，但说是谁都不能掉以轻心的新型货币战在事实上的开始，应该不是一种杞人忧天。

美国的货币战

美国经历过打货币战的历史，美元替代英镑是一回，只不过办法比较原始——你抗击纳粹缺钱，我借给你钱，完事之后你还不上债，自然只能把英镑的世界货币地位让出去。20 世纪 80 年代出现的对日“广场协议”就有些技术含量了，搞的是“围攻”下的日元贬值，让你有苦难言。30 年过去了，美国对中国也打人民币升值战，主要是着眼于美国减少贸易逆差，挫挫中国商品的出口锋芒。后来美国因为次贷危机发生并引发了更大面积的金融危机，有些自顾不暇，也就一门心思去印票子搞货币宽松政策。因为它是目前唯一生产世界货币的国家，生产多少，流通多少，向哪里去，又怎么回笼，又怎样通过不断变化的汇率差价，在一来一去的轮回中赢得巨大利润，都是它说了算。美国生产经营国际货币的这种一言九鼎的垄断地位，决定了它对最高商战形式货币战的喜爱与热衷，而金融业在美国 GDP 增加值中占了近 70% 份额的地位，也决定了它的这种经济行为取向。

对于美国利用美元在国际贸易和投资的垄断地位牟取自身经济利益最大化的方式，人们惯常用一种比喻，即用“剪羊毛”来形容，像牧羊人养羊一样，羊毛长了剪去，剪去了再养，美元就是青饲料，羊毛则是收获物，这其中的差价也就成就了美国的国力。“剪羊毛”的过程，大体分为三个段落，一是在美元最低值时自然输出美元，饲羊喂羊，收取羊毛，美元流向哪里，哪里就一片繁荣，而这也是各国竞相引进外资的原因；二是美元升值，售出羊毛，完成了攫取剩余价值的一个简单的轮回；三是美元贬值，再去输出美元饲羊喂羊，营造新的一轮繁荣，收取新的羊毛。对美元周而复始的一贬一升盈利效应，有学者称之为“货币殖民主义”，是有一定道理的，老殖民主义和新殖民主义做不到的事情，美元轻而易举地做到了，这也是美国为什么一定要维护美元霸权的终极原因。

美国利用美元在国际贸易和投资的垄断地位牟取的不仅是自身经济利益的最大化，也是美国国内发生经济危机输出通胀或通缩转嫁危机的有效途径。美国国内美元多了，自然会引起通胀，美元在降息中低价流出，全球经济呈现涨潮，风险资产价格上升，在升息中回流，全球风险资产价格濒临崩溃，一片萧条。在美元币值一升中输出了通胀，减轻了债务，在美元币值一落中输出了通缩，重新流入廉价的美元。然后再次进入新的过程。在这些连续不断的过程里，美国摆脱和转嫁了危机，全球经济却会因此受到无辜的伤害。

美国热衷于美元的升值与贬值游戏的原因，一个是周期性经济危机不断发生使然，另一个重要原因是美元霸权得之不易。虽然说 1944 年 7 月美国从英国手里接过“霸权”，包括国际政治体系、世界贸易体系和金融体系的“霸权”，但真正用得得心应手，还要有一个过程。金融霸权的形成，也还经过了 20 多年。布雷顿森林体系并没有让美元真正称霸，因为在 1971 年以前，美元还得与黄金挂钩，意味着拥有多少黄金储备才能印制多少钞票，不是想通胀就可以通胀，想输出多少就输出多少的。流动性这个词在后来的金融术语中才出现，本身也说明了这个问题。美元霸权的正式出现是在 20 世纪 70 年代之后，其标志一是美元与黄金脱钩，布雷顿森林体系宣告瓦解；二是 1973 年美国使欧佩克国家接受以美元为石油贸易唯一结算单位的条件，出现了“石油美元”。从此，美元去黄金加石油，石油垄断加上美元垄断，开始颐指气使，获得了不受制约的货币操纵权。20 世纪 70 年代后，美国先后连续对拉美国家、对日、对欧盟、对亚洲小试牛刀，瘾还没有过够，怎么说不用就不用呢？

不管怎么说，美国也是很善于开打货币战的。在美联储加息前后，人们不约而同地想到美国的霸主史。在“二战”中期，美国还是一个“门罗主义”掌控社会思维的国家，闷声不响地大发交战国的“战争财”，但“二战”之后，不仅因为参与领导了“二战”的军事胜利，成为首屈一指的军事强国，也顺势利用庞大的待偿债务，迫使英国最终让出了老牌全球霸主的地位。如果说，军事战争是它的强项，货币战争是它的另一个强项。美、英霸主地位的交替自然不会以军事战争形式出现，但金融战争、货币战争也同样有效。苏联的崩溃其实也是一种货币战的结果，只不过那一次使用的是“石油美元”这样一种特种武器。苏、美在中东、在世界各地不断角力，导致了一场一时分不出输赢的战争，但是，一场石油价格战，终于使同样是能源大国的苏联败下阵来。最终成为导致苏联解体的经济原因。战争和代理人战争难以奏效的完胜，货币和价格武器做到了，可见美国战略家们的心机之深。他们并不完全是那么牛仔化的。其中最深刻的原因是，美国已经把全世界的货币纳入它的金融体系之中，管你是什么主权国家、是什么独立主权政府，统统离不开美元的摆弄。

美国的货币战不仅用来对付敌对国家，也用来对付和平衡同盟国家和“后院国家”。最典型的就是对付日本的“广场协议”和对付欧洲国家的“卢浮宫协议”，以及对付阿根廷的金融战。1971 年前后，美国经济也开始出现“空心化”，GDP 的贡献绝大多数来自金融业而不是制造业，即以目前来看，美国 18 万亿美元的经济规模，只有 5 万亿美元来自实体经济。由于美元的大规模流出，那时的拉美经济进入了一个相对的繁荣期。日本的制造业更是如日中天，甚至日元也颇有取美元而代之的势头。1979 年，美国开始一轮货币升息，美元回流，拉美国家投资骤然减少，资金链开始断裂，经济出现麻烦。阿根廷首当其冲受到冲击，危机中政变上台的军政府决定挑起“马岛战争”。在这场战争中，原来承诺中立的美国转向支持英国，美联储继续加息，美元加快回流，阿根廷经济和拉美经济完全崩溃。拉美资本撤到了美国，美国汇股两市迎来了大牛市，美国接着又抄底拉美国家的贬值资产，赢得了一个大满贯。

与此同时，美国东西出击，先后又用“广场协议”和“卢浮宫协议”收服日本和巩固欧洲列国，使美元霸权走上了登峰造极的地位。为什么日本经济一蹶不振而欧洲挺了过来，因为德国的制造业有欧洲市场的支撑，欧洲国家又一并发起了欧元区，化解了美元的攻势，但日本始终是被动的，也就由此失去了最少10年的发展。

但是，美国并没有就此而收手，1997年又把目标对准了“四小龙”和亚太发展中国家。美国连同日本、欧盟、瑞士推出了负利率，驱赶避险资金，一场恶性竞争终于引发了亚洲金融危机。如果不是中国出手稳定汇率和利率，承诺人民币不贬值，为人民币赢得了国际信誉，美国又会大获全胜。处理亚洲金融危机是中国的一笔宝贵的战略思维财富，至今值得我们研究与思考。

美国玩美元玩过了头，虚拟经济泡沫破裂，终于引发了自身的次贷危机，导致了长达七八年的经济停滞和三轮货币宽松。宽松是什么？就是不断降息与美元贬值，就是开机印钞票，搞通胀。首要的操作目标是驱赶投机资本，开始了新一轮美元输出。为振兴经济，美国又接着推出一套连环措施，一是“振兴制造业”，二是回流资本，三是为了继续回流资本，急不可耐地开始加息。这一切都环环相扣，其中一个潜在的最大动机在于这是一次更大半径的“剪羊毛”。这一次要剪的是谁呢？剪刀到处都要剪，比如能源与资源国家，已经被剪得不成模样，俄罗斯作为资源输出国家也受伤不轻，但最理想的目标自然是经济规模排到第二位的中国。只是，事情刚刚开始，剪到剪不到中国，剪到的是浮毛还是乱丝什么的，还要再说。

问题还有，此番美联储加息的时机和酝酿过程就颇有点蹊跷，蹊跷的不只是在于加息时点是否操之过急，尤其是在全球经济出现两种异常的情况下。一个问题是石油价格暴跌不休，同样作为石油大国的俄罗斯受到严重的拖累，陷入经济困难之中，美元作为石油定价的秤砣与砝码，自然会是一种可资利用的武器。另一个是发达经济体经济复苏的步调并不一致，美国经济复苏也并不如他们预料的那么好。急匆匆要在2015年底加息，并从2014年就大声嚷嚷着要加息，而且加息的指标只是一个与金融指标并不直接相干的就业率，此中究竟又有何奥妙，是不是“一石数鸟”，也同样不能不令人多思。一般地讲，无论是升息还是降息，为了防止市场投机和不必要的市场波动，动作前保密还来不及，哪有大锣大鼓地到处扩散的？要不是动员各路强人闻风而动，代美元去打先锋，又怎么解释？也就是说，除了美国要振兴制造业，需要资本更多地回流，有没有想到，似乎是要先造成一种紧张空气，招来一些嗅得搏杀味道的大鳄小鳄们冲在前面撕咬，然后再来打扫战场。至少，这会对多少有些“分崩离析”之意的盟友施加些压力，对新兴经济体尤其是希望世界经济秩序多极化的国家，给一些颜色看。如果说，这是一种对美元“神圣殿堂”的大不敬和随意猜测，后面发生的“做空中国”的事情，却又是千真万确地发生了。

20世纪80年代中期的美日货币战例也给出了参考答案。当年日资大举进入美国之时，美国出现了严重的财政与贸易双赤字。一时间，日元大幅升值，日本购买美国的议论甚嚣尘上，但时隔不久，美联储实行了新的货币政策，日美贸易摩擦激化，终至日、美、英、法、德五国财政部长和央行行长在纽约广场饭店商讨美元贬值日元大幅升值问题，并签署了那份著名的“广场协议”。“广场协议”签署之后，日本央行先后五次下调基准利率，实施了货币宽松政策，货币大幅贬值，但由于没有及时调整经济结构，日本“经济泡沫”终于破裂，至今没有完全恢复。从此以后，日本不敢再有异想，跟着美国又有其他甜头，也就成为美国的坚定“附庸”。

人们都知道，美国的贸易制裁战是颇为厉害的，真正“不战而屈人之兵”的武器莫过于“货币”。人们往往只看到美国有战争和经济的两手，殊不知经济的这一只手有好几个指头，有的是“兰花指”，如拉拢一些国家加入经济战略伙伴关系，有的则是“一指禅”，如经济制裁，但利率汇率战更像是“大手印”，在冥思中出了一记恶招。至于这一招首先祭出的利率汇率武器会伤及多少国家，它是不会去想的，因为它只要结果不要过程。更何况，货币战的基本要领就是以邻为壑，大水漫灌，不管他人或鱼鳖。

应对可能的货币战

事实上，美联储加息虽有重点指向，首先伤害的是世界经济，无论是发达经济体还是新兴经济体，都会卷入对美元升值本币贬值的“六道轮回”。这种状况在资源型国家已经十分普遍而且典型地显现，在以制造业为主的国家也相继出现为了保出口而推出的“货币贸易战”。美联储要让美元升值，而且想的不是升一次升两次，是想着升到世界上所有的货币都要再次拜倒在美元脚下。

也是因为这个道理，联合国贸发会议发布的《2015 年贸易和发展报告》呼吁，必须对现有国际货币和金融体系实行全面改革，建立更加稳定和多样化的国际货币体系。但这显然需要一个过程。在那之前，在美元还占据世界金融统治地位的情况下，只能说是一个世界性比较普遍的诉求。诉求实现不了，你还得承受下去。

2015 年底迄今，人们普遍关注的是这样三个问题，其一是美元利率和其他主要货币对美元汇率的走向。其二是全球许多国家发起“去美元化”行动以什么样的模式持续，又会出现什么样的结局。其三是中美之间会不会出现激烈的货币战，或在这场或明或暗的货币战中，人民币国际化的进程会不会受到严重影响，人民币会不会发生大的贬值，美元升值预期驱动下的投机资本会不会因此而大大得手？

对于美元汇率走向，自然是两种看法，一种是继续升值，甚至一路升到 1.375% 以上，但更多的意见是已经接近见顶。因为现在的美元已经不是当年一言九鼎的美元，虽然在某个时点上往往会走过头，但美元大升值的年代过去了，并不会再现 2014 年出现的美元指数高达 24% 的涨幅，或者说，美元汇率已经透支了美国经济有所复苏和美联储削减其债务购买债券计划的机会成本，不可能产生更大的波动能量。多数国际投资者认为，“美元交易中没有太多油水可捞了”，他们更看重其他货币的相对价值。

全球许多国家确乎在发起“去美元化”的探索。伊朗曾经发起逃离美元强权并用其他货币替代美元的行动，俄罗斯与伊朗为了对付制裁，达成了与外国交易停用美元结算的协议。中国则出于人民币已经成为国际储备货币地位的选择，也与俄罗斯和其他国家在部分贸易中实行了非美元结算的做法。2015 年 10 月，中国启动人民币跨境支付系统（CIPS），首批有 19 家境外中资银行参与，这是人民币国际化的一个不大不小的里程碑，带来了多元金融权利分享的过程。当然，“去美元化”的说法并不准确，也未必是最好的选择，准确一些的说法应当是“去美元霸权化”。所谓“去美元化”其实是对美元霸权的一种极端的反作用力。如果美元的霸权属性消失了，美元并非不是一种好的国际储备货币。人们或许会想到，当年萨达姆与卡扎菲都曾提出由黄金支持的“非洲单一货币”去替代美元，但不得善终，但那一幕现在还会重演吗？

至于美国是不是因大吵大嚷地加息而获胜，虽然还是一个未知数，但“杀敌一千自损八百”的道理是有通用性的。美联储加息同样是一把双刃剑，美元加息有利于资本回流美国，但最终结果也会加速投机资本登陆美国股汇市场，形成新的问题。因为资本是分不同“兵种”的，产业资本要奔实业去，虚拟资本却要到股市债市和汇市里去翻滚。许多人认为，美联储首次加息是导致 2016 年初股市混乱的关键因素。就连《福布斯》杂志也认为，全球市场的动荡根源是美元而非人民币。因此，美联储在第一次加息以后，在继续加息的节奏上同样是谨慎的，在提高利率 6 周之后，美联储官员在加息政策会后改变口风，暗示如果股市继续下跌，全球经济继续疲软，他们可能放慢未来加息的速度。美联储确乎是最近一次世界金融海啸的始作俑者，尽管没有吹得天翻地覆，但也破坏不浅。因为在美元是世界货币老大的大局下，资金和资本在全球的分配在很大程度上取决于美元的表现和美国的货币周期，这连它们自己的股市也无可幸免。

事实上，不只世界经济形势堪忧，美国经济也再次显露放缓迹象。就在美联储加息的季度里，由于美元升值导致美国产品更加昂贵，全球石油投资下滑减少对钻井设备需求，美国出口与制造业增长乏力，消费开支降温，经济增速降至0.7%，在最后的三个月里几乎没有增长。2015年全年经济增长为2.4%，与2014年持平，凸显新一年开始经济增长渐失动力。

从美联储加填加息火药到点燃导火索，美联储内部“鸽派”“鹰派”争论不休，最后达成以就业改善为信号，但谁都知道，就业率的增减是一个介于经济与社会的后继指标。作为金融家们，不去寻找经济甚至制造业增长的第一指标而去拐弯抹角，不是掩盖什么就是有难言之隐。事实上，美国的经济增长一直并不理想，再工业化进程缓慢，奥巴马提出重振制造业六年来，制造业对经济的贡献率一直在下降，2014年制造业增加值占GDP比重为12.1%，比金融危机前的2007年还低0.7个百分点，因此，加息与其说是受了就业增加的鼓舞，莫如说是为了美元升值而让他国货币贬值，从而驱使更多的资本回流美国，带动美国制造业发展。且不说美元走强会不会引出冲击制造业的反效果，加息引起的首轮骚动和异动是投机资本的涌入，与产业资本回流并无直接关联，但搞乱了别人也就帮助了自己，那么也就在偏师借重中任索罗斯们去搅搅浑水。他们知道，这一干嗜血的“鳄鱼帮”是最见不得腥味的，只要出现一点儿时差机会和利差机会，就会冲上去撕咬，尽管他们也撕咬了美国股市，还要撕咬欧洲与盟国的股市，但“舍不得孩子套不着狼”，也就横下心去干一场了。

美元加息的第一声信号枪打响了，意味着一场事实的货币战争拉开了帷幕，此后的事情怎么演变，不是美元一家说了算的，还要再看货币体系的自身演变。人们还看到，在“超主权货币”很难在短期里出现的情况下，随着网络经济时代的发展，数字货币正在更多地被人们认同，网络是美国发明的，但网络会不会结束或者缩短美元的寿命，谁也不能肯定或否定地作答，但一种货币再牛，也牛不过时代的技术进步。终结美元霸权的，既不是一篮子货币中的哪种货币，自然也不会是它们极力想打压的人民币，而是一种真正有希望的新的世界货币体系。

应当说，就货币战的概念而言，货币战的说法已经流行了一段时间，不论各国如何表态，现在的事实是对事实货币战的升级程度的确认。事实货币战是一个客观存在，有大有小，有局部摩擦也有全面的冲击。事实货币战其实也有两种不同的性质，一种是被迫而起的本币自卫战与保卫战，这是无可厚非的。另一种却是蓄意谋之，以邻为壑，或为为一己之利随意发起。在目前这场看似混乱的事实货币战中，有的本币与美元挂钩的国家和地区，如墨西哥、智利、沙特阿拉伯、土耳其、巴西、科威特、阿联酋和中国香港地区随之被动加息，多数新兴国家的本币则出现持续贬值。持续贬值会引发通货膨胀，一些国家为了外贸而与之周旋，或者发起本币自卫战，都是本能的反应，也是一种正当防卫。不管是前者还是后者，数十个主要国家货币从不同角度卷入了事实上的货币战，货币政策出现了重大分化，货币走向也发生分化。但是，与历来的军事战争有明显的不同，货币战不是两军对垒而是多方交错，尽管金融货币战云谲浪诡风云变幻，完胜者几无，不能以寻常战阵视之。对美国来讲，这是一场没有盟国的战争。与美元挂钩的国家和地区的本币升值并不意味着获胜，甚至会陷入更为尴尬的两难选择境地，不得不考虑是继续与美元挂钩还是脱钩，而传统的战略伙伴也不得不考虑本身国内经济走势，采取正向或反向操作的金融动作，比如日本就采取了负利率政策。即便是欧洲央行，在决定再次推动宽松之后，又犹疑不定地徘徊。但美元此番成为真正的寡头，也还是有史以来的头一回。

中国银行国际金融研究所研究人员曾经认为：2015 年 1 月以来，以欧元区推出新一版量化宽松政策和瑞士取消瑞士法郎汇率下限并降息为标志性事件，新一轮全球货币宽松浪潮到来。中国货币政策的核心逻辑必然在于促进国内经济的稳健运行、物价合理上涨，国家收支平衡，努力避免人民币实际有效汇率继续上升，损坏出口竞争力。但人民币汇率上升好还是下降好，还是要走一条高难度的平衡木的，甚至其间会过过“过山车”，并不是推理就能推出来的。尤其是目前和可见的未来，能够保持一种本币对美元的动态平衡，需要不断跟进美元与其他主要货币之间特别是国际储备货币的汇率变化，这种平衡与变化最终还要受到美元币值变化的更为复杂的结构影响。因此，要想规避美元升息和升值的最终影响，无异于转着身子找影子。

出口竞争价格高低虽然很重要，但其重要程度决定于几个可变因素，其一是出口产品的品类和溢价力高低，如果出口产品属于劳动密集型的大路低档品，又具有同质化的一般特征，缺乏溢价能力，汇率变化对出口竞争力至关重要，相反的情况下，重要性相对降低。如果一种货币只与美元挂钩，美元的走强与走弱也很重要，相反的情况下，重要性同样相对降低。更何况，一国本币的贬值，需要有一个较大的贬值幅度才能对促进出口实现有效支撑。因此，按照常规的思维，随美元波动应声起落，未必能够起到扭转贸易乾坤的作用。也因此，在美元吵嚷多时终于落下升息靴子以后，与其用本币币值的升降来应对，莫如重新考虑今后世界货币形势的深刻变化与发展，从而找到一条属于自己要走的路来。

保卫人民币

新的世界货币体系出现会有一个过程，包括技术过程和多边贸易检验过程，甚至是新旧思维的博弈过程。在这之前，充满玄机的货币战该来的还会来，因为，货币也是一种武器，是美国金融当局和货币政策卵翼下的资本活动用来创造利润空间同时摧垮目标国家经济的手段。如果这次货币战真的开打了、升级了，也许是最后的一次货币战，却是最大的一次货币战，是一次真正的特种金融战争。其中打先锋的特种部队就是被人们称为“金融大鳄”的国际资本力量。

做空人民币的图谋

“大鳄”们撕咬谁呢，有大赚就咬。已经被能源价格战放倒的国家已经不在他们的眼里，被经济制裁和能源价格战夹击的俄罗斯也没有什么油水可捞，能不能做空人民币？有机会就自然不能放过。尽管在山雨欲来风满楼的汇率变化舆论前哨战里，美元与人民币之间的关系更像是一场“暗战”，迫使敏感的中国金融当局提前防御。为了预防不测以及防止美元升值对中国外贸造成猝不及防的冲击，人民币主动小幅贬值，同时增加了黄金储备。中国企业也积极开展“去美元债务”，虽然在2020年之前，未清偿离岸美元债券仍会达到1790亿美元，但总体风险可控。在美联储加息之后的第一时间，中国央行见招拆招，灵活实施了预案。一是与美元进一步脱钩，与包括美元在内的一篮子储备货币形成相互关联的参照关系。二是相对稳定汇率。三是暂时缩减离岸人民币的流动性，保护人民币国际化的势头不被挫锋。但是，“鳄”既然出动，也就不会回头，多家对冲基金大举做空人民币，掀开了华尔街与中国央行之间的“遭遇战”。曾经成功做空过美国房地产市场的凯尔·巴斯的海曼资本，卖掉了其持有的大部分股票、大宗商品和债券，专注于做空亚洲货币包括人民币与港元。他认为，“就投资规模而言，这一次比次贷危机时要大得多”，三年内人民币最多能下跌40%。因为他断定资金将撤出中国，只有人民币不断下跌才会制止资本外流。与巴斯同样做空人民币的还有亿万富翁交易者斯坦利·德鲁肯米勒和对冲基金经理人戴维·泰珀，绿光资本则持有押注人民币贬值的期权。但正像美国《华尔街日报》的评论所言，“对冲基金的这一做法风险要大得多，中国的国有经济使政府拥有多种手段和可供支配的巨大资源。今年早些时候，国有机构在香港市场买入大量人民币，使银行间隔夜拆借利率猛升至66%，空头投融资变得很困难，因此人民币大幅升值”。但资本投机者似乎很有自信，索罗斯在瑞士达沃斯举行的世界经济论坛上扬言，中国经济“硬着陆不可避免”，要做空亚洲货币，看空中国经济，话说得鲁莽。人们记得，索罗斯过去就几次预言中国经济遇到麻烦，但每次都落了空。人们也记得，20 世纪 90 年代，索罗斯的大肆负面炒作加重了亚洲金融危机，但这场危机最终被中国化解了。因此，中国媒体说，“唱空者要么没有做好功课”，“要么就是主动为之，目的在于误导市场，从中牟利”。为什么说他意在误导呢？因为其当时能够动用做空中国 A 股的资金，也只有区区二三十亿美元的投资额，他所管理的 254 亿美元的家族基金大部分分散在欧美市场，他对彭博电视台前的一番表演，只是为了呼朋引伴。他的“沽空”逻辑是全球货币和大宗商品价格都会出现大幅贬值，而沽空亚洲货币与原材料生产国的股市是获利最高的交易策略。

空头做空人民币，无非是先直接做空离岸人民币或中国海外上市公司，或者它的衍生品。直接做空很难，也就转而“股汇双杀”，直攻香港，致使港股大跌。面对空头的新策略，大型中资银行买入人民币，国际投机资本“股汇双杀”的算盘落空。一家美国对冲基金的业内人士也认为，即便中国央行已经动用了数千亿美元的外汇储备干预汇市，但仍然拥有高达 3.3 万亿美元的储备规模，加上技术性打击投机者，在半个月的时间里，组合运用逆回购公开市场短期流动性调节工具（SLO）、中期借贷便利（MLF）等多种方式，释放近 2 万亿人民币的流动性，投机资本要借助扩大资本外流沽空人民币，成功的概率还是很低。中国媒体的关于“激进投资者”会遭受巨大损失的警告令一些基金不敢再增加下注，转而又去研究其他亚洲货币，认为即使人民币暂时不继续贬值，那些国家的货币也会下跌，不得其一，可得其二。海曼资本从 2015 年就开始做空人民币，其理由是中国银行系统债务迅速扩张，最终需要中国政府花费数万亿美元去埋单，从而导致人民币贬值，这就如同美国在金融危机之后美联储救助美国银行致使美元贬值一样。但自 2015 年 8 月以来，中国在出人意料的人民币对美元汇率下跌 2% 之后，更多地实行了稳定汇率的政策，包括对在岸人民币衍生交易提出 20% 准备金的要求，提高了对冲基金通过掉期做空人民币的成本。中国央行官员表示，中国不会为了获得对贸易伙伴的竞争优势而让人民币贬值。中国央行行长周小川也明确表态说，“不能让投机力量主导市场情绪”。投机者与中国拼，“不容易挣到钱”。因为，中国的汇改推进也会把握时机和窗口。从基本面看，人民币也不具备持续贬值的基础，一些国际投行也认为，在中国经济增速能够达到5%以上并能保持每月600亿美元顺差的情况下，人民币大幅贬值无论如何是说不通的。在中国春节期间，中国股市休市，欧美股市大跌，日股跳水5%，但日元对美元上涨1.2%，美元对多数主要货币汇率下跌。其原因除了美联储加息的持续影响，还有油价再次大跌。此后油价虽有反弹，多国央行加码货币宽松政策，喊空人民币的未必真敢做空，心理战与实际操作发生背离现象。金融市场进入新的人民币对美元的双向波动期，这是美元对人民币的第一个回合。在这一回合，离岸人民币一度升值破6.5%。根据国际清算银行计算，2015年，人民币名义有效汇率升值3.66%，实际有效汇率升值3.93%。2015年人民币对美元汇率中间价贬值幅度为5.77%。但如果从2005年开始汇改算起至2015年末，人民币对美元汇率累计升值27.46%。两者之间还相差20%多。

对于看空和做空中国的“歇斯底里”，英国的《每日电讯报》网站认为很可笑，他们引用经济学家努里尔·鲁比尼在达沃斯论坛上的话说，“市场已经从阿谀奉承变成近乎厌恶中国决策精英，而他们这样做是基于一知半解和一连串的误解”。努里尔·鲁比尼倒为索罗斯做了一些辩解，认为后者发表的还是一般性的言论，称中国的国内信贷已经达到GDP的350%，硬着陆已经发生，但索罗斯的话在对冲基金术语中被称为“游客观点”，他并没有参与中国市场。“经济现实却是一目了然。中国现在不是在减速，而是在2015年初的衰退后缓慢重拾升势。”法国《回声报》则发表对东方资本公司中国主管的专访说，人民币贬值的压力的确存在，“但中国和主要邻国之间的商贸活动大部分依靠人民币，中国不想跟它们起摩擦用贬值惩罚它们”，资本外流是实际情况，但“中国在很大程度上拥有控制上述压力的能力”。中国央行在货币政策上“拥有很大余地”。“我们不应只满足于天天分析现有数据而不往回看。不要忘记中国从哪里来以及将向哪里去的问题。中国有13亿人口，10%的国际贸易量、巨额的外汇储备以及打算实施结构性改革的决心。”

揭开国际投机者的逻辑

中国人也清醒地知道，国际投机者的思维逻辑不改，就不会放弃做空中国经济的机会，人民币保卫战也不会结束。

国际投机者的大逻辑是，中国经济进入新常态就是经济下行，经济下行就是做空中国股市进而在做空中国经济中盈利的最好机会。他们的小逻辑是，人民币自2005年后的10年里升值了27%，在经济放缓的过程中虽然不是尽数回吐，至少要跌去20%左右。这是为什么在美联储加息之后，有关“激进投资人士”和机构纷纷预测人民币贬值的空间有多大的原因。甚至连彭博的信息研究公司也跟着说，要想使中国的GDP增加0.7个百分点，从而保住7%左右的增长速度，人民币对美元的汇率应当从6.6左右下调到7.7，也就是需要再贬14%，而这将会导致6700亿美元规模的资本外流。为了证明这种预测的准确性，他们调查了64位专家，但仅有其中的一位预测2016年人民币对美元汇率超过7.0。但不靠谱的还是大有人在，有一位荷兰合作银行的分析师认为，2016年底人民币对美元汇率将会跌到7.6。摩根大通的人则做出了6.9的预测。彭博信息研究公司的观点是否也是“游客观点”？不得而知。但他们的逻辑推理具有惊人的一致。但是，这种推理不知源于什么样的经济学公式，难道是一种货币在历史上升值多少就要同样贬值多少，而市场原本就是一种归零的游戏？如果真是这样简单，他们自己也无须大费心思去做多做空，因为一切都是空的。如果是这样，美元为什么还费劲巴力地去升值，坐着静等经济复苏就是了。投机者的最高思维逻辑就是赌，反正是一枚硬币抛了起来，无非是正反两面各占50%的机会。

但是，这样去看他们的智商，未免小看了这些身家过百亿美元的人。他们很懂得心理战和舆论战，因此借重媒体去炒作，希望通过媒体动员各色有梦想又有些赌性的人建立一种呼啸而来呼啸而去的临时“会战”，杀向心中的猎物。他们的具体策略是试图通过人民币的衍生品在人民币对美元的贬值中获利，他们也要做空阿里巴巴、百度和京东亦即ABD的海外上市公司。他们似乎坚信，人民币一定按照他们编出的故事上演贬值剧，甚至还有开始抵抗而后一次性贬值的预设情节。自编一个故事，自导一部剧，所有混战里的“空军”就是同一个主角，而幕后的唯一主角还是导演自己。有人称之为华尔街大片，但将其叫作“驴皮影戏”更贴切。

但他们太自信了，自信到不知对手长有几只眼。这些投资基金和对冲基金虽然出进于中国市场，并不了解转型市场的特异性，不了解中国的经济正在主动转型而不是被动下滑，不了解中国的宏观调控从来不会各自为政，还有很多的调控工具放在那里，更不了解中国的股市是一个尚未成熟的市场，在中国的10多亿人口里只有不到1亿人口的股民，对中国宏观经济走向的影响还没有想象的那么大。从一定意义上讲，目前中国经济依旧是带动世界经济发展和复苏的功率最大的一部发动机，一定不顾一切地做空这部发动机，也就等于要去做空世界经济，那么投机者又到哪里去找饭辙？

好像中了邪，就像索罗斯要看空中国一样，另一位股神巴菲特在炒石油股，虽然油价连续下滑，还是乐此不疲。但毕竟有不同的看法，曾经与索罗斯一同创立过量子基金的罗杰斯说，他就“坐在东方”。巴菲特则有些在转型，他旗下的伯克希尔哈撒韦公司发布了2015年财报，公司净利润达到240亿美元，其中实业运营的贡献率达到72%，而在前几年，80%的业绩来自对二级市场的投资。巴菲特和巴西的私募股权基金3G联合投资了上百亿美元，经营全球最大的食品企业之一卡夫亨氏公司，盈利很可观。人们很关注因为《货币战争》一书走红中国的罗斯柴尔德金融家族的态度，他们既不像巴菲特那样玩实业不玩互联网，当然也和索罗斯大异其趣，他们同阿里巴巴合作已久，并担当了阿里巴巴回购雅虎股份交易顾问的角色。2014年，京东也与罗斯柴尔德达成了合作协议。罗斯柴尔德看好中国经济，更看好互联网经济，印度市场也在他们的投资视野之中。并不是所有投资者都与索罗斯一样。

美联储首次加息没几天，发生了一件事，事情不大，但费人思量。那就是美国财政部部长对中国说，中国没有因为要促进出口而大幅贬值人民币，美国表示欢迎。是真欢迎还是客套？但美联储加息令下，全球股市连续四周下跌，美国股市一开始还坚挺，但最终绷不住，主要股指下跌3%，道琼斯指数下挫2.39%，纳斯达克指数下挫2.74%，标准普尔指数下挫2.16%。原油价格继续暴跌，下跌到28.36美元。美国的页岩气企业脸色也开始变了，美国国内的口风也有微妙的变化。比如，据以加息的非农就业数据不像原先那么好看了，修正后的增幅低于30万个。尽管奥巴马在他的最后一次国情咨文里历数了美国经济的亮点，如失业率由10%下降到5%，财政赤字削减了四分之三，但他承认，美国的贫富差距继续扩大，消费动力减弱，经济未能全面复苏的阴影依然笼罩在美国人的头上。作为经济的晴雨表，美国股市的重挫折射出美国经济复苏的根基并不稳，投资者对美国经济的基本面疑问也不小。摩根大通的分析师们甚至悲观地认为，美国经济在未来三年再次衰退的概率高达75%。如果美联储连续加息，引发美国长期利率过快上升和金融大幅收紧，将会冲击房地产、汽车等对利率水平敏感的部门。问题也就严重了。因此，国际货币基金组织发出警告，美国如继续加息将加剧流动性困境。美联储也认为，美国经济风险在增加，金融形势向不利方向发展，不确定性有所增加，不得不减缓加息的步伐。美联储主席耶伦在2月10日美国国会上作证时说，加息要视经济数据而定，如果美国经济增长高于预期，加息步伐就会加快。如果经济恢复慢于预期，加息步伐就会放缓，如果股价下跌和资源价格下滑，市场动荡呈长期化，加息步伐就会放缓。但她更偏向于小幅加息。3月底，耶伦在纽约经济俱乐部演讲时说，考虑到全球经济和金融走势给美国经济带来的风险，美联储将谨慎决定是否加息。

谨慎是事出有因的，或许是预感到美联储抢时间加息有些不对劲儿，就在一个月多点儿的时间里，美元指数“崩盘”了。什么是美元指数？美元指数是美国参照六种货币对美元的汇率变化形成的几何平均加权值，以 100 点为美元走强走弱的分界线。2016 年 2 月 4 日凌晨，美元指数在缓慢进入下跌周期里暴跌 2%，创下自金融危机以来的最大跌幅，收跌 1.69%。所有支撑线洞穿。在加息后的两个月里，美国股市的市值蒸发了 2 万亿美元。有评论说，美国零利率时代结束，低利率时代开始，但美联储主席耶伦在参院作证时也讲，她并未排除负利率。原以为加息后美元走强，结果相反。随着做中国空头们的“激进投资者”的美元升值梦醒，石油价格还有点反弹，铜价反弹，铝价也反弹，中国沪指收盘时上涨 1.35%。离岸人民币兑美元在纽约交易时段一度大涨 500 点。索罗斯们在兵败香港之后又大败于纽约。

接下来自然是资本受惊不浅，又开始向欧洲、向中国，甚至向中东回流。对冲基金开始押注油价回升，去抄底遭受重创的能源公司。就本次美元升值来讲，多少有点旱地里拔葱，或叫揠苗助长，因为走强的美元拉低了美国进口商品价格，同时也降低了美国制造业的竞争力，美国企业不干，盘算着要再次出走，美元只有稳住，才能稳住阵脚。人们不禁大呼，美联储这是干的什么事，这不就是搬起石头砸自己的脚吗？

美联储加息开启了全球性货币危机。在美联储加息预期的升温中，2015 年本币对美元汇率走低的国家有 28 个，在美联储首次加息的影响下，又至少增加了 31 个国家和地区，规模远超 1997 年的亚洲金融危机，范围最远波及非洲、南美和中亚地区。

中国的应对之策

这一次“货币战”，中国有得有失，单从外贸上看，人民币提前贬值 5%，多少有利于企业出口，同时也避免了资本外流的扩大。据中国外汇交易中心的数据，仅 2015 年一年，人民币对美元的汇率下跌 4.5%，创下 1994 年以来年度最大跌幅。中国为美联储的轻率之举付出了代价，白花花的几千亿“银子”呀。但这其中，有的本来是心猿意马的游资，流出去也罢，有的就是避险储蓄，并没有流到国外，多少有些藏汇于民的意思。流出的资本和资金也要分清是投机资本还是产业资本和中国资本“走出去”。因此，综合各种因素，这种预防性的贬值还是有必要的。只要有可控性，一切都可以再谋划。

在美联储加息面前，中国央行总体上是淡定的。原因不外有三个。一是人民币适度贬值引起资本外流，流出去的主要还是投机资本和资金，真正进入中国市场并有长远影响的产业资本和风投资本并不会轻易退出中国这个有前景的大市场。人民币适度贬值也会适度加强出口能力，甚至减少消费者海外旅游“淘货”形成的旅游出口逆差。二是稳定汇率，需要动用外汇储备。中国的外汇储备虽然由此有所减少，在2016年初依然保有3.44万亿美元的规模，底气仍旧很足。中国央行面对美元的强势回归，暂时任由人民币有所走弱，并不是无可为，而是为了形成市场化机制而不去主动强干预，但在重要的变化节点上，还是要毅然出手，引导人民币汇率适度走强。例如2016年1月初，人民币汇率连跌四日，央行上调了中间价，保持在岸汇率平稳。央行重申稳健货币政策，企业加快偿还美元债务，进一步防范美联储继续加息带来的负效应。三是人民币进入一篮子储备货币，本身就有了储备货币的一种性质。人民币虽然在全球使用的比例还不很高，但与英镑、日元不相上下，因此具有一定的抵御抗衡能力。增强这种抵御抗衡能力，一方面必须进一步推进人民币国际化，另一方面要把握好人民币国际化的节奏。扩大人民币作为一篮子储备货币在贸易结算中的使用范围，例如中俄签订协议，在贸易结算中使用人民币。

更重要的是，人民币尽管有所贬值，但仍然是全球目前表现最好的货币之一。从实际情况来看，此番美元升值对人民币汇率影响并不十分巨大，自2014年下半年以来，美元对世界上交易最多的七种货币升值18%，对人民币升值为0.6%至3.2%。一国货币的相对坚挺可以在其他货币陷入混乱时起到安全港作用，是完全值得追求的一个目标。在亚洲金融危机和全球金融危机发生时，中国维持了对美元的汇率相对稳定，并由此提升了人民币的可靠性。这对正在国际化的人民币来说，意义是重大的。中国既有人民币前段适度贬值的理由，也有保持人民币汇率相对稳定的理由。目前，人民币汇率波动比很多货币小很多，人民币对一篮子货币汇率保持基本稳定。在低通胀和实体经济面临下行压力的背景之下，中国央行降准和适当降低基准利率，努力保持实际利率的基本稳定，将会使人民币具有更灵活的市场反应能力，中性偏松稳健货币政策不会发生大的变化。所以，亚洲许多国家竞相放松货币政策，并不意味着中国会在所谓“货币战争”中陷入被动，更不可能像资本投机者巴望的那样，一路败下阵来。

一国货币会不会出现较大幅度的贬值，主要取决于两个重要的因素：一是一国外贸的竞争力，二是会不会引发规模资本外流。对于前一个因素，中国是有准备的。在全球贸易不振、需求疲软的大形势下，依靠“货币战”并不能取得预期中的效果，相反地会引发贸易的混乱和进一步的下探，因此不会是一种上选之策。而且，货币大幅贬值也会出现多种负效应，比如会削弱国人的购买力，影响到经济发展模式更多地向消费拉动倾斜的努力，会使企业的偿债能力减弱，更会引发较大规模的资本外流，等等，因此中国多次承诺，不靠人民币贬值推动出口。中国推动外贸发展靠什么呢？靠外贸体制的改革，尤其是自由贸易区的建设和对自由贸易协定的双边与多边的推进。与此同时，还有一个重要的操作工具，那就是方兴未艾的跨境电子商务的兴起。在2015年，中国的跨境电子商务出现了明显的发展，开辟了以杭州跨境电子商务试验区为代表的十多个跨境电子商务试验区，这是外贸的新的增长点。中国的对外贸易结构也有很大的调整空间，中国的货物贸易数量已是世界第一，但服务贸易尚属“未开发的处女地”，比如，根据美国国家科学基金会发布的《美国科学与工程指标》报告，2014年全球知识密集型商业服务增加值为12.8万亿美元，中国虽然超过日本，但远低于美国（占比33%）、欧盟（占比25%），仅占10%。随着国内消费经济的发展和创新创业活动的推进，以知识密集型商业服务为主的服务贸易将会成为提升外贸水平的新增长点，因此，中国外贸水平的提升，既不会按照一些经济学家所设想的只有人民币大幅贬值的一条路可走，更不会出现少数论者预测的类似1985年“广场协议”的场景，而是有大的产业结构调整潜力可挖的。

后一个因数，即资本外流，似乎更是关注的重点。但对中国来讲，这既不是最头疼的重大现实威胁，也不是无药可医。在2015年人民币适度一次性贬值后，确乎出现不大不小的资本外流，流出总量达到6680亿美元，并引发做空中国资本市场的投机预期，但中国不仅外汇储备雄厚，从根本上讲，并不是资本短缺国家，而是资本相对过剩的国家。为了预防和对冲较大规模资本外流，中国国家外汇管理局在2016年2月初宣布放宽单家QFII（合格境外机构投资者）投资额度上限，并将锁定期从一年缩短为3个月。中国资本市场非但没有关闭，却在进一步开放，继续推进人民币在资本项下可兑换，并在吸引更多资金流入中对冲资本外流。2016年2月末，中国央行也出台开放在岸信贷市场政策，允许外国机构投资者包括商业银行、保险公司、资产管理公司和养老基金投资中国国内银行间债券市场，配额不受限制。中国在岸信贷市场规模为7万亿美元，位居世界第三。有关咨询公司预测，此举将会使高达1.3万亿至2.5万亿美元的外资，在未来五年流入中国，并有助于长期支撑人民币。不少人怀疑中国未来吸引外资的能力，但事实上，在资本市场风云激荡的2015年，中国不仅没有出现外资企业大规模撤资的情况，相反，外资企业同比增加11.8%，达到26575家，实际使用外资金额同比增长6.4%，达到7813.5亿元，即1000亿美元左右。中国欧盟商会的报告称，中国依然为欧洲公司提供巨大发展空间，中国美国商会对其500名成员调查，60%的企业仍将把中国列入投资重点的前三位。

此外，对于资本外流也要做结构性分析，有的属于投机资本，更多的则是国人出于正常的心理反应。储蓄多元化，换汇频次增多，这部分资金由国家储备转换为民间储备，有的在国内，有的在境外，这与居民放宽换汇额度的做法是一致的。

总体上讲，中国经济依然具备较好的基本面和较高的投资回报率。投资领域愈来愈开放，沪港通、深港通等开放境外各类金融机构进入中国外汇和债券市场的改革红利将会吸引更多的境外资金流入中国市场。

据有关部门预测，2016 年，受美元相对走强、人民币贬值预期以及资本和金融账户进一步开放等因素影响，外汇储备还会适度降低，还会面临跨境资本较大流出的压力，但总体规模可控，流出类型仍以非直接投资为主，预计全年非直接投资资本净流出为 4000 亿美元到 5000 亿美元，外汇占款将减少到 2.7 万亿美元。2016 年实际利用外资 1400 亿美元，“一带一路”战略推进，和人民币纳入 SDR（特别提款权）综合效应，非金融类新增对外直接投资也将达到 1400 亿美元。未来资本单边流出的可能性并不大。过分强调资本大量流出，并没有切实的依据，而由此“看空中国经济”更有些说风就是雨的渲染。高盛驻华首席经济学家宋宇先生曾被“彭博排名”认为对中国经济预测最精准的专家，他也不认同“看空中国经济”的论调。他说：“中国这架飞机的航向是正确的，而且整体处于可控范围。”他甚至不无幽默地说，或许它身上绑有绳索，但仍能每小时走一英里，这与那些“‘嗑药’后才能每小时走一英里的家伙很不一样，如果中国遇到一些颠簸，只需解开一些绳索就行了”。

亚洲地区其他发展中经济体的情势也与 1998 年发生亚洲金融危机时有所不同，总体抵御能力已经增强。2009 年到 2014 年的五年里，发展中国家的资本净流入约为 2.2 万亿美元，2015 年的资本净流出为 6000 亿美元，而上一次亚洲金融危机流失的资本只有 120 亿美元。这种规模的资本外流虽然会导致借贷成本增加，本币疲软，外汇储备减少和股市的动荡，但是近年来各国外汇储备的成倍增加增强了它们的应对能力。

然而，不管怎么说，这只是事情的开头，下一个回合又会如何，也还要且走且看，防患于未然。中国是做了最坏的准备，争取最好的结果。目前是围兵的后院起火，不战自退。但是，股市的下跌，无论是欧美还是中国，都反映了世界经济前景灰暗下信心指数的降低。发达经济体经济复苏乏力，中国的经济结构正在调整，曾经的人口红利正在消失，各种曾经有效的增长模式走到了极限，中国再不能像以前一样主要依靠大规模投资和高速的外贸增长维持高增长，西方发达经济体也不能仅凭极度的货币宽松政策获得有效的经济调整。一国的经济持续发展，正确的产业政策与相应正确的财政政策和货币政策必须是相匹配的，这是一个正三角关系，哪一条边短了，都会发生变形，导致结构不稳。从这个角度看，有论者认为，当前世界经济出现20世纪90年代的日本经济特征，并非没有道理。在这种经济大的走势中，各国的结构性矛盾都在不断加剧，表现在被视为市场信心晴雨表的股市上必然是高低起伏。汇市作为一般投资者的避险市场，同样会变化不定。资本投机者又试图利用这种变化曲线实现利益的最大化，加剧了起伏度。因此，学界认为，未来很长时间里股市汇市进入双向的颠簸曲线之中，这应当是一个基本的判断。对于货币战的事实存在和延续的可能，谁也无法否认。例如穆迪下调中国主权信用，是对中国金融债务市场的担心，还是又一轮看空中国经济的开始抑或“火力侦察”，还要再看。那么，如果只是认为，中国在2016年开局时取得了人民币保卫战的一次胜利，从此就可以“御敌于国门之外”，资本投机者再不敢窥我经济之长城，那无疑是一种幻觉。必须秣马厉兵，加快经济改革，加快结构调整，并在财政政策和货币政策的组合运用中适时应对，财政政策、货币政策与产业政策三策齐下，迎战新一轮不请自来的事实的货币战争。

中国的防卫之道

该来的还是要来。汇率战也好，股市战也好，在今天经济一体化的大趋势里，各种各样的货币战其实是打打停停，大打是打不起的。要打也只是上文所说的货币心理战。心理不成熟要吃亏，缺少国际金融历练也要吃亏，经济底气不硬朗更要吃亏。因此，防止和抵御新形势下的心理货币战恶化，首要的是加强自身抵御金融风浪的信心。

为什么这样说呢？心理战的有效无效在于各自的预期，而市场预期规律应当也是一种潜在的市场规律，或者说，预期决定了心理走向和市场行为选择。美联储在对汇率变化的预期过程中，已经实施汇率战和货币战的这种战术。真正的胜负来自双方的心态和底气，也就是“麻秆打狼两头怕”，最终的结局也就取决于自身的经济实力，即并不能仅凭手里抓起的“麻秆”去对付狼。

在 2016 年春天应对美联储加息的货币策略中，美国金融在前半段可以说是近于心理战的完胜，后半段却露出了经济复苏乏力的真相，也就只能在自食其果中休止。股市汇市是同一个道理。与其说索罗斯们是投资专家，不如说他们更是一批市场“心理学家”。他们的本领就是敢于云遮雾罩，指鹿为马，不需要学，只需要术，是市场中的资本江湖术士。他们深谙市场无底中的信息不对称，也深知市场预期是中招者的普遍盲区，赌的就是盲信与盲从，做空做多都是故事，没有半点儿真理也不需要半点儿真理。这是他们能够纵横股市汇市几十年的唯一诀窍。但是，盲区毕竟可以规避，真正的弱点来自对象的强大，这是所谓货币战的秘密所在。

其实，坚持不打贸易战，一直是中国的主张。汇率战、升息战只是一种特种经济战争，但真正的经济大战是贸易战，因为紧跟货币战、利率战的是贸易战，而贸易战最终会改变世界的贸易版图，使发展中国家相互内斗，好让谋划者乘机而入，使中招者面临新的经济利益丧失。中国在 2016 年开头遇到的情势正是如此，但中国没有中招。不打贸易战是中国的底线。李克强总理在与国际货币基金组织总裁拉加德通电话中明确地说，中国不会打贸易战。习近平主席赴美出席核安全峰会，也再次明确提出，不应当采取货币竞争性贬值刺激出口。

不打贸易战是中国对经济全球化的最大贡献。综观 2014 年底，人民币除了对美元和港元贬值 2.4% 之外，对主要经济体货币几乎全部升值。其中，人民币对俄罗斯卢布升值 38.2%，对日元升值 11.2%，对欧元升值 10.6%，对加元升值 6.3%，对澳元升值 6.1%，对马来西亚林吉特升值 4.6%，对英镑升值 3.7%。人民币同时对这么多货币升值，自然会影响到外贸，尽管中国经济增长是对人民币强力支撑的合理因素，但实际结果会对中国出口竞争优势造成冲击。因此，人民币前期适度贬值虽然有合理性，着眼于未来贸易，贬多少，不只是看美元走势，同时也要看其他主要国家货币与美元的币值比率。2015 年人民币对美元汇率贬值，对我国出口增长带来利弊相生的一定影响。2015 年 1 月，我国货物出口同比下降 3.2%，对欧盟、日本、韩国、澳大利亚、巴西、俄罗斯、印尼、南非等出口均为负增长。因此，需要在升值与贬值中拿捏变化程度，而稳定汇率则更有利于稳定贸易的大局。

目前来看，汇率相对稳定，是比较适宜的。一方面主要由市场来决定人民币汇率的走向，也要保留在合适时机干预人民币汇率的可能性。保持人民币汇率的相对稳定，符合我国的中长期经济战略利益，也符合多数贸易伙伴的中长期经济战略利益。人民币的汇率相对稳定和平衡将会是今后一个时期的重要金融战略目标。

最后，对付货币战，要有更多的软硬功夫，中国虽然是初上国际货币赛场的新手，在国内金融改革中也难免出现诸如套用股市熔断机制那样的一些失手，但在战争中学习战争，在 2016 年初美联储加息的阴差阳错中，也现出了中国央行实施人民币保卫战的软硬功夫。未来的套路未必全是中国的“少林拳”功夫，也未必全是西式的拳击，要用中西结合的路数去应对。比如，一般运用的降准和降息手段，既要从国内的条件去看，也要从资产负债表“复式平衡”结果去考量，同时考虑与国际的衔接，既防止总需求的下滑，也不能因为过度“放水”而妨碍市场的有效出清，等等。

还要看到，2016 年，人民币保卫战无疑还将持续。但激烈程度有可能是波浪式的。因为，美联储升息也是一把双刃剑，升息一个月就差点割了自己的手腕。人为的勉强升息并不能保证美元一定走强，这在美国已经不是第一回，据统计，从 20 世纪 70 年代起，美国升息七次，四次走弱，一次走平，两次走强是在福特和克林顿的任期，也是因为其他政策所致。看来，把利率战当成货币战的主要谋略，是有些一厢情愿。有没有那么大的威力，还要视情况来定。利率战最有效果的其实是货币心理战，在这一点上，战略精英们和市场玩家们玩的是同一种把戏。开始有效，后来就失效。这一点在对加息预期的炒作期中看得很明显，加息效应已经在心理预期阶段透支释放，真正加了息，倒并未出现新的资金回归浪潮，反倒出现了资本动荡。美联储加息提高美国企业自身的贷款难度，并不利于企业的回归，加上加息引发的他国货币的贬值，实际伤害了美国企业的市场竞争力。但是，道理是道理，在有备无患中防范突发事件，则是必需的。

实现中国金融的相对稳定是一个长远的目标，在保持人民币汇率稳定与平衡的同时，还需要有更长远的战略衔接，即不管是出现哪些货币战或货币心理战的异动，都要坚定地事关“一带一路”地推动人民币国际化之历史进程，处理好技术调整与长期不断推进的关系。

贬值还是不贬值

问题还在于，2016 年第一波美联储降息，引起的是汇、股、债三市联灾，美国加息，原本是想从世界各国“剪羊毛”，但这次剪到了自己。人常说，美国是全球流动性的闸门，但这道闸门一下子闸不到那么多的回流之水，倒在自家池子里扬起了波涛。加上资本大鳄们在世界经济论坛扬言做空亚洲股市，看空中国经济，也就在进一步的紧张空气里引发了全球性的“黑色星期五”。有人认为中国股市开了跌势先河，但 10 多亿人口只有不到 1 亿人拥有股票，哪会有那么大的能量呢？因此，连美国自己的媒体也这样说，中国的情况不过是美联储“对全球市场作用弊大于利的又一个例子”，“可以说，全球市场动荡的发动机是美联储而不是中国”。换句话说，中国是受害者。

美联储首次加息影响是广泛的。日本国内市场陷入动荡，股指狂跌，汇率飙升，10 年期国债长期利率首次降为负数。欧元区物价下跌，通胀率降至负值，通胀率下跌主要是油价走低，但与美联储降息影响不无关系。

谁都想得到，虽然美联储升息有其利率正常化的长远考虑，但酝酿多时又不时频频传出加息口风，无疑是一场连续不断的驱赶资金与资本回流的连环心理战，从 2014 年开始，大量资金“逃离”新兴市场，2015 年一年里从 1110 亿美元骤增至 7350 亿美元，增加了 5.6 倍。与此同时，进入新兴市场的资金，也从 2014 年的 5950 亿美元降至 2015 年的 4920 亿美元，减少了 1000 多亿美元。从新兴国家身上大量抽血为自己输血，加息的过程其实就是不宣而战的货币战。先是横扫了巴西、阿根廷和俄罗斯以及一众资源输出国，最终的目标还是中国。办法就是逼着人民币大幅贬值，同时做空正在国际化途中的离岸人民币，进一步使得人民币汇率下跌，希望引发资本从中国大规模外流。这其实是货币战希望挑起贸易战之外的第二个预期效应，而且在一定程度上实现了。

中国央行并没有示弱，迅速发文，从 2016 年 1 月 25 日起，将对境外人民币业务参加行存放境内代理行人民币存款执行正常存款准备金率，一举收回数千亿元的人民币流动性。接着就是离岸人民币汇率上涨，人民币拆借利率上升，空头损兵折将，而离岸人民币对美元汇率在 18 日大涨了 400 点。人民币汇率的定价权回到中国的手里，在总体上是人民币对美元汇率的一次成功的“阻击战”。但资本也有可观数量的流出，为了稳定人民币汇率相对稳定，外汇储备也有减少。但可以预见的是，第一个回合的效应还会在未来一个时期继续发酵。尤其是对并没有撤围的索罗斯们，需要加强防范。虽然他本质上是个资本投资者或投机者，并不代表美国，甚至还要在美国股市里到处撕咬，但他的市场思维和商业底线与美国只讲利己的资本决策具有惊人的相似性。

对人民币未来一段的贬值幅度多大，有争论，也会有变数，比如常常被人们认为预测准确的高盛，在年初就给出了 7% 的幅度。7% 的幅度其实也不大，但是累加还是新加，情况就不同了。总之，在人民币贬值幅度的问题上要有定力，更要权衡利弊，无论如何不能陷入货币战的硝烟之中。

首先，货币战的终极目标是贸易战，贬值是不是国际市场需求普遍减弱中提振出口的灵丹妙药，本身就是一个问题。一方面，全球化的生产方式意味着出口商品里有很多进口的资源和中间商品，这就在汇率的变化中发生“二律背反”。因此，一国货币单方面的贬值会大幅提振出口的结论很难完全成立。经合组织和世贸组织曾经对全球供应链和贸易流进行大量的数据研究，证实了经济全球化加速以来，各国出口商品中的进口因素显著增加，比如法国出口商品的进口成分比重就从 1995 年的 17% 增加到 2011 年的 25%。汇率对出口的影响开始减弱，至少没有从前那样举足轻重。不同资源禀赋的国家或许情况不同，比如美国出口产品的进口因素只有 15%，而德国与法国一样，同样是 25%。本币大幅度贬值并没有产生提振出口更大效果的实例，从日本与欧盟量化宽松下的商品出口状态中可以看得出来，日元与欧元的走软并没有起到提振出口的预期效应。另一方面，要看到，由本币贬值引起的贸易战，将会损坏一国的贸易信誉和长远的利益。在美联储连续美元升值的压力下，各国货币竞相贬值，以邻为壑，客观上打乱经济全球化的进程。所谓货币战其实主要是汇率战，资本只是汇率变化下的炮灰，而受伤害最深的是发展中的经济体。

其次，中国经济进入新常态，在投资拉动、促进外需和扩大内需的选项里，更多倚重内需，2015 年内需市场比重接近了 60%，经济稳定增长有了新的基础，而外贸依然保持了 12% 以上的贡献率，在全球市场需求不足、大宗商品价格低落的情况下，并不需要采取更多的汇率手段，完全依靠受到全球经济低迷影响的进出口。中国人相信，随着“一带一路”基础设施建设的铺开，国际贸易还会有一个大的发展周期在前面，大的贬值无异于“饮鸩止渴”。

对于人民币的贬值，许多顶级预测机构如汇丰银行认为，是无须惊慌的，因为这是人民币汇率灵活化的表现，也是美中货币政策分化的结果。中国在 2015 年对外汇制度进行了重大改革，在国际市场有了更大的发言权，人民币“走出去”，有了更大的气场与布局，人民币处于历史最好状态。应当说，人民币国际化是一种伴随国家经济崛起的历史必然，这就像在实物货币时代，中国的丝绸与茶叶必然充当一般等价物一样，成为那时的“国际货币”和硬通货。从“一带一路”发展的战略角度上讲，资金融通不仅是其中的重要环节，也是设施联通、贸易贯通的重要前提。基础设施建设需要大量投资，国际贸易离不开结算与清算。企业的对外直接投资就更是货币频繁的流动过程。因此，人民币国际化的本质是资金铺设的“一带一路”，或者说是“一带一路”的资金和资本形式。在“一带一路”的多元资金和资本结构里，美元重要，人民币和其他一篮子货币同样重要，亚投行作为“一带一路”建设的主要国际投融资机构，“丝路基金”作为辅助的国际金融机构，采取了美元本位体制，但并不能完全代替人民币、欧元、日元等国际储备货币的协同或独立的作用，人民币在加入国际储备货币一篮子以后需要更快更多地走出去，担负贸易结算乃至国际投融资的重任。因此，人民币对美元保持有弹性但总体稳定的汇率与汇率形成机制，不仅是对世界经济的一种贡献，也有利于中国资本市场的稳定和人民币的成长。

据闻，高盛的预测悲观，认为2016年人民币对美元汇率会降到7，2017年还会降到7.3。但不要忘了，它是一家标准的美国公司，而且习惯于从美元的角度看问题。如果换成一篮子储备货币国家的其他投资银行，不一定赞同它的预测，作为新加入一篮子储备货币的人民币，本身就具有了一定的避险功能，出现升值倒是也有可能的。人民币在与其他一篮子储备货币挂钩参考的过程中，使用的范围更广，意味着既有下跌的波动，也会有上升的波动，因此，将人民币看作“贬”势，只是反映了美元一家的愿望。

货币战的两面性与多面性

货币战是具有两面性的。货币战对发起者和目标国家的作用力和反作用力是相差无几的，所谓“杀敌一千自损八百”，说的正是这个道理。

就股市而言，美国的股市居于高位，逢高必落，而且攀得高跌得重，高处不胜寒下的下跌阴影对并不讲究感恩的资本大鳄来讲，也是必然的饕餮大餐，不下手又待如何。奥巴马总想给自己的两届任期画个圆满的句号，看来只有失业率由 10% 降到 5% 这一点能够站得住，但似乎也不能深究，因为那明摆着是拜互联网分享经济所赐，让传统的就业概念有了新的弹性，而不是什么制造业真的得到大振兴。建立在这种经济判断基础上的勉强加息，是美国已经政客化了的金融高层的心理过程。在美联储内部并不一定是一个声音，实事求是地决定金融政策的走向，恐怕是美国金融当局更需要考虑的问题。

货币战解读

讲货币价值，人民币当然比不上美元，但美元老矣，而人民币风华正茂，或在走向成熟的半路上。如果说，2015 年全球金融市场发生的最大事件是美联储加息，从新兴货币的角度看，具有未来影响的事件，还是人民币纳入 SDR 货币篮子。人民币纳入 SDR 货币篮子不只具有象征意义，是人民币融入国际货币体系的重要一步。据星展银行的经济学家预测，2016 年底全球储备将达 11.5 万亿美元，欧元占 20%，美元依然占到 60% 以上。人民币占 3%，相当于 3400 亿美元，与英镑、日元并列，人民币纳入 SDR 货币篮子加快中国金融改革步伐，人民币汇率与市场走势更加一致。人民币纳入 SDR 货币篮子后，货币升值贬值效应压力应当相应减弱。最乐观的一种国际评估结果是，未来五年，全球将有 1 万亿美元的外储转换成人民币，海外企业在中国发行的“熊猫债券”也会达到 5000 亿美元。这对人民币来讲，是很好的业绩了。当然也会有另一种担心，人民币地位提高了，影响也大了，正如国际货币基金组织的一种警告，中国将会“更频繁影响全球市场波动”。这一方面是在说，全球市场对中国经济和其他新兴市场国家的金融风险具有“高度敏感性”，其实也从另一方面表现出中国和其他新兴市场国家的影响力。如何保持更多正影响而最大限度降低负影响，中国的人民币重任在肩。

中国也清楚，人民币在未来三五十年里，不大可能也无意替代美元在全球使用的地位。曾经有 65 位经济学家接受《华尔街日报》的调查，评估未来10年、25年和50年的人民币替代美元的概率，给出平均值分别为7%、20%和34%。事实上，替代从来不是中国的想法，替代只是一个美国假设，而不是关于人民币的话题和命题。中国考虑的是世界货币的多元化。这与大多数国家的想法一致，也与联合国贸发会的主张不谋而合。美元取得今天的地位，既是水到渠成的，也有特殊的历史背景。在20世纪20年代初，尽管美国已经成为全球最大的出口国，但其贸易信贷来自伦敦，并以英镑计价，与英国的全球贸易网络相连，在伦敦二级市场交易。随着美联储的成立以及海外分支的解除，到20世纪头十年，美元才成为与英镑一样的主要国际货币，但仍不能与英镑平起平坐。“二战”后庞大的战争债务压垮了英镑，美元才取代了英镑的全球货币地位。没有“二战”，也就没有美元的机遇，而这是不可复制的。日元也曾在20世纪70年代一度成为美元的竞争者，似乎也有要取代美元的霸主地位的意思，但1985年的一纸“广场协议”迫使日元提高汇率，“日元的货币明日之星”梦也就终结了。全球货币是与全球责任相匹配的，不讲责任只讲凌驾于所有主权货币头上的地位，想印钞票就印钞票，想加息就加息，一点儿都不顾及别的主权国家的经济处境，这样的领导货币不仅不符合平等自由贸易的原则，也会发生适得其反的效果而降低美元的威信，加速各国的金融离心力，这对于美国的长远金融利益并不合算。

国际间有人提出这样一种设想，建立一个由国际机构掌管的超主权储备货币，用这种超主权货币控制全球的流动性，认为这是一个虽然遥远但值得想象的目标。这种设想其实中国金融界也有人曾经提过，但不是针对美元，而是为了经济全球化下各国经济利益的平衡，至少减少了诸如美联储加息引起的多余的震动。加息就是加息，是一个经济体内部的宏观调控事务，原本不该引起全球的震动，也不能让非当事者付出不该付出的代价。但超主权货币由谁来搞，依然是个问题。比如欧元就是一种区域性超主权货币，但那是与欧盟相匹配的。

货币战是一种客观存在的金融现象，有偶发性，也有必然性，同时也会有频发性，不能一发生国际货币汇率异动，也就草木皆兵，呼之为货币战争。此外，发生了货币冲突与货币战，也要具体问题具体分析，是经济运行规律使然，不得不退而求其次，寻求国际货币之间新的比价平衡，还是带有恶意性，蓄意针对某种目标，发起经济攻击，或者扬汤止沸，或者釜底抽薪，或者以邻为壑，转嫁经济危机。因此，对每一次货币战和汇率冲突，首先与寻常发生的战争一样，需要分清谁是挑起者，谁是被动的因应者，谁是正当防卫者，谁又是在滥用已在形成的货币霸权。用通常衡量战争性质的话说，也就是分清它的正义性与非正义性。

此次美联储加息引起的“货币战”，引起的震动很大，牵扯的范围不小。但由于是刚刚开始，还需要在及时正确应对的同时，进一步观察。美国自 2008 年发生金融危机以来，前后实施了三轮货币宽松政策，利率一直为零。其意在于降低企业贷款成本促进经济回升的同时，抑制和挤出国际国内投机资本，进一步净化资本市场。从这个角度讲，在经济开始回暖的迹象明显之后，应当结束货币宽松政策，转向正常的利率状态，因此，2015 年一年中，美联储踌躇再三，斟酌再三，确定了以国内就业率为指标的升息时机选择。这是无可厚非的一种考虑。但问题在于，由于美元是一种超越一般主权的国际货币，而且在投资和一般项目下的国际经济活动中处于支配地位甚至霸权地位，因此它的利率政策变化就不能只从自己国内的变化因数去考虑，应当负起国际货币责任，至少在时机的选择上，不只是考虑美国国内，也要考虑国际经济的基本走向。美元加息酝酿多时，表面上看似很慎重，其实更多的是在试探并在事实上营造了资本回流美国的环境。美国财政部统计的对外证券投资数据可以证实这种策略的有效：从美国放出风来，市场开始出现美元加息猜测，即从 2014 年 7 月到 2015 年 9 月，流入美国的资金达到 2300 亿美元。2015 年 9 月到首次加息流入的资金恐怕更多。有人统计过，在美国发生金融危机亦即实行量化宽松政策的五六年里，共有 7500 亿美元从美国流向海外，估计在美元加息前，至少有一半回到了美国。对美联储加息的预期，其实已经促进了资金和资本回流美国的作用，更加稳健地回归正常的利率，选择更适宜的国际经济复苏时机，本应当是美国这个世界老大需要考虑的题中应有之义，但美国考虑的只是自己。美国有得天独厚的资源优势和人才资源来源，从经济上说，它不是不需要全球化，而是需要完全有利于自己的全球化。在它看来，全球化的好处不仅是美国经济的补充，还是一种可以用来装饰的高级奢侈品，除此之外，最大的价值就是用来维护霸权的说辞，因此它无须去过多地考虑别人的冷暖与死活，也无意考虑别人的冷暖与死活。就拿欧元来说，时隔13年，美元升息之前已经逼近1∶1的水平，欧元还在进一步的量化宽松中继续贬值，而美元对主要的二十五国货币的相对价值都达到了13年来的最高水平。

但是，不管是自顾自还是要打压心目中的对手，货币战向来也是一把双刃剑。就美国经济而言，美元贷款负担急剧膨胀，使自身企业的融资环境进一步恶化，导致其出口企业盈利状况恶化，在加息前夕，美国制造业景气指数已经再次跌落在荣枯线以下。美国经济赖以回暖的页岩气繁荣也受到威胁，在石油价格跌至每桶30美元以下的情况下，能源企业大量破产也会是预料中的事。美国实施货币宽松期间规模也达到3万亿美元，债务负担还在不断加重，日益面临美元融资综合成本快速上升的问题，本币贬值压力进一步加大，不断追加货币宽松，却又出现宽松政策“长期化”倾向。而美元的“一枝独秀”也使国际商品行情指数包括大宗商品价格降至13年来最低水平，这种对国内经济和国际经济的双重打压，使更多的发展中国家经济危如累卵，也使发达经济体承受着从未承受到的新压力。但美联储加息，对它自己也并非一切都是正效应。在此前出走的投资信托和对冲资金包括资本大鳄陆续从海外市场撤离，再次抄底美国，美国的资本市场包括证券市场又一次鱼龙混杂。美国加息后股市暴跌就是一次大的预警。

人们一直不解的是，为什么过去被视为利率正常回归的事情变得如此诡谲，为什么美国过去一直要求中国的人民币升值而这次却想要人民币贬值？在它施压人民币升值的时候，人民币购买力平价的理论炒得沸沸扬扬，除了渲染中国经济力量的威胁，就是宣示人民币币值低估了，现在却又说是高估了，高估到要想把人民币历年的升值数量全数吐回才好。这其中除了美国希望美元再次一枝独秀的自大心态，还是要打压中国的经济。在他们看来，翻手为云覆手为雨，是美元的权力，世界经济一体化也是美国化的世界经济一体化。抽翻了人民币也就抽翻了中国经济，也就稳住了美国的经济宝座和世界霸权的宝座。但它忽略了，美元和美国无论有多么强大，也只是世界经济的一员，或者是主要的一员，世界现在离不开美元，但美元现在更离不开世界。

中国经济不会硬着陆

做空人民币是“游客语言”，代表不了美国的官方语言，但语言不同，想法没有本质的差异。因为人们看到，在汇率异动的背后赌的都是中国经济的走向。用更准确的话来讲就是中国经济的基本面。

那么，中国经济的基本面究竟如何？这其实就是2016年开年世界经济论坛的真正主题。无论对一个正在发展和崛起的大国来讲，还是正在经济复苏的美国来讲，基本面从来是主要的判断依据，如果一切都那么顺当，这样的经济恐怕只能在无人的天国里寻找。国际货币基金组织总裁拉加德说，“我们不会看到（中国经济）硬着陆，而会看到一个经济大转型。这个过程可能不平坦，并伴随着波动”。她相信中国政府有能力引导中国经济从依靠投资和出口转变为依靠消费。她说，“令人困惑的是，人们一再说中国的经济增长下降了，降至6.9”，但从这些数据中也找不到持久危机的理由。鉴于有人对中国货币的波动感到担忧，她还说，“不能只把人民币和美元相比，而必须也和国际货币基金组织货币篮子以及中国的贸易伙伴的货币相比，那样就会发现它的相对稳定”。曾经成功地预言2008年金融危机的“末日博士”鲁比尼在中国营商分论坛上展望中国，他不相信中国会允许人民币大幅贬值，实际上的贬值幅度也小于预期。“中国的经济会颠簸式着陆，市场也会慢慢恢复平静。”他认为，中国的服务业板块仍在增长，并且增长快于制造业，所以增速不会低至一些更为悲观的预言家设想的 4% 以下。他认为，2016 年中国 GDP 的增长率将在 5% 至 6%，但世界银行和国际货币基金组织的预测是 6.7% 和 6.3%。鲁比尼是一个悲观主义者，估计低一些是很正常的。国际货币基金组织认为，中国经济发展并没有发生意外，他们一直认为，6% 至 6.5% 是当下中国经济的一个“安全区间”。

英国财政大臣乔治·奥斯本则说，即使按照中国现有增长速度计算，未来 10 年也将增加一个相当于一个德国的国民生产总值。那么我们也可以按最多 3% 的增长计算 10 年后的美国，粗略地说，美国 10 年后也会增加相当于一个印度的国民生产总值。绝对数量还是差一点儿。乔治·奥斯本的分析提供了另一个分析角度，究竟是看增速还是看增量，中国按 6.5% 计算就是 6500 亿美元，相当于两个菲律宾的 GDP，美国按 2.4% 计算则是 4320 亿美元。不少学者拿这样的尺度去比较，得出的结论大体相似。比如，2015 年中国的经济增速虽然是最慢的，但增加值为 7100 亿美元，相比之下，2009 年的增速最快，达到 14% 以上，增加值仅为 5000 亿美元。英国伦敦政治经济学院教授柯成兴也讲，真正考虑经济增速对实体经济的影响，必须关注增量。他比较 2005 年和 2015 年中国的经济增长，2005 年中国 GDP 总量为 2.3 万亿美元，增速为 12%，2015 年 GDP 为 11.3 万亿美元，增速为 6.9%，2015 年的经济增量是 2005 年的近 3 倍。如果参考 2013 年的劳动生产率，意味着 2015 年新增了 5300 万个就业岗位。他还说，一些人过多关注中国制造业采购经理指数长时间低于行业荣枯线，忽略了非制造业采购经理指数在 2015 年达到了 54.4。中国的经济也许有点“双速发展”，但那正是转型经济的特征。还有一个观察角度，是看发展的空间条件。中国的经济增长曲线变化是在城市化率刚达到 50% 左右水平时取得的，城市化水平进一步提高，消费总量提升，后劲将会更足。基于这样一种相对理性的分析，标准普尔评级公司的首席经济学家保罗·希尔德这样评论，2015 年中国国内生产总值增长 6.9% 相当于 2009 年增长约 14%。“中国的增速将会进一步放缓”但“结果仍将是积极的”，“我们不要失去理智”。俄罗斯的经济学家也认为，2016 年至 2017 年，中国的全球经济贡献依然不会低于三分之一。

在世界经济论坛上，很多经济学家也都直言不讳地批评了“中国经济崩溃论”，摩根士丹利前亚洲区主席斯蒂芬·罗奇就在英国48 家集团俱乐部的活动中讲，“中国经济崩溃论”过于夸张。中国发展有“三大构件”：通过服务业增加就业，通过城镇化提高收入，通过完善社会保障网络促进消费。金砖先生奥尼尔则认为：“6.9% 是中国过去 25 年来经济增长最弱的一次，但考虑到经济总量超过 10 万亿美元，其增量是非常可观的。”“放在更大的国际背景下去观察，要想实现同等规模的经济增量，英国需要每年增长 22.5% 才能实现，而印度需要 34.5% 才能实现，即使中国经济在未来 5 年每年增长 6.3%，中国经济在 2011 年到 2020 年这 10 年的平均增速也能达到 7.5%。更重要的是，GDP 构成正在发生新的变化，新的数据显示，服务业崛起和消费经济迅速增长。”奥尼尔还在《星期日泰晤士报》网站发表署名文章，指出“别恐慌，中国经济并没有硬着陆”。“在近期指标中，没有任何东西表明中国经济硬着陆了”，“中国经济正经历必不可少而错综复杂的结构性改革，最近的波动不应掩饰中国已取得的进展”。他还说，投资者应将中国股市、汇率波动与实体经济的表现区分开来看，“不要低估中国实体经济的韧性和潜力”。GDP 的构成比 GDP 增速更重要，城镇新增就业是经济增长最好最可靠的指标。美国彼得森国际研究所高级研究员尼古拉斯·拉迪也认为，不能只看中国制造业的调整。“极度看跌的观点与中国职工工资、家庭可支配收入、航空和铁路客运量、家庭娱乐消费的大幅增长和表明服务业迅猛发展的其他指标是不符的。许多因素表明，批发和零售贸易、餐饮住宿、卫生、教育、租赁和商业服务、金融、信息传输、软件和信息技术将继续推动中国经济增长。”“人们很容易夸大中国经济增长缓慢促使商品价格下跌对全球经济造成的影响。全球商品价格的崩盘显然会对大多数出口国造成不利影响，但在某些情况下，这是由原材料供应过剩而非中国需求下降造成的。”他列举了中国的石油进口，2014年和2015年中国石油进口增长9%，高于2011年和2013年。即便是铁矿石，也增长了2%。

布鲁金斯学会的亚洲问题专家巴里说，投资者焦虑过度了。“我们把中国看作大型出口机器，这是不准确的。中国从根本上说是一个以国内为基础的经济体，其国内经济规模非常庞大，崩溃的潜在威胁很小，它背后有太多的财富”，“即使面临严重的风险和挑战，也拥有足够的资源维持令人满意的经济增速”。德国的一位投资策略师乌尔里希则说，“认为中国能重新实现10%的经济增长，这是根本性错误”，“中国自1992年以来实现了伟大的发展，国内生产总值接近11万亿美元，是德国的3倍多。这种水平的增速是无法持续的。我们在这里看到的是一种正常化”。

澳大利亚前总理陆克文认为，中国体制的灵活性“令人羡慕”，转型取得长足进步，股市无碍经济大势，尤其是无意于全球对抗，“有其自身的逻辑”。

中国经济学家林毅夫也在美国的《郝芬顿邮报》网站发表题为“别担心，中国仍是世界增长的引擎”的文章，从中国经济发展的潜力角度解释了中国在未来5年能够保持6.5%增速的原因。他的观点是，虽然世界经济低迷，外需疲软，但中国在投资和消费方面的机遇很大。一是去库存去的是中低产业，而中高产业如特种钢材、精密机床和先进设备存在投资和发展机遇；二是在基础设施建设方面，高铁、高速、机场、港口建设“走出去”，城市化急需的城市交通和城市设施包括环保、公共服务同样具有规模。相比之下，发达国家没有那么多的机会，因此不能拿发达国家的经验来判断中国的商机。他还强调更重要的三点，一是中国财政资金充足，中央和地方的公共债务总计不到60%，而其他发达国家和发展中国家超过100%，唯一的制约是地方政府要为过去的债务埋单导致期限上的不匹配，中国财政部允许地方发行长期债券置换，必要时可以采用新一轮扩张财政支持有关投资。二是中国的家庭储蓄率高，可以用积极财政政策撬动私人投资——也是基于这样一个原因，中国已与联合国欧洲经济委员会签署了政府和社会资本领域合作协议，双方在华设立政府和社会资本合作中国中心。三是中国的巨额外汇支持进口设备、技术。投资带来就业扩大，收入增长，消费增加。而服务业从43%的占比升至50%，后来还有大的空间。

他没有提到外需，因为那取决于世界经济复苏的快慢、内需的上升以及大宗商品如原油价格的回升。中国的外贸虽然在下滑，而且对GDP的高效率越来越小，但也非一无可览。2015年的货物进出口总值是24.59万亿元，同比下降7%，但出口好于全球主要经济体，贸易伙伴多元化取得进展，贸易的比较优势转移，但升级后的制造业具有后发优势。此外，贸易价格条件指数提升，效益相对提高。2015年贸易价格条件指数为112.1%，意味着出口一定数量的商品可以多换回12.1%的进口商品。由于大宗商品价格的暴跌，中国2015年节省了4600亿美元，其中3200亿美元来自油价下跌。中国的贸易顺差升到近6000亿美元，客观上弥补了由于汇率异动造成的资本外流数量，而这也是中国可以在不大幅度进行货币贬值的一个反压力条件。从战术来讲，有资本外流，但有高顺差来缓解，高投资又有尚待撬动的高储蓄筑底，股市涨落在中国主要是事关股民的利益，由于自由流动的股票所占比例不高，并不会影响到经济的基本面。

还有一个重要的经济走势，那就是在2016年的“两会”上，中国提出以每年超过2万亿人民币的投入促进路网建设，积极财政政策加码，使出现大宗商品价格回升的市场迹象进一步明显，投机资本开始转向大宗商品市场的起落，其对中国经济的看法也开始不那么消极了。尽管有分析说，这种反弹是短期的，但有助于稳定金融市场。

防备“三战合一”

单一的“货币战”不可怕，单一的跨太平洋伙伴关系经济“结盟”更不可怕，怕只怕金融、贸易战和军事围堵“三战合一”。对这个“三战合一”有人用“软合围”来形容，虽然这一套组合拳打起来并不容易，但不可不防。

这并不是一种臆断。新加坡国立大学东亚所所长郑永年先生在新加坡《联合早报》网站发表文章《中国必须警惕和美国的经济战》。他并没有用“货币战”的概念，但是文章从索罗斯做空亚洲货币说起。他认为，人们对索罗斯的言论群起而攻之，认为其不仅不会成功，而且会输得很惨，“这个预判或许正确，原因主要有三”：一是索罗斯对中国经济发展状态的错判，二是对中国经济体量的错判，三是对中国政府决心的错判。但把这些问题放在更大的背景上来考量，“可以转化为另一个问题：中国是否会和美国发生一场经济战？”郑文的推理逻辑是这样的：“资本的趋利性促使其寻找各国经济金融监管的漏洞和脆弱的地方，通过做空等手段获利。但如果资本对哪一个国家的政府不满，这种炒作会更具冒险性。西方政府对中国的不满，也会促使它们利用和动员其经济力量来挤压中国经济。资本和政府的力量有时各自行动，有时则会结合起来。当两者结合时，就可以对目标国家产生巨大的负能量。”他还特别提出，美国所主导的 TPP（跨太平洋伙伴关系协定）“更是针对中国的。TPP 就是为了剥夺中国对世界经济活动规则的制定权”，但“更应当引起中国关切的是 TPP 背后的美国资本运作能量。美国资本从一开始就在 TPP 背后，尽管美国政府在前台活动，但主导 TPP 议程的从来就是美国资本。每次政府间 TPP 谈判遇到困难，资本总能运作推动下一波谈判”。“因此，从短期看，中国政府的确必须做好足够的准备应付可能的经济战，在必要的时候甚至使用非常规手段。”从长远来看，则必须加快改革，“有效遏止和弱化国际资本或者非政府组织做空中国的动机和能力”。

郑永年的推理是有根据的。当年做空日本的“广场协议”，台前是美国政府，背后则是美国资本。

然而，郑文讲的是包括“货币战”和 TPP 经济贸易战略在内的经济战的可能性，除此之外，还有更明显的军事围堵事实，而那个 TPP

本身就是用来标配军事上“重返亚太”的一种手段。透过美国愈来愈频繁出现的亚太军事动作，人们看到的不仅是一种“三战合一”围堵的可能，更多的是一种现实场景。如果说，“货币战”和 TPP 是这个场景里的“软合围”，军事活动就是“硬合围”。软硬两只手，美国一些人使惯也使熟了。

军事围堵

不久前看到一则署名北美崔哥的网文，说他曾经“有幸”在美国东部一所军校听了一位退役四星上将的五句话讲演，这个讲演虽然用语很糙，但露出了美国为什么炫耀武力的天机，这里不妨转引一下：讲演开始，那位四星上将掏出一张 100 美元的纸币，气冲冲向在座的青年军官发问，这张该死的纸是什么？然后自问自答地说，“这是他妈的 100 美元。”“你们知道美国花多少钱就能印出这张擦屁股都不够用的纸吗？”然后又是自问自答：“才花我们 10 美分。”“用 10 美分一张纸换回别的国家好几百元钱，换回一大堆的东西，这他妈公平吗？”“答案是他妈的不公平。可是，为什么别的国家要咬着牙来接受这种不公平呢——就是因为你们。”“你们给我记住了，谁要敢挑战我们这张‘擦屁股纸’，你们就该去打仗了。”这番话，让北美崔哥明白了其中的“动机和纠结”。

这个五句话演讲究竟是北美崔哥转述的一个黑色幽默，还是他的亲耳所听，无可考证。但这个单口相声般的五句讲演，的确道出了美元与美国军事力量之间的因果关系。因此，人们提出“三战合一”发生的可能性，并非没有一点儿依据。事实上，美元霸权是美国的利益核心，美国的强大军事力量则是美元霸权的护卫。人们记得，早在 1961 年，艾森豪威尔总统卸任时就深有所感地告诫后来者，美国政府必须警惕“军事-工业复合体”的影响。但时间过去半个世纪，我们仍然看到五角大楼与军事承包商们如何在分享每年高达 5000 亿美元的美国国防预算，以及动辄数百亿美元的战争费用。在当时，美国的资本势力如对冲基金之类还没有出世，否则他也许会加上一个资本复合体，而美元霸权也就是美国资本霸权的终极来源。

美国的海军与空军在中国南海与东海上大小动作不断，美军高层也不断有人提出调整兵力对付中国，美国国防部官员和太平洋司令部更是不断地拿中国在自己领土上正常的军事布防和设备更换说事儿，在美国国会听证会上生拉硬扯出一个所谓军事化的威胁和中国南海非军事化的要挟，声称带来“特定后果”，扬言美国需要“重新评估其攻击潜艇力量”，“计划在2020年前将60%的舰艇部署到太平洋”，“美国海军陆战队也在重新考虑在太平洋的姿态”。由日本财团和美国战略与国际问题研究中心设立的美日安全保障研究会则发表《2030年前的日美同盟》报告，提出“调整现行日美同盟，确立新的对华战略”，“强化自卫队和美军的联合运用、推进防卫产业合作”，甚至倡设“联合指挥部”。且不说，中国军队不断增强的实力、军事改革的效果和中国维护自身主权的意志会不会让美日军事同盟得手，围堵中国的亚太基地究竟固若金汤还是其未来的致命弱点，这些好战的赳赳武夫连一般的国家主权常识和历史都不顾了。比如有国际问题专家就指出，永兴岛是中国三沙市的首府，在西沙群岛的永兴岛上驻军是20世纪50年代就有的，在永兴岛上部署“红旗9”导弹也不是第一回，西沙群岛与中国同东盟签署的《南海各方行为宣言》也无关，美国炒作中国布防永兴岛和提出非军事化是匪夷所思的事。

美国的东西方研究所研究员格雷格·奥斯汀则直言不讳地直书了美国军方的谎言：“在当前争论的背后是五角大楼撒下的一个弥天大谎，一个不折不扣的谎言。那就是中国在南中国海的行为对商业航运构成威胁。这一谎言因为某些群体迷恋帕拉塞尔（西沙群岛）新增的每一立方米混凝土而进一步放大。有人痴迷于中国而不是其他国家军事部署的细微调整。总的来说，美国的这一套分析可能是自1981年及之后数年中情局错把蜜蜂排泄物当作苏联提供的生物武器以来，关于东南亚的最大一批分析垃圾。”“美国有关南海的过分强硬且千篇一律的官方评论维系了这种误导性的分析”，“然而，至少从共产党上台之前的1946年以来，中国就没有对南海的任何岛礁提出过新的主权主张。它怎么会呢？中国当时就声称对很多岛礁拥有主权”。“值得注意的是，我一查就发现，甚至连美国战略与国际问题研究中心的《海事透明度倡议》（AMTI）也的确存在对中国行为细节过度分析的明显倾向。AMTI 并没有像对中国那样重视每天分析美国在该地区投射军事力量的细节。尽管美国确实是世界上最透明的政府，但美国军舰离开港口的航行路线和在全球的活动却是严加管控的信息。AMTI 对美国在南中国海的空中和海上部署活动的报道相对有限，对中方活动的关注却细致入微，这根本就没有丝毫平衡可言。”

情况确乎是这样，中国全国人大会议发言人、前副外长傅莹明确地说，中国并不认同美国关于中国在南海进行军事化活动的说法。她在新闻发布会上讲，“如果仔细看一看在南海进出的先进的飞机、军舰，最多的是不是还是美国的？”美国不少报道指责中国在南海威胁地区和平，影响“航行自由”，是把“一个大帽子扣在中国人头上”。因为人们看到，美国的“航行自由”是一个莫须有的由头，正在把南海推向军事化的恰恰是美国。

在中国南海问题上，美国近乎胡搅蛮缠，既不像是一个世界头等国家的样子，也不像是一个好“警察”。这同他早先一边宣称“不选边站”一边却在搅局的做法是一样的。美国不仅意欲拼凑合围联盟，还派出了“尼米兹级”约翰·斯滕尼斯号航母战斗群，而在此之前，约翰·斯滕尼斯号航母其实早已经在中国南海出动了 266 架次飞机。据他们自己计算，仅 2015 年一年，太平洋舰队就在中国南海合计出没了 700 天的时间。因此，指责别人“军事化”，恰恰是为了把自己的军事化“合法化”。对于这一点，连美国自己的媒体都有些看不过去。美国《外交政策》双月刊网站发表乔恩·莱特曼的文章《美国正在把太平洋军事化，却不回答问题》，说“美国这代人最大的一次军事重新定位，可能在亚太地区展开，但是大多数美国人对它一无所知”，“美国在该地区已经投入大量资源——包括数以万计的部队、大型航母战斗群”，

“转移重心的目的是加强军事存在”。但是，对“美国在这一重要地区的政策所提出的直接和真诚的问题”，美国的国会议员“三缄其口”，无论是修建新的美军基地，还是未经菲律宾参议院和美国国会投票批准的《加强防务合作协议》，“这些问题都没有人回答”。乔恩·莱特曼认为，回避这些问题“是一个耻辱，因为这些问题的答案也许已经暴露出一个把军事、政治和金融体制的利益放在公正与和平的社会之上的体系”。

那位经常在国际场合引起“轰动”的太平洋司令哈里斯，居然试图在澳大利亚部署针对南海的轰炸机之外，越权呼吁印、日、澳、美展开有关的“四边对话”，亦即“四国海上遏华联盟”。这个联盟包括了美国、日本、澳大利亚和印度，虽然是非正式的说法，但显然是软硬合围中国设想的一部分。政府换届之后的澳大利亚似乎积极，但素来以不结盟著称的印度会是怎样？哈里斯以为他是美国的首席外交官抑或所有国家的当家人吗？美国的一些人士指出，“试图在中国自家后院胜过中国是行不通的”。他们回顾了一个世纪前美国在加勒比海做过的事，即在1914年巴拿马运河开通后，美国曾经把加勒比海当成自己的一个湖泊，在明确不属于美国的地方多次上演了干预的一幕，而中国在自己的范围内保卫最起码的12海里权利，这在逻辑上使得华盛顿难以“批评”中国。在中国计划在南海设立防空识别区的问题上，本来属于一国的国家主权，而且美国自己在20世纪50年代也曾在其西海岸划设过这样的区域，对付“有可能出现的苏联轰炸机群”，但中国这样去做，则被视为“违反国际规则”。那个“四边对话”其实是很难起来的，由此推演出来的“四＋对话”就更别说了。印度可不是日本，如果一定要寻找它与美国的“安全利益”重合点，与其说在太平洋，还莫如说在印度洋和喜马拉雅地区。出于传统的不结盟思维和发展经济的当务之急，它是不会蹚这个浑水的。澳大利亚本质上还是个重商国家，变得快，转得也快，其主流的舆论声音是，澳美联盟是澳大利亚安全基石，中国是澳最大贸易伙伴，也是重要投资来源，他们明白澳美联盟的重要性，更明白中国经济的重要性。澳大利亚出版的一本白皮书列出的一组纠正数据颇有点意思，说澳大利亚通过南海的贸易运输占其三分之二的推算是不准确的，只有五分之一稍大些，而且主要是对华贸易。即便是这样，用美国轰炸机去轰炸澳大利亚对华贸易航线，这算哪门子事情？因此，最后的结果只会虚与委蛇，美国军舰也只能上演自己的独角戏。日本倒是提出与美国联合“巡航”南海，但遭到大多数东盟国家的反对，认为那将“适得其反”。一些东盟国家认为，这会被视为对中国的威胁，导致地区紧张局势加剧。

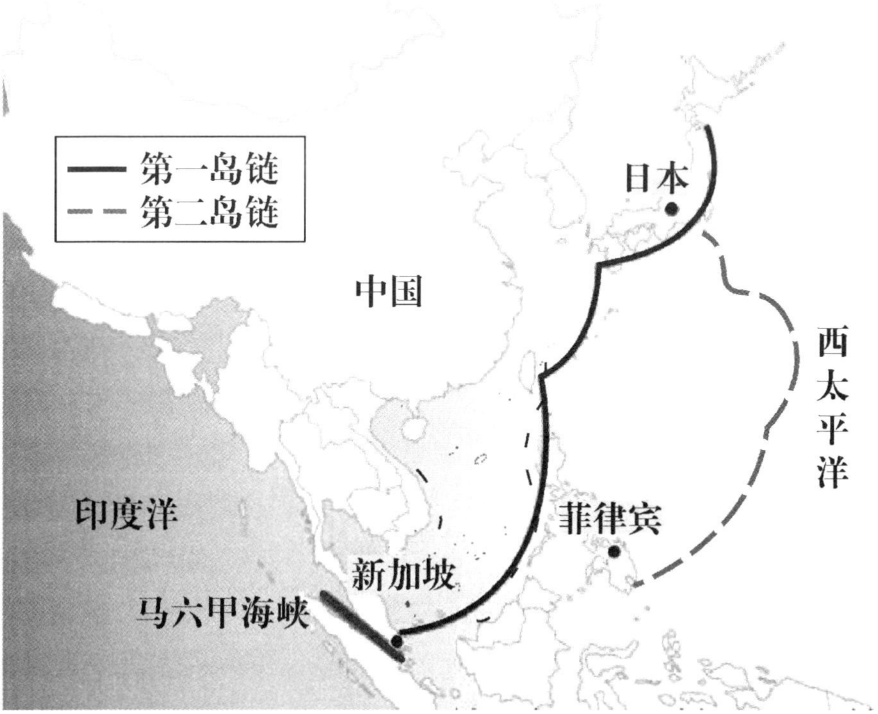

图9　第一岛链示意图

比起南海，东北亚地区尤其是朝鲜半岛，更是美国进一步推进亚太军事化的一个热点，美国借朝鲜的核试举动寻找中国“软肋”要在半岛部署萨德导弹，其监控和威胁半径完全超出朝鲜的范围。为了实现半岛无核化，中国支持联合国做出的对朝“20年来最严厉”制裁，并与俄罗斯力促朝鲜重返“六方会谈”，但不会接受任何“项庄舞剑意在沛公”的军事战略布局。但美国并不死心，扬言与韩国继续“磋商”，反映了它战略思维深处中的阴暗面。

美国的一些军方人士多数时候在唱“黑脸”，文官们红白黑脸都要唱，中国人则是红脸关公的角色唱到底，既要稳扎稳打坚定捍卫主权，又需要通过和平方式解决南海存在的问题。而美国费尽心思插手南海，无非还是要把中国困在所谓“第一岛链”内。它一方面试图告诉世界尤其是盟友，它在亚太包括南海依然有分量。中国的南海主权与美国从来是风马牛不相及的，谁也无法否定南海诸岛是中国固有领土的历史事实，无法否定中国历届政府包括中华民国对钓鱼岛和南海九段线（曾为十一段线）主张的历史性，也无法否认《联合国海洋法公约》的制定是中国南海领土领海事实形成之后很晚的事情。对这条已经标示了69年的“U”形线，《联合国海洋法公约》并不具有对历史否定的效果，这是美国不得不在口头上宣称在主权上“不选边站”的原因。但它既不甘心丢掉在西太平洋的霸主地位，心里又一直打着从海上遏制中国的主意，因此也就借口并不存在的保卫自由航行，在东海与南海不断地激化矛盾。2016年初，美军在菲加紧集结，驻扎巴拉望，矛头所向一望而知。但是，东南亚国家的声音并不一致，美国参加的东盟会议日程上，南海问题并没有列入。倒是一些“声索国”如文莱，更倾向于“悄悄解决问题”。马来西亚前总理马哈蒂尔以一个老政治家的眼光提出，南海争议应坐下谈，“我们不相信战争，我们认为还是通过谈判找到和平解决这一问题的方法比较好”。

菲律宾总统阿基诺三世的算盘是，借助一家与国际法院毫无关系的临时机构裁定历史“九段线”是否违反后来的国际法，或者把南海的某些地貌定性为礁石。中国在一年前就明确表示了不接受、不承认、不参与“仲裁”程序的立场。对于南海的主要岛屿被指为礁石的荒唐事，马英九在卸职之前不仅巡视了常年驻防的南沙第一大岛太平岛，台湾地区政府还邀请十多家外媒登临太平岛实地采访，记者们喝了取自当地水井的水，吃了产自当地农场生产的猪肉和粮食制作的午餐，再次向世界明示，太平岛不仅是南沙群岛中自然形成的名副其实的第一大岛屿，享有 200 海里领海权，而且有中国人的常年农业生产活动。美国塞缪尔斯高级研究助理苏拉布·古普塔一直关注研究该问题。他认为，中国的主张更有依据，别说中国人一直在这里，“只要中国渔民过去进入九段线附近水域的行为及进行的捕捞活动是连续的、合情合理的和确定无疑的，并且逐渐形成一种地方习俗或传统，那么这些行为就不受《联合国海洋法公约》的限制。他们遵从的是普遍性和惯例性的规则”。

对于中国南海的结果，时间会得出结论，不管美国派出多少航母与飞机，在南海周边搞多少军事基地，最终很难取得它所期望的效果。正像《日本经济新闻》对 2016 年 2 月举行的美国与东盟领导人峰会所评论的，美国高估了自身的影响，“奥巴马政府期待东盟在牵制中国方面发挥盾牌作用，但东盟各国的步调并不统一。会后通过的联合声明包含了航行自由和促进地区非军事化及行为自律等字眼，但并未特指南海。很难想象这在遏制中国的行动上会有现实意义”。《日本经济新闻》讲，在 TPP 方面，东盟国家也与美国的认识有微妙差异。事实上，美国在东盟对外贸易总额中所占份额正在不断缩小，已经从 2000 年的 16% 降至 2013 年的 8%，而取代其对东盟贸易头把交椅位置的正是中国，在东盟对外贸易的份额占到了 14%。“或许美国对自身市场吸引力的认识有些夸大。”日本的《产经新闻》甚至预测，“和美国的期待相反”，以对华强硬派著称并与美签署新军事协定的菲律宾总统将于 2016 年任期届满，在另一位亲美派人物德尔罗萨奥辞职后，“未来的新政府也有可能转而同意与中国开展双边对话”。

金融与贸易战

东盟与美国在未来一段时间会有疏离，其实还来自另一个更为现实的因素，那就是美国货币政策的变化已经给东盟国家造成了负面经济影响。与虎谋皮终究不是上选之策，随着美国以邻为壑的“货币战”的演化，东盟国家并不认为美国是真心帮助他们的。到那时，美国也许会面临始料未及的另一种结果。

但也不可低估美国尚未全部丢失的自信甚至自大。围堵中国的心思不会轻易消退，战略锦囊里有的是计谋。“三战合一”的牌轮流出，也许会产生什么样的叠加效应。人们只能在斗智斗勇中捍卫自身的国家核心利益。从总体去看，由于中国的军事实力迅速提升，军事改革深入推进，美国又值大选之年，大打出手的可能性较低，它的 TPP 战略也不能很快见效，因此挑起“货币战”的概率更大一些。

事实上的“货币战”是有可能卷土重来的。其一是美国金融界虽然对继续加息有分歧，美联储主席暂时表达了骑墙的态度，但美国就业的持续好转以及物价指数的相对上升，强化“鹰派”加息的预期走向。但现实情况表明，另一种选择也在出现，由于“鸽派”谨慎预期未来经济增长的走势较弱，美联储在 2016 年第一季度讨论是否继续加息前，下调了年度增长预期，从 2.4% 下调至 2.2%，美联储主席耶伦放出“谨慎的货币政策是适宜之举”的口风，暂时“按兵不动”。这是不得已的选择，但在客观上给各国增加了抢时间准备的机会。

第一轮事实上的“货币战”，只是打了一个前哨，也就暂停了。检视“战场”，美元不仅无功而返，还落了个“暴跌”。好像全世界的货币都涨了，在美联储的“鸽派”休战声明发布以后，欧元上涨，日元也创下 17 个月以来的对美元新高。随着美元的回软，金价反弹，铜价反弹，油价也反弹了。输得最惨的是跟着索罗斯做空中国的投资者，据说大亏了 6 亿到 8 亿美元，索罗斯的“主力部队”还在美国和马来西亚鏖战，没有来得及上阵，于是有人大呼上了索罗斯的当，而正常的投资者更乐见于人民币的稳定。美国的一些对冲基金甚至乐观地预测，深圳股市综合指数将在五年内“领涨全球”。

但是，美联储暂时“按兵不动”，不是不动，只是动不起来，只要有可能，再次加息就有可能，只要一加息，也就会造成新的冲击波。因此不能因为第一回合的结束，就以为可以偃旗息鼓。强本自固，才是万全之策。令人多思的是，对美联储首轮加息中中国力避“货币战”，美国的财政部部长也在 G20 会议召开以后给了“点赞”，并且由此做出了不会爆发全球性全面货币战争的“判断”，但他不是美联储的当家人，有道是“兵不厌诈”，这一点在金融市场似乎显得更明显。

中国不愿打货币战是真的，别说那会造成什么样的全球经济混乱，即便是对中国自己，也是弊大于利。按一般的规律，人民币贬值幅度达到15%左右才能对出口产生明显的刺激效果，同时还要具有另外两个条件：其一是一国外贸产品的生产结构依然处在低档和全球产业链最低端，其二是继续依赖出口拉动经济。综合这几个因素去考量，哪一点又像是中国的经济走向和选择呢？

汇率变化与人民币国际化

相比汇率变化对中国经济的整体走向性影响，人们更关心汇率的变化对人民币国际化将会产生什么样的影响。一个明显的事实是，在货币从较低国际化程度走向较高国际化程度的过程中，一种走软的或者不稳定的货币是不大可能实现自己的目标的，至少是时间更漫长，道路更曲折。人民币即便在2015年底加入了国际一篮子储备货币，并在特别提款权数量比重上超过了英镑和日元，但对人民币来讲，汇率变化或者哪里飞来的货币战概率，还是牵一发动全身的事情。

人民币保持稳定

汇率的变化尤其是人民币一次有限贬值，其实是不应该引出人民币走软的结论的。近年来，人民币一直处于比较坚挺的状态，我们只要约略地回顾一下就不难发现，出于多种原因，从2006年起，人民币一直在升值，总的计算，十年来人民币对美元升值20%，对欧元升值22%。2015年人民币一次性贬值不到6%，至少还有16%的升幅还在，这算什么疲与软呢？作为国际储备货币，要有货币的自主定价权，汇率变化必然表现为有升有降的一种波动状态。这不仅是正常的，也显示了中国金融市场化的一种进步。对于这种市场变化，与其说人们对人民币本身走势关切重要，还不如说对人民币国际化走势关切更重要。

但是，人们也看到，就是人民币在2015年幅度不大的一次主动贬值，引起的波澜已经不小。各种对中国经济的猜测和对人民币走向的消极判断真有点漫天飞，中国经济崩溃论一时成为国际舆论焦点，资本外流史无前例地开始出现，尽管后来开始“止血”，并以藏汇于民来解释这种外汇储备减少的现象，但也不是虚惊一场。如果中国金融当局不淡定，或者更准确地说，中国经济基本面不给力，并具有对经济转型中对外贸拉动经济作用有所减退的清醒判断，也许事情会是两个样子。面对事实上出现的国际货币战发生的心理战格局，中国任凭风浪起，“稳坐钓鱼台”，这是继1998年处理亚洲金融危机取得成功的又一次不算特别小的胜利，同时也为人民币国际化继续有条不紊地推进创造了颇为主动的条件。

作为信用密集型产业，一种货币的力量来自信用和信心，尤其在诸如金本位、银本位或者石油本位消失或者走向几近完结的时候，它所能依靠的唯一靠山就是一国经济发展的状况、走势和基本面。一种货币的贬值与升值，值钱到什么程度，从来是同经济运行状态紧密相连的。美元暂时停滞在一个阶段里的升息是这样，人民币汇率最终保持相对稳定是这样，对各国货币走势的基本判断也基本是如此。

一种货币的国际信用和信心与国内信用和信心也是一致的。无论哪种国际储备货币，它的最大、最基本的市场还是本国市场。人民币走低，购买力减弱，受损的还是本国消费者的购买力，这在致力于消费拉动经济转型的中国来讲是不可能与不可想象的事情。因此，人民币从根本上讲，不仅目前不存在进一步贬值的基础，也不存在根本动机。在国际市场上，人民币发生较大贬值，虽然也会刺激出口，但作用是有限的，实际贸易利益也是有限的，甚至会出现“赔本赚吆喝”的结果，最终出现企业微利和无利运转，生产者利润摊薄，工人实际收入下降的结果。这对致力于建设小康社会的中国同样不会是一种选择。

人民币持续贬值，也意味着此前人民币国际化的努力只会是国际货币市场上的一段临时出现的插曲，至少它被刺耳的货币贬值的炮仗声打断了，湮没了，不知何年何月再次发声，这也是一种不可接受的尴尬局面。如果我们还能进一步看到，中国倡导的“一带一路”正在进发，而“一带一路”的发展在事实上也不能建立在美元“寡头”完全操控的金融基础上，而需要更多地建立在多种货币良性互动的国际金融基石上，作为国际储备货币之一种的人民币，必须在国际化的道路上迈出更为勇敢的步伐。维护人民币在国际金融市场的稳定、稳健与金融活力，对中国经济的发展和对世界经济的发展都是一个至关重要的建设性因素。

人民币国际化

美国康奈尔大学教授埃斯瓦尔·普拉萨德发布了一份关于人民币国际化前景的研究报告，列出了真正影响一种货币成为储备货币的五大因素：经济规模、宏观经济政策、资本账户放开、弹性汇率和金融市场发展。他认为，中国在前四个指标方面表现不错，最后一项有些严重滞后。这其实是人民币国际化面对的真正挑战。良好的金融市场才能够为国际投资者提供更多的以本币计价的金融产品。人民币计价和跨境交易应用越来越广泛，但发展滞后的金融市场会成为人民币国际金融地位上升的瓶颈，需要加大金融改革和其他市场改革的力度。

中国的国债和企业债市场也相对狭小，交易量比较低，股票市场规模也不算大而且比较动荡。尽管如此，人民币已经踏上了储备货币之路，除了在特别提款权货币篮子占有10.9%的比重，一些国家的央行已持有或计划将人民币作为其外汇储备投资组合的一小部分。中国央行也与34个国家签署了货币互换协议。未来三五年，中国资本管制进一步放开，将会在全球贸易和融资中发挥重要作用。

人民币国际化进程总体还是看好的。在2014年人民币国际化有效推进的基础上，人民币国际化步履进一步加快。2015年10月，在伦敦发行首只人民币主权债券，并与德国证券交易所签署了合建人民币计价资产的“中欧所”，这为国际投资者开辟了人民币使用的更宽渠道。同年11月，中国外汇交易所又开展了继与新元、欧元、英镑与新西兰元之后的人民币与瑞士法郎的直接交易。紧接着，俄罗斯决定首次发行人民币国债，中韩货币展开直兑。远在非洲的津巴布韦宣布，人民币成为该国的法定货币。此前，津巴布韦由于2009年发生恶性通胀放弃了本国货币，开始使用美元和南非兰特等多种外国货币，人民币成为该国的法定货币，意味着人民币的国际信誉进一步提升。

人民币的国际信誉进一步提升，相对稳定人民币汇率是一个重要的运作目标，更加直接地与人民币的国际化进程紧密地联系在一起。在2015年底到2016年初发生的世界金融动荡和汇率异动中，中国在香港特别行政区发起遏制投机资本的“阻击战”，及时购进大量离岸人民币，并不意味着人民币国际化走向有了调整与变化。在当时的情境下，防范美联储升息带来的潜在金融风险是国内经济与金融安全的重要目标，也是防范潜在金融风险向国际市场空间进一步扩散的重要战术目标，是为了保护人民币国际化锋芒不会受挫的临时举措。香港地区人民币国际化渠道集中，是资本投机者做空离岸人民币的最好的工事修筑选择之地，人民币国际化产品形式相对较多，联系广渠道广，衍生品发达，资本云集，又有“沪港通”“深港通”直通内地资本市场，守住了香港离岸人民币防线也就守住了人民币国际化的重要底线，守住了人民币国际化的前沿市场。

中国曾经有五年内取消人民币资本管制的计划，这一点相信不会有什么大的变化。在中国公布的“十三五”规划里，不仅提出加快国内金融体制改革的总体框架，包括丰富金融机构体系，健全金融市场体系和改革金融监管框架，推动金融要素供给侧结构性改革，也明确提出实施金融稳健对外开放，健全金融对外开放新体制。其中特别提到统一内外资法律法规，提高自由贸易试验区质量，对外资全面实行准入前国民待遇加负面清单管理。提出扩大金融业双向开放，有序实现人民币资本项目可兑换，提高可兑换、可自由使用程度，稳步推进人民币国际化，推进人民币走出去。要求逐步建立外汇管理负面清单制度，放宽境外投资汇兑限制，逐步提高境外放款比例，拓展保险资金境外投资范围，健全本外币全口径外债和资本流动审慎管理框架，提高股票、债券市场开放程度，放宽境内机构境外发行债券以及境外机构境内发行、投资和交易人民币债券，加强人民币海外网点布局，完善全球服务网络，提高国内金融市场对境外机构的开放水平。新的五年规划给出了如此清晰的人民币国际化国内外市场对接的路线图，显示了中国对人民币国际化的步履是颇为自信的。

人民币国际化的路程无疑是很长的，也不会是一条直线，但既然开始了，就不会半途而废，更不会在复杂的世界金融格局中畏首畏尾，首鼠两端，甚至为世界金融池里不时掀起的风浪所遏阻。

人民币日益上升的国际影响力诚然会在崛起的过程中削弱美元作为国际贸易计价和金融交易中介的作用，但人民币国际化的目标绝不是取代美元的世界主要储备货币的地位，甚至不会刻意追求成为美元那样的霸权或者次霸权的地位，因为那是没有什么终极意义的。一种主要世界货币的形成，有其历史的规律和多种因素交互影响的结果，它要担当更多的国际金融良性发展的义务与责任，而不仅仅是利己的一种币种。循名而求实应当是人民币国际化努力的方向，只要所谓“超主权货币”没有出现，任何国家的主权货币都有权在世界货币的篮子里寻求自己的符合市场实际的价值与地位。

中国人民币国际化努力也不会是人民币独有的走向，美元与英镑已经前后走过了自己的历史进程，日元也在 20 世纪下半叶走过了自己要走的路，瑞士法郎则以另一种超然的姿态完成了自身要走的路，相信还会有其他货币在经济发展的努力中陆续走上不同程度国际化的道路。在经济全球化的大趋势里，应当有更多的货币构成世界金融相对稳定的货币结构框架，这是世界经济稳定发展的重要条件，值得为之努力。

人民币估值

至少，为了自身的金融安全也为了世界的金融安全与发展，一种或几种货币要成为“安全港”中的避险货币，人们不希望再有 2008 年那样的因为虚拟经济过分超前于实体经济带来的人为的全球性经济风险，以致一直到现在金融危机的阴云都没有消散，但金融活动的特性和资本运动的内在追逐力量，显示了其强大的一面之下有着虚弱的软肋，或者说是天生长有的一种"阿克琉斯之踵"。周期性的大小金融危机发生乃是不可避免的，如果不能见微知著及时调整，便会发生"针孔风洞"效应，更何况雷曼兄弟那样的市场"熊"在不时出没呢？一当危机闪现，一根支柱撑得起世界的金融大厦，还是由更多的支柱合力擎起，道理不问自明。因此，无论是刻意为之的货币战，还是乘乱取胜自保的货币战事实，都是违背同舟共济一般道理的一种短见的选择。

人民币国际化并不能巴望市场的特殊恩赐，需要在从不相信眼泪的市场中顽强地上路，包括不断地发育金融市场，推进金融改革，也包括及时智慧地排除偶然或必然的各种干扰。至于在市场中人民币币值究竟是高估还是低估，似乎是从20世纪90年代末以来挥之不去的话题。在20世纪90年代末期以前，人民币曾经自动大贬值，从计划经济时期的名义上的对美元1比1.3一直贬到1比8点多，此后开始了相对升值的过程，但那时人民币的币值升降并没有引起多少关注，因为中国的经济开放是从"三来一补"的产业加工模式起步的，不仅在全球产业链分工中处于不能再低的低端，跨国公司也在这种劳动利差中攫取高额回报，人民币的大贬值不仅苦了中国的"农民工"，也会降低他们的回报率。因此，在人民币估值高低开始越来越成为一个话题的时候，实际牵动的是各个方面的利益。

在一段时间里，有人提出人民币币值严重地低估了，甚至至少低估了30%左右。这种声音时高时低，成为中美贸易的一个摩擦点，一直到2008年美国金融危机爆发，美国市场需要价廉物美的中国制造业产品继续大量进入，对冲消费能力大幅下降的"消费短缺"，有关人民币估值过低声音的"分贝"才降低。但是，美国经济在有些缓过劲来的时候，旧话重提，但方向来了180度的大转变，不是希望人民币币值高估而是希望它的币值继续低估，要把前几年人民币被迫升值的幅度最好全部找回来。使用的一种办法，就是借着美联储加息的国际货币心理预期效应让你自动就范。

造成这种戏剧性变化的，自然是因为中国的经济今非昔比，制造业早已超越了来料加工的初始打工阶段，开始进入以创新驱动为未来走向的制造业发展阶段，并且具有高低通吃的某些过渡性特征。人民币估值高了，不利于新兴产业的全球性市场竞争，估低了，也不利于传统但又是目前市场不可或缺的产业外向发展。美国的专家们其实也不知如何去看人民币的币值高低对他们的行业利弊，除了继续维持贸易壁垒的看似有效的作用，也就更多地求助于货币战预期效果的一种赌博或博弈结果。

一种货币特别是走向世界货币市场的潜力货币，其估值高低应当是由市场贸易规律所支配的，也是在贸易实践中接受检验的。一般地说，一国出现大量贸易逆差，其货币有可能估值高了，出现大量贸易顺差的则相反。当然最理想的是取得相对的平衡。中国每年有将近 5000 亿美元的贸易顺差，说明人民币的估值多少还有点低。这种势头在短期内不会有太大变化，因此有金融专家说，如果据此评估美元和人民币哪个估值过高了，很可能不是人民币而会是美元。

重要的还有，货币币值的升降和坚挺度来自经济的坚挺度和结构韧性与弹性，不是谁想怎么操作就可以操作得了的，那只看不见的手是市场本身长就的。可以顺势而为，不可以随着自己的意愿横加扭曲，一定要较这个劲，也就变成事实上的欲操纵者，也可能小有斩获，但最终会是“机关算尽太聪明，反误了卿卿性命”。

世界经济与全面货币战概率

英国《金融时报》网站的一篇文章回顾 2016 年第一季度市场的极端波动，“全球货币战已进入一个更加复杂的新阶段”，日元、欧元走强，美元汇率下跌，“竞争性贬值让日本和欧元区抢到了更大份额的全球产出和企业利润增长，受损的却是美国”。但“这场战斗并没有结束”。“中国明显没有参与这场战斗”，“另一个明显没有参与战斗是英国”。英国是因为“脱欧公投”顾不上，自动成为货币贬值国家，中国则是坚持不打贸易战，但它成为被袭击的首要目标国家。而且，人们看到，在第一波袭击被中国成功阻击之后，另一支戴着“第三方”臂章的“穿插者”来了，全球三大评级机构的两家穆迪和标准普尔先后宣布中国主权信用降级，由稳定降为负面。只有惠誉相信中国拥有更多的行政和金融资源，依旧维持 A + 稳定评价。这三家评级机构其实都是美国公司，其中会不会又有些说不清的东西，很难一言定论，毕竟是言者无疚。但穆迪和标准普尔赌的是自身的品牌，如果不幸而言中，固然好，不是，则调回来就是了。因为它们也具有美国思维和美国经济分析的心理战“素质”，保不齐也会在权威机构的权威舆论声中变得不是也是，那中国又会“躺着中枪”了。

事情还会发展，但由此说一切做空中国的看法都没有也不会是事实，说是目前中国和世界各国正在面临一场更大的货币战争，而且这场货币战争就是第二次世界大战的延续，是有些说过头了，说这只是一场“唾沫战”，淹不死人的，又未免看轻了。目前的状态是事实货币战露了头，如果发展下去，也不是没有可能出现各种研判中将势就势的可能，但总的趋势最多说是一种“货币冷战”，不排除个别战局里也会有“热战”的成分。

可能的货币危机

第一，要想发动全面的货币战未必符合有力量发动货币战者的利益，在经济全球化不可抗拒的潮流下，尽管不时出现对抗经济全球化的“逆向全球化”思维，毕竟是由利益格局和全球化成果分配格局引发的，主导不了全球化发展走向本身。在全球化中，各国的发展利益从来没有如此紧密，不是祸福相随的问题，而是命运相连的问题。中国提出全球命运共同体，明确地点出了问题的要害。如果说，第二次世界大战还有赢家和输家之分，一些人设想和想象中的货币战争只有输家而不会有最后的赢家，因此，它就像“核战争”一样，谈谈“核威慑”可以，真要像牧羊人抡起羊铲子扬起石头与土块，看上去是要“拦羊”结果可能把羊打死。真要打死了羊，他也只能吃带皮的死羊肉，重新去过茹毛饮血的日子，但那究竟是为了什么呢？

第二，是心有余而力不足，就算谁是经济上的老大，也未必有这个力量。退一步讲，美联储加息本身就充满了纠结，“鹰派”不知自己有没有“老鹰抓鸡”的体力。“鸽派”却看到了自身体力和元气已经在对抗危机中接近消耗殆尽的现状，刚爬起来就要去寻衅，那又是一种什么样的行为结果？

第三，则是汇率变化引起的货币战争可是一种没有同盟军的战争，不仅会扫到潜在的经济对手，还会横扫亲朋故旧，招怨多，沾光者少，真要耍了“光棍”，那可不是一件好事。美联储首次加息就引出了欧盟、日本的负利率，如此下去，别说货币关系了，就连正常的金融往来都难以维持。

真正的货币战是打不下去的。到头来，倒是极有可能引出一场货币危机。什么是货币危机？说轻了是包括美元在内的世界多种货币信用尽失，颜面扫地，在一连串的贬值声中被消费者和生产者渐次抛弃，到处寻求可以替代的流通办法。金融史上许多失败的货币都源自不断贬值的恶性通货膨胀，现今一些所谓失败的国家也无不带着货币失败的烙印。有没有一种可能，本币不值钱而大家都来用美元，但在美元的最可追忆的如日中天的时期都没有出现过这种景象，何况美元已经经过金融危机的摧残，全世界的“美元化”恐怕连梦境里也很难出现。还别说美元霸权已经搞出来许多的不公平，而这次世界金融的“乱子”又是因为美元而起，遭人恨还来不及，怎么会把它捧在头顶上去膜拜呢？各国用它，不是因为它泽被了全球的贸易和经济活动，是因为它的霸权已经控制了贸易市场的手脚和头脑，连那本贸易的流水账也得在用本币计算之外，再用美元去抵押。一旦人见人烦，又屡屡在汇率变动中多次吃亏，美元的光环也就褪色了。到那时，美元还是美元，但只是一种币值仍旧比较高的美国的钱，在货币本质上与其他国家的本币没有什么两样，这是美元也有可能在未来面临的一种危机，但人们也许更倾向于称之为美元的正常回归。

说重了，还有另一种危机发生的可能性，那就是现行世界货币体系实在玩不转了，索性会“汝与子偕亡”，地球上出现了另一种新的国际货币体系。

“去美元化”，一直是一个论题，但有没有这个可能呢？从根上看，那要看美元自己了。但中国未必主张“去美元化”，因为那会造成世界贸易体系乃至世界金融体系的巨大紊乱，对世界经济造成巨大伤害。在目前的世界储备货币里，也未必有哪种货币代替得了美元。“去美元化”的说法挥之不去，更多地反映了人们对美元独大的一种担心和担忧。多几种比较硬朗的国际货币，多几种国际金融避险工具，在“一大多强”中形成一种互相支持又互相制约的世界货币格局，应当是一种更为理想的选择。因为人们越来越看到，在这个世界上，局部的或全局性的金融危机发生的频次太多了，发生的周期缩短了，牵连面和牵连程度也太广太深了。从20世纪爆发亚洲金融危机到美国次贷危机引起的金融危机，时隔不过十年，十年又要过去，故事还没有结尾，新的宽松货币政策一体失灵的阴影又压了上来，美元这个世界货币“龙头老大”的一举一动，又将把世界经济带到哪里去呢？

世界经济总体走向的变动

对世界经济走向的担心和担忧，无疑会包括对美元以及美元变化引起世界经济走向不明的担心和担忧。

但是，与对中国经济分析有不同的观点一样，对2016年甚至以后全球经济形势的分析也会有不同的看法。对未来一段时间世界经济的看法，一种是阴云密布，全球经济将掀起风暴；另一种却如牛津大学的伊恩·戈尔丁教授所指出的，不该预期全球将重新陷入衰退。迄今为止，多数的全球经济预测还是增长，只是增长得太慢了，是以0.1或者0.2

来计算。2016 年初，国际货币基金组织再度下调全球增长预测，在其发布的《世界经济展望》报告里指出，进入 2015 年，全球经济增长 3.1%，经济活动依旧疲弱，2016 年和 2017 年全球经济增速分别为 3.4% 和 3.6%，经济复苏缓慢。国际货币基金组织对今明两年的预测均对 2015 年下半年下调了 0.2 个百分点。给出的结论是全球经济正处于调整之中。给出的理由是，中国经济正处于再平衡过程中，大宗商品价格依旧下跌，美国退出异常宽松的货币政策，美元有可能进一步升值，全球融资条件可能收紧，全球避险情绪增强，导致脆弱的新兴市场经济体货币进一步贬值，带来金融压力，等等。对中国经济的预期与此前没有变化，说明中国经济发展没有出现意外。国际货币基金组织建议，发达经济体应当继续保持宽松货币政策，在条件允许的情况下加大财政支持力度。新兴市场国家则需要加强经济脆弱性管理，重建抵御冲击的能力。发达经济体的结构性改革目标应当包括促进提高劳动参与率，提高趋势就业水平，应对私人债务积压；新兴市场国家的结构性改革是实现经济增长动力源的转换，打破基础设施瓶颈，创新商业环境，提高人力资本。

报告指出，因为强势美元打压制造业，油价下滑抑制能源投资，美国经济增长加速前景同样趋于黯淡，预计 2016 年与 2017 年经济增长均为 2.6%，较 2015 年的预估值下调 0.2%。油价下滑支撑欧洲的民间消费，因此 2016 年欧元区经济增长上调 0.1 个百分点，为 1.7%。变化微小，但国际货币基金组织的展望报告显示的还是一个高质量的经济预测。但是，报告发布不到两个月，国际货币基金组织有些紧张了，国际货币基金组织的二号人物戴维·利普顿表示，世界经济处在“危险节点”。他们会再次下调世界经济增长的预测。经济合作与发展组织也表达同样的观点，因为英国、美国、加拿大、德国和日本的经济增长都在继续放慢。但持相反观点的仍然不少，国际货币基金组织前首席经济学家奥利维尔·布兰查德等美国彼得森国际经济研究所的一批经济学家认为，金融市场对世界经济的悲观情绪太过头了，呼吁对世界经济进行一次“真相调查”。布兰查德认为，出现又一场2008年金融危机的可能性不大。

人们更加关注被称为“央行中的央行”的国际清算银行给出的警告：全球信贷繁荣显露终结迹象，这可能使负债累累的全球经济迎来新的动荡期。他们说，新兴经济体的债券发行和跨界流动首次出现减缓，过度杠杆化的世界最终将逼近债务清算之日。国际清算银行发布的报告说，信贷周期的任何波动都会增加违约和公司破产的概率。他们在美联储首次加息前就发出过警告，“金融市场令人不安的平静”可能会迅速转为债务人的不幸。但他们又说，由于利率处于历史最低水平且存在大规模量化宽松政策，世界各国不堪重负的央行可能无法阻止信贷周期波动。相反，采取负利率措施将使全球债务市场严重扭曲。国际清算银行给出的警告，分明是在说，新一轮金融危机正在逼近。

对中国经济并没有看空的斯蒂芬·罗奇对全球经济表达了“日本式长期停滞”的观点。他在《世界陷入了长期的停滞》一文认为，再次爆发危机的可能性仍然很大。他这样论述，日本的经济停滞出现在20世纪90年代初。从1992年到2015年，日本的实际GDP增速平均每年只有0.8%，与之前45年7.25%的增长轨迹相比大幅下跌。两次大规模资产（股票和房地产）泡沫破灭后再次负债表衰退造成的持久影响起了作用，导致银行和公司组成的高杠杆率经连会体系内爆。虽然所有经济体都各不相同，但日本经济问题的迹象在美国和欧洲显而易见。在2008年和2009年的大危机时期，美国消费者感受到了资产负债表衰退的全部影响。在2008年至2015年这八年里，美国通胀调整后的消费开支增速平均只有1.5%，与之前12年3.6%的增速相比下降了一半多。和日本一样，美国现在陷入零利率流动陷阱，而且找不到简单的解决办法。欧洲也是如此，欧洲的零利率、量化宽松和现在的负利率政策都完全来自本能而且结果更糟。2006年到2015年，欧元区平均增速仅为0.1%。发展中经济体充分感受到发达经济体的萎靡，出口下滑。长期停滞的全球化没有快速解决办法。世界其他国家仍在很大程度上拒绝接受日本的主要教训。他说：“只有勇敢面对恢复经济平衡和结构改革的艰巨任务的国家才会有更好的情况，有足够的资金和适应能力，来承受下一场危机不可避免的压力。对美国来说，这意味着提高长期储蓄，对欧洲来说，重点必须是银行改革和财政协调，对中国来说，需要一个更健全的保障网络，使过度储蓄变成更活跃的消费。而在日本，为一个迅速老化的社会提高生产率的需要从未如此迫切。”

由于过剩，油价下跌是一个很难挽回的趋势，国际能源署警告说，随着伊朗打开油泵，世界势将“淹没在石油之中”。18 个月来，油价下跌 75%，进入了 20 美元时代，石油的过剩产量达到每天 100 万桶，全年库存将会再增加 2. 85 亿桶，为 7 年来的最高位。美国的新闻媒体说，石油的价格比一瓶威士忌要便宜。一瓶伊莱贾・克雷格波本威士忌标价 29. 99 美元，超过了一桶 42 加仑的布伦特原油。尽管 2016 年第一季度回升，又能持续多久？

国际劳工组织对全球就业形势同样感到忧虑，他们在 2016 年初公布的数据表明，2015 年全球新增失业人数 100 万，全球失业率维持在 5. 8% 的水平。预测 2017 年还将新增 340 万失业人口，两年后全球失业人口将超过 2 亿人。产油国就业前景恶化，发展中国家就业压力增大，更需要引起注意的是，就业质量不高，临时性和兼职性多且薪酬不高。虽然也有人在分析新技术革命中出现的结构性失业，认为 30 年后，电脑会从事人们的所有工作甚至替代大学教授，但当前全球就业形势恶化无疑来自全球经济衰退阴影。

各主要经济体的经济状况

各主要国家的经济走向也呼应了全球经济不振、增长异常缓慢的判断。如果说，在 2015 年，人们偏向于世界经济复苏的步调不一致，现在则趋势有所一致，只是程度有所区别。资源国滑到谷底，生产国正在寻找新的平衡，而金融大国们也正在首鼠两端，处在挣扎的旋涡之中。

先看资源国，除了依然有财力积累的中东产油国，拉美的委内瑞拉、非洲的新秀尼日利亚等经济已经发生反转，国际货币基金组织预计巴西2016年经济萎缩3.5%，这似乎也是一些人唱衰"金砖国家"的论据之一。俄罗斯的卢布跌跌不休，以致俄罗斯储备银行行长格尔曼·格列夫这样说，"和石器时代一样，石油时代结束了"，而总理梅德韦杰夫则讲，"如果油价持续下滑，应考虑最坏的事情"。俄罗斯依然拥有一些缓冲的办法，它也受过1989年和2008年的历次考验，但多数专家认为，这是一场"长期的、不可预测的、不同以往的"危机。俄罗斯央行在声明中说，卢布的贬值有"客观性"，因为俄罗斯经济依赖能源出口。

发展中国家不全然是单一的资源国家，它们尽管受到世界经济不景气的整体拖累，但在相对经济下滑中保持了不同的增速，亚洲发展中国家增速达到6.5%，对世界经济增长贡献率达到44%。

再看发达国家，在欧盟内部，经济虽然有一定的互补性，但远远不能关起门来解决问题。法国2015年的经济增长略超1%，一如预期，财政赤字为705亿欧元，有所降低，房地产回暖，企业投资回升，家庭购买力也有所增强，总体上已经不是"愁云惨淡"，但形势依然不能乐观。法国劳工部2016年初的数字显示，法国本土失业人口为357万，比2014年底增加了2.4%。量化宽松和石油价格走低是经济有所好转的主因，因此经济仍是"基础不牢的弱复苏"。法国的经济状态在欧盟国家里有一定的代表性。

欧盟经济发生五年来首次通货紧缩，不得不在2016年前注入11400亿欧元的流动性，每月购买600亿欧元国债。欧元区通货紧缩数据引起对再次陷入经济危机的担忧。

对于欧元区的经济走势，欧盟委员会有自己的看法。他们在2015年初对欧元区的增长预期由1.1%上调到1.3%。对通缩风险，则认为通缩的原因主要来自低油价，2015年还会继续，但2016年会重新出现1.3%的价格升幅。在投资增长方面，2015年也会由2014年的2.2%升至3%，其中爱尔兰最快，为9.7%，希腊为8.4%，英国为6.9%。2016年希腊则会增至15%。目前欧盟与欧元区的主要任务是治理通缩与降低失业率。

日本在2013年4月实行超级量宽，当年10月再次追加，受低油价影响，日本核心通胀率可能再次进入负值区，因此日本在2016年初进入了负利率时代，但货币宽松是不是继续有效，各方面有巨大的争议。有人将美国视为一个特例，但美国最终能不能从三轮货币宽松中完全抽身，目前还有不确定性。例如其出口指数就降至47。美国的货币政策与欧、日的货币政策相反而行，这期间的汇率扭曲又会引发什么？美元升值无疑将使资金转向美国，但欧、日超级量宽版诱发各自的降息潮，也会影响到美国，因此金融风险因素会不会再次集聚，是一个很大的问号。正是在这种情况下，国际货币基金组织在2015年2月再次调低全球增长预测，2016年为3.7%。在汇率方面，2016年初，美元升值6%，欧元、日元各贬2%与8%。

美国经济的缓慢回升，是世人都很关注的问题，并由此引出美国能不能拉动世界经济复苏的问题判断。美国的经济增长率目前维持在2.4%左右，而在20世纪90年代后期曾经达到4%。美国经济前景虽然取决于占到GDP七成的国内消费，但外贸是拉动世界经济发展的力量。2015年，中国占全球外贸增长的三分之一，美国约占四分之一，离开了中国，美国怎么独力支撑得起拉动世界经济的盘子呢？

美国三次量宽，大量印钞，导致流动性充裕，大部分流向了新兴市场，推高了资产价格，一旦资产价格回落，各个经济体都会由此受到冲击，这是对世界经济的最大威胁，同时也造成了美国有史以来的最大债务泡沫。美国负债总额达到127.5万亿美元，是其GDP的近8倍。此外则是油价继续下冲，“页岩泡沫”也会破裂。开采页岩油气的资金主要来自高回报的“垃圾”债券，页岩油气资本负债不断增加，油气供应过剩，价格再度下跌，也就危及了页岩气繁荣。美联储加息对美国自己的其他采掘业甚至制造业也产生了压力。全球最大的煤炭企业皮博迪能源公司无法支付16亿美元的两笔债券濒临破产，波恩公司出口盈利状况恶化、订单缩减，而生产国际化高的欧洲空中客车公司则与之形成鲜明对比。波恩开始裁员，这是自2008年金融危机发生后万人裁员的又一次大的裁员。在2016年1月的具有象征性的开年指标中，美国的制造业活动趋缓，连续四个月收缩。

但也有相对乐观的声音。高盛资产管理公司前董事长、布鲁塞尔欧洲与全球经济研究所访问研究员吉姆·奥尼尔说，国际货币基金组织称，在21世纪最初十年，全球经济平均年增长率为3.7%，20世纪80年代和90年代则为3.3%。在过去的四年里，平均增长率为3.4%。这远远低于许多人的预想。但事实上近年来令人大失所望的只有欧元区。日本、美国和英国的前景比较乐观。它们的平均增长率应该能相对轻松地赶超过去十年（包括金融危机顶峰时期）的水平。此外，原油价格急剧下跌相当于对消费者大幅减税，有鉴于此，“我对IMF决定下调全世界许多地区的增长预测感到困惑”。

世界银行的看法也是比较乐观的，预测美国2015年经济增速将比2014年快0.4个百分点，达到3%。其根据是美国的就业率从2009年的10%降至2014年的5.5%，制造业也开始恢复元气。奥巴马在2015年国情咨文中宣布美国的经济衰退已经结束，一些媒体也开始宣称“美国经济迎来新的春天”。但是，华盛顿的许多经济学家对美国经济走势并不愿意太过乐观，在他们看来，美国的不平等在加剧，中产阶级的收入还在停滞和下滑。事实上，美国也面临着低通胀或通缩的压力问题，这也是美联储对何时加息拿捏再三的原因。2015年开年，美国制造业就连续三个月出现下滑。经济学家不得不调低其年度增长率估值。

曾经有人这样设想，美国要资源有资源，要制造业技术也有制造业技术，要消费市场也不算小，可以关起门来去搞自己的“小三元循环”而不是继续现今的全球产业分工结构。但那样一来，美国也就不是美国了，至少不再是“二战”后主导世界产业链分工秩序的美国，或者说回到了罗斯福之前的时代。没有特殊的变化，怎么可以这样呢？毕竟是全球化时代，美国虽然要的是美国的全球化概念与结果，而且手里有的是“熟张牌”，怎么能够退了回去？

发展中国家，目前最关键的是亚洲，包括中、印和东盟国家。东盟已经在2015年底宣布进入“共同体时代”，要在一定的时间里使东盟十国的GDP增加到2.8万亿美元。但美联储加息给东盟国家的发展同样罩上了阴影，印度也不得不推出自己的铁路公路计划。美联储此时继续加息，世界经济面临的阴影将会更大。

印度发展总体不错，甚至被日本软银的CEO孙正义认为是三十年后成为头号经济体的发展中国家，但也有自己的问题和受美国货币政策累及的可能。孙正义也说，印度需要解决基础设施、电力和通信宽带问题。这位日本第二大首富是在推销自己的资金。2015年12月，印度的制造业采购经理指数也由上一个月的50.3降至49.1，两年来首次跌破制造业的荣枯线，比中国还低0.2。印度出口连续十多个月下降。印度经济学家波利安娜·德·利马认为，印度制造业数据的下滑同样受了当月美联储加息的影响。印度的经济增长波动性明显，在近八年里最高的是2010财年的9.55%，最低的是2012财年的3.24%，2014财年达到7.4%，2015财年的预期则由此前的8.1%—8.5%大幅下调到7%—7.5%。而且，印度政府说，如果改革不力，2016财年的增速远低于2015财年。在这种情况下，印度央行时隔半年首度降息0.25个基点，并推出总额为2.18万卢比的铁路和公路投资计划，此举被称为类似中国在2009年推出的“4万亿元”刺激的“迷你版”。

世界经济复苏的脆弱性还体现在曾经具有较大活力但如今也开始陷入困境的一些经济体身上，以20世纪80年代在市场中叱咤风云的“亚洲四小龙”为例，其经济增长都低于趋势水平。2015年，韩国经济增长为3.1%，新加坡为2.2%，中国香港为2.0%，中国台湾为1.9%，远远落后于20世纪80年代两位数增长的水平，也低于经济危机前的一般水平。究其原因，并不是一般所说的“人口下降”，一是经济结构上过分依赖出口，比如韩国与中国台湾的出口目前仍旧占到其 GDP 的 50% 上下，中国香港与新加坡的服务业相对发达，但同样具有出口拉动型的某些特征。二是这些原本表现不错的经济体，在 20 世纪末和 21 世纪初，不同程度地受到亚洲金融危机和美国经济危机的影响，全球经济增长疲弱，进一步影响到它们的出口增速。现在，美联储加息预期与首次加息的落地，“四小龙”面对的压力增大，加上有的经济体债务高企，资本流出加剧，不得不考虑实行货币宽松政策取向。但本币进一步贬值，在目前贬值声浪高涨的情况下并不能达到增加出口的效果，因此 2016 年对它们同样是艰难的一年。

2015 年初，经济合作与发展组织就发布了题为“走向增长”的各国经济结构改革评估报告。该报告认为，中国的结构改革取得明显进展，主要体现为利率改革向保护储蓄者倾斜、简化外资进入的行政审批手续以及私人资本获得更大市场准入空间。报告强调说，2014 年的 G20 布里斯班峰会提出，全球经济要在 2018 年产出提升两个百分点，但前提是结构改革，改革有望使人均 GDP 再提升 10%，相当于人均收入增长 3000 美元。但 G20 实行改革的国家寥寥无几，这才是问题所在。

以上这些预测多为近期预测。普华永道《2050 年的世界》报告，按照“购买力平价”同一尺度，对世界 32 个大型经济体的经济增长提出长期预测，认为届时中国经济总量将达 61 万亿美元，在全球 GDP 所占份额从 2014 年的 16.5% 增加至 2030 年的 20.0%，2050 年小幅回落至 19.5%，经济增速放缓至 3.4%（一般而言，2%—3% 的增长速度是发达经济体的标准增幅）。印度则从 2014 年的 7 万亿美元增长到 2030 年的 17 万亿美元和 2050 年的 42 万亿美元，美国则是 41 万亿美元，居于第三位。印尼进入第四位，巴西、墨西哥都会进入前十。德国则降到第十位，英国跌出前十，法国下滑到第十三位，意大利第十八位，巴基斯坦可望从目前的第二十五位上升到第十五位。日本则居第七位，韩国居第十七位，澳大利亚从第十九位降至第二十八位。

应当说，对世界经济和国别的各种预测都有自己的道理，但着眼点不同，而且都是线性的。事实上，各国经济增长的前景在很大程度上取决于经济结构改革力度的大小和成效的高低。

走出经济下滑的阴影

在当前，货币危机与潜藏在其间的金融危机甚至是经济危机，阴影进一步加重，最重要的是各国金融界加强合作抵御的合力，增强抵御金融风险的智慧，在各自提高监管能力的同时，提高协同抗击由货币危机引起的局部和全局的风险。中国总理李克强在亚洲博鳌论坛年会上提出设立亚洲金融合作协会的倡议，共同维护亚洲金融市场的稳定，避免再次发生大规模地区金融动荡，倡议旋即得到 38 家银行和团体的响应，包括日本的三大银行。该协会目前以中国和亚洲的外资银行为主。这个协会的成立也有助于增强亚洲金融机构在国际金融体系中的话语权。

中国在总体上人民币贬值预期缓解，但中间价处于下行状态，其原因主要是参考一篮子货币对美元的汇率，实现有管理的浮动。这个阶段性的走向，与之前美元指数下挫、人民币汇率中间价上扬相反，但市场环境并不相同。一方面显示了人民币汇率的市场导向，另一方面也不排除美元再度升息的预期，因此，事实上的货币战不仅没有消退，随时都有再次爆发的可能。只是，美国的经济也很有些纠结，一方面通胀指标显示上移，消费数据微弱爬升，另一方面贸易逆差也在微弱扩大，美国亚特兰大联储的 GDP 预测模型显示，美国经济增速由 2015 年第四季度的 1.4% 降为 2016 年第一季度的 0.9%。一切都在微弱中运行，美元的强势根据又会依附在哪根经济的藤蔓上呢？

问题还在于，由于对美联储加息的预期，对冲基金冲进了美国的国债市场，将会加大美国国债市场的波动性。这个市场的规模为 13.3 万亿美元，几乎接近美国 GDP 的 80%，这个避险市场一旦有风吹草动，那也会出现乱子。据美国财政部的数据，加勒比海的成百上千家对冲基金的美国国债持有量，在 2016 年上半年达到 3520 亿美元，比之前增加 43%，成为仅次于中国和日本的第三大美国国债持有者。美国 10 年期国债的收益率已经由最高的2.5%下跌0.5个百分点以上，这也是美国货币走向引起连锁反应中的一个问题。

中国外汇局2015年发布的国际收支数据显示，2015年中国经常账户顺差处于国际公认的合理区间，上升了1个百分点，资本项下逆差大幅提高，其主要原因是对外投资增加和对外负债减少。经过近两年的债务去杠杆化降低了未来对外偿债风险，2016年跨境资本流动有望总体趋稳。也就是说，从走势上看，第一阶段的事实上的“货币战”中，中国并没有“输”。不仅没有“输”，中国外汇储备在“四连降”后止跌回升，外汇储备“意外”增加。央行金融研究所权威研究者分析说，“人民币事实上已是强势货币”，世界现有的其他国际储备货币已经不能更好地适应全球的经济增长，需要人民币补充流动性，“人民币存在继续升值的可能”。从全球金融走势的另一方面看，虽然依然为宽松货币政策是否失灵争论不休，但除了这根救命稻草，似乎又没有别的更好的手段，除了降息还是准备降息。但是，正如一种分析所指出的，货币战中没有“常胜将军”，但不一定吃了一次败仗就永远吃败仗。美元的暂时走弱，也帮美国夺回一块“失地”，那就是日元和欧元走弱时占领的国际贸易市场份额。福兮祸倚，祸兮福倚。货币战的背后还是贸易战的战利品，这对全力推动“一带一路”发展的中国有利有弊，同样是一件需要研究的事情。据世界贸易组织预计，2016年全球贸易增速与2015年持平，仍旧维持在平均2.8%的“低速增长”水平上，但发展中国家有望反弹并在2017年将全球贸易增速提升到3.6%。汇率问题还是一个越发重要的问题。

目前的问题，一是美联储下一次的加息点在哪里，又会引发多大的市场波动？二是欧洲与日本的负利率政策行不行得通，又将采取什么对策？对于第一个问题，美联储在观望。美联储确定加不加息的国内指征，已由就业一项变为两项，即加上了通胀因素。第一项指征基本及格，2016年2月，美国就业增加了24.2万个岗位，失业率为4.9%。第二项却还没有达标，近四年来，美国的通胀率一直低于2%的设定指标，2015 年最后一个月上升了 0.7%，2016 年的第一个月上升 1.3%。原来预计 2016 年加息四次，但首次加息带来的市场混乱和全球经济减缓，将会改变加息的节奏。但要看到，如果不出重大意外，美国经济会缓慢上行的。在 2016 年内，第二次加息迟早要来，这是拦不住的也无法去拦。美元毕竟是美国的主权货币，拥有自己的定价自主权。唯一的选择是做好应对的准备。

第二个问题，负利率一直被视为令本国货币贬值并推动通胀的当然策略，但其结果是既没实现宽松货币政策所要达到的初衷与效果，出现了意想不到的货币反向运动结果，还可能进一步增加国际货币战开打的概率，也对本国商业银行盈利能力造成了负面影响。多种负压使得负利率政策难以为继，已经在负利率路途上走得颇远的日本央行也不敢再次推出进一步的“超宽松”。这几重因素结合在一起，利率战后果严重性降低，各国央行将会放弃各种费力不讨好的努力，并把促进贸易放在稳定金融之后，稳定金融、稳定利率和汇率便成为头等大事。事实上，利率汇率的稳定，也会带来贸易相对稳定的结果，这就如同在美元升息时各国本币竞相贬值产生的对冲效应一样，本币竞相稳定或者竞相升值，也会形成相对的贸易均势，其结果并不会对贸易构成实质性的重大影响。2015 年以来的货币冲击波的第一波过去了，但利率汇率冲击波造成的心理冲击后遗症不可能很快消散甚至还会加重。美联储升息的市场威胁不在于升息的实施，而在于人们心理预期压力造成的货币避险的理性或非理性行为。这就恰如地震突然发生后，虽然忙于救灾，心理在不得不接受后果中有所安静，但是关于要来地震或者对余震的预期却会引起更多的避险行为。现在，美联储的升息之剑收回去了，但没有入鞘，依然高高悬在别人的头顶上，“警报”没有解除，第二轮心理博弈中的“剪羊毛”过程开始了。操作目标还是一个，不在于贸易而在于压迫别国资本继续外流。从这个角度看，我们再不能把利率汇率战、货币战看成是贸易战的前哨战，而要把它视为资本争夺的心理战和与之俱来的货币危机。

“一带一路”中化解危机

资本和资金是经济机体的血液，血液大量流失了，经济机体就会枯萎，这是问题的实质所在。

在第一波货币危机中，中国的外汇已经流失了将近6000亿美元，几乎等于当年的贸易顺差总额。还有3.3万亿美元的外汇在手中，2015年吸引外资的规模依旧超过1200亿美元，眼下看应对有余，但美元走强的力度持续加大，引发的资本流失预期动力提升，问题也就显得严峻起来。

应当说，第一波冲击造成的外汇资本资金流出压力在2016年第一季度末已经缓解消化，但并不意味后来风平浪静。美联储再次升息不确定的只是时间、次数与力度。更何况加息战打的是心理战，围堵的猎物是应声奔突的资本，无本的买卖，为什么不加呢？

对于这样的阵势，美联储前主席伯南克看得很清楚。他在美国布鲁金斯学会网站发表文章《中国的三难困境——以及可能的解决之道》，阐述了他的看法。他说：“中国面临国际经济学中经典的三元悖论，即一个国家最多只能满足以下三个目标中的两个：（1）固定的汇率；（2）独立的货币政策；（3）自由的国际资本流动。”这就是说，三者只居其二，不可全得。这确乎是一个“魔咒”，在历史上还没有任何国家打破过。在这个“魔咒”里，独立的货币政策意味着货币主权，是无须讨论的，剩下的两个选择哪个呢？这就又回到“熊掌与鱼不可兼得”的古老命题上，而且是二律背反中的不可兼得。要么实行固定对美元低汇率，提高人民币的币值，让切汇者无利可图，或者说让私人资本失去换汇保值的动力和必要，从而断了资本大规模流失的后路。要么任由国际资本和货币自由流动，在避险冲动和选择中面临的必然是国际资本大量流出。3.3万亿美元的外汇储备看似庞大，即以2015年的流出速度，五年之内即可告罄。即便是每年还有近 6000 亿美元的外贸顺差，但在变化中也有不确定性，一旦抵不住有可能出现的社会雪崩效应，国际资本大规模外流也就会演变为事实。

应当说，货币避险是私人及公司财富的合理要求，追求高收益也是合理要求，面对这些合理但又从根本上损伤国家发展利益的货币异动，究竟是要前者还是要后者，这是一种两难抉择。

如果实行固定汇率包括可自由兑换和不可自由兑换下的固定汇率，而不是既自由兑换又趋向浮动的汇率，无疑会牺牲前一段推进金融改革的努力。同时，人民币已经加入一篮子货币，后者是对它的一种刚性走向要求。如果选择前者，那就要承受国际资本规模流出的后果，这对正在进入经济调整期的中国经济无疑是一个阻击。

在伯南克的推理结论中，“如果其他情况不改变，那么中国最终将拥有很少的外汇储备，不再愿意或不再能够大量买入人民币。在那一刻，人民币将贬值，很可能大幅贬值。这就是中国眼下的三元悖论：想要利用货币政策来管理国内需求并同时开放国际资本流动，那么它也许无法将汇率固定在目前水平上”。

由此，他开出了两个方子或者是提出两种选择：一是“现在就让人民币贬值”，“如果贬值幅度足够大，不存在未来进一步贬值的预期，那么中国外汇储备面临的压力将得到化解，汇率大概会进入新的均衡”。二是“停止或扭转放宽资本流动限制的进程”。但他带着警告的口吻说，放宽资本流动是“实现让人民币成为国际储备货币的目标的一个前提条件”，只要中国在贸易投资保持开放，“资本控制可能根本不起作用”。也就是说，选择只有第一种。他还提出了第三张方子，是替代性的更积极的财政政策，并说中国已经开始运用了，那就是扩大财政赤字和支出。但这其实是汇率变化引起资本流向变化本身之外的另一回事，就货币与资本问题而言，他认为他的判断已是确乎不移的了。

世界银行前行长佐利克在他那篇关于如何应对世界经济变化的文章里，也从面上涉及了这些问题，认为新兴市场面临全球经济疲软、资本外流、投资前景黯淡和货币贬值，但对如何解决，并没有提出有针对性的办法。他更多地强调，“2016 年的关键问题是各国是否能勇敢地面对至关重要的结构性改革”。

真的就只有贬值一条路可走，没有更好的应对之策了吗？答案虽然具有一定的不确定性，但绝对不是无计可施。

首先要看到，中国目前仍在金融改革市场化的半路上。西方发达经济体的那一套理论未必完全可以套用，那个“三律背反”或者“两难选择”也未必契合中国发展阶段的实际。中国货币加入一篮子货币，就自然会遵循国际资本的自由流动规则，加快金融改革步伐，这是国际货币对等的权利。但伯南克的分析前提是，一方面要以国际储备的要求来要求人民币，另一方面却是把人民币当成寻常货币或篮外货币看。那么，这种要求中的二律背反必定带来相应的另一种对于选择的选择，如同进入青春成长期的少年，即便快要成人，都拥有不可无视的成长过渡权利，在中国已定的完全解除资本管制的五年后，中国不会食言，但在五年内，运用什么策略达到这个目标，那是中国自己的事情。

人民币继续大幅贬值不是好选择，那不仅牺牲了中国人为之奋斗的三十年，也大幅剥夺了中国人继续改善生活的权利。

一次性大幅贬值更不是好选择，因为那不仅不能有效地停止跨国资本流出，反而会造成社会更集中的避险反应，加大流失规模，进一步缩减了操作空间，后果更为严重。

而且，一种已经严重贬值的货币且不说它本身的货币含金量和市场价值完全不符，也会在信用度受损中丧失国际储备货币事实上的意义和地位。从长期来看，人民币国际化需要经历一个较长的过程，大幅贬值的人民币并不利于人民币国际化的实现。

因此，人民币继续大幅贬值弊大利小，如果有什么利的话，仅仅利于出口而不利于进口，就进出口总额来讲，还是有点半斤八两的意思。出口额的高低取决于高附加值产品的数量和价格，只能一往无前地去升级，尽快确立新的外贸优势。这无疑是个挑战，但必须面对。

眼前的问题是，产业升级的过程还处在前期阶段，除了几个重大的装备制造行业，很多制造业行业的技术升级刚刚开始，还不能从根本上扭转外贸下行的局面，外贸下行又会影响到经济增速，影响到贸易的较大顺差状态，相应影响到包括外汇储备增减在内的经济全局，而这才是中国面临的经济转型升级的自我挑战。例如，2016 年 2 月，中国资本外流缓解，但出口的美元值下降了 25%，贸易顺差较上月少了 50%，这里虽有春节长假的因素，但仍须注意。

但也要看到，在渐进的产业升级中，中国出现了更多的具有高性价比的中高档产品，这是微观产品结构与经济宏观发展速度相呼应的产业进化特征。这些产品更适应大多数新兴市场的需求，因此也具有现实的国际市场竞争力，可以在努力保持传统贸易优势和扩大高技术产品优势的同时，开拓新的市场，使外贸更加多元化，而“一带一路”启动的正是这样一种多元化对接的市场机遇，在天时不利的情况下，在地利和人和上多做努力。从这个角度看，中国外贸并不是一种优势尽失的自由落体，它暂时的失速是弯道超车必然发生的一种减速现象，具有一过性的特点。

那么，在资本外流的问题上，又要做出什么样的选择呢？别客气，也别充“大头”，中国必须老老实实地承认，刚刚跨入人民币国际化的门槛，目前的金融监管经验并不足，既然计划着五年之内取消全部资本项目监管，那么在五年之内就有为调整监管“姿势”做各种技术准备的机会，包括在各种金融进退节奏里演练前进的步伐，而不是一味地提前去冲刺。五年应该足够了，五年后中国经济是不一样的，五年后它的经济免疫能力会增强不少，五年后更知道国际储备货币应当是什么样子，五年后美联储也未必会有第一国际储备货币自顾自的多种机会，五年后人民币完全可以全球自由流通。时间还是最好的良药。

对于中国金融风险的可控性，许多机构都有同一种共识，这种共识主要并不是来自中国金融面临的风险，而是因为系统仍带有过渡中的封闭性，这种封闭性在事实上提供了缓冲。国际评级机构穆迪投资者服务公司因为中国的债务负担激增，将中国的信用评级展望从稳定下调到负面，但他们同样从另一个角度提出，中国的货币系统是封闭的，金融缓冲遭到破坏的过程也是渐进的。那么如何利用这种现状，化被动为主动，应当是决策的出发点。

对于特定时段相对的“资本管制”，日本央行行长黑田东彦和国际货币基金组织总裁拉加德是颇为赞成的。黑田东彦认为，日本在资本问题上受拖累最多，历史感受也最深，明白没有相应的实际措施去驯服不知何时暴跳的这只“下山虎”。拉加德则在中国发展高层论坛 2016 年年会中讲，资本流动的波动性已经成为全球金融局势的一个新的常态，需要有好的宏观政策和对市场的监控，“需要有更系统的方式去捕捉某一个国家的政策溢出效应”。目前“并非背靠着墙无退路”，已有一些工具来编织金融体系的安全网，确保不会再“背靠着墙”。她还说，中国正在经历经济转型，这对中国和世界都是好事，但需要在可持续和结构性改革之间“取得微妙的平衡来避免颠簸”。她用“以身作则”和“人心齐泰山移”结束了她的话。

战略与策略是统一的，但又居于不同的层次，因此在大方向不变的前提下，需要在策略上灵活处置。例如，由于中国的市场经济是从计划经济中脱胎而来的，因此在货币流通市场化中，资本项下的放开，排在最后，但从经济发展的需要来看，未必仍是最后一个“堡垒”，可以提早拿掉。从现实市场动态来看，汇率变化引起的避险信号有可能引起外汇市场的剧烈波动，进而引起一系列的紊乱，而伯南克的分析正是建立在这个社会心理基础上的。因此，在人民币相对保持币值稳定的前提下，在一个时段对某些情况下的短期资本跨境流动和外汇交易做一些弹性调节，比如出台俗称的“托宾税”即征收外汇交易税，还是有必要的。有些跨国银行提出不同看法，认为这也会减少外国投资者的投资，但“托宾税”并不会原样复制，较早放开资本项下的资本流动，可以将投资者的行为与投机者的行为甄别开来。

此外，对国内企业来自国内银行跨国资金的跨国并购也要纳入管理，对一些重复的和意义不大风险较大的项目要科学论证加强指导，适当减少目前已占外汇储备近四分之一数量的借款净额，防止国内建设中曾经大量出现的一哄而上现象再现在跨国并购中。美国这样的投资自由国家都有外国投资委员会那样的准安全“审查机构”，中国怎么就不能在事关金融安全的重要问题上多一道“防火墙”？金融安全是中国未来几年的头等大事，丝毫忽视不得。

人们注意到，中国央行的管理干预技巧发生了变化，从直接即时干预转向了依赖外汇远期市场的预测管理。与此同时，在继续以美元为计价统计数据外，还推出以特别提款权为单位的外汇储备和黄金储备等金融数据，并积极研究在中国发行特别提款权计价计值债券的可行性。

中国强调对金融和跨国资本的相对监管是不是意味着改革开放的倒退，甚至是与“一带一路”的全方位开放走向不一致呢？这两者不仅不能混为一谈，相反地，“一带一路”为沿线国家包括中国的金融改革、资本流动打开了更宽阔的空间。

首先，“一带一路”是开放的、包容的，但不意味着这里没有双边规则和多边规则，仅仅是一个初级的大市场。这些双边规则和多边规则就是经济战略伙伴关系下的多个双边和多边的自由贸易协定。“一带一路”的大门永远为建立互谅互信经济战略伙伴关系者全部敞开，包括贸易、资本自由流动和更加紧密的多种经济合作形式，暂时没有建立互谅互信经济战略伙伴关系者，因为没有明确的规则可依，也就在技术层次上会出现某些环节上的“短路”。这应当是顺理成章的事情。“一带一路”的空间足够大，从亚洲到欧洲，从太平洋西岸到印度洋和非洲、拉丁美洲，已经在为多种生产要素的自由流动廓清道路。在门外说话，莫如在门里长谈。

其次，人民币正在国际化，“一带一路”同样为人民币的国际化提供长袖善舞的宽阔舞台。与人民币建立本币互换关系的币种已有30多个，俄罗斯还率先与中国达成了以人民币为贸易计价单位的协议。既然是这样，必然希望人民币能够在市场上有比较出色的表现，也希望自身的本币同时也有出色的表现，这为人民币作为更合格的国际储备货币注入了活力，也给人民币币值与汇率带来稳定性增加了更多的机会。

最后，也是更重要的，未来引领世界经济走出低谷的既可能不是单独的一个美国，也可能不是一个单独的中国，而是“一带一路”经济合作共同发展国家。“人心齐泰山移”，只要越来越多的国家在共同发展中结成利益共同体，已经越来越失效的单调的货币把戏也就不能再构成对别国经济的直接与间接的威胁。

第五章
世界秩序之变?

世界秩序问题一直是个核心问题。但什么是世界秩序？中国是不是一定要推翻目前由美国主导的所谓世界秩序？问题的本身就不很清晰。中国从未想推翻现有国际秩序，她要改变的是霸权理论与事实。中国并不希望有谁落入“修昔底德陷阱”，更不希望用“文明冲突”来解释和影响世界秩序。未来世纪既不是“中国世纪”，也非“美国世纪”，是世界人共建共享的世纪。“一带一路”在自身的战略纵深中发展，迎来的是世界的共赢。

秩序的变与不变

世界秩序问题一直是个核心问题。不仅像基辛格博士这样的国际政治大师在研究，许多国家的领导人和外交人士也在研究。围绕这样一个重大的历史走向的核心问题，派生出当代世界学和未来学的许多热门课题与众多专著。各种观点的出发点和落脚点不尽相同，切入的角度和结论也不一样，但似乎是对秩序主导的关心远远超过了对秩序本身的关心，甚至远远超过对当前紧迫的经济问题、气候问题和地区热点问题的关心。因为这毕竟关系到如何看待当今世界政治经济结构，如何预测未来和估价大国关系包括最重要的中美关系问题，并不奇怪。但是，这里也存在几个基本问题，就是说，当前的变化是否反映和危及了世界秩序，是世界秩序大厦将倾，还是在世界秩序大厦里活动的人群发生了混扰，或者说，世界秩序究竟有没有变化？会不会变化？如果变化了，变的是什么，不变的又是什么？而要弄清这些问题，首先要弄清什么是世界秩序。

世界秩序的内涵

什么是世界秩序，目前并没有确切的定义。但世界秩序应当有明确的基本含义和构成要素。这些基本含义和构成要素有广泛的、终极的，也有具体的、阶段的，构成要素也应当有核心的和从属的。世界秩序中最为广泛的含义是和平与发展，也就是人们常说的当代世界的两大主题，因此也就有了世界政治秩序和世界经济秩序的相互联系又有不同侧重的范畴。不讲和平与发展的主题，言必称冲突与抵消，这是一种迷失。世界秩序的具体含义，是与和平发展的广泛终极含义直接相关的，与此相应的安全问题、减贫问题、气候问题、反恐问题甚至战争带来的难民问题，以及当前出现的货币危机等等，如何协调一致地去应对去解决，都是题中应有之义，而要达到这个目标，至少要有平等互利的行为动机，要有国际间民主协商的稳定有效机制。这似乎是秩序目标和秩序行为有联系和区分的一个认知关键。如果把秩序目标和秩序方法混为一谈，甚至把谁来主导当成是世界秩序本身，也就适得其反。这就好比警察是监控社会治安秩序的，但把警察本身的存在当作是秩序，那无疑是本末倒置。

世界秩序也有历史演变性，古代和近代与现代的秩序概念不一样，对世界概念的理解也完全不同。现代世界秩序应当是什么样子，也是在不断的发展和演变之中。如果说，目前的世界秩序是终极的，没有丝毫进步与进化的可能，这恐怕不符合人类社会发展的基本逻辑。一切与秩序有关的战略选择都是方法的选择和优劣比较，是关于治理的一种大学问。

对于世界秩序，美国的老政治家和著名学者《大棋局》的作者布热津斯基有这样的观点，后冷战时期在2014年就结束了。为什么他说后冷战时期在2014年结束了？是世界的秩序又回到了冷战时代，还是什么别的？冷战时期的标准对手是美国与苏联。苏联核心版图继承者俄罗斯是不是又开始了新的冷战？似乎是，似乎又不是。难道是冷战在美国与其他国家之间开始发生了？似乎是，似乎也不是。他看到了一种新的趋势和新的现象。这个新的趋势和现象就是，世界处在“两个国家间的冷战向两个国家参与的更复杂的世界秩序缓慢过渡的时期”。在他看来，冷战结束是确定的事实，时间短暂的后冷战时代也开始结束了，只是新的时代还没有完全到来，目前处在过渡之中。他说的两个国家先是美国与俄罗斯，后是美国和崛起中的中国。强调的是“参与”而不是“冷战”和“后冷战”。也就是说，世界秩序状态不再像从前谁的“一言九鼎”那么简单，而是多元话语权中的“复杂过渡”。虽然他有意无意地把世界秩序简化为美中关系，并不准确，但中美都具有大国的特征，用来说事儿，人们还是明白其中含义的。总之，是在这个多元发展特征十分明显的时代，美中两国的竞合关系与冷战时期不同，也与单极化的后冷战时代不同。“两国都认识到，不应过度地重视意识形态，而应相互作出妥协。”美中两国避免发生冲突的状况符合两国的利益。布热津斯基针对俄乌问题引起的美俄冲突，再次提出“乌克兰芬兰化的主张”。他说，美国并没有进入像越南战争后的“败走时代”，“但由于全球力量的再分配，美国已然不是唯一的霸权国家。这是世界的真相。美国必须认识到世界已经变得极其复杂的事实。”

“世界已经变得极其复杂”，用更明确的语言来诠释，是多元中呈现的“复杂”。记得新加坡前外长杨文明这样说过，要把新的世界秩序看作是一个拥有两个太阳的太阳系。也有新加坡学者用“2G”来表述，其实这也未必是中国追求的世界秩序真相，一定要强调中美在其中所起到的关键性作用，只是因为它们是具有更多影响力的大国。与其比作两个太阳的太阳系和“2G”，莫如说是发达国家与发展中国家共同发展的利益平衡格局。

应当看到，破解这种过渡的“复杂性”，必须找到一把打开对世界秩序变化认知的锁钥，那就是世界秩序根本目标没有变化，变化的是主动参与数量质量带来的均势而非秩序本身，变化的是运转程序而非核心内容秩序。换言之，变化的是实现秩序的治理手段而非秩序本身。

中国在世界秩序中的角色

中国无意于挑战世界秩序，因为那是包括中国在内的世界大多数国家的共同追求。中国更无意挑战美国，中国所做的一切，都像一切正常国家一样，维护自己的主权和核心利益，在关注自身发展的同时也关注“一荣俱荣，一损俱损”的世界经济共同发展。她所要求改变的，只是现行世界秩序运转程序中的不合理也不符合多数国家愿望的“霸权”因素，希望在改革中逐步消除这些并不能有效支持正常秩序运行甚至适得其反的东西。

2016年初，美国《国家利益》双月刊网站发表一篇文章《中国的超级大国命运中的美元与美分》说，中国的崛起催生了一些诸如西方世纪的终结和全球新秩序诞生的书籍，但也有不同的分析，如中国会不会统治世界的争辩与论说。从更客观的评论视角来看，这些命题本身就有些自问自答，在炒作一种并不存在的假设。有一些还是变着方法唱衰中国。但唱衰中国就能唱兴美国吗？其中也有一些瑕瑜互见的论说，有一定的客观性，认为中国正在崛起，既与中国正在发展的事实不矛盾，也与中国“统治世界”这样一个“伪命题”扯不上。他们注意到，一些媒体炒作学者沈大伟的《不完全大国》一书之后，又开始谈论霍普金斯大学教授孔诰烽的《为什么中国不会统治世界》。孔诰烽的观点与从不同角度唱衰中国的书籍观点并不完全一样，他分析了有关中国发展走向的几个“美国看法”，一是中国将谋求挑战美国在世界政治中的主导地位；二是2008年后中国已经成为全球经济增长的主要推动力；三是中国正在挑战新自由主义经济秩序；四是中国的快速发展正逆转全球不平等现象。孔诰烽认为，前三个看法并没有现实依据，比如中国并没有挑战自由市场经济体制，因为它是市场化改革的最大受益者。他认为，中国的快速发展正逆转全球不平等现象这一点，“听起来真实可靠”。但他的主要论据不一定会永久正确，那就是美元在世界经济中的霸主地位和“美元陷阱”。孔诰烽认为，中国购买美国债券并用美元结算大多数对外贸易，使得美元得以长久稳居全球主导地位，这个“美元陷阱”决定了中国不会挑战美国。美元确乎是美国霸权的主要经济来源，这一点在目前世界金融体制中还不会发生太大的变化，而剧烈的变化也会带来全球经济的紊乱，但解铃者往往是系铃者，美元的真正霸权其实来自对石油资源的捆绑，或者说是布雷顿森林体系解体后“石油美元”的出现。油价如果继续下跌，“皮之不存毛将焉附”，美元的命运其实掌握在他们自己手里，出现“石油美元”的空心化，与别人的意愿并不相干。

“美国看法”其实只是一些人的视角，不一定全错，但肯定不会全对。对于学术讨论，只要不在主观上有偏见，讨论总比不讨论强许多。关键是决策指挥者想怎么干。

基辛格在2015年“中国发展高层论坛”上讲，对于中国在世界秩序中扮演何种角色的问题，现在无人能够作答，但是每个人又都清楚，必须确定中国角色。世界秩序一个最基本的条件，就是没有任何国家愿意通过武力而非和平方式解决纠纷。“习近平主席把国际挑战定义为，创立一种可使潜在敌人成为合作伙伴的体系。这样的例子在历史上不多，这代人承载的一个独特任务就是实现这个目标。”他还说，“整个人类历史上从未出现过这样一种世界秩序，可以让所有国家都参与到创建国际秩序中来”，“现在我们处在一个独特的时期，革命性的变化接连不断。回顾历史，欧洲曾统治世界长达两百多年，并形成一个适用于其自身的独特体系”，“但问题是，世界没有其他地区或国家能按完全相同的方式组织起来”。“问题何在？归根结底，所有国家最后都要参与世界秩序的构建。但我认为，关键一点还是中美两国必须达成一致。这对中美两国来说都很艰难，因为两国的历史如此不同，各自的制度又是如此独特”，要想弥合两国间的差距并不容易。“我觉得最大的挑战是要理解中国人思考问题的方式。同时中国人要理解的是，美国人也在学习。有时他们能将一些战略思维应用到新事物上，但有时也会遇到问题。世界上的新生事物层出不穷，比如气候变化、网络问题以及足以摧毁整个人类的核武器威胁等，我们应当把应对这些问题变成共同使命。”“虽然彼此之间可能存在分歧，但我们必须永远牢记目标何在。历史上从未有过一个世界秩序，但必须要有这样一个世界秩序。”

世界秩序也称国际秩序，与其对应的是区域秩序。新加坡国立大学东亚研究所所长郑永年提出，对于什么是世界秩序和区域秩序，目前是美国说了算，一旦美国认为其他国家偏离了其定义的国际或区域秩序，就将之视为是在挑战现存国际或区域秩序，不是施压打压就是制裁，这使发展中国家处于不利地位。在这种情况下，中国一面要发出重新构建和完善国际秩序的声音，同时要运用自己的理念和能力如“一带一路”倡议以及亚投行、金砖国家开发银行等机构先行构建区域秩序。中国至少可以做三个方面的事情，一是继续在现存国际秩序内扮演重要的角色，但并不是现存国际秩序的革命者而是改革者，“中国无意把激进的变革引入现存国际秩序，而是要在内部和其他国家共享国际空间”。二是建立中国自己的国际秩序话语权，清晰地阐述中国这些新的区域秩序与现存国际秩序的补充关系，就像亚投行不是取代世界银行与亚开行而是合作伙伴一样。三是中国要与美国的传统盟国建立更密切的关系，从而化解美国的阻力。从亚投行的创始和发展来看，中国是可以用更开放更多元的方法和途径实现这一点的。亚投行一开始遭到美国和日本的强烈抵制，但随着英国的加入，其他西方国家也纷纷加入，从而迫使美国、日本转变态度或不能再反对。这意味着，需要进一步重视从欧盟国家和加拿大、澳大利亚等国家入手促成美国态度的转变，这些国家与中国并没有直接的利益冲突，同时也没有很大的掌控国际秩序的“野心”，它们最关心的是世界经济的走向和国内的发展，它们也不会放弃中国这个巨大的市场。“一带一路”创造了市场发展机会，非常容易形成一种共同发展的呼应，而共同发展则是任何一种秩序的基石。

越来越多的人认为，并没有谁要刻意去改变世界秩序本身，从某种意义上讲，需要改变的是世界秩序中的话语权结构，而这是符合美国提倡的民主价值观的。话语权也不单单是一个比谁的话分量重，而是集思广益，重在建设，至少会是所谓“兼明偏暗”。明秩序与暗秩序哪个更是世界需要的秩序状态，这是一个最明白不过的道理。

越来越多的美国学者也认为，“中国从未想推翻现有国际秩序”。美国卡内基国际和平基金会高级研究员迈克尔·斯温在其《2008—2009年之后的中国全球治理观并无多大不同》一文中提出的主要根据是：中国获益于现有体系，中国的全球治理观里有六个体现国际观的建设性主题，中国提出的新型国际关系“重改革”。中国获益于现有体系并不错，但中国更关心世界各国共同发展，中国的获益包含在各国共同发展之中。他归纳的中国全球治理观里的六个主题：一是强化全球秩序中正义、公平、自由和民主的价值观；二是改革而不是推翻全球治理体系的目的是管控一系列日益具有挑战性的全球问题；三是要求保护和推动发展中国家在全球秩序中的利益；四是全球治理体系的基石必须是“主权平等原则”；五是这种“主权平等原则”也要体现在国家行为的新领域如“网络领域”；六是推动开放经济体系的扩大并促进“对保护主义的抵制”。他的分析基本抓住了实质。他对习近平主席提出的以合作共赢为核心的“新型国际关系”和建立“命运共同体”作出了“重在改革”的肯定评价，认为在2008—2009年之前及之后，中国在全球治理中强调“国家主权原则”和扩大发展中国家在全球治理体系中的权利和影响力，是一以贯之的。“没有任何证据表明，中国希望以真正的替代机构来取代国际货币基金组织和世界银行等现有经济机构，希望以一个重商主义的、排他性的国际经济关系网络来取代现有全球自由贸易体系，希望破坏防止大规模杀伤性武器扩散的制度，甚至希望排斥人权在评估国家行为时的作用。”他在文章中说，全球治理是指在“全球性政府的情况下，全球事务在民族国家及非国家参与者之间得到治理的方式”，这主要指一整套以促进开放贸易和自由市场经济体系以及为发展中国家提供经济和社会援助等为中心的价值观、制度与过程。那种所谓中国要推翻现有国际秩序的论点“几乎找不到任何支持”。

世界秩序不再需要霸权

对于世界秩序的问题，美国人关心的程度要比中国人大得多，因此也是美国朝野上下的舆论焦点之一。比较乐观的声音是当前世界秩序并没有如一些人想象的那样陷入了危机。因为，“二战”后形成的机构框架没有变化，保证世界正常运转的国际机构陆续建立，联合国及联合国安理会、关税与贸易总协定即世界贸易组织乃至国际货币基金组织和世界银行正在继续发挥作用。正像美国普林斯顿大学教授约翰·伊肯伯里所说的，在“二战”之后的60年里，国际风云急剧变幻，冷战开始，然后结束；美国的单极力量崛起，然后衰落；如今，非西方的发展中国家正在扩张其实力和影响力。然而，在经历这几十年的变革之后，由机构、“同盟”和合作伙伴关系组成的全球体系依然保留下来。事实上，国与国之间的制度化合作——西方国家和非西方国家——在过去20年里得到深化。在“二战”结束之后的几十年里，关于美国的世界秩序终结的著作多到可以装满一家小型图书馆，但是在当前国际秩序中最显著的特征是“自由霸权秩序”。“自由霸权秩序”概念是伊肯伯里教授自己定义的，虽然强调了“自由”的性质，但“自由”与“霸权”一结合，这个世界秩序就变了味。“霸权”而且是“自由霸权”，那岂不是如同“市霸”或者拳坛霸主一样的概念吗？这好像是说，你孔武你就来霸，这在市场上也行不通，遑论是未来世界秩序所需要的。至少，这不是现有多边机构尤其是联合国的定义。世界秩序需要更多的国家共同维护，世界秩序需要影响力和协调力，并不需要霸权。但他在讨论当前所谓秩序“危机”时同时使用了“自由国际秩序”的概念，认为“或许存在一种权力的危机，但并非深层次原则的危机。自由国际秩序是围绕着开放，至少是松散的基于规则的关系建立起来的。开放指的是，各个国家可以畅行无阻地接触自己的社会能力，是进行货物、资本和思想的交流和交换的能力。基于规则的关系指的是，根据一般原则和制度建立的国与国之间的关系，区别于那些围绕着区域性集团、实力范围或是帝国区域所建立的关系”。他还说，“今天的斗争是关于话语权的斗争，是关于谁能坐在桌前，是关于如何重新组织权力平台”，“这场斗争在地区和国际机构中正全面展开。中国和其他正在崛起的非西方国家正寻求在现有多边机构中获得更大的话语权，同时努力构建以发展为导向的新机构。形形色色的旧机构和新机构处于竞争之中，但这场斗争并非对立的现代化模式之间的斗争，并不寻求修改关于秩序的意识形态”。

伊肯伯里教授也认识到，世界秩序是世界的，并不再仅仅是美国的。“我们有充分的理由可以认为，自由国家秩序仍有未来，但不再仅仅是一个美国秩序”，而是一种“更为宽泛的关系体系”。“该体系能够包容各种各样的意识形态，所有这些特征，赋予了现代国际体系异乎寻常的适应、发展、融合与完善的能力。”他也正确地注意到：“开放为贸易、资本、技术交流和知识的转让创造了机会，多边规则为各国在全球层面以更为平等的立足点运作创造了工具，并且为正在崛起的国家和正在衰退的西方国家提供了相同的保护。”他认为，这是一种组织世界的方式，“并不是某种文化、文明或是霸权的产物”。当前正在发生的全球权力转移和形形色色的新型国际问题——全球变暖、流行病、大规模杀伤性武器扩散和失败国家正在给现有的国际规则和机构施压，“如果这个世界想要走出泥沼继续前进，那么也需要我们携起手来齐头并进”。

伊肯伯里教授的分析基本是中肯的，也具有明晰的逻辑线，为什么美国的一些当政者包括一部分学人不能够正视呢？如果说是基于策略，倒也罢了。说到底，还是那个霸权思想在作怪。人们看到，不仅是另一种无中生有的所谓中国正在利用日益增强的实力和影响力损害世界秩序的声音，不时地在出现，甚至一个遏华反华的“准军事联盟”轮廓也在模糊中渐次清晰起来。奥巴马政府不理会中国在全球治理中主张的“国家主权原则”，借着中国在自己的领土领海主权范围内实施自己的建设计划，尝试着再次升级它的亚太再平衡战略。从一开始的“不选边站”到明确地“选边站”，又从“选边站”发展到亲自组织军事“围堵”，又是轰炸机又是航母，又是借用基地又是“联合巡航”，还要借着朝核危机部署“萨德”什么的，一付备战的样子。甚至，美国的五角大楼借媒体扬言，美军“抗衡中俄新战略开始形成”。什么新战略呢？就是美国国防部副部长罗伯特·沃克在2015年提出的那个“第三次抵消战略”，也就是说，包括战略核威慑在内的军事技术的研发和运用。尽管他们说这仅会“争取5年到10年的时间”，但“威慑”和围堵的“八卦阵”是摆开了。这究竟是为什么呢？

是为了“美国说法”的全球治理和世界秩序？好像不能完全解释得通。因为真要乱了套，首先危及的就是世界秩序的两大根本目标和平与发展。那么还有一种解释，重返亚太和亚洲再平衡是奥巴马在第一任期就提出来的。他在任期内做了四件事：一是国内想方设法提高就业率，基本做到了；二是撺掇着欧盟在乌克兰问题上较劲，一直到现在没有结果，搞得欧盟俄罗斯两败俱伤近乎平手；三是从中东拔出脚来，搞起“平衡”，任你“伊斯兰国”闹得再凶就是死也不派地面部队，结果是拖得时间越长，难民潮越猛，也让欧盟招架不住；四是重返亚太，五年里搞出了跨太平洋伙伴关系协定，再就是上演军事重返亚太的连台本戏，管它将来会不会是夹生饭，局面由后继者去收拾。反正付出的成本不大，还能扩大驻军，稳住老伙计，多拉几个新伙伴，只要能够形成“政治遗产”，为什么不做呢？

奥巴马需要的是美国的全球霸权。以至于有人把美国的军事甚至国防部长选任当成政治秩序的化身，也有人把美元当成经济秩序的核心，还有人把无所不在的霸权当成是所有秩序的稳定器。结果，人们看到，目前世界并不安宁并不稳定，缺少共同繁荣发展的长效机制尤其是平等、自由，国际民主也还是言大于行，至少是大多数国家缺少话语权，只能在非友即敌的选择中确定自己的行为走向，这无疑是秩序的悲哀。人们看到，中东的乱局还没有结束，有人又想挑起其他地区的紧张，世界经济还没出现根本好转，有人又要雪上加霜，这样的秩序状态无论如何都不能说是理想中的世界秩序状态。

仅仅是这些吗？似乎还不够，于是又有人揭底，是不是落入了那个“修昔底德陷阱”？

谁跌入了“修昔底德陷阱”？

“修昔底德陷阱”有没有，当然有。但会不会落入，至少要有多个条件。第一，两个国家都把军事和战争当成竞争和制胜的唯一手段，两国关系又降到了最低点，冲突一触即发，要么就是出了希特勒和类似山本五十六那样的人，有一种“闪电癖”，看谁先下手为强。第二，两个国家实力相当，或者各有胜算，同时又有地缘甚至领土主权的冲突，又缺少化解的智慧和手段，只有诉诸武力与拳头。至于看着别人开始强大起来，就一定要劳师远征，或者像亚历山大大帝一样，从欧洲打到非洲，又从非洲打到亚洲。但这似乎又都不是跌入了“修昔底德陷阱”的必然因素。

中美之间

以前述条件去看美国与中国，似乎哪种情况都不是。中国没有把战争当成竞争和制胜的唯一手段的传统，反倒有时会吃到“不战而屈人之兵”的亏。美国也不是战争狂，即便是有几个硬派军人，都说不上是类似希特勒或者山本五十六那样的人，即使要打仗，也会明着去干，闪电偷袭不是他们的军事传统。中美两国综合实力也还相差较远，中国在经济总量上排在第二，即便有一天中国的 GDP 赶上了美国，人均生产效率和人均 GDP 依然相差很大。这笔账这么算，中国人清楚，美国人更清楚。但美国的中情局一定要死抱那个并不科学的购买力评价理论，在其新出炉的《世界概况》里讲，2015 年中国的 GDP 占全球的 17.1%，排在第一，美国只占 15.8%，落在第二，有意要刺激一下美国的当政者，让他们如芒在背。这个“修昔底德陷阱”不是中情局给美国人自己设计的一个套，又会是什么呢？再说，在那本《世界概况》里，不是说美国依然保持全球的霸主地位，依然是世界金融中心、科技中心，依然是最强的军事大国和全球信息文化网络所有主要品牌的生产商，何以轻易地落入那个“修昔底德陷阱”呢？

然而，中美之间的竞争也还符合落入“修昔底德陷阱”的另一个特征，那就是一方是崛起中的大国，另一方是守成大国。尽管“修昔底德陷阱”为它们之间的竞争关系设计的格局，要放在具体的国际关系背景下去看，但有了这一点，也就构成了“修昔底德陷阱”得以满足的一个表面上的条件。对于这种态势，我们不妨称为偏于“预防型”的“修昔底德陷阱”，关联双方并没有进入恶性竞争的状态，谁都不希望落入这种陷阱，也深知落入陷阱的严重后果，但眼前的心理“邗沟”又是跨不过去的。

“子之无罪，怀璧其罪”，就是这种“修昔底德陷阱”之所以出现的一种根源。不是一方讲“和平崛起”，就可以轻易消弭对方的疑虑，而是你的崛起本身就造成了影响，即当你的崛起危及对方的“霸权”存在，必然会引起心理反弹，对方在战术上防控，在战略上“抵消”，不仅是为了取得某种均势，而是想在你还没有完全崛起之前就要遏制与取得压倒优势。这种格局对于后崛起者是不利的，但只能面对和用真诚与智慧去逐步化解。

在2016年的“中国发展高层论坛”上，基辛格与中国前国务委员戴秉国以避免“修昔底德陷阱”为题，进行了一次对话，在谈到中美会不会陷入“修昔底德陷阱”时，基辛格博士明确地讲，中美不会落入“修昔底德陷阱”。他以亲身经历的20世纪70年代中美达成《上海公报》谈判背景为例，谈了很久，但中美双方都知道，要想达成一个“说服对方的绝对性结果”是不可能的，因此“选择宏观、原则性的阐述立场”，形成公报。他认为，中美两国“应该有长远的眼光”，他期待“中美是合作伙伴而非对手”。他说：“中美之间并没有相互取代的关系。也没有这样一种意图，中国并没有意图要取代美国成为世界上的一个超级大国。”他还认为，中美关系不同于“一战”前的英国与德国的关系。“因为我们所生活的时代和世界已经大不同”，没有一个国家有野心能够去挑起世界大战，与此同时，和平意识在提高，军事技术的极大进步不仅不必然导致军事冲突，反而可以用来降低发生军事冲突的可能性。他在谈到世界秩序的时候，明确地区分了政治秩序和经济秩序两个概念，认为从政治秩序上看，不同的地区都有危机，尤其在中东地区，在经济秩序方面，中美竞争不可避免，但合作更会造福两国与整个世界。“中美面临许多问题，双方都想妥善解决，但是如果处理不好，就有可能由分歧引发对抗”，“需要做的是在短期的具体策略和长期的战略目标之间找到一些合作的领域”。他告诫，美中之间出现冲突，会迫使其他国家“选边站队”，会对世界带来不可想象的严重后果。戴秉国则在对话中强调：“美国无论如何也要正确认识中国的发展和中国的战略意图，不要把中国做的事情看成对美国的挑战，好好发展同中国各方面的合作关系；中国也要始终清醒地看到我们现在是并且仍将是一个发展中国家，集中力量把自己的事情办好，不要图谋去世界上称王称霸，不要挑战美国的超级大国地位。”

实际上，美国落入的一种“修昔底德陷阱”，早在 20 世纪 50 年代初麦卡锡时代就开始了，完全是为了冷战，为了意识形态。朝鲜战争的爆发就是一个标志。奥巴马要重返太平洋，重返亚太，但他们什么时候离开过？眼前的“第一岛链”就是那时候形成的，第七舰队也一直游弋在“第一岛链”甚至台湾海峡内，只是因为形势的变化包括中美建交以及中国的改革开放，中美关系有所松动，转向和平发展中的经济合作，但在政治地缘的战略棋盘上，一直有和棋中的暗子布在那里。不动或者偶动，是因为美国寄有另一种预期——虽然不能巴望中国也会变成日本那样的仆从，至少可以“掌控”你的发展走向；不料中国真的要崛起，还要在“美国梦”之外做“中国梦”，也就旧棋重布，残棋重下，上演重返的一幕。但彼时的中国都没有输，现在的中国会输吗？然而中国的一门心思还在发展，又有经济全球化大局在，除非美国一定要动自己的核心利益和核心棋子，中国是不会主动挑战的。

避免美国进一步滑入“修昔底德陷阱”，最好的方法是沟通中形成共识，最有效的途径是寻找有利于世界的共同行为取向，需要共同行动的事情太多了，从共同促进世界经济复苏到应对全球气候变化再到反恐和推动世界性的摆脱贫困。在这些事关人类社会良性发展的大问题上，中美之间达成的共识越来越多，因此，人们有理由对中美关系走向乐观。2016 年习近平主席赴美参加核安全峰会，中美不仅在主要议题上达成一致，中美元首发表中美核安全合作联合声明，同时共同发表了第三份气候变化联合声明，并在 4 月 22 日签署 2015 年达成的《巴黎协定》。习奥会中，习近平强调，中美间共同利益远远大于分歧，中美合作可以办成许多有利于两国和世界的大事，双方应该在尊重彼此核心利益和重大关切的基础上，通过对话协商积极寻求解决彼此之间的分歧，或以建设性方式管控敏感问题，一道努力构建新型大国关系，实现不冲突不对抗、相互尊重、合作共赢。奥巴马则表示，美方欢迎一个和平、稳定、成功的中国崛起，这不仅符合中国利益，也符合美国利益。双方在亚太也拥有广泛的共同利益。美方愿意同中方一道建设性地管控分歧。

合则两利，不合则两败，即便是“修昔底德陷阱”阴影一时笼罩，但历史学家们也注意到，在 500 年中出现过 6 次，其中 4 次还是避免了冲突。中美之间的相互需要大于分歧，这是事实，自己活得好也让别人活得好，也是天下至理。“修昔底德陷阱”说到底是一种政治地缘的心理疾患，而奥巴马的亚太“再平衡”，其实正是“修昔底德陷阱”政治地缘的心理疾患的过激反应。有评论者认为，因为中国提倡“一带一路”共同发展，才有了奥巴马的重返亚太，这是颠倒时空的一种因果倒置。谁都知道，是先有美国的“重返亚太”，后有“一带一路”包容性发展思路在 2013 年夏季的提出。前者以政治为前提，后者以经济为内容，在性质上完全是两样的，如果一定要对立起来，那也是化被动面对为主动化解的一种努力。更何况，“一带一路”的历史再现和重新铺建，是实现和推动全球化的正面战略，怎么能与另一种重返战略类比呢？就其建设性来讲，“一带一路”的构想是长远的宏大的，要比任何多变的政治地缘战略长命得多得多。它是关于发展利益的战略学问，而不是关于权力利益的战略学问，更不会是基于“修昔底德陷阱”思考与选择的学问。

英国的《泰晤士报》网站发表了一篇《我们不要对中国的威胁患上“妄想狂躁症”》的文章。文章说，“仅仅因为强大并不会令中国成为一个威胁”。“中国估计得很正确，那就是美国想要遏制其力量的增强”，“因此，日本和美国表明它们并非正在建立任何反对中国的联盟是一种好策略”。文章在结尾时问道，究竟“阻碍中国实现其合理抱负的和平途径的逻辑是什么呢?”这的确需要一些人认真思考。

这篇文章把日本和美国的“联盟”突出地提了出来，这倒使人进一步警觉，真正落入“修昔底德陷阱”的倒是有一个，那就是与中国“一衣带水”的日本。

日本

日本完全符合落入“修昔底德陷阱”的全部可能条件，并且在历史上和现实表现中已经落入过和正在重新落入“修昔底德陷阱”。从历史上看，日本是海上丝绸之路的较早受惠者，也是在东亚地区较早实行对外开放的国家，明治维新给其近代发展带来了新的能量，也极大地影响了中国。中国的维新运动虽然起势较晚，保皇势力的反弹使“百日维新”陷入停顿，但在此前此后，中国的国力在“师夷之技”中有了发展，并拥有当时在亚洲堪称一流的北洋水师。中国的改良运动虽然不能改变腐朽的帝王封建制度对发展的制约，也不能从根本上改变国力衰微的局面，但毕竟出现了难得一见的发展。正如拿破仑所言，东方睡狮一旦醒来，世界会为之发抖，因此，在列强分食中国的同时，这个“一衣带水”的日本也看到了机会和耽搁机会将会带来的潜在“威胁”。它提前就落入“修昔底德陷阱”里来了，伊藤博文的政策就是在这个时期出笼的。在长达半个多世纪里，日本政府倾其全力做的事情，就是打断中国的发展节奏，进而分裂中国，占领中国，先后发动了甲午海战，以至从九一八事变到七七事变的一系列战争。从遏制到侵略，是一个必然的过程，而日本推出的所谓“大东亚共荣圈”一直圈到了印度东部的岛屿，说是要与西方抗衡，其实是要动手灭亡中国。九一八事变为什么发生在1931年？因为美国刚刚发生了大萧条，西方经济陷入困境无暇东顾。为什么七七事变又发生在1937年？也是因为在20世纪30年代中国的工商业出现了发展的势头，如果再不下手，日本也会面临更大的经济反弹力。军国主义统治下的日本政权是不容中国喘口气的，它对"修昔底德陷阱"情结的高敏感度远远超过任何一个强权国家。

现在，在对昔日民粹主义和军国主义的历史迷恋中，日本的右翼势力借着安倍政权的上台再次复活，又是通过"安保法案"，又要修改"和平宪法"，说到底，还是要用各种武力的形式去干扰打断中国现代化的进程。安倍的策略是步步为营，步步进逼，表面上要谈缓和日华紧张关系，打破"经热政冷"的局面，实则加剧关系紧张的动作不断。不断插手与它无关的南海问题，从升级炒作"南海议题"到帮助菲越升级军备，推出"遏制中国扩张""维护航行自由"的理由与借口，四处活动，形成遏华同盟。安倍政府不仅在日本举行的"7G峰会"上提出与中国南海有关的文件，还借它们的右翼学者之口在欧洲去渲染，说中国才是"真正的大威胁"。日本在军备上也在不断升级，除了准航母，还要加入美国主导的第六代战机的研发项目。日本落入"修昔底德陷阱"已经很深，近于难以自拔。表示支持安倍"防卫改革"的美国战略与国际问题研究中心的日本问题专家格林就说，日本安保政策的这些变化，意味着日本多年表面上的"不在现场"，转为"将美国拉入"。挟美国以"令天下"看来是日本最终对付中国的一招。

其实，美国也是知道日本的心思的。有趣的是，日媒非常敏感地报道了刊载在美国《大西洋》月刊上的一篇关于"奥巴马主义"的封面文章，其内容是关于美国总统与各国领导人"私人关系"的排位名次。在这份排位名次的封面文章里，中东的美国盟国领导人如沙特阿拉伯、以色列领导人位次靠后，在欧洲，排名仅次于教皇方济各和德国总理默克尔的是上台不久的澳大利亚总理特恩布尔，因为他的外交政策"更符合美国在该地区的设想"。排位靠前的还有新加坡的李显龙，因为他有“冷静和理性的技术官僚的名声”。而日本首相安倍远低于李显龙好几个位次。分析者说，尽管安倍在重新定义美日同盟中很卖劲，但“没有达到最好的融洽关系”，有消息说，在较近的一次奥巴马访日行程里，“奥巴马拒绝闲聊，只谈防务与贸易问题，据说安倍被奥巴马的冷淡伤透了心”。他们评论说，“领导人之间的亲和力不是国家间关系的基础，但肯定可以帮助推动双边议程”。据说，这份排位名单是制作者多年来与奥巴马和其工作人员交谈总结出来的，有一定的参考度。如果真是那样，无疑是一种花絮性的佐证，美日同盟的重新定义是由两种不同的“修昔底德陷阱”情结交叉的结果。对于日本的拉人下水，谁都会防着一手。

日本右翼政府落入“修昔底德陷阱”的原因很显然。中国在几年前就在经济总量上超过了日本，一个正在转型升级的中国未来会发挥多大的潜力，那是不难想象的。这对于日本的右翼会是一个巨大的刺激和心理冲击，如果中国出现现代的盛唐景象，究竟是再次主动接受丝绸之路曾经带过去的发展与振兴，还是随着日本社会越来越严重的老龄化一同经济老化？每思及此，如同安倍这样的深陷“修昔底德陷阱”的人，真有些坐不住。

但更让他们坐不住的是日本的经济现状与走向，在 2015 年到 2016 年的货币动荡里，日本的经济更加雪上加霜，每况愈下。安倍经济学的“三支箭”射完了，货币超级宽松政策带来的负利率并没有见到效果。新的“三支箭”或许可以试一试，但心里也是越来越没底，因此也不敢随手满弓射出。日元单边贬值，汇率却意外抬升，刺激出口的计划落空了，工资涨幅放缓，个人消费疲软，日本央行 2013 年承诺的两年内通胀率升至 2% 的目标至今没有实现，而日本 GDP 的六成来自消费。企业收益降低，经济下滑风险继续加大，安倍经济学期待着通过提高企业业绩和扩大消费来实现经济增长，如今是阴云笼罩，没有几点亮色，日本政府实施的“机动性财政政策”和“增长战略”并没有取得预期的效果。尤其是旨在提升日本经济实力的“增长战略”，其中的一个核心内容是《跨太平洋伙伴关系协定》的实施，但也不知何时才能生效。哈佛大学的一位经济学教授指出，日本的生产率出现停滞，日美发展差距在拉大。日本短期的货币变化当然还有自身的运行曲线，为了防止继续可能出现的经济萎缩，也会出台更多的经济刺激措施，比如进一步加大财政投入甚至是向居民发放“购物券”等，都在预料之内，但经济的低迷已经是一种趋势性的变化。

日本的经济在可预见的一段时间，将会与中国拉开总量规模上的差距，而且会越拉越大。这无疑又会刺激经济发展政策濒临失败边缘的安倍政府更多地转向非经济政策策划的进一步加速。奥巴马在 2016 年初谈论中国时，有一句格外引人注目的话，他说，一个发展壮大的中国是“令人可怕的”，再次道出美式特征的“修昔底德陷阱”情结，但他又说，一个“失败”的中国“更可怕”。如果把这些话安在日本头上，或许才令人多思。一个经济政策一直不见效的国家，由于原来就有修昔底德心理陷阱，随着政策失败的继续，那陷阱的深度更是难以测量的。“陷阱”可不是什么好东西，在“陷阱”边上徘徊也不是什么好事情，陷得越深就越难自拔，这是问题的所在。

透析“修昔底德陷阱”

对于这个有着众多分析并不断引用的“修昔底德陷阱”，有人当成是历史的一个“铁律”，有人则认为“莫须有”，但这个会引起激烈对抗的甚至战争的“铁律”或“莫须有”，除了是有某种目的的统治势力用来达到其目的的一种借口，所谓“欲加之罪何患无辞”，更多的是一种历史封闭现象和历史国家关系中相互猜忌的心理现象。说它是历史封闭现象，是因为封闭使信息不对称成为沟通的牢狱，说它是历史国家关系中相互猜忌的心理现象，则是缺乏安全互信，不免出现“疑人偷斧”的决策心理阴影和人们常常讲到的误判。一件并不是很大的事，或者因为“对手”的强大，就会引起紧张甚至战争。没有永久的朋友，只有永远的敌人，是所谓“修昔底德陷阱”最实用主义的注脚。但是，这毕竟是历史现象，是历史时代国家彼此分割的必然选择，将其当成现代国家关系中无可变化的“铁律”，是与时代不断进步和进化规律不一致的，或者只是历史学家对历史的一种分析，并不能作为现代国家关系的决策分析的主要依据。如果说，在“一战”以前发生的国际纠纷与战争，更多地由“修昔底德陷阱”情结在起作用，在“二战”以后，更多的战争和纠纷是把“修昔底德陷阱”当成一种说辞。

“修昔底德陷阱”更多是误判的心理陷阱。有意思的是，西方的先哲们名之为陷阱，其本意是前面有坑，掉进去是一个悲剧，既然知道是坑，为什么非要掉进去呢？“修昔底德陷阱”提示的是对避免的选择，而这对心智完善的现代人来讲，并非不可以做到，除非另有打算。在现代社会里，“修昔底德陷阱”有一种虚拟性，用来为某种战略目标服务。但是，也不能低估了“修昔底德陷阱”的历史心理影响，对自身和别人发展前景把握不定，缺乏自信，也会在“莫须有”中把问题复杂化。

值得注意的是，造成现代版的修昔底德心理陷阱，最终还不是由几个政策制定者的跌入有多深决定的。“修昔底德陷阱”的出现有诸多因素，除了对历史教训的简单推理以及一国内利益集团的推波助澜，在经济普遍不景气中民粹主义抬头，也是重要因素之一。民粹主义本身就是历史的沉积物，与世界经济一体化反向而行。例如在美国竞选中出现“特普朗式”的竞选言辞，提出要在美墨边境建墙或者禁止穆斯林入境，无非是要争取民粹思维中的选票。民粹主义的抬头，分化了社会的价值体系，观念裂痕进一步加深，他们通过不同的信息源获取信息，使人们无法在重要的问题上达成共识。民粹主义思潮一般来自经济不平衡中的无解困境，也来自不负责任的社会媒体的鼓吹与渲染和社交媒体的分化，民粹主义不仅在美国暗流奔涌，在日本甚至在一些发展中国家都有代表性人物和一定的势力。这是全球经济一体化的堕力，也是跌入“修昔底德陷阱”的推动力。日本的媒体经常发布日本国民对中国人印象的负面比例消息，甚至还有高达 80% 以上的说法。抛开其调查的可疑来源不讲，右翼势力的舆论毒化与历史遗留的军国主义思维，是不可不注意的。从20世纪80年代起，《啊！海军》之类的影片就得到热捧，所谓“玉碎”情结与安倍们祭奠“神社”的政治举动内外合流，那才是亚洲最大的不幸。

一个更大的不幸是，在地缘政治中本不该落入“修昔底德陷阱”的美国，却被真正落入“修昔底德陷阱”的日本右翼势力绑架。

中美关系缘何纠结

中美关系是世界上最重要的关系，中国这么说，美国也这么说。但中美关系究竟重要在哪里？为什么前十年有些热热乎乎，中十年有点疙疙瘩瘩，除了认为人民币估值低了，时不时有些贸易摩擦和有意无意的侦察试探，剩下就是老三样，也就是所谓国企问题、所谓人权问题和环保问题。再十年，中国的一些问题改革、改善、改观了，但中美之间的问题似乎更多了。中国买了那么多美国国债，明面上讲，中国是美国的最大债主，但实际上帮了金融危机缠身的美国最大的忙。美国对华贸易逆差大，是因为美国控制和禁止向中国出口高科技技术产品，而中国对美出口的廉价消费品，在实际上也帮美国的消费者度过了最艰难的日子。中国的人权记录改善了，中国的私人企业提高发展了，中国支持美国和国际社会反恐，坚定支持禁止核试验，在2015年APEC会议期间又与美国一道，推出了具有历史性意义的减排计划，甚至在朝核问题上坚决支持实现联合国安理会的决议，等等。中国究竟欠着美国什么？

在这里，除了那个美国式的“修昔底德陷阱”在作怪，恐怕还有更复杂的一些因素。这些因素与美国的大可不必要的“修昔底德陷阱”结合在一起，也就造成了看似复杂其实也并不算特别复杂的中美关系问题。

美国视角

先说美国方面的事。美国的政策是精英制定的，包括台上的和台下的，他们的思维指向影响着实际的战略操作方向。比如，美国的一位前助理国务卿金·R. 霍姆斯在美国的大选之年开始进入白热化之时就提出，华盛顿应该与对手对抗而非接触，在奥巴马卸任后再次重振美国雄风。他明确反对奥巴马的接触政策。匪夷所思的是，他居然将中国、俄罗斯与伊朗甚至“伊斯兰国”恐怖组织相比，说它们“试图用新的动荡——甚至动乱——来取代旧秩序，那样一来，它们就赢了，我们就输了”。他提出，“唯一途径”就是“搞乱搅局者”，谁是“搅局者”？就是俄罗斯、中国、伊朗和“伊斯兰国”，办法就是增加对抗“我们的成本”，“使战略曲线向有利于我们的方向弯曲的拐点进行考虑”。什么拐点呢？要求下任总统“尽快推翻伊朗核协议”，“对中国采取更强有力的政策，并在东亚大大增加海军部署，远远超过奥巴马再平衡或转向亚洲政策的更大的力度”，从而让美国“重操超级大国旧业”。这位前助理国务卿与其说是一位“鹰派”，莫如说是一位对抗爱好者和“修昔底德陷阱”的探险者，不怕跌断了腰腿，也不懂得“得道者多助，失道者寡助”的道理。

还有一种情形，因为经济发展的速率不同，引起对经济增长的评估不同，进而引发对经济实力对比趋势的担忧。例如，美国的战略研究中心曾经做过一项中国经济规模的研究，并提出一份新的统计报告，认为对中国 GDP 的评估，应当再加 10%，他们认为中国 GDP 在 2014 年已经达到 11.6 万亿美元而不是 10 万多亿美元，是美国的 60%，由此推算，中国只要每年增长 3.6% 而不是 6.5% 甚至 5%，就可以如期赶平美国。这种新的统计使人想到前几年流行的“购买力评价”的连续炒作，更使人想到美国媒体每当中国“两会”前后准时出现的中国军事预算不透明的说法。唱多中国经济和唱空中国经济，是一枚硬币的两个面，主要还是担心中国经济崛起压过了美国，最后出现取而代之的局面。但是，对中国经济的评估结果，既与谁主世界沉浮不是一回事，也与美国的经济增长没有多少关联性，并不是一个盘子里切蛋糕，你多我就少，更何况，中国经济发展了，对世界经济和美国经济复苏是有利，中国的经济下滑了，反倒会拖住美国与世界经济复苏的速度。只看到有可能平起平坐中的“不舒服”，看不到“一荣俱荣”的关联效应，自然就会陷入那个“陷阱”，或者站在“陷阱”的边缘。

但是，这只是美国一些精英的心态，并不能完全代替美国思维决策系统。美国是一个开放的大国，它的核心问题在国内，更多的是在国外。在国内，美国的核心问题是经济增长和就业。美国经济经历2008年的经济危机，经济正在进入复苏的关键时期。总的来说，经历八年的衰退周期，虚拟经济把实体经济挤走了，又惹出来次贷危机的大乱子，靠着货币宽松再宽松过日子，也靠借国债来平衡财政支出。中国有美元又没有地方去花，自然会借给美国，解决了多数穷人的问题，有利于社会稳定。那时，美国确乎有点离不开中国，尽管也要撇嘴，但讲究不了那么许多。现在不一样了，“页岩气繁荣”降低能源价格成本，制造业开始有利可图，资本开始回流，新经济又帮了忙，经济不回升实在是说不过去。虽然回升缓慢，而经济学家们的主流观点还是相对看好2016年美国经济前景的。在美国经济本轮衰退和复苏的周期里，前六年GDP的平均增长率一直处在2%—2.5%的区间。如果应对得当，2016年有可能进入2.5%—3%的增长区间。其依据是新建住宅增加，汽车销量创纪录地增加，国内消费回暖；制造业在摇摆不定中有所走强，企业利润有所回升，工资水平也在缓慢上涨。但是，美国经济走向完全复苏的快慢，取决于国内的产业政策效果和货币政策变化的松紧节奏，也取决于外贸和国内制造业的振兴程度。油价下跌对美国是双刃剑，利好消费和制造业，但对“页岩气繁荣”是个打击。虽然美元走强不利于美国的出口，投机资本的大量进入对美国资本市场也是一个威胁，增加外资企业直接投资依然是重要的促进经济发展的抓手，因此美国经济也还要中国企业来投资。

新战略利益与主权平等

但是，经济处境不一样了，注意力的方向也就不完全一样了。美国的国内经济重新布局还要抓，对中国的投资还要抓，但新的海外战略利益开始上升到更重要的地位。

什么样的新战略利益呢？就在美国的海外战略利益格局中，中东不再那么重要了，美国至少是不再需要那里的石油，也受不起被中东盟友“绑架”着走的麻烦，把中东的烂摊子扔给欧盟和俄罗斯去收拾，让它们形成新的制衡，然后拔出脚来加快转向一个更大的“地中海”——太平洋。而无事找事地不断加码搅入中国南海，是最重要的一步棋，因为这样至少可以获取三方面的利益：一是组建扩大新的军事加经济联盟，在战略组织架构上继续形成美国的战略利益主导；二是搞那个跨太平洋战略伙伴关系协定而把中国排除在外，并不排除必要时在经济上“换马骑”的意思，那么还是美国的利益主导；三是对中国甚至俄罗斯进行软硬合围。试想，缺少了“第一岛链”至中国南海这么一条一块，这个跨太平洋经济区岂不是一只大空缸？这里要比美国家门口加勒比海的政治含金量和经济含金量要高得多。再说，搅起南海的风浪，就在“一带一路”任督二脉上点了一“穴”。因此，美国之于南海，面上是直接地缘关系中的局外人，实际却是战略利益和战略纵深上真正的局内人。

在中美关系走向中，美国的国家政治战略利益是其中的主导因素。这不是说，中美的经济关系就不重要了。中国的企业对美投资不断增长，主要是在实体经济领域，有利于美国制造业的振兴。据美中贸易全国委员会2015年中发布的《2005年至2014年美国各州对华出口》报告，在过去的十年里，美国对华出口增长198%，中国因此而成为美国增长最快的出口目的地，是美国第三大出口市场并对美国经济增长和促进就业做出了贡献。2014年与2013年，美国对华出口总额都在1200亿美元左右，仅次于美国对加拿大和墨西哥的出口额。美国对华出口年均增速为13%，十年里，有42个州对华出口出现三位数增长，其中南卡罗来纳州和阿拉巴马州超过了500%，31个州对华出口超过1亿美元。中国依然是美国国债的主要买主，对减轻美国居高不下的财政赤字具有很大的正向作用。在美联储第一次加息中人民币略有贬值总体上汇率稳定，在客观上也有利于美国外贸的稳定。中国是美国的第一大贸易伙伴，中美之间贸易的稳定和投资增长，是中美经济关系最大的稳压器。中美两国高达5600亿美元的双边贸易额，并不是说不要就可以不要的。中美在经济关系上倒退，直接影响到美国经济的复苏，而经济问题又是一切问题的基本根源。从这个意义上讲，中国是中美商业关系的受益者，美国同样是中美商业关系的受益者。在很长一段时间，美国得到了中国的廉价商品，中国也得到了相对廉价的美元，中国完成了产能、技术和资本的原始积累，美国也从2008年金融危机的打击中挣扎出来。

别说美国的经济还没有完全复苏，即便是复苏了，不需要中国更多的直接投资，也还需要更大的国际市场来支撑。美国的高科技产业对中国看得紧，但美国的民用装备产品和服务产业的生存与市场扩张，同样需要中国这个又大又处在消费升级阶段的市场来接纳。不然，美国的亚马逊公司、星巴克公司、苹果公司和优步公司到中国做什么？美国已经落后于欧洲空中客车的波音飞行器又大批量地卖给谁？

2014年，中国对美贸易规模已经超过加拿大，成为美国在世界上最大的贸易伙伴，中美正在走向较大投资伙伴的路上，中美之间的密切商业关系在两国经济关系中前所未有。如同中国离开美国市场是难以想象的，在美国，没有中国贸易、投资甚至持有美国最大数量国债的市场景象，也是难以想象的。但是，中国加入世界贸易组织已经十多年，在世界上有170多个国家承认中国的市场经济地位，欧盟国家也正在酝酿讨论中国的市场经济地位。而美国是少数继续不承认中国市场经济地位的国家，即便如此，双边贸易和经济关系就达到这样密切的水平，在中国市场化改革继续深化，美国最终会丢弃“鸵鸟政策”时，中美双方的贸易投资又会展现出什么样的前景呢？

不能说，离开与中国的市场合作，美国的经济就不会发展，但缺少与中国市场的互动，美国的经济不会比现在更好。至少，美国经济的复苏将会更艰难更缓慢。在这个利害权衡的天平上，美国政府是心中有数的，美国的大公司、大企业家们更清楚要把筹码放在哪里。2015年习近平访美，前后参加会见的有迪士尼首席执行官鲍勃·伊格和正在中国扩大门店的星巴克的创始人以及苹果公司的首席执行官蒂姆·库克，还有脸书的马克·扎克伯格和亚马逊公司的杰夫·贝索斯，中国企业方则有马云、杨元庆等。苹果公司四分之一的收入来自中国，因此美国财政部原部长保尔森明确地说，商业是中美关系的基石，就连美国的前任国防部长科恩也这样说，“我们应当把投资和贸易看成两国关系中充满希望的稳定力量”。他把美国工商界称为美国的“驻华大使”。

诚然，中国的对外贸易在多元化，美国也试图通过《跨太平洋伙伴关系协定》等相对冷落和钳制中国贸易，甚至想着通过《跨太平洋伙伴关系协定》取代和削弱与中国的贸易分量。但是，且不说这个《跨太平洋伙伴关系协定》生效需要两年，还有一些不确定性，即便真的实现了，也未必能够取代中国与美国的投资和进出口往来。中国的经济体量大了，消费能力也非其他市场可比。市场的竞争虽然是全要素竞争，但最重要的还是市场规模而不仅仅是技术和物质资源。因为后者可以通过学习获得，还可以通过市场来交易，但市场的发展潜力不是想具有就可以具有的。因此，要么是中国也加入那个能够通得过的《跨太平洋伙伴关系协定》，要么是在跨太平洋伙伴关系之外还得与中国长期地去打市场交道。

美国需要中国的地方，自然不只是贸易和投资，还会体现在对一些更重大国际问题的合作和协调中。美国目前在国际事务中的作用举足轻重，但在世界多极化的时代潮流里，表现在多方面的“霸权效应”有所减退，不能不在继续维持原有权力的格局下寻求更多的多边合作，而寻求与世界人口大国和正在崛起的中国的合作，是一个回避不了的现实选择。应对世界气候变化的问题争吵了多年，2015 年中美达成的减排协议产生了前所未有的影响。这是中美合作成功的一个范例。中美在反对恐怖主义和极端力量方面的合作，虽然在个别具体问题上有不同的认识，但大的方向上是一致的。中国不仅全力支持中东地区反恐，也与美国等国家联合参与了阿富汗与塔利班和谈进程。在网络安全和知识产权问题上，中美积极协调，在防止核扩散的问题上，中国完全支持奥巴马政府对伊朗解除制裁，最大限度地消除了中东地区的核危机。在朝核问题上，中国提出了朝鲜半岛“三原则”，并与美国达成了有关对朝制裁协议。中国既表明了希望半岛问题通过多边会谈得到最终解决的态度，同时也给美国的国际政策主张留下了最大的回旋余地。中国在诸多国际问题上，从来不主张通过军事霸权的方式去解决，但在事关全球安全利益的问题上做出方法上的最大让步。中国以国际间的“最大公约数”作为处理复杂国际问题的重要方法论，这对习惯于支配一切的美国来讲，无疑是一种低成本的选择结果。没有中国的协调配合，美国不仅不能解决这些重大问题，也会遇到始料不及的后果，整个世界被动，美国也被动。美国在世界事务上的主导作用也就减弱了许多。

中国也需要美国。中国的经济发展近乎神速，但在经济总量赶上美国并非近期的事。且不说美国至今还是世界技术创新的高地，美国的人才结构和教育水平以及经济的微观管理水平，也还在世界上无出其右，就说中美二者之间的经济体量，相差70%，人均GDP差距更大。据瑞士信贷银行编制的全球私人财富的数据，美国的私人财富存量是85.9万亿美元，中国是22.8万亿美元。在2015年，美国的国民净财富超过73万美元，中国是28万亿美元，中美国民财富差距在45万亿美元。即便是在美国经济艰难复苏的2009年至2015年里，美中财富差距扩大了25万亿美元。两国财富的比例从2011年的3.1∶1上升到2015年的3.8∶1。美国的大型公共部门自然不敌中国，中国的国有企业拥有巨额资产，但负债水平较高。对这种差距，中国心里是有数的。在未来较长一段时间里，中国仍然是一个发展中的大国。好似约瑟夫·奈说过的话，“美国世纪”还没有结束，因为没有一个切实的对手，“欧盟太四分五裂，俄罗斯太腐败，印度太穷，巴西生产力太低”。至于中国，“将在国际舞台上取得更大空间，但也面临严峻的内部挑战如环境污染、人口老龄化、国有企业效益低下”。此外，他还引述已故李光耀先生与他的谈话说，中国有13亿人的智慧可利用，而美国则有全世界70

亿的智慧可利用。

既然如此，美国是不应该在“修昔底德陷阱”的边缘上徘徊的。之所以出现了陷阱的感觉，那是因为看到，中国虽然面临发展的调整，但发展之快又是无法否认的。于是，美国又从另一个角度渲染中国强大。比如，根据中情局的购买力评价理论，中国的实际市场实力可要比一般统计大得多。所谓购买力平价理论其实并不可靠，它是一种脱离了具体市场产品价格体系与产业发育水平并不匹配的简单观察对比，它的比较依据尺度是，在不同的市场中，同样的商品与服务的价格应当是相同的，但中美之间产品价格并不一样，在美国高而在中国低。但观察者忽视了，在一个阶段，中国的服务业是滞后的，不仅是服务商品远低于它的价值，物化商品包含的服务含量也很少，消费者得到的是简单粗放形式的商品，表现在市场价格上也是简单价格，而这正是一种发展中品质不足的特征，而非真正的平价。随着服务业的发展，服务价值回归，这种价值与价格偏离的状况正在改变，但还需要一个过程。因此你可以拿它测量服务业发展水平的高低和消费者享受到的使用价值的多少，但不能作为衡量中美之间经济简单数量实力的比较尺度。基于这样的分析，我们可以确定无疑地说，无论从实际数量和市场价值上，中美经济发展水平都不在一个“等高线”上，所谓中国经济发展目前已经对美国构成数量“威胁”，构成了对美国的现实挑战，并没有足够的依据。

但是，在美国的一些精英和政客的眼中，只要与中国发展有关的就是威胁，不管是真实的还是幻造的，有理由的还是无理由的。这样不仅把美国的国家利益泛化了，同时使之降低到很低的水准。

一个国家，其战略利益是多层次的、多侧面的，从国家安全到和平发展，都是其中的主要内容，只要不妨碍主权完整，危及安全与发展，别国的正常发展是与它没有直接关系的。不能无限地扩大，也不会缩小。如果说有什么高度关联，是大家同居一个地球，不仅彼此之间和与外部环境和谐相处，也要在正常的国际经济秩序中实现平等互利的市场交换。各国之间的经济关系是基础，而直接紧密的商业关系又是基础的基础。人们主张的改革国际经济治理结构，从而创新完善经济关系和商业关系，使其更有效益，实现双赢和多赢，这并不是“重商主义”，而是谁都无法回避的社会生存发展的基本法则。因此，一国的发展与另一国的发展互为前提，所谓经济战略利益即在其中。

每个国家都有自身的战略利益，但要服从主权平等原则，也就是说，它只能在平等主权中延伸，超越了就是越权或者“霸权”。这是引起国际秩序不稳定的主要原因。战略利益往往是核心利益，包括一个国家的统一稳定、和平发展的权利，道路选择和政治制度选择的权利，生存发展的权利和改革开放的权利。所谓照顾核心利益，本质上是尊重核心权益。美国原国家安全顾问、美国能源安全委员会创始人罗伯特·麦克法兰在一次中美民间对话会上讲得很实在，他说，“对于像美中这样的大国来讲，双方追逐自己的国际利益是理所当然的”。美中两国应该加强沟通交流，而“具有冲突性质的问题，也应该放在国际合作层面，帮助双边合作找到新的规则”。中国国际问题研究院研究员杨希雨也在有关文章里讲得不错：“两国各自文化都很务实，但在实际互动中很多时候丢弃了务实的目标而陷入理念之争，以致对更重要的东西视而不见。例如中国提出中美相互尊重各自核心利益，但美国从来不提中国核心利益这个词，觉得一提就是承认中国的要求了。出于这个理由，美国甚至有意把中国所提概念妖魔化。这是一种处理大国关系不成熟的表现。”他还说：“中美关系的稳定与否不取决于双方分歧、矛盾多寡，而取决于双方是否善于互做妥协或管控这些分歧。”他认为目前中美之间的最大问题是“双方尚未形成成熟的互相让渡的利益观”，美国久居“领导地位”，从未形成照顾他国利益的习惯，而中国“也要考虑认知和对等照顾到美国的利益”。

相互让渡利益甚至是部分主权利益让渡，是全球化中各国经济关系发生变化的历史潮流，但这种让渡遵循的是平等原则，或者具有多边性，或者具有双边性，这是自由贸易得以实现的基础，在国家的政治关系中和世界秩序关系里也是如此。与此相关联的是每个国家所拥有的战略纵深也应该得到相互平等的理解。美国布朗大学沃森国际问题研究所高级研究员斯蒂芬·金泽在美国《波士顿环球报》网站发表的《战略纵深不可估量的重要性》（*The Inestimable Importance Of Strategic Depth*）一文，写得颇有历史感和现实针对性。他说，没有一个国家希望敌人就在自己的边境。他对比了美国与俄罗斯的历史与现状，说美国在北美洲早就不用担心自己的安全，美洲的土著人被镇压，敌对的大国逐渐消失了，浩瀚的海洋保护着自己，阻隔了大多数敌人，“我们拥有地缘政治家所谓的战略纵深”。俄罗斯则不然，它有长期与拿破仑、希特勒等侵略者较量的经验，“因为要防范再遭侵略的愿望导致‘二战’后征服了东欧各国，从而建立一个缓冲带。他们现在仍然从这个角度看世界，坚持要阻止美国军队和核武器部署到其邻国。这就是它准备动用一切必要的手段阻止乌克兰和格鲁吉亚加入北约的原因所在”。中东的伊朗之所以支持伊拉克和叙利亚抗击激进分子组织，是因为激进组织视在伊朗占多数的什叶派为“异教徒”，美国有人却把伊朗的做法视为伊朗要接管中东。他说，“这是一个典型的安全难题”，各国采取措施保护自己，形成了紧张局势不断升级的怪圈，美俄、美中、美伊关系就是这一怪圈造成的结果。既然美国早就获得了自己的战略纵深，“我们应该理解为什么其他国家也谋划这么做”。他对南海问题给出的解释是，中国也认识到战略纵深的重要性。

但是，虽然我们明白他的意思，是“己所不欲，勿施于人”，要在拥有自身战略纵深的同时，理解尊重别人的战略纵深和重大关切，然而他对南海的解释并不靠谱。因为那是事涉中国领土主权完整的事情，要比战略纵深远远重要得多。在海洋上，战略纵深主要是在公海上，那里是“海权贸易”的交叉之地，也是所有向海国家和地区战略纵深的交融之地，并不是谁能用“珍珠链”之类的概念就可以搅混的。

中美关系应在沟通中前行

也许，在某种特定的场景中，对战略纵深的不同理解导致对战略利益的不同说法，但这是可以在沟通中趋近的，而不能由此展开对抗。在

2015 年京城国际论坛上，基辛格曾经说过，"中美关系突破较为困难。但一个有效的社会讲究合作，而不是制造分歧，两国的挑战在于充分认识合作的重要性。当今的国际关系已不再是传统的双边关系，国家之间的对话需要以全球的视野看待问题。40 年前中美要做好的是管控好眼前的威胁，而现在要做的是如何影响国际体系"。2015 年 2 月 6 日，赖斯宣布美国邀请习近平访美。白宫也在同一日向美国国会提交了《2015 年国家安全报告》，明确地强调过中美"有竞争但要避免对抗的必然性"。

诺贝尔奖得主施蒂格利茨 2014 年底在《名利场》发表题为"中国世纪"的文章，也曾分析过"美国政策的误区"。其一是尽管美国有软实力，但美国模式并没有惠及美国大多数民众，如果将通胀算在内，普通美国家庭的生活都不如 25 年前。一种不能惠及大多数国民的经济模式也就不能成为他国效仿的榜样。虽然中国社会也存在不平等，但大多数中国人或多或少从经济发展中获益。因此，美国应将中国崛起视为一记警钟，推进自身改革。其二是"遏制"中国不仅是无用功，也会损害人们对美国的信心甚至领导地位。不管是那个想把中国挤出亚太供应链的《跨太平洋伙伴关系协定》，还是对中国与法国提出并得到联合国支持的创造一种国际储备货币的倡议，以及中国希望通过新组建的多边机制向发展中国家提供更多帮助，等等，美国都会说"不"，这显然是有问题的。施蒂格利茨还指出，离开与中国合作，美国的利益无法实现。"我们应当抓住机会，使外交政策的立足点远离遏制。"中美两国的经济利益相互交织，紧密关联。稳定正常的全球政治经济秩序事关两国利益。"不管愿意不愿意，我们都必须合作——而且应该拿出合作的诚意。"

对施蒂格利茨的观点，有各种评价，但有一个重要的观点是共同的，那就是如新加坡国立大学东亚研究所所长郑永年所说的，中美关系已经超越了双边关系，是世界整体关系的支柱。这既是中美关系引起广泛关注的重要原因，也是人们认识中美关系重要性的更大的背景。对中美能否建成新型大国关系，有悲观者，也有乐观者。他说，约瑟夫·奈在 2015 年初发表的文章建议美国政界人士“必须在现实主义和融合之间找到平衡”，因为“误判总是可能发生的，但冲突远非不可避免”，“美国把中国视为敌人，那肯定会成为敌人”，一切取决于美国的态度。如果美国“避免采取遏制战略”，中美就有机会建成相互尊重、合作共赢、互不冲突、互不对抗的新型大国关系。中美之间有分歧，更有广泛的共同利益，妥善处理分歧，可以着力扩大利益交汇点，其中一个亮点就是以准入前国民待遇和负面清单为基础的中美投资协定谈判。

2016 年 2 月底，美国联邦俱乐部在硅谷举办了一场引人注目的活动，美国两位著名的中国问题专家进行了关于中美和中国与西方国家之间关系的观点交锋，一位是《当中国统治世界》的作者马丁·雅克，另一位是《中国：脆弱的超级大国》的作者谢淑丽。讨论的由头颇有意思：英国是美国最亲密的朋友，为什么采取了完全不同的对华政策。雅克说，这是中国崛起的象征。曾经在美国克林顿时期担任过助理国务卿的谢淑丽则认为，多年来中美关系似乎进展顺利，但从美国发生金融危机以来发生变化。在美国人看来，中国误认为美国在走下坡路，这就引起了美国政府的疑虑。在人们问及为什么美国和英国在网络安全上和技术上采取了不同的态度时，谢淑丽说，美国不得不把中国当作潜在的国家安全威胁，而欧洲不必担心这一点。当他们提到中国南海以及日本的介入，谢淑丽居然称美国正在创造让中国和平崛起的条件。对于谢淑丽的解释，雅克反驳说，美国这么做是为了一己之利。但他们的争论还是在如何避免中美冲突这一点上达成了方向上的接近。谢淑丽认为，“只要治国手腕和政策得当”，“只要国家间是相互依赖的，双方都会小心地珍视这一关系”。雅克也认为，美中仍有继续合作的空间。“美国对于中国崛起的本质存在很深的误解。中国仅仅想成为一个经济大国，存在于美国制定的游戏规则的世界里”。谢淑丽预测，今后美国将对中国采取更加强硬的政策，尽管决策者致力于“不会带来冷战个局面，但我认为我们似乎正在朝着这一方向前进”，“这令我深感担忧”。

他们的争论与分析，大体上符合中美关系最近阶段的实际，中美关系进入了一个比较复杂的新阶段。这个新阶段的一个特点，也许正像美国财政部原部长萨默斯说的，世界尚未为中国崛起做好准备，“世界都对中国经济发展的目标、中国的短期和中期政策宗旨以及应对合作与不可避免的冲突所需要的制度结构缺少共同的认识”。他提出了一个很尖锐的问题，美国要看到中国经济成功对全球繁荣的推动，不是威胁。习近平在访问伦敦受到的欢迎表明，“假如美国不同中国展开经济合作，美国可能会使自己与传统盟友孤立开来”。他还说，世界要得到好处，就需要认识到其最深层的利益依赖于中国进行更多的改革。

由此，他进一步得出这样的结论：不管怎么说，在新经济现实的影响下，新的全球政治经济正在形成。谁也无法改变这些经济现实。用错误的方法应对现实，就有可能受到反作用力的影响，“要么导致全球体系运转不良，要么必须面对一个谁也不希望看到的全球秩序”的被破损。

美国《国家利益》双月刊网站曾经采访了在中国生活多年，也曾在中国“文化大革命”中受过牢狱之苦的 94 岁的李敦白。李敦白的担心是，美国官员正在恢复把中国视为一个神秘的敌对国家的旧习惯，因为那将是一个严重的错误。“尼克松以来的每位总统都采取了这样一种战略立场，即一个强大的中国对美国有利。”但现在，“我们似乎试图打造一种反华联盟”。不过李敦白也认为，“美国国内的大部分强硬言论只是空谈而已，北京和华盛顿有太多的战略利益。双方都害怕政治动荡和恐怖主义，双方都受益于全球化经济。中美企业之间的关系十分深入，也非常有利可图，因而任何一方都不想因为对方的口头攻击而采取行动”。他希望中美两国的民众能深入了解情况，“双方必须掌握对方的准确信息”。

斯蒂芬·金泽讲得更直率：美国不应惧怕其他大国的崛起。他在《波士顿环球报》上撰文说，“在这个世纪中，美国不会再像 20 世纪那样主导世界。如果美国人能顺应这个现实，就有希望实现全球稳定。如果我们拒绝，如果我们不接受自身实力的相对衰落，那么沮丧情绪可能会促使我们以毁灭的方式四处出击。”“对我们来讲，潮水始终是高涨的。在20世纪，我们的实力稳步增长。我们习惯于掌管世界。未来我们无法再掌管世界。我们的历史没能帮助为全球地位的这一变化做好准备，在心理上没有做好准备。”“我们不可能忽视新世界日渐形成的迹象。中东的一个恐怖集团攻城略地，我们不得不意识到，尽管我们军力强大，但如果没有当地伙伴的帮助，我们就不可能将之铲除。俄罗斯公然与我们对抗。作为长期看美国脸色行事的北约盟友，土耳其对我们的请求置若罔闻，自行其是。沙特阿拉伯甚至没有征求我们的意见就发动了一场战争。最具挑战性的是我们与中国正在变化的关系。最迟到21世纪中期，美国人将要面对一种我们从未料到的现实：一个比美国人口更多、更富裕、在历史上更强大的对手。中国人最近在太平洋展开试探，我们的回应是军事性的，这表明我们的对华政策还囿于20世纪我们对抗他们的范式。如果我们奉行这样的政策，那么长远的赢家很可能是他们而不是我们。在21世纪中期和后期，美国将无法在中国边界周边的冲突中战胜中国。这也许会令美国人难以理解或接受。”他对“修昔底德陷阱”在实际上给出了另一种更准确的解释：“触发冲突的不是挑战者，而是主导国，因为后者担心会失去优势地位。”他还颇具历史眼光地讲：“随着其他国家变得更加富裕和强大，我们的相对实力当然会衰落，这种历史必然性也许是一种恩赐。多极世界本身就比单一大国掌管的世界稳定。美国具备持续实现国家繁荣的手段，如果我们能够完成心理过渡，接受这个我们不再主导的世界，这繁荣就是我们的。”

其实，大国关系从来都是复杂的。中美关系呈现鲜明的两面性特征，一面是博弈，一面是合作。这是由中美经济、人文和战略利益既相互依赖又相互矛盾的大格局决定的。

现在，对于中美关系的走向，各方的期待是稳定发展。较小的国家，只要同它们的根本利益不相冲突，就不会贸然“选边站”。欧盟主要国家尤其是老牌的发达国家开始独立地做出与中国经济紧密合作的主动选择，另一些国家更倾向于“多面下注”的因应策略，以期现实利益最大化。恰如泰国皇太后大学校长万猜·西差那所分析的，按照经济实力、军事实力和全球影响力三个标准，“中国正在成为超级大国的路上”，但将是一个与美国不同的超级大国。“原因之一是中国不像西方大国那样将海外领土开拓成殖民地，相反，中国的外交政策路线是开展互利互惠的贸易。”

美国应当感谢中国。中国不仅在其发生经济危机时提供了普通民众需要的消费品，在经济危机的后期带去大量企业投资，为拉动制造业回归和增加就业做出了贡献，而且在美国金融危机中一直购买美国国债，支撑美国度过最艰难的岁月。甚至可以说，中国是支撑美元继续作为全球货币的力量之一。哥伦比亚大学出版社出版的《中国繁荣：为什么不会统治世界》一书说，“尽管中国拥有地缘政治自主性，理论上使得它可以结束对美元的依赖，甚至是终结美元标准，而实际上，它一直在帮助保持这一标准”。“中国还在继续购买美国国债，这会帮助美国人过上更好的生活，同时还帮助美元继续保持其地位。”有人讲，这是中国出口依赖美元造成的，但事实上更多的是美国在一些方面依赖中国出口，同时依赖中国购买美债。就在 2015 年下半年中国因为支持股市与人民币汇率减少大约 5000 亿美元外汇储备之后，一种忧虑出现了——不完全是在担心中国外汇储备还会不会缩水，而是担心中国卖出美国国债，美国面临的融资难度更大。这说明，中国庞大的外汇储备和持有的美国国债，对有着 18 万亿美元债务的美国有多么重要。

从地缘文化层面看世界

主要的地缘文化理论

在地缘文化关系中，理论影响广泛的是亨廷顿的“文明冲突论”，其主要思想集中体现在 1996 年出版的《文明的冲突与世界秩序的重建》一书中。核心思想是，文明决定世界秩序，文明的冲突决定世界未来的冲突。他认为，冷战后全球政治是多极和多元的。世界格局的决定因素表现为七大文明或者八大文明，亦即中华文明、日本文明、印度文明、伊斯兰文明、西方文明、东正教文明、拉美文明和可能存在的非洲文明。主要冲突将在不同文明的国家和集团间进行。文明冲突将主宰全球政治，文明间断裂带将成为未来的战争导火索，但建立在文明基础上的世界秩序才是避免战争最可靠的保证。在不同文明之间，跨越界限、尊重和承认相互界限非常重要。亨廷顿的“文明冲突论”是在冷战结束后美国成为唯一超级大国的背景下出现的，能够从美国一极世界刚开始就预见到多极世界的很快出现，是有眼光的。但是，他同时也为美国制定新的国际战略提供理论依据，利用各种冲突中的宗教因素和文化因素将世界分成不同的板块进行治理，从而达到继续维护美国霸权的目标。

亨廷顿对于地缘文明或文化的划分具有历史的影像，但并不完全按照历史的延续和变化严格地进行，因此他的划分结果几乎有一种古今混杂的特点。比如把“日本文明”单独列出就有这样的味道。“日本文明”是东亚文明的一个分支，这应当在历史和现实中都有大量的证明。但是，就是因为日本曾经提出过“脱亚入欧”，又是西方的盟国，也就单独列出，表示日本也是西方文明阵营的当然一员或者是一块文明飞地。至于它在发展的前期历史上受没受到东亚文明的决定性影响，至今还带不带着亚洲的另类特征，是可以暂且不管的。

至于专门提出东正教文明，更有些突兀，因为从宗教上看，那显然是广义的基督教的东支。对非洲文明，他是一种有保留的模糊态度，虽然不想承认它的文化战略价值，但目前无力推翻人类包括欧洲人走出非洲首先定居于欧洲的多数结论。

就是这样一个屈从于美国战略需求的一个“功利性”的文明分类体系造成了巨大的硬伤。因此，波兰裔美国著名学者布热津斯基在《大棋局：美国的首要地位及其地缘战略》《战略远见》中，提出了更为直接的地域棋局论。这个大棋局战略就是指谁控制了欧亚大陆，谁就控制了世界。他把欧亚大陆划分为四大板块，西欧、东亚、东欧和俄罗斯、中东以及南亚，认为棋盘上有五个地缘战略棋手国家，这就是法国、德国、俄罗斯、中国和印度。还有五个地缘政治支轴国家，即乌克兰、阿塞拜疆、韩国、土耳其和印度。在其中，英国和日本是被“边缘化”的。他建议美国在这些国家之间纵横捭阖，实现主导和领导欧亚大陆的战略目标，其策略就是继续维持多边和双边军事同盟，加强对欧亚大陆边缘地带的控制。

布热津斯基的棋局论显然比亨廷顿的文明论更有说服力。把布热津斯基的棋局论与亨廷顿的文明布局结合起来，可以看到在美国的战略走向里，确实还有一些看点。一是文明的冲突进一步被地缘政治的力量操弄和扭曲，二是布热津斯基眼里的大小十个“战略棋手”和“地缘政治支轴”国家都发生了新的互动。棋局说好像是把美国比作观棋者，棋手之间的对弈与美国的介入无关，主要是因为美国知道，这五个棋手国家都有自己的“主心骨”，不是它能随心拨动的，最好是看它们走了什么误棋，然后再决定取舍。至于那五个地缘政治支轴国家，本身就是一棋子，相机拨动就是了。棋局说对中东伊斯兰地区的长达半个世纪的冲突严重估计不足。至于缺了动得最凶的日本，也许他认为日本就是美国的“提线木偶”，既不是棋手，也算不上“支轴国”。

至少，地缘战略棋手里也应该有美国、英国和更多的国家。在所谓列入或未列入的“战略支轴国家”里并不乏本身就是棋手者，因为它们也有自己的战略利益要维护，也有自己的战略纵深要开发，何况各有各的经济和文明发展历史与背景。

地缘文化视角下的中美关系

美国要想一直掌握世界秩序的主导权，至少应该从尊重别人的话语权做起，而中国要想建立自己的国际秩序话语权，在舆论与文化方面与世界的沟通是重要一环。也就是要善于“翻译”中国的文化观念，这种观念并不是原生态的，不仅仅是为了文化的保存和传承，而是现代理解的桥梁。美国有美国的智慧，中国也有中国的智慧。从策略上看，美国的多种“围堵”很像是中国战国时代的“连横”，中国的“一带一路”倒像是“合纵”。几千年文化形成的中国智慧，使中国人对一切战略问题都看得很透彻，只是它历来将“和为贵”视为最高的精神境界而又把“和而不同”当成思维与模式创新的源泉。就世界秩序的前景而言，“和为贵”和“和而不同”恐怕会是未来的一种政治新常态和历史追求，因为那是世界秩序的最为需要的基本元素。

中美关系之所以重要，并不是由于谁要做经济上的老大，主要是全球利益在很大程度上系于中美利益关系的妥善处理。因此，不单是中国政府认为，美国政府也认为，中美关系是世界上最重要的双边关系。既合作又博弈，是中美关系在未来较长一段时间的显著特征。不合作，没有世界的未来，没有竞争与博弈，又不符合国际社会的一般进化特征。但在合作与竞争博弈的历史天平上，哪头更重哪头更轻，此中的逻辑线应当是很清晰的。

有没有“再平衡”之后对“再平衡”的平衡？这似乎是普天下事物运动的规律。中美在20世纪中叶“斗”了20多年，也不是随着中美关系的解冻翻开了新的一页？包括中美关系在内的一切需要处理的紧张关系，都应当摒弃“冷战惯性”，在相互沟通与平等协商中取得解决问题的最大共识，从而弄清楚，在不断发展的全球化进程中，什么是中美分别最关心的，什么又是中美共同最关心的，在分别最关心的问题中，又有哪些是可以交汇和沟通的。

中美之间有分歧有博弈，但博弈和分歧也不能完全概括中美之间的摩擦。有的是原则之争，比如在东海钓鱼岛与中国南海群岛主权问题上，美国一边宣称“不选边站”，一边又要强行介入。美国要做“世界警察”已经是不合时宜不符合世界潮流的事情，在事关中国的主权和领土完整最基本的核心问题上“拉偏”，借着根本不存在的妨碍“航海自由”的理由，在军事上进行“围堵”，这自然是中国不能答应的。但在其他一些重要问题上，完全可以扩大合作面。

从各种迹象来看，美国的对华政策正在开始发生微妙的转变。对于围堵中国的意图，美国部分“鹰派”政策影响者是从不隐晦的。早在2015年3月，美国外交学会就发布了《美国对华战略大转变》的报告，美国外交学会会长理查德·哈斯在报告序言中称，“中国在今后数十年里将继续是美国的最大竞争者……中国在经济和军事两方面的巨大发展，对美国在亚洲的利益乃至全世界利益都构成了重大威胁”。这份报告的最后结论非常明确：中国变得强大对美国构成了最巨大、最深刻的战略性挑战。他提出美国需要采取的三大战略，一是增强美国自身的经济实力，二是加强美国与亚太国家的经济联系，三是停止削减国防预算，立刻增强军备，灵活但强有力地推进远至印度洋的“包围中国网”。有的“专家”提出，借鉴美国的冷战经验，以“制衡”战略替代“接触”战略，美国外交学会也随之推出相应的《制衡而非遏制》的报告。美国外交学会认识上的这种显著转变必然会对美国政府的对华姿态产生重要影响。美国借口并不存在的南海“航海自由”和所谓“军事化”来说事儿，就是“制衡”战略思维影响的结果。事实上，在中国南海地区，贸易往来自由从来没有什么变化。一个最显眼的道理是，中国的对外贸易90%以上是通过这条海路频繁地进行，难道竟会有自设路障的事情发生？因此，人们有理由相信，保护“航海自由”是托词。保证“重返”者利益的最大化，甚至“制衡”中国，要在这里加大和扩大军事存在的半径和力度，一直把美国的战略纵深延伸到中国的家门口和家门里，才是目的。

除了这个显而易见的逻辑和反逻辑，还有更深刻的什么吗？那就要回到亨廷顿的文明冲突论和布热津斯基的“大棋局”里来看美国的长期战略了。也就是说，在美国的长期战略家们的眼里，西半球的拉美国家不论有什么变化，依旧还是屋后的“花园”，比起这个“花园”来，他们更加关注对东半球的控制。在美国的长期战略棋盘里，主要眼光一直盯着中东和东亚，一定是要在这两个旧大陆文明板块上大做控制文章。中东伊斯兰文明在历史上就是欧洲的心头病，因此也就列入第一波冲突中控制的地区，办法就是利用中东的教派矛盾，引发了一场又一场战争，一直到引出一个伊斯兰国的“怪胎”。现在中东乱得不能再乱，美国索性先丢给欧洲和俄罗斯去收拾，腾出手来对付东亚，通过“重返亚太”的战略目标直接瞄向了正在发展中的中国。

地缘文化应当是包容的

在把东西方文化关系意识形态化中走得最远的，曾经担任美国国防与情报官员的白瑞邦是颇有一些代表性的。他不久前推出了新著《百年马拉松》，竟然说是从毛泽东时代起，中国就开始了以统治世界为目标的“马拉松”。他说，中国从 1955 年起，就对美国采取欺骗战略，致使美国提供大量经济、技术和专业知识推动中国追赶和超过美国，以实现中国主导世界秩序的战略。别说当时的中国正在实行第一个五年计划，建设刚刚起步，没有那个能力要去“统治世界”，它连中美关系的重大转折事件尼克松秘密访华都一笔勾销了。应当说，自那以后，中美关系发展基本上是波澜不惊的，在中国进入改革开放的新时期，这种关系一直处于推进中的稳定状态。对《百年马拉松》生造的百年“中国威胁论”，西方大多数学者都认为是无稽之谈。因为他们看到的一个最基本的事实是，不论是过去还是现在，都是“中国并没有策划接管世界，也并不想要全世界”，中国同别的正常国家一样，只是在努力地摆脱最后的贫穷，发展自己。

和白瑞邦相呼应的还有纳瓦罗的《卧虎：中国的军国主义对世界意味着什么》。这位加利福尼亚大学欧文分校的教授把自己的书当作解开中国意图的“地缘政治侦探故事”来讲，企图自问自答中国究竟是捍卫自己的商业通道和国土的“合法防御”还是“扩张主义”。他虽然找不到预言战争会发生的依据，但设计了“核冲突”的情节，建议美国坚决捍卫地区联盟关系，确保对中国的军事优势。甚至煞有介事地思索，如何避免超级大国的“核冲突”。中国就这样被扣上谁也想不到的“军国主义”的帽子。难怪评论者说，如果尼克松当年读到此书，可能“大为震惊”或者干脆认为是“无稽之谈”。

自诩西方文明的传道者，却要这样扭曲东方文明的基本思维和行为模式。文明冲突已经成了一些人挥之不去的噩梦，吓着自己也去吓唬别人，这样的文明冲突逻辑显然有些荒唐，荒唐的里面是对人类社会文明的深深的不信任。就说“脱亚入欧”的日本，虽然是“同盟”，但“文明冲突论”里又把日本文明列入另册，其实也深藏着——毕竟是依附，难保会有二心。日本在维新发展之后，不就搞什么“大东亚共荣圈”，对昔日的“恩主”之一美国发起了珍珠港偷袭事件？这是把日本算入西方阵营又要把它打入文明另册的关于文明冲突的一种考虑，而东正教文明的单独列出，则是从另一个角度显示了对斯拉夫民族的不放心。斯拉夫人不仅与西欧人掀起过多次对抗，在冷战时期干脆就是横目相向。即便在如今，欧美与俄罗斯的制裁反制裁都搞得不可开交。在这个美国版本的世界文明谱系里，无论是新搞出来的，还是旧有的已被广泛认定的，冲突是必然的一条粗粗的黑线，即使亨廷顿在其著作里谈到要对各种文明“尊重”，那也是暂时的策略，或者竟会用来作为利用一种文明对付另一种文明的办法。

各种文明在各自的发展中形成各自的特点、思维和行为的价值取向，这种特点、思维和行为的价值取向的不同，并不排斥它们同居一个地球，同对一片蓝天，共同呼吸同一种空气，并在相互的经济往来和文化交流中取得共同发展的成果。不同文明和文化和平相处是必然的，摩擦和“冲突”是偶然的，而且是可以通过相互的理解与沟通取得共识的，至少可以在“最大公约数”的约定里找到双赢和多赢的途径。

2015 年 9 月，英国的《金融时报》网站发表了该报外交事务评论员吉迪恩·拉赫曼的文章《令中国和美国产生分歧的理念》。其中有的观点值得关注。他说，中美之间的对话就像采用不同操作系统的电脑，中美看世界的方式存在极大的不同，如循环性与线性思维的不同。中国有悠久的历史，美国的历史则非常短，“广义上来说，中国人是从循环的角度想问题的”，“美国的政治家倾向以一种线性思维方式看待历史”。又如个人与集体关系，美国领导人强调个人的权利，中国的领导人强调集体的利益。美国人可能会把他们对个人权利的强调“追溯到

18 世纪的独立战争时期”，相反，在强调建立一个有力的政府上，中国会提到开始于公元前 475 年的“战国时期”。“两个国家都有一种中央王国的思维”，而“美国已经习惯了其作为世界唯一超级大国的角色。美国的外交政策仍然建立在美国是保证全球秩序不可或缺的力量的观点之上”。他最后说，“在两个国家可能都认为自己是中央王国时，它们不可能都是正确的”。这个观点听起来有些各打五十大板的意思，但反映了一种对于文化的多元化思维要求。在这里，论者的“中美之间的对话就像采用不同操作系统的电脑”的论点颇有点意思，但他忘记了更重要的一点是理念差异、文化差异。即美国思维混合体中的一种明显的局限是具有排他性和对相互走近的深深的犹疑，而中国的“一带一路”战略思维所体现的包容性与之恰恰相反。而极具包容性的战略互动思维，是规避中美关系进一步跌入“修昔底德陷阱”的重要文化思考因素。

“和为贵”和“和而不同”是中国文化的特质，也是东亚文化的主流。中国文化基因不仅不会是世界的威胁，甚至是世界保持平衡的重要结构支撑的基本材料。至于“军备”的进步，那是任何一个主权国家都要面对的日常功课。谁也不能继续拿着“红缨枪”去巡逻去站岗，那是一种有关发展与主权的常识，并不能与“威胁”这个特定的字眼相提并论。

不同文明具有不同的文化差异，这种差异表现为生活样式和文化观念的多样性和丰富性。也许有一种普世价值，但那会是各种文明文化传统中的“最大公约数”，亦即人类社会具有的共同价值，比如和平发展与公平正义。每一种具体的文明文化都不能宣称它的文化认知高于其他文明与文化，或者代表了所有的文明文化的发展走向，具有取代一切的普世价值。因为文明与文化永远不是抽象的，而是深深根植于经济生活的历史土壤里的。就以西方文化中崇尚的个人主义和东方文化中重视的集体主义而言，其实都是同传统经济生活状态的差别性分不开的。东方文化主要在农耕文化的土壤里诞生与发育，不论是抵御洪涝灾害还是保护自己的生产果实，都需要发挥集体的智慧和力量，表现在发展中就具有群体利益的共同性，表现在安全观上，则是在防守中争得和平发展环境。一直被人当作各种隐喻的万里长城，说到底也就是这么回事。但西方文化的诞生与发育土壤就不一样了。游猎与放牧的历史的经济角色是其文化生成的早期背景，对于流动和个体适应性有着与生俱来的敏感，对于贸易交换甚至争夺的需求超过了务农者，尽管后来的经济生活变了，由最早的游牧变为工业，但历史的文化烙印依然留存，甚至在世界贸易和产业转移自觉不自觉的萌生发展中表现出来。这同样也具有文明进化的合理性。但是，用一种合理性去抵制另一种合理性，就会导致文化霸权的发生。应当说，科学技术的进步和经济全球化带来的社会经济生活的趋同，已经为不同文明文化的逐步融合提供了新的经济土壤和必然条件，但这个逐步融合的过程，首先需要的是相互理解和尊重，需要的是沟通与合作，而不是另一种硬同化或者软同化，更不可以以所谓“文明冲突”去解决文明与文化的发展问题。

一个典型的解释，是在英国加入亚投行时，剑桥大学教授马丁·雅克对英国政府的“大胆改变”给予了赞扬。他说，加入亚投行的决定是英国1944年以来最重大的独立行动。英国这一决定背后的潜在考虑已经非常明确，这不是昙花一现，是基于一种认识：中国的崛起给全球经济带来深刻的改变。“这是一个深刻影响任何政府（无论左派还是右派）思维方式的新现实。”“当然也会有一些人表示反对，理由是英国在接纳中国的同时开始背离美国”，但“多数国家都不同程度地转向中国，正如这些国家在美国最强盛的时期曾经转向美国一样。这是重力作用的结果”。“中国是与美国完全不同的命题。从历史角度，我们与后者有很多共同点，而与中国则不然，因为中国出自截然不同的历史与文化渊源，因此，出现分歧和误解的机会很多。西方存在一种势力强大的臆断，认为中国应当跟我们一样，但中国从来都与我们不一样，以后也永远不会跟我们一样。”

事实上，文化与文明的相互包容应当是一种成熟的国际社会关系常态，也是在经济全球化下不同文化文明在紧密接触交流中发展提升的必要途径，文明与文化既不是冲突的来源，也不是世界秩序发生紊乱的原因。在我们的世界上，只有贫穷和财富分配的不公平和由此而来的不平等，才是世界秩序的最大威胁。2016 年 3 月，继移民难民潮的冲击之后，欧洲的心脏布鲁塞尔发生新的恐怖袭击，“核恐怖”的阴云也在笼罩社会生活。这引起人们包括学者们的思考，有人认为对社会不公的愤恨是原教旨主义发展的推手，有人认为伊斯兰教义核心潜伏着一颗毒瘤，是它促使教徒大开杀戒。但法国的中东问题学者鲁瓦教授的“第三种理论”正在赢得认可。这个“第三种理论”基于欧洲的穆斯林第二代移民的“家庭生活”，移民后代参与恐怖袭击，多数是由于“他们的父辈抛弃了自己的文化和穆斯林信仰，却从来没有融入社会，而且在社会阶层上越滑越低”，“当孩子们问起，为什么带我们来这儿时，父母会说是为了更好的生活，而他们会回答：我们的生活没有变好!”“这意味着，他们更可能是被叙利亚回来的兄弟招募加入恐怖组织，而不是受到伊玛目或网络的唆使。”鲁瓦认为，在今天的法国和比利时，激进主义排第一位，伊斯兰主义排第二位，因此“这更多是激进主义的伊斯兰化，而不是伊斯兰教的激进化”。其证据之一就是“伊斯兰国”组织成员所具有的少得可怜的宗教知识。布鲁塞尔那一对发起自杀式袭击的兄弟逃亡时从不做礼拜，也不吃清真食品，就在麦当劳吃饭。痛定思痛，需要一种真正的反思。

未来世纪是共享的世纪

关于“中国世纪”的提法

施蒂格利茨在 2015 年提出，世界开始进入了“中国世纪”。这个观点引起国际舆论场的巨大反响。赞成者认为，中国两个一百年目标的提出，是一个重要标志。中国领导人提出有关推进建立国际经济新秩序的重要倡议也是一个重要标志。质疑者则认为，中国发展虽然有多种优势，但中美力量均衡并未改变，中美同是世界经济的重要引擎。

认识不同，主要是着眼点不同。关于对“中国世纪”的准确内涵与外延的认识也不一样。“中国世纪”应有广义和狭义之分，也有立足点的根本区别。应当有多层次的内涵外延以及更加准确的含义。如果说，“中国世纪”单指经济发展而言，也许有一定的道理，中国虽然进入了中高速发展状态，但按照 6.5%—7% 的发展速度——这种速度又是在经济总体量很大的基础上产生的，在经济规模上，中国的经济体量在五年后将达到 90 万亿元人民币，按现行汇率，约合 14 万亿美元以上，那是令人吃惊的。由此引出中国在经济规模上是否与美国好有一比的猜测，这也是一种正常但无须较真的讨论命题。抛开这种竞技式的比较，只从中国经济发展本身来看，一定要把 21 世纪称为中国继续发展的世纪，也是并不为过的。但是，中国的持续发展不仅与诸多发展中国家的经济发展连在一起，也与发达经济体连在一起。在全球化中，各个经济体是发展命运共同体。这从本轮经济危机造成的全局性关联影响里看得更加真切。中国的发展状态会影响世界，世界经济发展状态也会影响中国。从这个发展的全视角看，中国的可持续发展有助于世界经济的持续发展，但不能说中国经济完全会主导世界经济的未来。从世界的总体发展格局来看，以美国和欧盟国家为代表的发达经济体依然是创新的重要源泉，经济发展依然具有很大的活力和内在的自我修复能力。即以美国2015 年2.4% 的经济增速来看，它依然是绝对数量的庞大增长。因此，我们只能说，21 世纪新发生的一个标志性的现象是中国与许多发展中经济体的陆续崛起，但不能认为发达经济体会从此走向衰败，更不能认为 21 世纪只是中国经济主导的世纪。

从全球国际政治结构的演变来讲，“中国世纪”更准确地说是从中国自身民族和国家走向复兴的世纪。占全球五分之一人口的发展中大国走向复兴，这对全球来讲，是具有跨时代意义的。从这个意义上讲，中国的复兴是世界历史上的一件大事，将会实现的“中国梦”与已经出现半个多世纪的“美国梦”，都是一种对发展的价值追求。不需要类比，也不能简单地去类比。中国需要实现自己梦想的不断努力，也需要创造一种有利于自身和全球所有国家和经济体持续发展的环境，包括创造这种环境必须要有的市场平等的话语权与完善国际政治经济治理的平等参与权。所谓“不能由中国这样的国家制定规则”，其实是不太想让中国参与制定规则。中国从来没有要去包揽规则，或者独自去制定经济全球化的另一套规则，但没有中国和全球其他国家与经济体参与的规则和不断完善的规则，那样的规则体系能够全面有效地得到实行吗？因此，正如英国学者马丁·雅克在论及中国经济规模与美国经济规模的时候说，没有必要确定一个“时间点”，美国需要接受的一点是，“中美将互相依赖，中美发展都需要世界的和平稳定”。

所谓“中国世纪”的提法，正如清华大学当代国际关系研究院院长阎学通先生在接受中国《参考消息》报记者采访时所言，是沿袭了历史上的英国世纪、美国世纪的说法，之前有人称 19 世纪是英国世纪，20 世纪是美国世纪。但现在并非一极世界。阎学通先生在其《历史的惯性》一书中预测，中国将于 2023 年成为超级大国，但美国很可能在 2040 年前依然维持其超级大国的地位，因为国力取决于开放程度，也取决于改革。今后 20 年内，都应当是中美“两极化”的趋势。一极格局形成，所需时间其实相当长，比如美国早在 1872 年就开始了经济总量首次超过英国的进程，但很长时间里领先地位表现得不明显。他还认为，美国对华政策自克林顿第二任期以来，只有程度的变化，没有性质的调整，即经济上合作，安全上防范。未来不管谁来担任美国总统，只要他是一个合格的政治家，很可能还会继续这一政策。

“中国世纪”这一受历史提法惯性影响的说法，其实是大可不必理会的。如果一定要沿用，则需要分清它在当代的经济全球化条件下，与历史上各种不同程度带有“霸权”色彩的世纪标识有什么本质和趋向性的不同。

首先，“中国世纪”其实是“亚洲世纪”，或者更全面准确地说，是欧亚“旧大陆”走向新的一体复兴的世纪。中国的发展带动了亚洲，亚洲的发展也为中国带来机遇。中国作为亚洲最大的发展中国家和经济体，与亚洲占绝大多数的发展中国家和经济体组成了21世纪发展的先驱力量，深刻地改变着世界经济版图，使亚洲的发展提升到一个新的水平与水准。这是自经济全球化由自发被动向自觉主动演变以来出现的一次螺旋式上升。亚洲的经济崛起，包括中国经济的崛起，将是世界经济进一步发展的新动力，但不是唯一动力。亚洲的经济崛起，包括中国经济的崛起，是世界经济开始进入另一轮新发展的新起点，但也不是唯一的起点，这应当就是“中国世纪”内涵与外延的第一层因素。从这个意义上讲，抛开美国希望从各方面“合围”中国不谈，它的重返亚太，也是看到了这个历史的大趋势。也就是说，美国不把经济互动的重心移向亚太高增长地区，那是不符合美国发展利益的，也会真正导致美国经济的相对衰落。但令人不解的是，美国重返亚太是挟军事重器而来的，在经济上也更多地把中国看作对手而不是有益的合作者，指望着在中国经济之外，开出另一条既不完整也缺少重要合作对象的更多合作的路径来，那岂不是天底下最为矛盾的一种选择吗？也许它在认定，中国的经济发展将要出现休止符，比如它不放心他们学者的分析，专门用一颗卫星从太空中收集中国的市场仓储物流数据，去判断中国制造业的荣枯线，但诸如此类的手段也未必能够解开它对中国经济本能猜忌的心结。而中国经济在转型升级中的持续发展最终会了却这种主观愿望造成的幻影，造成更大的一种纠结。

从再大的视野来看，21世纪也应当是欧亚经济合作复兴的世纪。经济复兴的愿望，是20世纪末与21世纪初愈来愈明显的欧亚乃至世界性主题。尤其是在发端于美国的本轮金融危机里，发达经济体与发展中经济体相继受到损伤，欧洲的多轮货币宽松并没有发生大的效果，新的汇率危机和货币危机又使经济发展进入了两难选择，复兴经济已经不是一个口号，具有现实的紧迫感。欧洲开发复兴银行的建立和成员的扩大以及欧洲各国纷纷加入亚洲基础设施建设银行，其本身就意味着欧洲的经济面临的不是修补，而是需要在具体的产业复苏中走向复兴。亚洲经济面临的是百年复兴，欧洲经济也面临着世纪复兴。这两个复兴从时间跨度与复兴的起点上有所不同，但它们将在21世纪上半叶合流交汇。

“一带一路”与欧亚经济合作

从更广阔的视野来看，这个世纪也是全球化在曲折中不断推进的世纪，更是全球共享发展成果的世纪。在经济发展战略层次上，“一带一路”共同发展无疑占有最高和最突出的位置。它填补了世界发展战略的空白，也是让经济全球化由自发走向自觉，是由发展低级阶段进入发展高级阶段的重要途径。它能使各个经济体相互合作中产生内生动力，爆发推动发展的聚变能量，也能在平等互利中保证发展成果共享，进而释放出更大的经济合作发展能量。

“一带一路”所能达到的发展效果，是由其阔大的合作视野、利益理念和方法论的高度决定的。在中国自身发展视野上，中国提出并倡导“一带一路”发展，并不只是基于中国自身发展经济空间的考量，而是蕴含着对经济全球化和地缘经济发展规律的全面思考，是对全球各个经济体致力于打破发展瓶颈内在需要的主动适应。诚然，中国提出的“两个一百年”发展目标是非常引人注目的，“第一个一百年”发展目标里，要在2020年实现60%的城镇化率，经济总量比2010年翻一番，人均收入也要比2010年增长一倍。在“第二个一百年”发展目标里，要全面实现现代化，建成中等经济水平以上经济强国。“第二个一百年”目标实现，中国将成为富强、民主、文明、和谐的社会主义现代化国家。达到这样的目标，依靠传统的增长模式是不行的，在封闭条件下进行结构调整和产业升级也是难以奏效的，只有推动更大半径和更深层次的改革开放，才能够实现。但是，欧洲虽然并没有时间节奏如此明确的目标，并不意味着没有具体目标，复兴概念的提出，其本身就说明欧洲的发展要上一新的层次。中国的民族复兴和欧洲的复兴，具体的内涵与起点或许不尽相同，但繁荣富强、民主文明与和谐的追求应当是一样的。这是一种再正常不过的复兴目标一致的思维，体现着欧亚各国的共同愿景，也说明发展是可以共享与分享的。

而欧亚乃至全世界各国的发展愿景要成为现实，不仅需要制定自身正确的经济政策与发展方略，同时也要在经济全球化中实现生产要素的有效流动与合理组合。平等交换是商业运作的根本规则。平等贸易，相互投资，在双边和多边贸易投资中创造更多的便利化，在自由贸易的微观结构里相互平等地让渡主权，在经济深度合作与融合的实际过程中找到共同发展与共享发展成果的"最大公约数"，将是唯一的默契与追求。

共享发展在方法论上要以不断增强的经济力量和各自已经形成的经济优势为启动点和撬动点，打造多条相互连接的经济合作区域与经济发展带，带动各国经济发展。最具体最有效的实现形式就是推进"一带一路"建设，在"一带一路"建设中达成默契与实现追求。在"一带一路"的"五通"中，设施联通"是克服地理瓶颈与信息瓶颈的重要因素"，政策沟通"是技术及管理因素"，资金流通"主要是资本自由流动的相关要素"，人心相通则是最重要的人的因素，而贸易畅通则是必然会发生的新丝路景象。经过 30 多年的发展，中国在这几个重要方面都有了较为充分的准备，也希望通过"五通"开辟共同发展的新途径，给全球经济包括自身的经济发展注入新的活力。

全方位的经济合作其实是多层次的市场立体对接，在这种对接中，中国有优势也有相对的劣势，需要更多的市场主体相互补充。例如部分高技术的创新日新月异，发达经济体在总体上走在前面，市场管理规范与品牌总体方阵也需要进一步在合作互动中提升，等等，这都是推进"一带一路"建设必须正视的问题，也是推进"一带一路"建设中实现市场优势互补的有效途径。尤其要看到，"一带一路"发展建设的时代环境是社会生产力飞快发展的环境，共同迎接新的挑战是"一带一路"发展所面对的现实也是其动力。

中国发展的着力点

中国目前具有的经济合作优势是什么？除了融入经济全球化的自觉

意识，至少还有三个资源优势。一是资金比较充裕，能够发起成立亚投行等开发性的地区金融机构和以丝路基金为代表的各种合作基金。这对基础设施建设和国际重大经济项目的实施，无疑是一个关键性的支撑。二是正在不断升级中的产业和技术，中国的产业一方面面临着一般产能的过剩，另一方面也迎来了高技术含量产业发展的井喷期。中国的铁路运输技术主要是高铁已经居于世界前列，核电和输电技术也跻身世界市场，装备制造业正在快速发展。三是中国的消费市场正向广度深度拓展，所具有的现实市场容量和潜在市场能量完全能够带动和启动目前“一带一路”的多向市场需求。国际会计师事务所毕马威全球中国业务发展中心研究团队在其发布的《2016 年中国展望》核心报告中说，中国经济正在向“创新驱动、服务导向和消费拉动”模式转型，以服务业和先进制造业和消费品行业为代表的发展，正呈现出强劲的增长势头，部分地抵消了制造业疲软带来的不利影响。他们甚至得出一个连中国人自己都不敢相信的统计结论，中国服务业对 GDP 的贡献在 2012 年就达到 56.9%，2015 年则超过了 70%。消费对 GDP 的贡献稳步上升，2015 年占中国 GDP 的 52.7%，而美国同年的消费占比为 68.4%，可见其市场发展空间之大。电子商务已经成为中国消费市场的一个重要特征，2015 年达到了 3.8 万亿元人民币的规模，2018 年可望翻番。另据美国波士顿咨询公司估算，中国月收入达到 1.2 万—2.2 万元的中产阶层家庭数量有望在今后 10 年增加至 1 亿户，在城市地区，到 2020 年之前，有望产生 2 万亿美元的消费市场规模。

目前，在互联网经济高速发展的大背景中，新经济正在成为中国经济增长的重要引擎。所谓新经济的概念，最早出现在 1996 年美国《商业周刊》发表的一组文章里，是指在经济全球化的背景下，信息技术（IT）革命以及由信息技术带动的以高新科技产业为龙头的经济，包括我们正在面临的第四次工业化的挑战和网络经济的全面长入。近年来，中国新经济发展迅速，互联网运用、大数据、物联网、云计算、智能化和物联网正在成为新经济的核心元素。中国的网络能力正在直追美国，新经济在服务业上的表现领先世界。电子商务、物流供应、O2O、互联网金融迅猛发展，新经济正在成为中国经济发展的新动力。在2016年世界经济论坛会前，大会主席施瓦布发表了《第四次工业革命意味着什么》的文章，他说，虽然我们还不能确切地知道，但这次发生在信息化革命基础上的工业革命中，数十亿人口被移动设备连接，人工智能、自动驾驶汽车、3D打印机、生物科技等将一切可能性无限放大。在施瓦布看来，第四次工业革命不同于以往历次工业革命的线性速度，这一次革命是指数级的，涉及几乎所有行业，不会有哪个行业被落下。在论坛上，瑞银发布了《极度自动化和连通性：第四次工业革命对全球、地区和投资领域的影响》的白皮书，认为第四次工业革命将会直接影响贸易投资的经济版图。那么，在这样的生产力快速进展的革命性的发展背景下，“一带一路”发展必然面临着巨大的挑战与机遇。美国、德国是新经济的领头羊，20世纪90年代美国出现了高增长、低通胀和低失业率，得益于以互联网为主导的新经济的发展，美国之所以能够从金融危机中率先出线的朕兆，依然来自新经济。德国在全球金融危机中受伤最小，并率先提出工业4.0，要利用物联信息系统将生产中的供应、制造、销售信息数据化、智能化，达到快速、便捷、有效、个性化的产品供应，这是新经济发展的最新动态。欧洲经济发展经历了从传统模式的多个过程，也在工业4.0的进程中走在前面。从这个重要的角度讲，“一带一路”与欧洲的发展对接，不仅是地缘经济一体化的完善与对接，欧洲国家提出的第三方合作计划也是“一带一路”共同发展的巨大支撑。中国在新经济制造业中尚需像德国那样进一步加力。

当然，目前尚未消失的比较人力成本优势和正在优化的一般产业，依然会在不同产业市场和不同发展阶段的国家里具有生存发展的可能。恰如当年中国沿海地区出现的“三来一补”和产业向价值洼地的转移，一些产业市场的转移对处在发展初始阶段的经济体不无合作互补的意义，但中国产业升级的过程性市场成果同样会给合作者带来发展适应性对接的机遇。

需要强调的还有，中国的现代市场经济发育时间不长，因此在经济管理和企业管理上仍然是新手，需要继续保持谦逊的学习态度。不能随意就说，中企一定将会引领下一次全球商业革命。在电商领域也许中国走在了前面，但基于商业基本规则的管理水平的进一步提高还有较长的一段路要走。“一带一路”是市场经济中的“一带一路”，企业直接投资也是基于市场规则的投资。因此，在中国企业大量“走出去”并开展并购的同时，也要看到面临的阻力是多种多样的，有的是对中国企业崛起莫名其妙的防范，有的近乎“排外”，有的则来自对包括管理和财务透明在内的商业规则的要求。因此，比起中国企业在海外承包工程受到的赞扬，涉及资本运作的海外企业并购所面临的挑战更大。中国企业的全球市场并购，除了比较成功的案例，也有不少流产的案例，比如中国某大型联合民营企业希望获得英国克兰沃特-本森银行的所有股份的控制权，却受到对中国企业投资总体持欢迎态度的英国监管机构的否定。克兰沃特-本森银行是伦敦最古老的商业银行之一，这家中国企业已经在此前成为该银行的大股东。对于并没有金融产业运作丰富经验的企业来讲，这样的全资产并购本身就存在管理风险，面对英国监管机构的财务状况审查与质询，中国企业不得不放弃并购计划。另一家中国大型民航企业在伦敦机场的竞购中输给了由加拿大人牵头的另一家财团，除了报价，也有缺乏管理机场经验的因素。目前，中国的资金大量走出国门，在2016年第一季度，就有价值1000亿美元的海外并购项目发生。有一些开展并购的企业债务较多，超过了一定的安全标准，并购案所在国对一些交易的可持续性表示疑虑并提出资金来源的透明性，应当是无可厚非的。中国央行行长周小川也曾就企业债务“偏高”提出过“警告”，也并不是没有缘由的。依靠海外借贷支持并购而不是通过股本融资来降低“高杠杆”带来的风险，这不仅对进入并购市场的企业是个难以回避的问题，对中国有效规避金融风险的努力来讲，也未必是明智的选择。对中国公司债务的估计，各个机构提出的数值比例不同，有的认为达到160%或更高，有的认为没那么高，但据中国万得资讯的数据，约有30%的上市公司负债是其资产的2—3倍。虽然中国企业的大多数海外并购是成功的，具有明确的商业性，但基于“信任并核实”的规则应当是推动“一带一路”投资健康持续进行的一只重要的“安全阀”。

中国企业品牌也要进一步提升。中国企业的品牌知名度与美誉度已经有了很大提高，但这部分多数是资产庞大的国企，随着国内的经济结构调整和全球市场的剧烈变化，中国企业的品牌结构也会相应发生变化。目前，一方面是中国百强品牌发展放慢，另一方面是科技企业和包括互联网企业在内的大型服务企业品牌地位提高。2014年，中国百强品牌的市值增速为22%，2015年降为13%，但科技企业市值比例却从16%上升至27%。中国市场化品牌开始在中国品牌的方阵中占有半壁江山，但像华为那样的世界一流品牌还是太少。

在包容中推进“一带一路”建设

“一带一路”建设主要是经济体之间的合作互动，具有全局性和全面性，因此，除了各种金融开发机构的支持和企业直接投资的开拓与拉动，相关国家的财政政策是要给力的。但“一带一路”建设又是市场机制下的合作，如何撬动大量的社会投资进入，便成为一个重要的关键。国际提倡的政府与社会资本合作（PPP）运营模式是一个有效的途径，但目前还处于起步阶段。中国通过特许经营立法推动包括基础设施建设在内的重大项目，但更重要的是优化政府与社会资本合作（PPP）项目结构，不能用更多的国内公共服务项目替代和冲抵事关“一带一路”建设的政府与社会资本合作（PPP）项目。这是两个不同的方向，应当有不同的操作管道。凡此种种，都要细致地去策划。

“一带一路”正在走向持续成功的路上，但也面对着各种或明或暗的挑战。挑战是任何一种发展战略推进中的常态，而其中最大的挑战在于自身的力量与影响。这是参与全球治理的门票，也是推动“一带一路”取得全面成功的必要条件。对于任何国家来讲，发展才是硬道理，而共同发展才具有真实的普遍价值。到2020年，中国的人均GDP将会达到 1.2 万美元至 1.3 万美元，这不仅意味着拥有庞大人口基数的中国的经济体量有多大，也意味着中国推动世界经济发展的能量进一步增大。丝绸之路造就了历史共享贸易成果、共享世界文明发展的历史成果，“一带一路”也将继承这种共享的基因，为世界文明的共同发展和共同享有做出新的贡献。

毋庸说，中国是古代丝绸之路的东方故乡，也会是新丝绸之路延续的历史推动者。“一带一路”软实力的打造，离不开基于中国优秀文化的传播半径和路径选择。中国文化是多层次和多载体的，既有我们常讲的“国学”，也有丰富的非物质文化遗产，显示了历史悠久的文化土壤和文化营养。当代中国文化既是根植于历史传统的文化，也是能够与世界优秀文化相融合相包容的文化。所谓“有容乃大”是中国人的最高智慧追求，因此，在 2016 年初举行的第六届中国学论坛上，与会的中外学者并没有过多研讨中国的传统文化问题，而是把目光更多地聚焦在“中国智慧”上，聚焦在“中国思维”和中国是一个什么样的国家的思考上。正像剑桥大学教授马丁·雅克在论坛上所讲的，“中国的执着和价值倡导，不仅显示出中国的智慧，且为全球治理提供了治理模式和机制安排的智慧来源”。中国学的学者把“一带一路”战略构想看作是中国智慧的传统与现实相结合的范例，认为“一带一路”既能让人联想到中国古代的丝绸之路，又有着鲜明的时代印记，体现了独特的中国智慧。亚美尼亚国家科学院东方研究所研究员哈鲁特尼亚就说，“一带一路”显示出对和平与和谐的追求，是一个可以全球共享的战略布局。第六届中国学论坛的成功举办，说明了一个重要的道理：有现代生命力的文化才是人们最关心的活的文化，而人们最关心的活的文化才有文化心理的穿透力，有国际性才有传播的多重概率和现实的价值。也就是说，在“一带一路”发展中，不仅要打造中国文化的软实力，更要打造“一带一路”沿线国家与多种文明合作与融合的软实力。如果说愈是民族的愈是世界的，我们今天则要说，愈是多民族多文明共生共辉的，愈是世界的。

"一带一路"走向纵深

"一带一路"正在走向自身的战略纵深。这是一个有关经济发展的战略，也是有关文明发展的战略。在它走向自身的战略纵深里，将会迎来更多的赞同与参与，也会有更多的同行者和同路人。世界经济的一体化是与区域经济一体化相伴生的，有时会表现为大大小小的区域经济整合的发展形态，有时又会表现为总体的发展突破，各种双边和多边的自贸谈判常常带有跨国跨经济体、区域经济合作整合对接的特征，世界贸易组织统一贸易政策的谈判则又带有总体推进的特征。在一般情况下，前者快于后者。这不全是因为过程中会有贸易保护和各种贸易壁垒产生的惰性，更多的是各个经济体发展阶段不同和产业结构不同所致的同向错位，因此，"一带一路"合作发展也会出现不均衡。有的见事早，有的见事晚，有的带有不同程度的疑虑，或者出现了某些地缘政治因素直接或间接引起的"摇摆木马"效应，但不断走向合作是一条必由之路。而持之以恒地推进"一带一路"发展建设，乃是取得更大经济合作发展成果和更显著丝路发展效应的关键。

在"一带一路"走向自身的战略纵深里，有几个至关重要的方面。其一是更多发力于发达和发展中的较大经济体，在大经济体关系良性互动中构建"一带一路"共同发展更大框架。其二是重新缔造丝路精神，形成现代丝路精神发展的价值共识。其三是丝路合作对接多形式、多层次和多方向，提升内涵，扩大外延，最大限度地增强包容性。其四也是最重要的一点，中国作为"一带一路"的倡议者和重要推动者，必须加快经济转型和技术创新的步伐，在促进自身金融发展金融稳定中，更好地推进国际产能合作，让"一带一路"共同发展具有更大的活力。

大经济体合作

"一带一路"经济合作，并不分大经济体小经济体。无论经济体大小，无论是发达经济体还是发展中经济体，都要以平等互利、实现双赢和多赢作为经济合作的结合点和经济利益的交集点。“一带一路”合作以彼此的发展互为前提，也以彼此的利益互为落脚点，在共同发展中形成相互利益密切相关的命运共同体。但是，在现实的国际经济发展格局里，由于资源禀赋和经济体量的不同以及所处经济区位的不同，已经形成的大经济体或者具有较大发展潜力的发展中经济体，必然会更多地发挥全球或者区域性经济发展的引领作用和主导作用。尤其要看到，历史形成的经济地缘联系，已经形成了具有重大经济影响的贸易中心国家，影响着贸易、投资和经济合作的效果。有的则是世界经济的新增长点地区和新的发展亮点。它们在“一带一路”合作发展中占有突出位置，具有较大的经济影响力。这种经济影响力有的是现实的，有的是潜在的，有的具有全球性，有的具有地区性。它们之间的经济互动，影响着新丝路经济合作的整体效果，也会影响到“一带一路”的走向和效能的全面发挥。

从目前来看，居于第一层次的大的或较大的独立经济体，主要是美国、中国、俄罗斯、日本、韩国、印度和巴西等。大的具有直接世界经济影响力的紧密型经济共同体欧盟包括英国、德国、法国等，还有美国、墨西哥、加拿大组成的北美自贸区等，都在“一带一路”发展中举足轻重。此外还有海合会、东盟经济共同体以及正在形成的欧亚经济联盟、非洲经济共同体、拉美和加勒比国家共同体以及亚非拉较大的国家，如伊朗、土耳其、印尼、尼日利亚等。在这里，对“一带一路”发展走向最具直接影响的，主要是美国、欧盟、俄罗斯和印度以及海合会和东盟经济共同体。这都是“一带一路”互联互通的现实的和潜在的重要经济角色。人们常用“一带一路”沿线国家和地区来指代，是就“一带一路”发展的显性地域特征而言的，“一带一路”不是没有非显性的潜在特征，它本身就是一个超级的开放系统。

对于中俄和中国与欧亚经济联盟的经济合作对接，前文做过比较多的分析。事涉中俄，一定会迎来许多经济合作以外的猜测，例如会不会结盟之类的议论，但“一带一路”的另一个行为特征是它的明显的非地缘政治性。需要补充的是，中国与欧亚经济联盟的经济合作无论对欧亚丝绸之路经济带建设的完整性以及通透性，还是对多元经济合作带来的未来合作环境的根本变化，无疑都具有重大意义。有史以来，欧亚大陆尤其是欧洲大陆，就是不停上演地域冲突的焦点地区，两次世界大战都从这里发源，冷战的温床也在这里，至今余波未消。用战争消灭战争，那是历史的无奈选择，真正的途径是用共同和平发展消灭战争。因此，随着“一带一路”的延伸发展，欧亚大陆国家都会在“向东看”的同时“向西看”，在互相看和相互合作中获得和平发展的更大共识。欧亚经济联盟居于欧亚大陆的连接部，中国与欧亚经济联盟的合作对接并不排除欧盟与欧亚盟的对接，相反，促进了两端经济相互融合的走势，很可能孕育着欧洲持久和平的胎儿，重绘欧亚大陆的地缘秩序。

瑞士《新苏黎世报》网站曾经刊登同济大学德国研究中心研究员马克西米利安·麦克的文章《和平轴心》，说欧洲可以从“一带一路”中获益，但除了经济上的获益，这种跨大洲的接近还有什么价值呢？该倡议“不仅仅是让中国投资进入欧洲的必要性”，还有更丰富的视角。他强调说，“‘一带一路’是对全球化的世界经济的重新测绘，莫如说它是一项跨大洲和跨文化的和平计划”。“中国梦的实现和一个强大的欧洲的可持续性，都取决于一个高效的和平架构——这样才能不被卷入动荡和军事行动升级的巨大旋涡之中”。他甚至认为，“中国应该在与布鲁塞尔和华盛顿合作的同时，扩大在地中海、中东、东南欧的稳定作用”。“中国参与东非的经济发展，在非洲之角帮助打击海盗，以及在吉布提建立新的基地，这些都应该被理解为积极的迹象。”“也可以设想在希腊、苏丹、摩洛哥和埃及等国，将中国的基础设施投资与欧洲的难民和移民政策结合起来”，欧盟也应当将中国“纳入欧洲的基础设施建设计划和社会稳定方案之中”。这显然是很有见地的看法。

对于“一带一路”，世界第一大经济体的美国政要三缄其口，似乎是没听到没看到，对“一带一路”所具有的发展软实力也颇为漠然与默然。他们或许认为自己基于自由个人主义的价值观是普世的，但真正能够普世的价值应当是能够共享的价值。随着“一带一路”建设的不断推进，“一带一路”共同发展的主张越来越具有感染力，中国正在以包容的态度融入世界，也为越来越包容的世界所包容，世人开始以更为公正客观的视角看待正在和平崛起的中国和“一带一路”共同发展的倡议，漠然与默然终究不是办法。正如上文讲到的，美国也有学者明确地提议，美国也应当参与“一带一路”，尽管中美两国在所谓政治地缘利益上有分歧。其实，中美在“一带一路”概念上并不是没有对接。中美双边贸易规模是最大的，中美相互投资协定基本达成了，中国在国际货币基金组织的特别提款权扩大了，中国企业对美投资进入了井喷期，除了《跨太平洋伙伴关系协定》操作有点别扭，在中国的市场经济地位与亚投行问题上也有疙瘩，平心而论，除此还有什么更多更大的互联互通障碍呢？经济就是经济，发展就是发展，“摇摆木马”尽可以出现一些摇摆，经济合作的事实谁也难以否定。只是各有各的对话语言体系，并不是只有按照中文词汇概念模式去讲去做，才算是对接。再说，美国前国务卿希拉里不也提到过通向中亚的丝绸之路吗？丝绸之路作为历史性的现象，本身就具有无限可能。至于美国的军事盟国日本，它与中国的关系被评价为“政冷经热”，这种“经热”也至少说明，丝路不会断线，不管是古丝路还是新丝路。怎么做与怎么说，或者说与不说，未必是一回事。

倒是与中国一山之隔的印度，东有历史传统中的中孟缅印经济走廊，中有喜马拉雅山中部的尼泊尔转口贸易通道，一些国际学者也在认真地研究着“跨喜马拉雅山经济区”的可行性。中印都是金砖国家，在金砖国家银行和亚开行中又是第一、第二位的大股东，共同发展利益更多更大更直接，无论从哪一点上看，都应当是“一带一路”上的最好伙伴与搭档。2016 年 3 月初，印度的瑞辛纳对话在新德里举行，参加这次对话的有来自 40 个国家的代表，与会者包括了孟加拉外长、斯里兰卡前总统库马拉通加夫人和阿富汗前总统卡尔扎伊等重量级人物。

印度外长斯瓦拉杰在开幕式上讲，互联互通对于亚洲的经济增长和发展至关重要，印度为实现这一目标所采取的策略是基于合作与互信，而不是单边主义，对互联互通表示了前所未有的重视。对这次对话，印度内政部前高级官员卡达亚姆·苏布拉马尼安在《香港亚洲时报在线》作了转述与评论：会议虽然并未提到中印关系，但与会者指出，中国在亚洲互联互通和繁荣兴盛方面发挥了重要作用。阿富汗前总统卡尔扎伊就强调，印度的联通中亚政策和中国的"一带一路"倡议要协调推进，"正向对称"，并主张中国应当加大对南亚的投资力度。卡达亚姆·苏布拉马尼安还评论说，"印度战略界有些人认为中国想通过21世纪海上丝绸之路建立一条珍珠链或一批战略基地来包围印度，并担心那会在未来构成政治地缘挑战，但他们没有注意到的是，印度的邻国斯里兰卡和尼泊尔在很大程度上乐于在港口或基础设施建设方面与中国合作"。最好摒弃"缄默，这个战略对印度有好处"。"印度也完全有可能改善对华经济关系，双方可利用印度第三产业的优势和中国在资本投资领域的实力，拟定双赢的协议。因此，印度必须对中国的'一带一路'倡议给予更加积极的评价。"值得注意的是，由于美联储首次加息的影响和世界经济走向的不明朗，印度央行不仅在2016年上半年加了息，同时推出新的铁路、公路投资计划，遏制有可能出现的经济下滑。这无疑会增加中印进一步经济合作对话的机会。

在欧亚的重要经济体里，布热津斯基《大棋局》里的许多战略地缘支轴国家其实也是经济地缘合作支轴国家，铸剑为犁是最终的结果。以土耳其为例，在14世纪前后，奥斯曼曾经建立环半个地中海的跨欧亚非的大帝国，最盛时控制范围2000平方公里，并不亚于后来的苏联，16世纪开始衰落，"一战"后瓦解。1923年建立共和国，也有着根深蒂固的"复兴梦"。土耳其虽然积极入欧，但基本上还属于奉行多边主义外交的国家，土耳其主体民族与中国两次相遇，中土之间的经济文化一直割不断。伊斯坦布尔的托普卡帕老皇宫藏有一万件中国瓷器，其中40件是元青花。据张绪山教授考证，丝绸技术是552年前后传入东罗马的，最早的路径在小亚半岛，在通向拜占庭即伊斯坦布尔的大路上，至今还有俗称“丝绸城”的古老城市。土耳其近年来经济发展迅速。据土方统计，中土双边贸易从 2000 年到 2013 年，由 16 亿美元一路上升到 280 亿美元，13 年里增长了 16.5 倍。土耳其经济部的一位副部长在参加“中国—亚欧博览会”时讲，建设丝绸之路经济带是一项宏伟的工程，将给土耳其与中国的经贸发展、人文交流带来独特机会，不仅推动投资，还将促进思想理念交流。2013 年 10 月，世界第一条连接欧亚的海底铁路隧道马尔马雷隧道穿越伊斯坦布尔海峡，实现了土耳其的“百年梦想”，这是丝绸之路交通史上划时代意义的事情。由中国到西亚的现代道路联通还在准备阶段，但马尔马雷隧道的开通提前准备了亚欧道路联通的格局，未来会与巴尔干半岛的希腊塞匈通道相映生辉，形成新的“一带一路”循环。因此，土俄关系紧张的缓解还要取决于“一带一路”多边经济合作的更大进展。中国与土耳其合作建设土耳其东西部高铁项目正在务实推进，这会极大地改善现代丝路交通格局。

令人想不到的是，出于多种考虑，土耳其在经历与以色列 6 年时间关系紧张之后，双方签署了和解协议。在很长时间里，土耳其是唯一承认以色列的伊斯兰国家，2002 年两国关系开始恶化，土以和解将会对中东产生微妙影响。

另一个重要的动向发生在英国和欧盟。英国在加入亚投行上改变了自己的行为选择，不仅带动了许多欧洲国家加入亚投行，也引出 2016 年初欧盟委员会对给予中国市场经济地位的首次正式讨论。欧盟是中国的最大贸易伙伴，而中国是仅次于美国的欧盟的第二大贸易伙伴。2014 年，中国对欧盟的出口达 3020 亿欧元，比 21 世纪初增长了 2 倍。因此，欧盟委员会能否给予中国市场经济地位，是非常重要的问题。应当说，做出这个决定并不容易，虽然中国进入世界贸易组织已有 15 年的历史，在道理上应当获得这种地位和相应的权利，但能否给予中国市场经济地位的意义在于，它决定着判断出口倾销的方式是根据低于其在国内的价格，还是在输入国的价格。比如在 2015 年发生的钢铁倾销案中，美国的国内价格就被当成参照的标准。出于对制造业自身的保护，25个欧洲制造业联合会进行了一项研究，认为欧盟如果全部取消对华贸易“限制”，将会导致上百万工人失去岗位。这是否夸大其词，中国对欧盟直接投资会不会创造新的更多的就业机会，还有待研究。但欧盟委员会灵活处置，比如确定一个过渡期、维持现有关税税率，或者分辨哪些是市场竞争中的合理价格、哪些不合理，办法多的是。欧盟的法律专家和外部经济学家建议承认中国的市场经济地位，但通过该决定需要全体成员一致通过。透过这些分析，人们看到的是更宽的思维半径以及“一带一路”带给中欧双方的共同发展利益。

2016年上半年，人们看到一种更为明显的动向，那就是美国的更多盟国在反思对华政策。北美自由贸易区的加拿大有了较大的动静，《展望未来：中加关系45年》传递了“重新设计”中加关系的选项信息。曾经担任过驻华大使的戴维·马尔罗尼说，加拿大人的“漫不经心和天真幼稚”是以为加拿大可以单方面决定中加关系的性质，在这个问题上，“我们必须成长”。他们建议，要力争达成加中自由贸易协定，使加拿大可与澳大利亚在推动自由贸易达成方面“一争高下”，更好地满足庞大的中国市场的需求。加拿大亚太基金会也认为，加拿大应当加入亚投行，并敦促中国加入《跨太平洋伙伴关系协定》。

丝路精神

丝路精神是2014年习近平主席在北京阿拉伯合作论坛第六届部长会议上首次提出的。包括和平合作、开放包容、互学互鉴、互利共赢四句话，以及共商、共建与共享。丝路精神的提炼，既有中阿源远流长的丝路合作针对性，也有更为广泛合作的现实意义。

丝路精神还有多个层次，如商业精神、开拓精神和务实精神等，但和平合作、开放包容、互学互鉴、互利共赢和共商、共建与共享的共同发展理念是其精髓。

合作的精神是丝路精神的最大亮点。市场经济就是平等互利合作的经济，没有分工不会有产业的高度分化，没有合作也不会有产业的高度发展。这一点在中国与中东国家的合作中看得很明显。有人讲，中国重视与中东国家的合作主要是为了石油。中国作为最大的发展中国家和化石能源不足的国家，重视石油贸易和自身能源安全是必然的，在这一点上与欧洲国家、与印度、与曾经的美国都没有什么两样，因此这不是什么值得隐晦的事情。目前，中国的石油需求在增加，2014 年原油消费量增长 5. 6% ，天然气消费量增长 8. 6% ，2015 年中国原油进口同比增长 8. 8% ，达到 3. 355 亿吨，对外依存度首超 60% 。尽管中国能源消费结构发生变化，全国万元产值能耗下降 4. 8% ，中国清洁能源投资量也位居世界第一，但传统能源安全依然是个大问题。中东国家作为最大的石油和天然气输出方，也需要中国这样稳定的能源买家。阿拉伯国家是中国的第一大供油方，沙特阿拉伯、伊拉克、科威特、阿曼和阿联酋的石油，占中国原油进口量的 40% 强。因此，在与中阿经济合作的“1 +2 +3”模式中，能源合作是主轴，但与主轴配套的不仅有“两翼”和“三个支柱”，还有方兴未艾的国际产能合作，这对化石能源输出国产业结构的提升与变化具有明显的推动作用。

国际产能合作是世界经济一体化的新特征。产业流动与产业转移是资源配置的重要形式，是与大范围产业结构调整和经济一体化同时发生的。在世界经济一体化中，贸易已经不是单一的商品交换，包括了服务贸易和投资，一国特定领域的产能过剩在另一国或许是短缺，伴随投资发生的产业流动也就成为产业转移的同义语。目前，中国经济进入了产业结构调整期，中东地区和中亚地区国家也进入了产业结构调整期，所不同的是，中国的产业发展方向是不断升级，中东和中亚国家的产业结构则是在升级中走向多元化。这样一种产业与市场的互补完全符合市场的供求规律，也是互利共赢合作的落脚点。在“一带一路”合作中，共商、共建与共享是建立利益共同体的必然发展范式。中国主张，无论是援助还是商业合作，不应当涉及经济以外的政治因素，“不干涉内政，只提供资金”，也不寻求什么“填补真空”，不搞“势力范围”。这是“一带一路”打破近代以来“真空规律”的首次实践，为丝路精神写下了明确的注脚。

丝路精神也是文明文化相互理解包容的精神。也以中东的中埃合作为例，中埃同为世界古老文明的发源地，同样经历和见证了古丝路的辉煌，不同的文化传统都具有强大的吸附力与包容性，中埃紧密经济合作有着一种必然性。正像埃及金字塔政治和战略研究中心国际问题研究专家赛义德·拉文迪所说，“对埃及来说，与中国的关系是特殊的。因为两国的友好往来可以追溯到几千年以前，作为世界上的两个重要文明古国，中埃友谊具有历史积淀”。开罗美国大学政治学教授努克·贝克尔也持同样的观点：“埃及人能理解中国文化、艺术和教育理念，比如中国电视剧就在埃及非常流行，学习汉语的埃及学生也越来越多，这都说明中埃两国的交流在不断拓展。”诚然，类似中国与埃及两大古文明的历史接触，在现实文化包容里不断提升，这会有一定的场景规定性，并不能概括未来还会普遍发生的新的包容过程和结果。但是，无论是我们已经熟悉的还是相对陌生的文明和文化，都是有价值的文化，因此与多种多样的文明谱系和多种文化的接触、沟通、理解和相互包容与拥抱，是“一带一路”经济合作的重要内容。只有合作发展才能实现更大的包容，也只有包容才能够实现更有成效的合作。在这方面，中国由于历史上封闭性的某些影响，世界文化眼界不很宽，缺失了一些互鉴互学的机会。应当在“一带一路”共同发展中进一步强化学习理念，特别是对“文明冲突论”中曾被定义为“不确定”的非洲文明和它的多种文化样式，更要谦虚地学习，在包容发展中推动“一带一路”建设。

对于丝路精神中的文化包容，西方一些人士是有怀疑的。在习近平主席出访中东的时候，美国参议院军事委员会举行听证会，检视美国在中东的战略与政策。该委员会主席麦凯文莫须有地说，“很显然，中国在中东有图谋”，但是否“他们将在这里施加其影响力，这还有待于观察”。他所指的“图谋”，说穿了是当下并未结束的中东地区冲突。但中国不仅不介入中东国家的教派冲突，也一直致力于寻求中东热点问题的政治解决。中国在中东问题上并不打算挑战美国，但也不会完全置身事外，中国的最高任务是与中东国家共同发展，构建“一带一路”的西亚和平包容发展路线图。美国一些人士出现这样或那样的猜忌，除了对别种文化的不信任，也来自对自身文化的不自信，或者说是对自身思维里携带的文明基因的不自信。猜忌性的思维或者一直沉浸在亨廷顿的文明冲突论中而看不到文明的历史融合，自然也很难看清世界经济一体化下多种文明的相向而行。

丝路合作的多层次性

“一带一路”的地理经济操作半径很大，至少在理论上没有“死角”，合作的深度也很深，至少在实践上空间很大。“一带一路”的对接也是多层次的，可以是主权国家，可以是经济区域和经济共同体，也可以是地区性的相对独立的经济体，甚至是各个经济体内的具体操作板块。例如，在2016年的博鳌论坛年会上，21世纪海上丝绸之路岛屿经济对话交流平台亮相了，中国海南岛、新西兰南北岛、韩国济州岛、泰国普吉府岛、马来西亚槟城州岛的企业家、行政官员以及专家学者，就海上新丝路发展机遇、扩大岛屿经济合作举行研讨，提出了打造全球岛屿命运共同体的愿景以及互联互通、海岛旅游、海洋产业、农业生产、科技金融和人文交流六个合作方向。

“一带一路”需要凝聚发挥更多的助推能量。许多国家和地区都是“一带一路”的受惠者，也都是直接的推动者。在中国国内，不同的经济区域有不同区域方向的助推合力，一些更为重要的区域节点需要主动担负自己在推动“一带一路”发展中的时代使命。

在2016年初，中国香港特别行政区行政长官作第四次施政报告的时候，最少40次提到“一带一路”，表示要坐言起行，将“一带一路”的机遇化为成果。香港设立了“一带一路”办公室，负责推动研究工作，并设立由特首主持的“一带一路”督导委员会，负责制定参与“一带一路”的政策。此外，香港向奖学基金注资10亿港元，鼓励更多国家的学生到香港学习，受惠的学生每年可以获得12万港元的助学金。香港还希望通过金融、调解仲裁和基础设施建设咨询，成为“一带一路”的“超级联系人”。香港作为一个经济体，还提出申请加入亚投行，加强与沿线国家的人民币业务联系，继续推动离岸人民币业务发展，稳定巩固金融，加强海外路演，推动海外企业和金融机构利用香港的人民币金融平台进行交易。

港澳台其实在历史上就是丝绸之路的重要组成部分和主要节点。在香港发展的早期，香港就因为输出中国华南地区的莞香而得名，中国是动物香料和矿物香料的进口大国，也是植物香料的出口大国，百年前的香港即以香料贸易开港。英国租借香港，正是看到了香港四通八达依托华南腹地的贸易优势。香港与澳门形成犄角之势，成了繁盛的东方自由港。新中国成立前，有一批工商巨子与原国民政府人员进入香港，而新中国成立之后面临西方国家的封锁，香港一度又成为大陆与外间转口贸易的唯一节点，这一切都造就了香港在贸易、航运以及金融的无可取代的地位。在中国大陆改革初期和中期，香港同样起到对内地经济的巨大支持作用，并直接造就了深圳经济特区的经济战略地位。香港和广州，深圳和汕头、珠海两翼分列，形成了世界少有的经济互动城市群。20世纪90年代香港回归，在“一国两制”的治理格局下，香港的经济优势地位不减，尤其在金融和资本市场的运作中，更加居于举足轻重的地位。在人民币国际化的进程中，香港居于资金融通出进口的龙头地位，沪港通与深港通进一步打通了内地与香港的资本市场，并开始成为人民币国际化的核心操作平台。可以预见，香港在“一带一路”的发展中，地位越来越重要，香港正在迎接第二个春天。

从历史的角度看，香港就是近代丝路的组成部分。这种特定时期特定的丝路贸易也是双向和多向的，其历史主动权与主导权也在不断地演变，由自发到自觉，是一个自然的经济过程；从被动到主动，又是一个历史过程。在历史悠久的欧亚大陆陆路贸易与海陆贸易交替盛衰的历史过程中，以老殖民主义为特征的海上贸易曾经占据了主要地位，中国从闭守国门到被迫打开国门，香港的经济现象也就成为一种历史的特异现象。但从丝路贸易的大历史观上考察，昔日的香港现象依旧是丝路现象，只是近百年来充满了屈辱和无奈，在丝路贸易主动权丧失的同时，行政主权也一度随之丧失。香港现象也不是孤立的，在那个弱肉强食的时代，许多地区都遭受到同样的命运，而“一带一路”的新开端将会重新改写历史，让香港成为真正的香港，成为“一带一路”的耀眼的明珠。

港深和粤港经济一体化曾经是区域经济发展的一个研讨热点，这在经济全球化的大背景下无疑是有根据的。香港的经济发展从来是与大陆特别是珠三角的经济紧密相连的，只是具体区位不同和产业优势的分工结构不同。区域间一体分工发展有其结构性规律，香港在高端服务业方面已经形成的巨大优势和国际化的先行优势，在经济和金融业的穿透力方面具有无可替代的竞争力，尤其是在“一带一路”的深度发展的战略纵深里，不仅是不可或缺的，也是中国的一艘最重要的金融航母。此外，香港的咨询服务业和教育培训资源丰富，是人流和信息流的重要国际平台，香港与内地的文化联系和国际文化的高度融合，同样是“一带一路”的重要资本与资产。

澳门与台湾地区同样重要。澳门素来以博彩业为主要的经济支柱，这给澳门带来了畸形的繁荣，但也奠定了澳门的资金流动的优势。珠海横琴岛的开发给澳门的发展带来新的空间和产业结构调整的巨大机遇，澳门可以发展更为丰富的文化娱乐产业与高科技产业区，与珠海特区形成更紧密的经济一体化的联系，成为“一带一路”经济发展中的一支偏师。

台湾地区同样有着复杂的历史和现实状况，从古至今都是海上丝绸之路的重镇与保护海上丝绸之路的屏障。台湾是当年的“四小龙”之一，如今的经济发展也进入了瓶颈期。台湾经济的发展不仅依赖与大陆经济的良性互动，也取决于它在“一带一路”中的地位和潜力的进一步释放。2015 年 3 月 5 日，台湾《旺报》发表了庞建国教授的文章，提出台湾应及时卡位“海上丝路”，把上海自贸区与昆山两岸合作试验区及福建、广东的试验区连接起来，进入东南亚地区。台湾地处要冲，应当携手组合台海双赢格局。他的建议颇有研究价值。台湾无论是自身的发展还是再展国际市场的雄风，融入“一带一路”都是一种必然的选择。不论是哪一个政党执政，选择什么样的政治经济政策，最终的检验标准是把经济搞上去，让台湾地区的人民共享世界经济发展的成果，这是一个必选的“规定动作”。虚话当不得饭吃，台湾能不能成为“一带一路”发展升级的重要一环，对大陆重要，对台湾更重要。

如果还要从丝路发展的更大历史视野去看，作为古代海上丝绸之路的先驱和早年开拓者的华人华侨群体，应当继续在所在国家的“一带一路”发展中起到新的历史作用。他们是丝路繁荣的后继者，也应当是“一带一路”的继往开来者。作为所在国的国民或者侨居于“一带一路”沿线国家的华人，他们应当为“一带一路”的良性发展做出新的贡献。

由于各种历史原因，华人在世界上分布极广，尤其在东南亚地区，为所在国家的国家独立与发展做出了华人筚路蓝缕的贡献。他们热爱自己的国家与家园，也为中国与他们国家的友好往来与贸易、投资、经济合作做出了各自的贡献。他们不同程度地带有中华文化的历史基因，也有着各种经济往来的现实渠道。据记载，近代以来，仅中国的福建地区，就有700万人生活居住在东南亚各国，并由此走向世界。在东南亚地区，华族、华人和华侨总数达到几千万，分布在世界各地的也有几千万。中国改革开放以后，又有大批的华商到中国投资，又有中国各行各业的商人学子包括著名的温州商人走向了世界，随着中国企业“走出去”，将会有许多企业经营者与务工者沿着“一带一路”走向全球的各个角落。人员的往来流动是经济全球化互联互通的一种必然现象，有了人流，就会有贸易流、资金流和产业流，就有相互之间的文化流和情感流。所有的海外华人都是“一带一路”的合作交流信使，也都能为世界各国的共同发展做出自己的贡献。

中国任务

“一带一路”发展的一个更为重要的支撑和决定性因素是中国经济

的持续发展。没有中国经济的持续发展就没有“一带一路”发展的强劲动力。中国推出了“十三五”规划，明确了未来五年的发展目标，推出了供给侧结构性改革措施，稳定货币政策，实行更为积极的财政政策和以创新驱动为核心的产业政策。2016 年安排财政赤字 2.18 万亿元人民币，赤字率提高到 3%。中国目前 40% 的政府负债率和 3% 的财政赤字率，在世界主要经济体中处于较低可控水平。“营改增”涉及 1000 万户纳税人，确保税赋只减不增。新增地方债规模 1.18 万亿元，同时继续发行地方政府置换债券。财政赤字率适度提升，“营改增”全面推开，地方政府债务发行管理也在有序推进。这些宏观财政措施保证了经济投入的稳定增长，在支持中国经济中高速发展和供给侧改革的同时，也减轻了货币政策的压力。

但这不是高枕无忧的理由。绝不能低估过去几年来积累的金融风险正在加速释放，即从传统商业银行的不良贷款增加到对新兴互联网金融的规范，往往会在一定的外部条件下多点爆发。国内的主要金融风险主要来自以下几个方面：一是历史积累的银行不良资产问题将会随着去剩余生产能力和去“僵尸企业”进一步凸显，需要通过债权置换、债权股权化等综合措施有效化解。二是较大的地方政府债务也对银行构成了压力，需要通过发行长置换期债券抵冲并实现当期投资配置。三是比较庞大的货币供应量。但 2014 年狭义货币供应量（M1）余额为 34.8 万亿元，只增长了 3.2%，广义货币供应量（M2）增长幅度为 12.5%。2015 年，广义货币供应量（M2）增长 12%，基本持平，目前还谈不到出现金融系统性风险。2015 年，中国的银行本外币存款余额达 117.4 万亿元，比年初增加 10.2 亿元，外汇储备近 3.44 万亿美元，即使是 2016 年当年流出资本与资金超过 5000 亿美元，依然还有底气。企业外债严重也是问题，但在渣打银行统计的 17 个国家数据中，中国的总负债水平占 GDP 的比率排名居中，远低于日本与美国。中国也有影子银行造成的问题，但其规模为正规银行的 28%，而美国是 200%。互联网金融监管是互联网金融发展中的问题，主要是进一步建设与完善信用体系和严肃处理违规经营，个别案例影响不了金融大局。

中国在2016年初成功地打破了“做空中国”的心理战术，不但很快扭转了外汇储备下降的幅度，使曾经出现过的月近1000亿美元下降幅度减低到2016年2月的286亿美元，又由跌势很快转为升势。甚至人民币兑美元上涨，资本外流趋势回转，外汇储备意外增加，人民币对美元和对一篮子货币的波动，也是全世界最小的。国内金融固本去险的步伐加快。首先是对迅速扩张的货币市场基金业实施更严格的监管。货币基金的杠杆率从40%降到20%，但仍然高于欧洲的10%，而在美国，杠杆是不被允许的。其次是出招化解银行坏账，研究陆续推出高达万亿元银行债权转股权的计划。根据中国银监会的统计数据，中国银行系统的坏账在2015年就激增了51%，高达1.27万亿元，是直接威胁金融稳定的因素。对于银行债权转股权所引起的企业股权结构性变化以及金融业与生产企业股权捆绑带来的长期影响，还需要研究，但解决的办法是有的。比如另行成立企业银行债务公司或保险机构，两面承担相关责任，或者与不良贷款证券化计划兵分多路合力消除，等等，这是一个绕不过又必须解决的问题。总之，中国的各种债务加起来高达200%以上，并不比欧美低多少，将这种风险转移到金融体系之外，是当务之急。

相比之下，更不能低估的是经济转型的艰难。创新之路方长，一方面是追赶，另一方面是如何迎接“工业化4.0”。也就是说，不仅要在更多的领域达到目前的世界先进水平，还要在“互联网+工业化4.0”中真正取得显著进展，在物联网、3D打印、机器人、新能源汽车乃至空天技术等诸多领域取得研究和产业化突破。与此同时，还要处理好去产能过剩与去库存的问题。许多人认为，中国的经济出现了“双速状态”，一方面是传统带动产业步履艰难，另一方面是新兴产业步履矫健；一方面国有企业利润缩水，另一方面私企发展。这种“双速状态”其实正好反映了中国经济转型升级过程的变化特点，因此是有观察的合理性和比较性的。但这种状态不能太长，更不能进入胶着拉锯和“钝刀子割肉”的状态。转型经济应当是一种过渡经济，过渡得越好，也就对“一带一路”发展越给力。

还有外贸，这驾马车虽然跑累了，但不能就此“卧槽”。在“一带一路”中，外贸发展不仅是标的，也是动力。进口与出口同等重要，出口反映了创新支撑的供给侧足与不足，进口既是“一带一路”供给侧的更大半径的补充，也是推动“一带一路”纵深发展的“加速器”，二者之间的平衡不是短视中的平衡，是一种动态的倾斜。2015 年在中国的总的外贸盘子里，中国与“一带一路”相关国家与地区的贸易额近万亿美元，占到了全国贸易总额的 25.1%。其中有出口的贡献，更有进口的贡献。中国与相关国家合作建设了 50 多个境外经贸合作区，这是进出口兼顾的很好的合作形式，甚至可以说是 30 多年前中国出现的特区建设的一种“倒踢紫金冠”。

后　记

《“一带一路”：全球经济的互联与跃升》即将付梓，感谢中国民主法制出版社编辑的支持与大力襄助。

“一带一路”作为具有历史继承性和创新性的全球共同发展战略，目前处于新的开篇阶段，未来的路很长，面临的挑战也不会少，但从目前总的发展势头上来看，不仅前途充满了光明，眼前的路径也在柳暗花明中向着纵深不断延伸。2016 年，尽管全球贸易依然处于低谷，世界金融形势依然存在变数，但“一带一路”带来的希望更多。

亚投行负责人透露，亚投行成员在年内将达到 100 个，超过亚开行成员的数量。面临美联储加息的影响，人民币国际化进程的步伐并没有停顿。在中美第八次经济对话会上，中国首次向美国提供 2500 亿元人民币 RQFII 额度，进一步加深了中美金融关系。中国对美直接投资达到历史最高水平，尽管中美贸易进入一轮新的摩擦，而且由于美国国内“孤立主义”的抬头，摩擦将会有增无减，但中美经济的相互依存度，以及美国国内经济面临的诸多问题，决定了总体上“斗而不破”的竞争格局。在“一带一路”目前主要的合作方向上，中英、中德、中法以及中希、中意等与南欧、东欧国家地区经济合作正在不断加深，“一带一路”发展进入了新阶段。

然而，在“一带一路”发展新阶段，合作深度与合作的区域广度是同一个问题的两个方面。从 2015 年开始，中非合作也进入了新里程，包括与西欧国家的“第三方合作”，先后在非洲国家开始新的一轮启动，并由铁路、港口等基础设施建设扩展到工业投资领域。“一带一路”共同发展的理念获得更多国家的支持和赞同。

除此以外，还有一个极具战略意义的“一带一路”发展问题开始提上日程，这就是“北极航道”的开发以及与之直接关联的东北亚合作发展问题。

应当说，在历史的丝绸之路上，东北亚是最早取得文明发展成果的地区之一。至少在中国的先秦时代，东北亚的海上航道已经开通，大陆文化东输，造成了东北亚的繁荣与发展。但是，由于近代与现代众所周知的原因，这片与丝绸之路联结最早的区域，却相对最晚进入人们对“一带一路”完整结构的认知视野。近年来，随着全球气候快速变暖，北极开发加快进程。英国科学家认为，北极的海冰有可能在今后几年里消失，或者在 9 月只有 100 平方公里，少于当前最低记录 340 平方公里。这使北极通航前景提前出现。

2016 年 4 月 28 日，首轮中日韩北极事务高级别对话会在首尔举行。就开展北极科研合作的指导原则进行讨论。这是 2015 年 11 月 1 日三国领导人发表了《关于东北亚和平合作的联合宣言》后的一次重要对话会。在此之前，北极的西北航道已经进入商业的多种试航阶段。2016 年夏天，载客 1200 人的国际邮轮开启最大规模的北极旅游。

“北极航道”重塑贸易流动版图，改变世界海运格局，对国际贸易、资本流动和能源开发产生了深远影响，推进了包括中国东北振兴计划在内的东北亚的“一带一路”总体发展进程。

最后，再次感谢中国民主法制出版社，并感谢老朋友和此书的责任编辑胡百涛。谢谢！

冯并

2016 年端午节于北京三里屯